21世纪经济与管理精编教材·会计学系列

财务分析教程
（第三版）

Financial Analysis

3rd edition

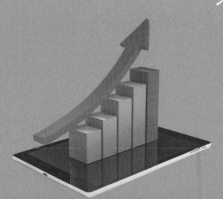

朱学义　朱亮峰　李文美　刘建勇◎编　著

北京大学出版社
PEKING UNIVERSITY PRESS

图书在版编目(CIP)数据

财务分析教程/朱学义等编著.—3版.—北京:北京大学出版社,2023.9
21世纪经济与管理精编教材.会计学系列
ISBN 978-7-301-34275-6

Ⅰ.①财… Ⅱ.①朱… Ⅲ.①会计分析—高等学校—教材 Ⅳ.①F231.2

中国国家版本馆CIP数据核字(2023)第143416号

书　　　　名	财务分析教程(第三版) CAIWU FENXI JIAOCHENG(DI-SAN BAN)
著作责任者	朱学义　朱亮峰　李文美　刘建勇　编著
责任编辑	黄炜婷
标准书号	ISBN 978-7-301-34275-6
出版发行	北京大学出版社
地　　　　址	北京市海淀区成府路205号　100871
网　　　　址	http://www.pup.cn
微信公众号	北京大学经管书苑(pupembook)
电子信箱	编辑部:em@pup.cn　总编室:zpup@pup.cn
电　　　　话	邮购部 010-62752015　发行部 010-62750672　编辑部 010-62752926
印　刷　者	北京圣夫亚美印刷有限公司
经　销　者	新华书店
	787毫米×1092毫米　16开本　26.75印张　620千字 2009年7月第1版　2014年2月第2版 2023年9月第3版　2023年9月第1次印刷
定　　　　价	69.00元

未经许可,不得以任何方式复制或抄袭本书之部分或全部内容。
版权所有,侵权必究
举报电话:010-62752024　电子信箱:fd@pup.cn
图书如有印装质量问题,请与出版部联系,电话:010-62756370

前　言

◆ 产生背景

"财务分析"课程有两种类型：一是"财务分析学"课程，它为会计学专业学生单独开设，学生在掌握了会计各项基本知识的基础上进一步研读；二是"财务报告分析"课程，它为非会计学专业学生尤其是实务管理人员的培训而开设，是对没有或鲜有会计学专业基础知识的人员开设。非会计人员学习会计和会计专业人员学习会计的要求是不同的。本书与传统的财务报告分析教材相比，增加了会计基础知识、财务会计专业知识、财务管理相关知识等内容，其目的是让非会计专业的各类人员了解国家的财经方针政策、财务会计法规制度，使其管理、决策行为符合国家规定；同时，了解会计的基本技术、会计信息的产生过程、会计基本术语的内容，最终能看懂会计报表，并利用会计报告及其有关资料进行专题分析和综合分析，提高生产经营管理与经济决策的主动性、科学性和效益性。

本书旨在打通会计学专业和非会计学专业的"财务分析"课程，同时能满足本科生、研究生等不同层次的教学需要。本书分为三篇：第一篇"财务分析初级教程"，适用于各类专业人员学习；第二篇"财务分析中级教程"，适用于会计学专业学生和经济管理其他各类专业硕士研究生或企业管理人员学习；第三篇"财务分析高级教程"，适用于管理学科研究生学习。这样的内容设计得到了社会的认可，《财务分析教程》不仅被教育部列为高等学校"十一五"规划教材，而且还被江苏省列为省级精品教材并荣获江苏省优秀教学成果奖二等奖。

本书以国际、国内科学的会计理论、会计标准和会计方法为指导，以我国《企业会计准则》体系为依据，适应我国会计改革和税制改革的需要，结合理论和实际来阐述《财务分析教程》的初级、中级和高级内容。

◆ 设计特色

1. 内容新颖。集中体现在两方面：一是反映了我国经济管理体制改革的实际，尤其是我国会计改革、税制改革的实际，保证了教材内容的与时俱进。二是兼顾了会计改革发展的国际趋向，力求与国际惯例接轨，主要突出了我国已经定论和已经做出统一规定的具有较强生命力的内容，对我国目前尚未出现、未来必然出现的内容则借鉴国际会计准则加以处理，充分体现了内容的先进性。

2. 高度概括。融合会计五门主干课(基础会计、财务会计、成本会计、财务管理和管理会计)核心内容于一体,并进行提炼、总纂,形成新的分析系统。

3. 语言公众化。不拘泥于会计凭证、账簿具体操作的圈子,旨在让非会计人员了解会计的处理过程和数据的来龙去脉,能够快速理解和掌握会计的基本知识。不仅学校的学生能够掌握相关会计知识的精华内容,而且企业的厂长、经理,供销、计划、统计、劳资、储运等生产经营管理人员、工程技术人员也能掌握会计核算知识并应用于具体决策。

4. 由浅入深。首先在内容安排上,先阐述会计基础知识,再阐述会计专题分析内容,最后阐述会计综合分析内容;其次在篇章结构上,从"财务分析**初级**教程"到"财务分析**中级**教程",再到"财务分析**高级**教程",突出了会计技术的逐渐深入,从而使本书适用于相关专业的本专科学生、硕士研究生、博士研究生及社会培训人员的教学和学习。

5. 配备案例。以上市公司和其他典型企业的财务报表数据及其他财务活动事件为案例,帮助读者理解、消化财务分析原理,进而更有效地解决现实问题。

◆◆ 修订要点

《财务分析教程》(第三版)修改的重要依据有三:(1)会计准则内容的变化。2014—2023年,我国企业会计准则有19项进行了修改,并相应修改了企业会计准则应用指南;同时,企业会计准则解释继续发布至第16号,财政部制定的《企业会计准则2020年版》《企业会计准则应用指南2020年版》已经全面推行,成为本书修改的重要依据。(2)税制内容的变革。2016年3月23日,财政部、国家税务总局发布《关于全面推开营业税改征增值税试点的通知》(财税〔2016〕36号),除原先工业、商业、交通运输、邮政业及部分现代服务业继续征收增值税外,对建筑业、房地产业、金融业、生活服务业等全面实行"营改增",由此《财务分析教程》中涉及的税制内容均需修改,成为本书修改的又一重要依据。(3)大数据财务分析的提出。近几年来,大数据的研究与应用成为社会热点,自然渗透到会计学科,大数据财务分析成为课程必修内容,为本书内容的修改注入了新的生机。

根据以上变化,本书有针对性地对以下方面进行了重大的修改:

(1)第一章"总论"修改了会计要素变革内容,尤其是所有者权益中新增加"其他权益工具""其他综合收益"等。

(2)第二章"流动资产"对"交易性金融资产"的内涵、分类、账务及分析进行了修改,对"应收款项""存货"涉及的税制改革和分析内容进行了修改。

(3)第三章"非流动资产"修改了三大内容:一是"非流动资产投资",将"持有至到期投资""可供出售金融资产"等内容按金融资产新分类和对外投资新规定修改为"债权投资""其他债权投资""其他权益工具投资"等,对其账务处理进行了调整;二是"固定资产",主要修改了"固定资产租赁""固定资产减值"等内容;三是"其他长期资产"的内容,主要修改了"无形资产""使用权资产""其他长期资产"涉及的营业税改增值税的变化内容以及企业会计准则核算内容的变化。

(4)第四章"负债",修改了"职工薪酬""应交税费""长期应付款"等内容。

(5)第六章"收入利润",修改了收入确认和计量的依据,调整了增值税税率变动及账务处理的数据,并对营业利润、利润总额的计算及所得税会计的核算内容进行了修改。

（6）第七章"所有者权益",增加了"其他权益工具""其他综合收益"等内容。

（7）第八章"会计报表",对"资产负债表""利润表""现金流量表""所有者权益变动表"的变动内容及财务指标计算公式的变化进行了全面修改。

（8）在财务分析中级教程部分,除了根据上述财务分析初级教程部分的内容加以修改,主要更新了全部指标的数据,换用了我国 2017—2021 年财务数据分析问题,评价企业与社会的经济关系活动的现实性增强了。

本书第三版第一章至第十章由南通理工学院特聘二级教授、中国矿业大学博士生导师朱学义编写,第十一章至第十四章由中国矿业大学李文美副教授（博士）编写,第十五章至第十七章由常州大学朱亮峰副教授（博士）编写,第十八章由中国矿业大学刘建勇副教授（博士）编写,书中习题及案例由常州大学朱亮峰副教授编写,朱学义教授总纂定稿。

对本书修订中存在的缺点和错误,恳请读者批评指正,以便进一步修改和完善。

编　者

2023 年 2 月

财务分析类课程思想、素质教育专题

一、强化财务分析类课程思想、素质教育的必要性

1. 是引导学生树立正确的世界观、人生观、价值观的需要

在开展财务分析类课程的教学过程中,教师应以强化思想教育和价值引领为核心,通过现实事件、应用案例、现场实践等形式将社会主义核心价值观、党的二十大精神、习近平新时代中国特色社会主义思想等有机融入教学,引导学生树立正确的世界观、人生观、价值观。

2. 是强化会计职业道德教育的需要

在开展财务分析类课程的教学过程中,教师应深入挖掘提炼财务分析专业所蕴含的会计职业道德、职业素养、职业精神、职业行为规范等会计职业道德教育元素和功能,实施道德水准教育、执业品行教育、感恩回报教育,强化"为谁培养人"的教育理念,实现学生个人能力培养与价值引导的有机统一。

3. 是体现文化自信的需要

在开展财务分析类课程的教学过程中,教师应对照国际财务报告准则体系,深入探索中国会计准则和税收体制的变革精髓,凝练中国会计文化、税制文化的底蕴,体现我国社会制度与会计相关法规制度融贯的先进性,增强学生的制度自信和文化自信。

二、《财务分析教程》中课程思政教育的特色实践

针对学生社会责任感不强、学习自觉性不强的问题,2005年中国矿业大学朱学义教授结合财务分析课程的教学,在大学本科生中开展"智力投资"算账教育活动,《中国教育报》2006年1月15日第三版以《大学生你应该感谢谁》为题报道了朱学义教授开展"智力投资教育"活动的情况,全国多家媒体予以宣传,在全国产生了极大影响。2009年11月27日,朱学义教授接受中国教育台《教育人生》访谈,展示"两袖清风,一身正气"的形象,被称为突出思想教育的"创新教育领跑者"。

为了进一步提升"智力投资教育"活动的研究水平和教育效果,朱学义教授等公开发表了《智力投资·智力资本·智力资本报酬》(《教育与经济》2005年第2期)、《智力投资分析》(《会计之友》2006年第2期)、《用智力投资观解析教育"高"收费》(《大学教育科学》2007年第6期)、《论智力投资效应》(《煤炭经济研究》2006年第11期)、《论智力投资的经济支撑特性》(《开发研究》2008年第3期)、《论高校"三位一体"的感恩教育:一种创新的智力投资教育》(《煤炭高等教育》2006年第5期)、《论高校"情感互动"的感恩教育:一种创新的智力投资教育》(《煤炭高等教育》2006年第9期)、《论高校"多科交融"的感恩教育:一种创新的智力投资教育》(《煤炭高等教育》2008年第11期)、《智力投资教育与实践探索》(《教书育人》2007年第5期)、《智力投资支撑理论研究》(《生产力研究》2009年第1期)、《我国智力资本会计应用初探》(《会计研究》2004年第8期)等文章;2008年申报江苏省教育科学"十一五"规划课题"基于智力投资下的教育模式研究及实践"并获批,2010年12月圆满完成规划课题的研究(201012-D2008/01/204)。

2011年,朱学义和朱亮峰所著《智力投资支撑理论及其效应研究》出版,其中相关章节系统论述了智力投资教育理论、智力投资人才理论,全面总结了智力投资"引领"教育、智力投资"拓展"教育、智力投资"创新"教育、智力投资"感恩"教育、智力投资"行为"矫正教育的有效经验。

上述内容体现在《财务分析教程》的"智力投资专题分析"章节,主讲教师可以结合自身的教学条件、教学资源,援引已有学术和实践的经验,拓展智力投资专题的教学活动,构筑智力投资感恩回报的理念。

三、构建财务分析类课程思想、素质教育体系

(一)指导思想

1. 以习近平新时代中国特色社会主义思想为指引

习近平新时代中国特色社会主义思想的内容丰富、内涵深厚,结合财务分析课程的内容体系,相应的思想、素质教育应突出的要点包括:将习近平新时代中国特色社会主义思想作为长期坚持的指导思想、当代中国发展进步的根本方向、中华民族最伟大的梦想、新时代确定的历史方位;用习近平新时代中国特色社会主义思想武装全党,把握我国社会的主要矛盾,坚持党对一切工作的领导,毫不动摇把党建设得更加坚强有力,坚持以人民为中心,确保人民当家作主,全面深化改革,坚定不移地贯彻新发展理念,开启全面建设社会主义现代化国家新征程,为实现我国经济高质量发展、构建人类命运共同体、促进"一带一路"国际合作、形成全面开放的新格局和共建共治共享的社会治理格局、保障和改善民生、建设美丽中国而奋斗。

2. 重视课程思政教育的实效

思想、素质教育体系不仅应体现在教学内容上,还应落实在每一次的教学讲授中,这要求任课教师围绕财务分析思想、素质教育的精神,充分发挥主动性、能动性,增强学生的互动性。为了突出财务分析知识体系的专业性,本书各章节没有专门编排思想、素质教育

的内容,只是提出思想、素质教育体系的构架,留出很大的空间让任课教师充分发挥,把思想、素质教育搞得更活、更有实效。

3. 讲究课程思政教育的方式方法

思想、素质教育的方式方法是多样化的,而不是一成不变的。执教者应研究受教育者的思想状况,采用案例教学法、情景教学法、项目教学法、讨论教学法等,有针对性地进行体验式教育、融合性教育、渗透性教育。一句话,通过各种教育方式方法的灵活运用,真正提高教育的效果。

(二) 结构模块

《财务分析教程》(第三版)围绕思想、素质教育的要求,修订或增加的主要模块如下:

1. 智力投资教育模块

要求学生计算从幼儿园到大学期间的教育支出,通过算账使学生深刻理解每堂课的价值,做到感恩父母、感恩师长、感恩国家、回报社会,诠释"为谁培养人、培养什么人"的主题。

2. 财务数字素养教育模块

2021年10月18日,习近平总书记在中共中央政治局第三十四次集体学习时强调:把握数字经济发展趋势和规律,推动我国数字经济健康发展,要提高全民全社会数字素养和技能,夯实我国数字经济发展社会基础。2021年10月,中央网络安全和信息化委员会印发《提升全民数字素养与技能行动纲要》,提出"数字素养与技能"概念,指出"数字素养与技能是数字社会公民学习工作生活应具备的数字获取、制作、使用、评价、交互、分享、创新、安全保障、伦理道德等一系列素质与能力的集合"。综合来看,数字技能侧重职业者的专业能力,数字素养侧重终身学习与修养。国际社会普遍重视公民数字素养与技能的提升,主要采取加强统筹谋划和政策布局,加大专项资金投入力度,建立数字素养与技能框架,强化数字教育和人才培养,完善数字技能评估与认证体系,提升老年人、女性、儿童等群体的数字素养与技能等六大共性举措。2021年12月21日,国务院办公厅发布的《要素市场化配置综合改革试点总体方案》明确指出,要"探索建立数据要素流通规则",对数据进行开放共享、流通交易、开发利用和安全使用。2023年1月20日,《国务院公报》2023年第1号中刊载的《中共中央 国务院关于构建数据基础制度更好发挥数据要素作用的意见》进一步明确提出,要以"数据作为生产要素",要进行"市场化配置",要按"价值贡献参与分配"和"决定报酬"。2023年3月7日,国务院机构改革的一个突出亮点是成立国家数据局,从组织机构、制度体系上把"数据"这一生产要素管得更好、更实、更规范、更有效能。

根据习近平总书记强调的"要提高全民全社会数字素养和技能"以及国家出台的《提升全民数字素养与技能行动纲要》等文件的要求,结合会计学专业财务数据分析的特性,在相关章节进行"财务数字素养教育"。以下列举几例予以示范:

(1) 党的共同富裕的分配制度教育。在财务分析课程中"工资性收入分析"和"资本性收益分析"的教学模块,教师可以提供一组数据,比如2021年,中国居民人均工资性收入为19 629.4元,占全国居民人均可支配收入(35 128.1元)的55.88%。我国实行"共同富裕"的分配制度是"按劳分配为主体,多种分配方式并存",这些数据表明国家要让依靠劳动的中国居民工资性收入不断上升并占主体地位。当前,中国在分配关系上还存在一些问题,比如中等收入群体比重较低等,但党的十九届五中全会明确提出要"扎实推动共同富裕"。2021年8月17日,习近平总书记在主持召开中央财经委员会第十次会议时强调:"共同富裕是社会主义的本质要求,是中国式现代化的重要特征,要坚持以人民为中心的发展思想,在高质量发展中促进共同富裕。"因此,党把握着社会主义发展方向,坚持按劳分配为主体,实现共同富裕,通过构建初次分配、再分配、三次分配协调配套的基础性制度安排,扩大中等收入群体比重,增加低收入群体收入,合理调节高收入,取缔非法收入,形成中间大、两头小的橄榄型分配结构,促进社会公平正义,促进人的全面发展,使全体人民朝着共同富裕目标扎实迈进。2022年10月16日,党的二十大报告再次提出:努力提高居民收入在国民收入分配中的比重,提高劳动报酬在初次分配中的比重;增加低收入者收入,扩大中等收入群体。完善按要素分配政策制度,探索多种渠道增加中低收入群众要素收入,多渠道增加城乡居民财产性收入;未来五年,实现居民收入增长和经济增长基本同步,劳动报酬提高与劳动生产率提高基本同步;到2035年,实现人民生活更加幸福美好,居民人均可支配收入再上新台阶的目标。

(2) 社会主义社会充分就业教育和扶贫脱困教育。在进行工资均值和中位数分析时,教师可由此进行扩展分析,提供一组数据由学生自行解析其内在关系。比如2021年,中国失业率为4%,澳大利亚失业率为5.1%,美国失业率为5.3%,法国失业率为7.9%,加拿大失业率为7.5%,意大利失业率为9.5%……社会主义国家应以人民利益为中心,首先要让人民充分就业,而这组数据表明了中国的失业率比西方资本主义国家低,体现了社会主义制度的优越性,国家一直尽最大努力提高劳动人口的就业率,这是走"共同富裕"之路的基石。2019年,人口占中国人口总数39.4%的乡(农)村地区的贫困率为0.6%,比2011年的17.2%下降16.6个百分点。我国政府不断加大扶贫力度,2011—2019年农村贫困率降低16.6个百分点,平均每年降低约2.1个百分点,体现了社会主义国家对贫困群体的关怀。2020年,我国现行标准下的农村贫困人口全部脱贫,国家统计局不再发布农村贫困人口和贫困发生率数据。2021年在迎来中国共产党成立一百周年的重要时刻,我国脱贫攻坚战取得了全面胜利,现行标准下9 899万农村贫困人口全部脱贫,832个贫困县全部摘帽,12.8万个贫困村全部出列,区域性整体贫困得到解决,完成了消除绝对贫困的艰巨任务,创造了又一个彪炳史册的人间奇迹!我国脱贫攻坚战取得了全面胜利,是我国人民走"共同富裕"道路的坚强基石。

3. 法律底线教育模块

会计人员是和"钱"打交道的,很容易触及法律问题。针对计税、纳税及税务筹划进行守法教育;针对资金结算、货币分析进行守法教育,让学生记住"既当货币管家,又做守法卫士";针对资金筹措与投放活动进行守法教育;教育学生在自我守法的同时监督他人守法,在尽职履职中理好财、服好务,同时把住公有财产不受损失;等等。这些法律底线教育内容要渗透到教学全过程。

4. 诚信教育模块

从最初的会计信息产生到具体的货币资金等资产或成本费用等的分析都应围绕着诚信展开,让学生时刻铭记国务院原总理朱镕基的会计训言:诚信为本,操守为重,坚持准则,不做假账。

(三) 推进实施

推进课程思想、素质教育体系实施的关键是教师。任课教师应当始终将习近平新时代中国特色社会主义思想带进教案、带进课堂、带进头脑,拟定切实可行的施教方案,真正实现教育的目标。

1. 呈现制度变迁,增强制度自信

把党的十八大以来形成的重要税收理论观点和会计制度变迁融入教案、搬进课堂,体现时代性、权威性、指导性;把会计税收法规制度与中国特色社会主义相结合,体现中国制度特色,培养学生的文化自信和制度自信,为推动国家治理体系和治理能力现代化做出应有的贡献。

2. 严格职业道德教育,坚持德法兼修

在各章节教学过程中,结合课程内容并辅以相应的典型案例,指引学生树立诚实、客观、公正等基本职业道德观,知法懂法守法,做到诚信执业,不做假账,依法纳税,坚持德法兼修;将会计职业道德教育渗透教学的始终,重点突出八大职业道德教育,即爱岗敬业、诚实守信、廉洁自律、客观公正、坚持准则、提高技能、参与管理、强化服务。

3. 开展智力投资教育,开启感恩人生

指导学生计算从幼儿园到大学期间的教育支出,使他们深刻理解每堂课的价值,并学会感恩,努力学习,报答父母、报效国家、回报社会;解析学生个人的智力投资额,使他们更加了解我国教育发展的概况以及党和国家对教育的重视,进一步认识到"人才强国"战略提出的背景及重要性。

如何在会计学专业领域开展
思政教育？可借鉴思政教育
模式创新成果报道

可扫码参阅有关智力投资与
教育的关系的论述

目 录

第一篇 财务分析初级教程

第一章 总 论 / 003
 第一节 财务分析的概念 / 003
 第二节 财务分析的对象 / 004
 第三节 财务分析的依据 / 005
 第四节 财务分析的种类和方法 / 029

第二章 流动资产 / 037
 第一节 货币资金 / 037
 第二节 交易性金融资产 / 043
 第三节 应收款项 / 048
 第四节 存 货 / 063

第三章 非流动资产 / 077
 第一节 非流动资产投资 / 077
 第二节 固定资产 / 090
 第三节 其他长期资产 / 100

第四章 负 债 / 108
 第一节 流动负债 / 108
 第二节 长期负债 / 118

第五章 成本和费用 / 130
 第一节 产品成本与生产费用 / 130
 第二节 产品制造成本 / 132
 第三节 期间费用 / 136
 第四节 成本和费用的分析 / 139

第六章 收入和利润 / 145
 第一节 收 入 / 145
 第二节 利 润 / 152
 第三节 利润的分析 / 167

第七章 所有者权益 / 175
 第一节 实收资本 / 175
 第二节 其他权益工具 / 178
 第三节 资本公积 / 178
 第四节 盈余公积 / 181
 第五节 其他综合收益 / 182
 第六节 未分配利润 / 183

第八章 会计报表 / 185
 第一节 会计报表概述 / 185
 第二节 财务报表 / 187
 第三节 成本报表 / 202
 第四节 财务指标分析 / 208

第二篇 财务分析中级教程

第九章 流动资产专题分析 / 251
- 第一节 货币资金专题分析 / 251
- 第二节 交易性金融资产专题分析 / 258
- 第三节 应收款项专题分析 / 262
- 第四节 存货专题分析 / 268

第十章 非流动资产专题分析 / 277
- 第一节 固定资产专题分析 / 277
- 第二节 智力投资专题分析 / 285
- 第三节 投资性房地产专题分析 / 292

第十一章 负债专题分析 / 297
- 第一节 流动负债专题分析 / 297
- 第二节 长期负债专题分析 / 299

第十二章 经营业绩专题分析 / 303
- 第一节 弹性预算法下业绩评价专题 / 303
- 第二节 成本差异专题分析 / 308
- 第三节 市场占有率专题分析 / 311

第十三章 所有者权益专题分析 / 314
- 第一节 资本保值增值分析 / 314
- 第二节 上市公司股东权益分析 / 320

第十四章 财务综合分析 / 324
- 第一节 杜邦财务分析 / 324
- 第二节 沃尔评分分析 / 333
- 第三节 能力指标综合分析 / 335
- 第四节 资本绩效综合分析 / 339
- 第五节 经济效益综合分析 / 354

第三篇 财务分析高级教程

第十五章 资金流动分析 / 363
- 第一节 资金流动分析概述 / 363
- 第二节 融资资金流动分析 / 364
- 第三节 运营资金流动分析 / 368

第十六章 企业价值评估分析 / 372
- 第一节 企业价值评估概述 / 372
- 第二节 现金流量折现法 / 375
- 第三节 经济利润法 / 381
- 第四节 相对价值法 / 384

第十七章 期权估价 / 392
- 第一节 期权的基本概念 / 392
- 第二节 期权价值评估方法 / 394

第十八章 会计实证研究与实证分析 / 400
- 第一节 实证研究法 / 400
- 第二节 实证分析法 / 401
- 第三节 上市公司实证研究分析法的应用 / 407

参考文献 / 414

第一篇
财务分析初级教程

第一章　总论
第二章　流动资产
第三章　非流动资产
第四章　负债
第五章　成本和费用
第六章　收入和利润
第七章　所有者权益
第八章　会计报表

第一章 总 论

第一节 财务分析的概念

一、财务

所谓财务,是指国民经济各部门、各单位中财务活动和财务关系的总称。财务活动是指企业、机关、事业单位或其他经济组织中有关资金的筹集、投放、耗费、收入和分配的活动。例如,企业通过吸收投资者投资、向债主借款等方式筹集资金,然后投放到劳动资料(如购买机器设备、兴建房屋建筑物等)和劳动对象(如购买材料等)及其他方面,随着生产或经营活动的推进,发生材料、工资等耗费,再通过产品(商品)的销售取得收入,并补偿耗费,计算利润,然后进行利润分配。这些有关钱财(财产物资)变动的经济活动,也称资金运动。财务关系是指企业、机关、事业单位或其他经济组织在财务活动中形成的与相关方的经济关系,包括与投资者和受资者(企事业等单位把资金投放到其他单位,接受投资的单位被称为受资者)发生的投资和获取投资收益的关系,与银行发生的存贷关系,与客户发生的购销往来关系,与其他债权(务)人发生的借款和还本付息的关系,与税务机关发生的缴税和收税的关系,与本单位内部部门发生的内部结算关系,与本单位内部职工发生的劳动成果分配关系。组织财务活动、处理财务关系的一系列经济管理工作统称财务管理。需要指出的是,狭义的财务概念,通常指筹资或理财。

财务按主体的不同,分为宏观财务和微观财务两个方面。宏观财务是指以国家为主体、以国有经营资金运动为内容的有关社会资金分配与再分配的经济活动及其形成的宏观调控关系。微观财务是指企业和行政事业单位的财务。本书主要论述与企业财务有关的问题。

二、财务分析

企业财务分析是指对企业一定时期内财务活动的过程和结果进行剖析。其过程是:

收集企业各个部门、各个方面、各种因素变化产生的大量的经济数据,同企业财务计划或预算进行对比,找出差距,揭示主要问题,再对数据进行进一步加工,求出新的数据,找出主要问题的影响因素,做出有事实根据的评价,对企业的前景做出预估并相应提出对策。因此,财务分析的工作程序可概括为三步:一是占有资料,进行对比;二是进行因素分析,抓住关键问题;三是总结评价过去,提出未来应对措施。

需要指出的是,财务报告进行分析虽然是财务分析的重点,但不是财务分析的全部内容,因为财务报告仅仅是财务活动的结果。财务分析不仅要分析财务活动的结果,还要分析财务活动的过程。

第二节 财务分析的对象

财务分析的对象是指社会再生产过程中能用货币表现的经济活动及其财务指标体系。

一、社会再生产过程中的经济活动

社会再生产过程是由生产、分配、交换和消费四个相互联系的环节所构成,包括各种各样的经济活动,但就会计而言,它只衡量其中能用货币表现的经济活动。下面以工业企业为例予以说明。

工业企业通过吸收投资、取得借款等方式筹集资金后,进入正常的生产经营过程,其经济活动可以分为供应、生产和销售三个主要阶段。供应阶段是生产的准备阶段,主要是购买劳动对象作为生产的储备。在供应过程中,购买单位购买材料,发生运输、装卸等费用,要向供货单位及其他有关单位支付货款。当购入的材料验收入库时,供应阶段结束。在供应阶段中,货币资金通过材料采购转化为储备资金。生产阶段是工业企业最基本的经营阶段。在生产过程中,仓库储备的材料根据生产需要投入生产,工人借助劳动资料把劳动对象(材料)加工成产品,一方面生产资料的价值(机器设备等固定资产的磨损价值和材料消耗价值)转入产品成本,另一方面支付的工资、水电等费用也转入产品成本。当生产的产品完工验收入库时,生产阶段结束。在生产阶段中,储备资金随着生产的进行转化为生产资金;待产品制造完成入库,生产资金又转化为成品资金。销售阶段是把企业生产的产品销售出去,取得销售收入。在销售过程中,企业发生销售费用,并向国家缴纳税金;企业各种生产耗费及其支出都要从销售收入中得到补偿,补偿后要确定利润,进而进行利润分配。当产品库的产成品销售出去并收回货款时,成品资金转化为货币资金,销售阶段结束。

企业在生产经营过程中,为了获取更大利益或达到其他目的,还将资金投放到其他单位,如购买其他单位的股票、债券或用货币、材料、产品、固定资产等直接向其他单位投资,以便获得投资收益,增加货币资金。这种投资收益同生产经营收益一样,构成企业利润的组成部分。上述供、产、销过程可简括表示如图1-1所示。

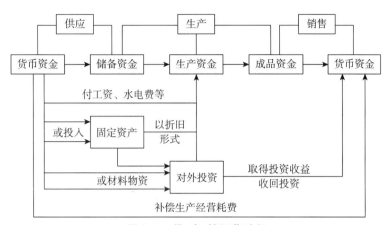

图 1-1 供、产、销经营过程

二、企业的财务指标体系

(一)单项财务指标

单项财务指标是反映企业某个方面的财务指标,分为静态指标和动态指标两类。静态指标是反映某个时点(如月末、季末、年终)的指标。例如,截止到某一天,企业有多少货币资金,有多少售出产品未收款(应收账款),有多少材料、产品存货,有多少固定资产价值,有多少对外投资资金,有多少债务未偿还(负债)等,这些指标静态反映了企业的资金分布状况。动态指标是反映企业一定时期(如一个月、一个季度、一年)生产经营状况的指标。例如,年度内取得的销售收入是多少,发生的成本费用是多少,实现的利润总额是多少,等等。企业利用单项财务指标可进行单方面分析、评价,例如可进行货币资金分析、应收账款分析、存货分析、固定资产分析、对外投资分析、成本费用分析、经营成果分析等。

(二)综合财务指标

综合财务指标是利用多个单项财务指标计算得出的复合指标,主要分为以下三类:

(1)反映资金结构的指标。资金结构是指某项资金占某类(或全部)资金的比例,如固定资产占用率是固定资产价值合计占资产总额的比例。

(2)反映偿债能力的指标。例如,资产负债率是负债总额占资产总额的比例。资产负债率值过大,超过企业承受能力,企业就存在还不起债的风险。

(3)反映盈利能力的指标。例如,资产利润率是利润总额占资产总额的比例。资产利润率值越大,表示企业资产的利用效率越高。

第三节 财务分析的依据

财务分析的主要依据是会计核算资料。会计核算提供的财务指标是否先进合理,主要依据于财务计划。分析财务计划和财务指标的完成情况,最根本的是要看国家的方针、政策和财经法规制度执行得如何。因此,财务分析要以国家财会法规制度、企业财务计划和会计核算信息为依据。

一、财会法规制度

(一) 会计法

会计法是会计工作的准绳、依据和总章程,是一切会计法规、制度的"母法"。1985年1月21日,第六届全国人民代表大会常务委员会第九次会议通过了《中华人民共和国会计法》(以下简称《会计法》),自1985年5月1日起施行。1993年12月29日,第八届全国人民代表大会常务委员会第五次会议通过了《关于修改〈中华人民共和国会计法〉的决定》,对《会计法》部分条款进行了修改。1999年10月31日,第九届全国人民代表大会常务委员会第十二次会议又对《会计法》进行了修订。2000年7月1日实施的1999年10月31日修订的《会计法》由总则、会计核算、会计核算的特别规定、会计监督、会计机构和会计人员、法律责任、附则共七章五十二条组成。与所有法律规范一样,《会计法》包括:

(1) 假定,阐述《会计法》的适用条件和情形,也就是《会计法》所要禁止的行为,应当在什么条件和情况下以及对什么人才能适用。

(2) 处理,指明《会计法》规定的法律规范的具体内容,也就是《会计法》允许做什么、不允许做什么、要求什么行为、禁止什么行为。

(3) 制裁,指明违反《会计法》将要引起的法律后果。制定《会计法》是为了规范会计行为,保证会计资料真实、完整,加强经济管理和财务管理,提高经济效益,维护社会主义市场经济秩序。《会计法》所要解决的核心问题就是进行会计核算,实行会计监督。

(二) 会计准则

会计准则是进行会计工作的规范,是处理会计业务和评价会计资料质量的准绳,也称"会计标准"。会计准则可由政府主管会计工作的机关(如我国的财政部)制定,也可由法律授权制定会计法规机构支持的民间权威会计组织(如美国证券交易委员会支持的美国财务会计准则委员会)制定。会计准则一般分为企业会计准则、非营利组织会计准则和政府会计准则等几类。企业会计准则分为企业基本会计准则和具体会计准则两个层次。我国企业会计准则体系由基本准则、具体准则、应用指南和准则解释四部分组成。

1. 基本会计准则

基本会计准则简称基本准则,它是进行会计核算工作必须共同遵守的基本要求,包括会计核算的基本前提、会计核算的一般原则、会计对象要素核算和会计报表编制的基本要求四项内容。基本准则的特点是覆盖面广、概括性高,又可称为指导性准则。在我国,1992年11月30日财政部颁布自1993年7月1日起施行的《企业会计准则》是企业会计的基本准则,2006年、2014年财政部先后对其进行了修改,面向大中型企业适用,冠以《企业会计准则——基本准则》的名称发布,自2007年1月1日起实施。2012年12月,财政部修订通过了《事业单位会计准则》,这是事业单位会计核算的基本准则,自2013年1月1日起施行。

《企业会计准则——基本准则》包括以下五部分内容：

（1）会计核算的基本前提。这是指对会计实践的一定环境、一定对象与控制手段做出判断与限定，也称会计假设。要进行会计核算，首先要明确会计为之服务的特定单位，由此产生"会计主体"（或"记账主体"）的假设。其次，会计核算要以企业持续、正常的生产经营活动为前提，由此产生"持续经营"的假设。再次，会计核算应当划分会计期间，分期结算账目和编制会计报表，由此产生"会计分期"的假设。会计期间分为会计年度（以一年为一个会计期间，如我国规定公历1月1日至12月31日为一个会计年度）、会计季度（以一季为一个会计期间）、会计月度（以一个月为一个会计期间）。最后，会计核算要以货币为主要计量单位，由此产生"货币计量"的假设。

（2）会计核算的一般原则。这是指反映社会化大生产和社会主义市场经济对会计核算基本要求以及体现会计核算一般规律的规范。

我国会计核算的一般原则紧紧围绕"会计信息质量要求"展开，分为以下八项：①客观性原则。这是指会计核算必须以实际发生的经济业务及证明经济业务发生的合法凭证为依据，如实反映财务状况和经营成果。客观性原则有三层含义：真实性、可靠性、可验证性（含完整性）。强调客观性原则，就是要使会计核算做到内容真实、数字准确、资料可靠。②相关性原则。这是指会计提供的资料必须与使用者的决策需要相关联。它具体体现在两方面：一是企业提供的会计信息应当与财务会计报告使用者的经济决策需要相关；二是会计信息应当有助于财务会计报告使用者对企业过去、现在、未来的情况做出评价或者预测。③明晰性原则。这是指会计信息必须清晰、简明，便于理解和使用，也称可理解性原则。④可比性原则。这是指会计核算必须按规定的会计处理方法进行，提供相互可比的会计信息。它有两层含义：一是同一企业不同时期的会计信息可比。这要求企业选择会计政策和会计处理方法要前后一致，不得随意变更。如有必要变更，则应将变更的情况、变更的原因及其对单位的财务状况和经营成果的影响在财务报告附注中说明。只有做到前后一贯，会计提供的企业不同时期的信息才能进行有效的比较。二是不同企业相同会计期间的会计信息可比。这要求企业要按国家统一规定进行核算，运用的会计指标口径要一致。只有这样，不同企业提供的会计信息才能在不同企业之间进行比较、分析和评价，国家也才能有效地汇总会计数据，满足国民经济宏观管理和调控的需要。⑤及时性原则。这是指会计业务的处理必须及时，以便会计信息得以及时利用。⑥谨慎性原则，亦称稳健性原则或保守性原则或审慎原则。这是指对于具有估计性质的会计事项应当谨慎对待，不应高估资产或收益，也不应低估负债或费用。例如，对应收账款提取坏账准备、固定资产采用加速折旧法、存货计价采用成本与可变现净值孰低法、或有事项的确认等，都是谨慎性原则的体现。⑦重要性原则。这是指会计在全面反映企业财务状况和经营成果的基础上，对于影响决策的重要经济业务，应当分别核算、分项反映，力求翔实、准确，对于较次要的会计事项应适当简化，合并反映。⑧实质重于形式的原则。这是指经济实质重于具体表现形式的原则，它要求企业应当按照交易或事项的经济实质进行会计确认、计量和报告，而不应当仅仅以交易或者事项的法律形式为依据。在实际工作中，交易或事项的外在法律形式或人为形式并不总能完全反映其实质内容，会计必须根据交易或事项的实质和经济现实,而不能仅仅根据它们的法律形式进行核算和反映。例如,A 企业销售一批商品给 B 客户时签订了 6 个月回购的合同,A 企业销售这批商品时是否确认收入呢?关于这笔业务,形式上 A 企业做了一项销售业务,但实质上是一种融资行为。因为 A 企业本来不想销售这批商品,只不过是现在销售这批商品能立即从 B 客户那里取得一笔现款(解"燃眉"之急),使用这笔现款 6 个月后,A 企业的资金"宽裕"了,再反过来将先前售出去的商品购回自用。因此,根据实质重于形式的原则,A 企业销售商品时不做"收入"入账,而做"负债"(类似于向 B 客户借了一笔款)入账。

(3) 会计确认和计量的基本要求。①会计确认的基本要求。会计确认是指对经济业务是否作为会计要素正式予以记录和报告所做的认定,包括会计记录的确认和编制会计报表的确认。会计确认的基础是权责发生制。[①] 权责发生制是指凡是当期已经实现的收入和已经发生的或应当负担的费用,不论款项是否收付,都应作为当期的收入和费用处理;凡是不属于当期的收入和费用,即使款项已在当期收付,都不应作为当期的收入和费用处理。也就是说,它以权利和责任的发生与转移作为收入和费用发生的标志,而不以款项是否收付作为收入与费用发生并登记入账的依据。我国《企业会计准则——基本准则》第九条规定:"企业应当以权责发生制为基础进行会计确认、计量和报告。"采用权责发生制有助于正确计算企业的经营成果。与权责发生制相对称的概念是收付实现制。收付实现制是以款项的实际收到和付出作为收入和费用发生的标志并据以入账,而不论权利和责任是否发生与转移。我国企业采用权责发生制记账,采用收付实现制编制现金流量表;行政单位会计目前采用收付实现制记账;事业单位会计除经营业务可以采用权责发生制外,其他大部分业务采用收付实现制。②会计计量的基本要求。会计计量是指对经济业务的数量关系进行计算和衡量,其实质是以数量(主要是以货币表示的价值量)关系揭示经济事项之间的内在联系。会计计量包括计量单位的应用和计量属性的选择两个基本要素。计量单位包括名义货币量度单位(如美元、人民币元等)和不变购买力货币单位(如不变美元等)。计量属性"是指被计量客体的特性或外在表现形式"[②]。我国《企业会计准则——基本准则》第四十二条规定:会计计量属性主要包括历史成本、重置成本、可变现净值、现值和公允价值。企业在对会计要素进行计量时,一般应当采用历史成本,采用重置成本、可变现净值、现值、公允价值计量的,应当保证所确定的会计要素金额能够取得并可靠计量。可见,历史成本是会计主要的计量属性。

(4) 会计要素准则。这是指会计核算中对会计对象各类具体内容(会计要素)进行确认、计量、记录和报告时应当遵循的基本要求。例如,什么是资产,它包括哪些内容,各项内容按什么价值入账,又怎样在会计报表中列示等,这些均在会计基本准则中做出明确规定。

(5) 会计报表的基本内容。《企业会计准则——基本准则》第四十四条规定:会计报表至少应当包括资产负债表、利润表、现金流量表等报表。

2. 具体会计准则

具体会计准则简称具体准则,它是在基本准则基础上进一步做出具体规定的准则,包

---

① 冯淑萍:《简明会计辞典》,中国财政经济出版社 2002 年版。
② 葛家澍等:《会计大典(第一卷)——会计理论》,中国财政经济出版社 1998 年版。

括各行业共同经济业务准则、特殊经济业务准则和会计报表准则三大类。具体准则的特点是针对性强和便于操作,又可称为应用性准则。我国企业具体会计准则有42项(第1—42号),分别为:存货,长期股权投资,投资性房地产,固定资产,生物资产,无形资产,非货币性资产交换,资产减值,职工薪酬,企业年金基金,股利支付,债务重组,或有事项,收入,建造合同,政府补助,借款费用,所得税,外币折算,企业合并,租赁,金融工具确认和计量,金融资产转移,套期保值,保险合同,再保险合同,石油天然气开采,会计政策、会计估计变更和差错更正,资产负债表日后事项,财务报表列报,现金流量表,中期财务报告,合并财务报表,每股收益,分部报告,关联方披露,金融工具列报,首次执行企业会计准则,公允价值计量,合营安排,在其他主体中权益的披露,持有待售的非流动资产、处置组和终止经营。

3. 企业会计准则应用指南

企业会计准则应用指南是对企业会计准则的具体应用做出指导性和示范性要求的规定,主要包括对会计准则做出解释、规定会计核算所设置的会计科目、规定主要账务处理等。2006年10月30日,财政部发布了《企业会计准则——应用指南》,从2007年1月1日起施行,而后随着《企业会计准则》的修订、发布而变化。

4. 企业会计准则解释

企业会计准则解释是企业会计准则在实施过程中遇到的具体问题或深度问题所做的解释。它和国际财务报告准则体系中的"解释公告"相互对应。截至2022年年底,财政部已发布企业会计准则解释第1—16号。

(三)财务通则

财务通则是开展财务活动、进行财务管理必须遵循的基本原则和规范,是财务制度体系中的基本法规,是制定企业内部财务管理制度的纲领性文件。我国的财务通则分别从企业、事业、金融企业的角度进行规范。1992年11月,财政部发布了《企业财务通则》(财政部令第4号),自1993年7月1日起施行。2006年12月,财政部又对《企业财务通则》(财政部令第41号)进行了修订,从2007年1月1日起施行。1996年10月,财政部发布了《事业单位财务规则》(财政部令第8号),自1997年1月1日起施行;2021年12月31日对其进行了修改,自2022年3月1日起施行。2006年12月7日,财政部发布了《金融企业财务规则》(财政部令第42号),从2007年1月1日起施行。

财务通则不同于规范会计核算行为的会计准则,它是加强财务管理、规范财务行为、保护企事业单位及其相关方的合法权益的规范。财务通则主要从资金筹集、资产营运、成本控制、收益分配、信息管理、财务监督等财务要素上规范企业财务行为,促使企事业单位的财务管理走向规范化、科学化、法制化、信息化和效益化。

二、会计信息

会计是以货币计量为基本形式,采用专门方法,对经济活动进行核算和监督的一种管理活动。会计的主要目的是为各信息使用者提供经济和财务决策的有用信息。

（一）会计信息的内容

会计信息是会计分析的直接依据。会计信息包括能用货币表现的历史信息（或称财务信息）和以非货币表现的未来信息（或称非财务信息）。其中，财务信息是会计的主要信息，分为财务状况信息和经营成果信息两部分。

1. 财务状况信息

财务状况信息是反映财务状况要素的信息。财务状况要素是会计对象要素（简称"会计要素"）的首要内容，它由以下三大要素组成：

（1）资产。资产是指企业过去的交易或事项形成的、由企业拥有或者控制的、预期会给企业带来经济利益的资源，包括各种财产、债权（对债务人所欠债务有收回的权利称为债权）和其他权利。所谓经济利益，是指直接或间接导致现金或现金等价物流入企业的潜力。资产按流动性质分为流动资产和非流动资产两类。流动资产是指可以在一年或超过一年的一个营业周期内变现或耗用的资产，包括库存现金、银行存款、交易性金融资产、应收及预付款项、存货等；不符合上述条件的均为非流动资产，包括债权投资、其他债权投资、长期股权投资、其他权益工具投资、投资性房地产、固定资产、无形资产及其他资产等。资产的分类如图1-2所示。

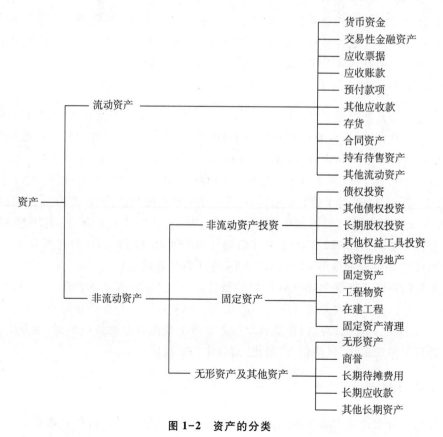

图1-2 资产的分类

（2）负债。负债是指企业过去的交易或者事项形成的、预期会导致经济利益流出企业的现时义务。负债分为流动负债和非流动负债两类。流动负债是指将在一年（含一年）或者超过一年的一个营业周期内偿还的债务，包括短期借款、交易性金融负债、应付票据、应付账款、预收款项、应付职工薪酬、应交税费、应付利息、应付股利、其他应付款、其他流动负债等；非流动负债亦称长期负债，是指偿还期在一年或者超过一年的一个营业周期以上的债务，包括长期借款、应付债券、长期应付款、专项应付款、预计负债等。负债的分类如图1-3所示。

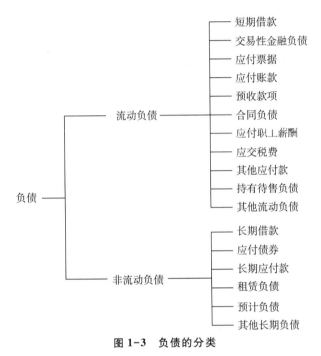

图1-3　负债的分类

（3）所有者权益。所有者权益是指企业资产扣除负债后由所有者享有的剩余权益。股份公司的所有者权益又称股东权益。所有者权益的来源包括所有者投入的资本、直接计入所有者权益的利得和损失、留存收益等。直接计入所有者权益的利得和损失，是指不应计入当期损益、会导致所有者权益发生增减变动的、与所有者投入资本或者向所有者分配利润无关的利得或损失。利得是指由企业非日常活动所形成的、会导致所有者权益增加的、与所有者投入资本无关的经济利益的流入。损失是指由企业非日常活动所发生的、会导致所有者权益减少的、与向所有者分配利润无关的经济利益的流出。列入资产负债表的所有者权益项目有以下六项：

① 实收资本（或股本）。它是投资者按企业章程或合同、协议的约定，实际投入企业的资本。在股份制企业，实收资本也称股本。实收资本包括国家资本（国家投入企业的资本）、法人资本（具有法人资格的企业、事业单位和社会团体依法将可支配的、允许用于经营的资产投入企业形成的资本）、个人资本（自然人以个人合法财产投入企业的资本）和外商资本（外商投入企业的资本）四部分。投资者向企业投入资本，必须在工商行政管理部门登记注册。投资者投入的资本全部到位后就与注册资本一致。

② 其他权益工具。这是指企业发行在外的除普通股以外分类为权益工具的金融工具。包括企业发行优先股的股东权益、企业发行可转换债券确认为权益工具的持券人权益。它与"实收资本"("股本")的投资身份不同,其他权益工具不是普通股股东(普通投资者)的权益,而是优先股股东、持券待转股股东的权益。

③ 资本公积。这是指投资者或者他人投入企业、所有权归属于投资者且金额上超过法定资本部分的资本或者资产。资本公积包括资本溢价(或股本溢价)、其他资本公积等。

④ 盈余公积。这是指企业从盈利中提取的各种公积金,包括法定盈余公积、任意盈余公积两部分。

⑤ 未分配利润。这是指企业实现的净利润经过弥补亏损、提取盈余公积和向投资者分配利润后留存在企业的、历年结存的利润。未分配利润通常用于留待以后年度向投资者进行分配。

⑥ 其他综合收益。这是指企业根据会计准则规定未在当期损益中确认的各项利得和损失。这种利得和损失扣除所得税后的净额归属为所有者权益。

以上盈余公积和未分配利润统称为留存收益。所有者权益分类如图1-4所示。

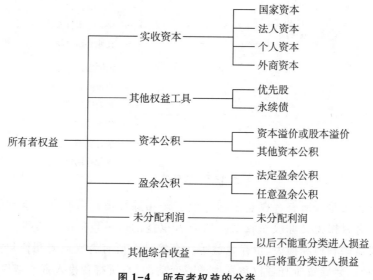

图1-4 所有者权益的分类

2. 经营成果信息

经营成果信息是反映经营成果要素的信息。经营成果要素同财务状况要素组成了会计对象要素。经营成果要素由以下三大要素组成:

(1) 收入。收入是指企业在日常活动中形成的、会导致所有者权益增加的、与所有者投入资本无关的经济利益的总流入,包括主营业务收入和其他业务收入,统称为营业收入。

(2) 费用。我国《企业会计准则——基本准则》定义的费用概念为:费用是指企业在日常活动中发生的、会导致所有者权益减少的、与向所有者分配利润无关的经济利益的总流出。费用的处理可以对象化,也可以期间化。对象化的费用(包括产品生产或提供劳务发生的直接材料、直接人工、制造费用等)形成产品成本或劳务成本,在确认收入时将已销产品或已提供劳务的成本计入当期损益。费用不能归属产品、劳务等核算对象的,应该直接计入当期损益。直接计入期间损益的费用有销售费用、管理费用、财务费用、研发费用、税金及附加、支出或损失、所得税费用等。

国际会计准则定义费用概念时指出:费用是指会计期间经济利益的减少,包括企业正常(日常)活动中发生的费用和损失,其形式表现为现金、现金等价物、存货和固定资产的流出或折耗。在西方,费用大体分为三类:第一类是与营业收入有直接因果关系的销货成本;第二类是与营业收入存在间接因果关系的销售费用和管理费用;第三类是和某笔特定的营业收入不一定有直接关系的其他费用,如所得税费用、慈善性捐款等。

从以上中西方对费用概念的定义看,西方定义的费用概念比较广泛和明确,即企业从收入到净利润的全部扣除项目都是费用的内容,是一种广义的费用概念。

(3)利润。利润是指企业在一定会计期间的经营成果,包括收入减去费用后的净额、直接计入当期利润的利得和损失等。直接计入当期利润的利得和损失,是指应当计入当期损益、会导致所有者权益发生增减变动的、与所有者投入资本或者向所有者分配利润无关的利得或者损失。直接计入当期利润的利得有公允价值变动收益、投资收益、资产处置收益、其他收益、营业外收入等;直接计入当期利润的损失有公允价值变动损失、投资损失、资产处置损失、资产减值损失、信用减值损失、营业外支出等。公允价值变动收益和公允价值变动损失统称为公允价值变动损益;投资收益和投资损失统称为投资损益,投资收益减去投资损失后的余额为投资净收益;资产处置收益减去资产处置损失后的余额为资产处置损益;营业外收入减去营业外支出的余额为营业外收支净额。企业利润表上利润的主要形式有:

① 营业利润。它由利润净额、公允价值变动损益、投资净收益、资产处置损益、其他收益和减值损失等项目组成。利润净额是收入减去各项成本费用及税费后的净额。公允价值变动损益是指企业按公允价值模式计量的已入账的资产、负债及其他有关业务的账面价值与现时公允价值不同而产生的计入当期损益的利得或损失;投资净收益是企业对外投资所取得的收益扣除投资损失后的净额。

② 利润总额。它由营业利润和营业外收支净额两部分组成。营业外收支净额是指与企业日常活动没有直接关系的各项收入减去各项支出后的余额。

③ 净利润。它是利润总额扣除所得税费用后的余额,也称税后利润或净收益。

企业利润表最终要反映"综合收益总额",它由"净利润"和"其他综合收益"构成。其他综合收益反映企业根据企业会计准则规定未在损益中确认的各项利得和损失扣除所得税影响后的净额。我国确定的利润表,在西方又称收益表,2009年1月1日实施的、新修订的《国际会计准则第1号——财务报表的列报》已将"收益表"改名为"综合收益表"(还将"资产负债表"改名为"财务状况表")。

以上三项经营成果要素如图1-5所示。

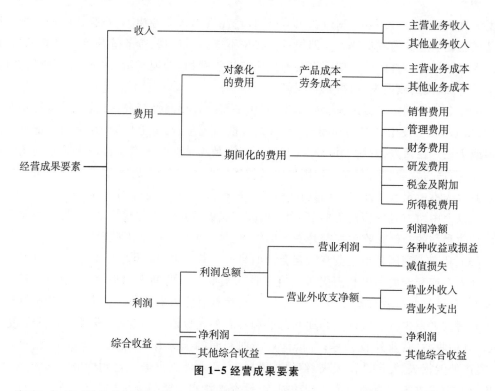

图 1-5 经营成果要素

资产、负债、所有者权益、收入、费用、利润是会计对象的六要素（简称"六大会计要素"），各要素内容通过货币计量和报告，就成为财务分析的基本资料（依据）。其中，资产、负债、所有者权益各项内容提供的信息是企业财务状况的静态信息，即从某一时点上反映企业资金的分布状况，是进行静态分析的基本依据；收入、费用、利润各项内容提供的信息是从动态方面反映企业的经营成果，即揭示某一期间企业使用资金的结果，是资金投入企业后进行循环周转（见图1-1）的具体体现，是进行动态分析的基本依据。

（二）会计要素信息之间的数量等式

会计要素之间有一定的联系，反映会计要素之间在数量上的平衡关系式称为会计等式或会计恒等式或会计方程式。

1. 财务状况要素等式

$$资产 = 负债 + 所有者权益$$

企业要从事生产经营活动，必须具备一定的资产，而这些资产均有来源。企业资产的来源有两条途径：一是投资者投入；二是向债主借入。投资者投入资产后，拥有所有者权益；债主以"债"的方式把资产借给企业使用后，拥有债权人权益，对企业来说则表现为负债。所有者权益和债主权益统称为权益，均反映资产的来源，均对资产有提出要求的权利。因此，资产和权益是一个事物的两个方面：一方面，从资产本身考察，它是企业的经济资源，反映企业存在的物质形式；另一方面，从资产来源考察，它反映资产主体对资产所拥有的权利。例如，投资者向企业投入货币资金20万元，企业从银行取得短期借款10万元。这时，企业资产（货币资金）金额为30万元，对应的两个来源是所有者权益（实收资本）20

万元和负债(短期借款)10万元,即30万元=10万元+20万元。投资者要求企业对其投入的资本保值和增值;债权人要求企业到期还本付息。当短期借款到期时企业用货币资金偿还借款10万元,资产减少了10万元,负债也减少了10万元。这时,企业的资产(货币资金)20万元,所有者权益(实收资本)20万元。此期间,如果企业未经营创利,偿还借款的利息就会使企业亏损。将亏损额冲减所有者权益,企业的资产就不能保值。因此,资产和权益相互联系、互相依存:有一定资产必然有一定的来源(权益);资产增加,权益也增加;资产丧失,权益也丧失,两者相互对应,彼此永远相等。

2. 经营成果要素等式

$$收入 - 费用 = 利润$$

3. 会计要素综合等式

$$资产 = 负债 + 所有者权益 + (收入 - 费用)$$

或为:
$$资产 = 负债 + 所有者权益 + 利润$$

以上财务状况要素等式是从某个会计期间的开始或结束时进行反映的,经营成果要素等式和会计要素综合等式是从会计期间未结算前的任一时刻反映的。企业实现的利润要进行分配:提取积累,形成盈余公积;向投资者分利;保留一定利润以后年度分配,形成未分配利润。企业利润经过分配,除投资者从企业获取利润后,其余的转化为所有者权益,即会计期末结算后,会计等式仍然是:

$$资产 = 负债 + 所有者权益$$

这一会计等式,就是会计的基本等式。会计的基本等式最终体现在资产负债表上。用一张简略的资产负债表来反映,如表1-1所示。

表1-1 资产负债表

编制单位:甲企业　　　　　20××年1月31日　　　　　　　单位:元

资产	金额	负债及所有者权益	金额
银行存款	300 000	短期借款	100 000
		实收资本	200 000
资产合计	300 000	权益合计	300 000

(三) 产生会计信息的过程

会计信息是在会计核算过程中按照一定程序、手续和规则逐渐生成的,涉及会计的确认和计量、会计核算的方法、会计核算的形式等。

1. 发生经济业务,取得原始凭证

经济业务是引起会计要素金额增减变化的事项,也称会计事项。它来自企业外部(如向银行借款、向供货单位购货等)和企业内部(如生产产品耗用材料、完工产品验收入库等)两个方面。会计信息起源于经济业务,经济业务的发生,使会计核算工作有了起点。

(1) 经济业务的类型。企业有各种各样的经济业务,但从会计基本等式的角度考察,不外乎以下四种类型：

① 资金投入企业，资产和权益项目等额增加。

例 1-1　甲企业 2 月 5 日获得国家追加的货币投资 45 000 元，已存入银行。

这笔经济业务使企业资产类的银行存款项目增加 45 000 元，同时所有者权益类的实收资本项目也增加 45 000 元。

例 1-2　甲企业 2 月 10 日从供应单位购入甲原材料 8 000 元，货款暂欠。

这笔经济业务使企业资产类的原材料存货增加 8 000 元，同时负债类的应付账款项目也增加 8 000 元。

② 资金退出企业，资产和权益项目等额减少。

例 1-3　甲企业 2 月 15 日用银行存款 60 000 元偿还短期借款。

这笔经济业务使企业资产类的银行存款项目减少 60 000 元，同时负债类的短期借款项目也减少 60 000 元。

③ 资金在资产类项目之间有增有减。

例 1-4　甲企业 2 月 21 日从银行提取现金 460 元。

这笔经济业务使企业资产类下银行存款项目减少 460 元，现金项目增加 460 元。

④ 资金在权益类项目之间有增有减。

例 1-5　甲企业 2 月 25 日从银行取得 5 300 元短期借款，直接偿还此前欠供货单位材料款。

这笔经济业务使企业负债类下短期借款项目增加 5 300 元，应付账款项目减少 5 300 元。

通过以上经济业务变动，甲企业 2 月 28 日资产负债表如表 1-2 所示。

表 1-2　资产负债表

编制单位：甲企业　　　　　　　　20××年 2 月 28 日　　　　　　　　单位：元

资产	金额	负债及所有者权益	金额
银行存款（+45 000−60 000−460）	284 540	短期借款（−60 000+5 300）	45 300
库存现金（+460）	460	应付账款（+8 000−5 300）	2 700
原材料（+8 000）	8 000	实收资本（+45 000）	245 000
资产合计	293 000	权益合计	293 000

（2）原始凭证的种类。在会计实际工作中，企业的经济业务基本上是通过取得原始凭证反映的。原始凭证是在经济业务发生时取得的或填制的用来记录和证明经济业务发生或完成情况的原始证据。按凭证来源方向，分为外来原始凭证（如从销货单位取得的发票、从行政事业单位取得的收据等）和自制原始凭证（如企业自制的收料单、领料单、差旅费报销单等）。依上述例 1-1 至例 1-5，甲企业应将国家投资拨款单、购料发票和收料单、贷款偿还书、现金支票存根、借款凭证和银行结算凭证等作为记账的原始依据，但记账前要对原始凭证的合法性、合理性、完整性和正确性进行审核。

2. 处理经济业务,填制记账凭证

原始凭证的格式千差万别,它主要是证明经济业务已经发生和已经完成,一般还不具备直接登记账簿的要素,因此我们有必要将各种原始凭证按记账的特定要求加以归类整理,编制记账凭证。记账凭证是会计人员根据审核后的原始凭证或原始凭证汇总表编制的作为登记账簿的直接依据。记账凭证的内容、格式以及填制方法都有特定的要求。

(1) 确定会计科目。会计科目是对会计对象具体内容(即会计要素)进行分类核算的项目。通过设置会计科目,可以把各项经济业务分门别类地记录下来,清楚地对内、对外提供一系列具体的、分类的数量指标。会计科目按其反映经济内容的性质分为资产类(含成本费用或支出类)和权益类(含负债类、所有者权益类、收入或收益类)。财政部制定出版的《企业会计准则应用指南(2020年版)》附录中规定的会计科目见表1-3(原表分为资产类、负债类、共同类、所有者权益类、成本类、损益类共六类,为了初学者便于运用,这里改为两类,其中不包括金融、保险、证券、建造承包等企业的会计科目)。

表 1-3 会计科目表

序号	编号	资产类	序号	编号	权益类
1	1001	库存现金	67	2001	短期借款
2	1002	银行存款	68	2101	交易性金融负债
3	1015	其他货币资金	69	2201	应付票据
4	1101	交易性金融资产	70	2202	应付账款
5	1121	应收票据	71	2205	预收账款
6	1122	应收账款	72	2206	合同负债
7	1123	预付账款	73	2211	应付职工薪酬
8	1131	应收股利	74	2221	应交税费
9	1132	应收利息	75	2231	应付利息
10	1231	其他应收款	76	2232	应付股利
11	1241	坏账准备*	77	2241	其他应付款
12	1401	材料采购	78	2401	递延收益
13	1402	在途物资	79	2501	长期借款
14	1403	原材料	80	2502	应付债券
15	1404	材料成本差异	81	2701	长期应付款
16	1406	库存商品	82	2711	专项应付款
17	1407	发出商品	83	2801	预计负债
18	1410	商品进销差价*	84	2901	递延所得税负债
19	1411	委托加工物资	85	4001	实收资本
20	1421	消耗性生物资产	86	4002	资本公积
21	1431	周转材料	87	4101	盈余公积

(续表)

序号	编号	资产类	序号	编号	权益类
22	1471	存货跌价准备*	88	4103	本年利润
23	1473	合同资产	89	4104	利润分配※
24	1501	债权投资	90	4201	库存股
25	1502	债权投资减值准备*	91	6001	主营业务收入
26	1503	其他债权投资	92	6051	其他业务收入
27	1504	其他权益工具投资	93	6101	公允价值变动损益
28	1511	长期股权投资	94	6111	投资损益
29	1512	长期股权投资减值准备*	95	6115	资产处置损益
30	1521	投资性房地产	96	6211	其他收益
31	1531	长期应收款	97	6301	营业外收入
32	1541	应收融资租赁款	98	6901	以前年度损益调整
33	1601	固定资产			
34	1602	累计折旧*			
35	1603	固定资产减值准备*			
36	1604	在建工程			
37	1605	工程物资			
38	1606	固定资产清理			
39	1621	生产性生物资产			
40	1622	生产性生物资产累计折旧*			
41	1623	公益性生物资产			
42	1631	油气资产			
43	1632	累计折耗*			
44	1701	无形资产			
45	1702	累计摊销*			
46	1703	无形资产减值准备*			
47	1711	商誉			
48	1801	长期待摊费用			
49	1811	递延所得税资产			
50	1901	待处理财产损溢			
51	5001	生产成本			
52	5101	制造费用			
53	5201	劳务成本			
54	5301	研发支出			

(续表)

序号	编号	资产类	序号	编号	权益类
55	6401	主营业务成本			
56	6402	其他业务成本			
57	6403	税金及附加			
58	6601	销售费用			
59	6602	管理费用			
60	6603	财务费用			
61	6604	勘探费用			
62	6701	资产减值损失			
63	6702	信用减值损失			
65	6711	营业外支出			
66	6801	所得税费用			

注：1001—1901 为资产类，2001—2901 为负债类，3001—3202 为共同类，4001—4201 为所有者权益类，5001—5403 为成本类，6001—6901 为损益类。*其内容属于资产类（用于编制会计报表），其性质属于权益类（用于确定记账符号）；※其内容属于权益类（用于编制会计报表），其性质属于资产类（用于确定记账符号）。

为了适应企业内部经营管理的需要，会计人员应将会计科目适当分级，以便提供尽可能详细、具体的资料。会计科目的分级体系是：一级科目（或称总分类科目）、二级科目和明细科目。总分类科目是对会计对象具体内容进行总括分类的科目，它提供总括核算指标，表1-3中均是总分类科目。明细分类科目（包括二级科目和明细科目）是对总分类科目进一步分类的科目，它提供明细核算资料。举例如下：

一级科目 （总账科目）	二级科目 （子目）	明细科目 （细目）
原材料 ——	原料及主要材料 ——	元钢
		工具钢
	—— 辅助材料 ——	润滑油
		油漆
……		

一、二级科目一般由财政部规定，明细科目由企业自行规定。《企业会计准则应用指南》规定：企业在不违反会计准则中确认、计量和报告规定的前提下，可以根据本单位的实际情况自行增设、分拆、合并会计科目。

会计人员应根据经济业务的内容确定相应的会计科目填在记账凭证上。

（2）运用复式记账原理。复式记账是对每项经济业务要求同时在两个或两个以上对应科目中进行等额登记的一种记账方法。简言之，就是对每项经济业务要求同时做双重平衡记录。复式记账的理论依据是会计等式，其作用是能够清楚地反映经济业务的来龙去脉,检查会计记录的正确与否。例如,国家投入20万元货币资金,企业将其存入银行。这是一项(笔)经济业务,它涉及"银行存款"和"实收资本"两个对应的会计科目。处理这笔经济业务时就是要在这两个会计科目中都登记20万元。同一笔经济业务同时做了双重记录后,就能清楚地反映银行存款增加了20万元的原因(来源)是国家投入了资本。其后进行检查时,如果资产等于权益,就说明会计记录没有错误;反之,就要查错更正。这种复式记账比单式记账(一项业务只用一个会计科目登记)更科学、作用更大,是填制记账凭证必须考虑的基本原理。

(3) 确定记账符号。复式记账原理体现在各种复式记账法中。我国应用的复式记账法有借贷记账法、增减记账法和收付记账法等几种。国际上通行的是借贷记账法。我国《企业会计准则》规定各类企业均使用借贷记账法。

借贷记账法是用"借"和"贷"作为记账符号来反映资产和权益增减变动情况与结果的一种复式记账法。它大约产生于13世纪的意大利。"借"和"贷"二字最初是用来表示借贷资本家的债权债务变动,吸收存款称为"贷",表示欠人(债务);把吸收的款项放出去称为"借",表示人欠(债权)。但随着经济的发展,记账对象的扩大以及借贷记账法的广泛应用,"借"和"贷"逐渐失去原来的含义,而纯粹成为一种记账符号。

① "借"和"贷"记账符号的基本含义。记账符号的含义是和会计科目的应用结合在一起的。对于经济业务涉及资产类的会计科目,金额增加,用"借"表示,金额减少,用"贷"表示;对于经济业务涉及权益类的会计科目,金额增加,用"贷"表示,金额减少,用"借"表示。例如,国家投入货币资金20万元,企业将其存入银行。它使企业的银行存款增加,实收资本增加。"银行存款"是资产类的会计科目,其增加额用"借"表示;"实收资本"是权益类(所有者权益类)的会计科目,其增加额用"贷"表示。又如,企业购入原材料8 000元,货款暂欠。它使企业的原材料增加,应付账款增加。"原材料"是资产类的会计科目,其增加额用"借"表示;"应付账款"是权益类(负债类)的会计科目,其增加额用"贷"表示。

"借"和"贷"记账符号的基本含义如表1-4所示。

表1-4 "借"和"贷"记账符号的含义

资产类科目		权益类科目		借方	贷方
金额增加	→ 用"借"表示	金额增加	→ 用"贷"表示	记录资产增加	记录负债增加
				记录成本费用增加	记录所有者权益增加
				记录负债减少	记录收入(收益)增加
金额减少	→ 用"贷"表示	金额减少	→ 用"借"表示	记录所有者权益减少	记录资产减少
				记录收入(收益)减少	记录成本费用减少

各单位的记账凭证和账簿账页上一般都列明"借方"和"贷方",会计人员在处理经济业务时,应将会计科目和金额"对号入座"。

② 借贷记账法的记账规则。由于每笔经济业务至少涉及两个会计科目,又要分别在借方和贷方等额记录,其结果必然是:有借必有贷,借贷必相等。这就是借贷记账法的记账规则。

(4) 确定会计分录。会计分录是确定每项经济业务应借、应贷的会计科目及其金额的记录,简称分录。分录具有能够清晰地反映经济业务内容、便于记账和日后查找等作用。现对前述例题的五笔经济做会计分录如下:

例 1-1   借:银行存款   45 000

             贷:实收资本   45 000

例 1-2   借:原材料   8 000

             贷:应付账款   8 000

例 1-3   借:短期借款   60 000

             贷:银行存款   60 000

例 1-4   借:库存现金   460

             贷:银行存款   460

例 1-5   借:应付账款   5 300

             贷:短期借款   5 300

在会计分录中,凡涉及一借一贷的分录称为简单会计分录,如例 1-1 至例 1-5;凡涉及一借多贷或一贷多借或多借多贷的分录称为复合会计分录,如例 1-6。

例 1-6 甲企业 2 月 26 日回购乙原材料 24 000 元,其中 20 000 元用银行存款支付,其余货款暂欠。

借:原材料   24 000

    贷:银行存款   20 000

             应付账款   4 000

复合分录是由若干简单分录合并组成的。如例 1-6 的复合分录就由下列两个简单分录组成:

借:原材料   20 000

    贷:银行存款   20 000

借:原材料   4 000

    贷:应付账款   4 000

在会计实际工作中,会计分录是填列在记账凭证上的,因而记账凭证又称分录凭证。

(5) 正式填制记账凭证。记账凭证按其反映的经济业务内容划分,分为收款凭证、付款凭证和转账凭证三种(格式见表 1-5 至表 1-7)。凡涉及库存现金和银行存款增加的经济业务填列收款凭证;凡涉及库存现金和银行存款减少的经济业务填列付款凭证;凡是与库存现金和银行存款无关的经济业务填列转账凭证。为了避免重复记账,对于库存现金和银行存款之间相互划转的业务,例如从银行提取现金或将现金存入银行,一般只填制付款凭证。结合上述例题,例 1-1 填收款凭证(收字 1 号),例 1-2 填转账凭证(转字 1 号),例 1-3 填付款凭证(付字 1 号),例 1-4 填付款凭证(付字 2 号),例 1-5 填转账凭证(转字 2 号),例 1-6 填付款凭证(付字 3 号)和转账凭证(转字 3 号)。现依据例 1-1 至例 1-3 的业务内容,填列的记账凭证如表 1-5 至表 1-7 所示。

表 1-5 收款凭证

收款凭证

20××年2月5日

总字 ___1___ 号
收字 ___1___ 号

借方科目		记账
一级科目	二级科目	
银行存款		

摘要	贷方科目		记账	金额									
	一级科目	二级或明细科目		千	百	十	万	千	百	十	元	角	分
国家投入资本	实收资本	国家资本				4	5	0	0	0	0	0	0
合计（大写）	肆万伍仟元整			¥		4	5	0	0	0	0	0	0

附件1张

主管　　　　　审核　　　　　记账　　　　　填制

表 1-6 转账凭证

转账凭证

20××年2月10日

总字 ___2___ 号
转字 ___1___ 号

摘要	借方科目		贷方科目		记账	金额									
	一级科目	二级科目	一级科目	二级科目		千	百	十	万	千	百	十	元	角	分
购进甲材料	原材料	甲材料	应付账款	振华厂						8	0	0	0	0	0
合计							¥			8	0	0	0	0	0

附件2张

主管　　　　　审核　　　　　记账　　　　　填制

表 1-7 付款凭证

付款凭证

20××年2月15日

总字 ___3___ 号
付字 ___1___ 号

贷方科目		记账
一级科目	二级科目	
银行存款		

摘要	借方科目		记账	金额									
	一级科目	二级或明细科目		千	百	十	万	千	百	十	元	角	分
偿还银行借款	短期借款	流动资金借款					6	0	0	0	0	0	0
合计（大写）	陆万元整			¥			6	0	0	0	0	0	0

附件1张

主管　　　　　审核　　　　　记账　　　　　填制

表 1-5 中附件 1 张,是指收款凭证后面附着 1 张国家投资拨款单;同理,转字 1 号凭证后面附着发票和收料单两张原始凭证,付字 1 号凭证附着 1 张贷款偿还书。

对于经济业务量少的单位不必设置收、付、转三种凭证,只需设置一种格式的记账凭证。其格式与上述"转账凭证"类似,只需将"转"字改为"记"字,同时删掉编号前的"转字_____号"即可。

3. 根据会计凭证登记会计账簿

原始凭证和记账凭证统称会计凭证。由于会计凭证的数量多、很分散,虽然提供的资料详细、具体,但缺乏系统性。为了全面、连续、系统、分类地反映企业一定时期内的全部经济活动,有必要将会计凭证提供的大量而分散的核算资料登记到相应的账簿中。

(1) 账簿的种类。账簿按用途分为序时账簿、分类账簿和备查账簿三种。序时账簿也称日记账,是按照经济业务发生时间的先后顺序进行登记的账簿,主要有库存现金日记账和银行存款日记账两种。分类账簿分为总分类账簿和明细分类账簿两种。总分类账簿也称总分类账,简称总账,是根据一级会计科目设置的提供全部经济业务总括核算资料的账簿。明细分类账簿也称明细分类账,简称明细账,是根据二级或明细科目设置的提供某类经济业务较详细核算资料的账簿。例如,"原材料"科目应按材料类别(原料及主要材料、辅助材料等)、品种规格(元钢、工具钢等)设置明细账。又如"应付账款"科目应按供应单位设置明细账。备查账簿是对某些在序时账和分类账中未能记载的经济事项进行补充登记的账簿。例如,临时租入固定资产,由于所有权不属于本企业,不作为本企业资产入账,而是设置"租入固定资产备查簿"进行记录。

(2) 账户。账簿是由具有一定格式、相互联结的账页组成的。会计账簿中账页的户头称为账户。账户是根据会计科目开设的。账页上角(左上角或右上角)填写一级会计科目的账户称为总分类账户或一级账户,填写二级会计科目的账户称为二级账户,填写明细科目的账户称为明细账户或三级账户。二级账户和明细账户统称为明细分类账户。

(3) 账簿的登记。账簿一般根据会计凭证登记,具体而言:库存现金日记账和银行存款日记账根据收款凭证和付款凭证登记;总账可以直接根据各种记账凭证逐笔登记,也可以通过一定的汇总方法,把各种记账凭证进行汇总,编制出汇总记账凭证或科目汇总表,再据以登记;明细账根据原始凭证或原始凭证汇总表、记账凭证登记。其中,总账和明细账要实行平行登记,即对于每项经济业务一方面要登入有关的总分类账户,另一方面要登入各总分类账户所属的明细分类账户,其记账方向(借方或贷方)也要一致,并且记入总分类账户的金额必须与记入所属几个明细分类账户金额之和相等。

① 库存现金日记账和银行存款日记账的登记。这两种日记账一般采用收、付、余三栏式(收付业务多而复杂的单位也可采用多栏式),由出纳人员(会计部门负责货币等收付保管工作的人员)根据审核无误的收付款凭证逐日逐笔顺序登记。现以前述六笔经济业务为例说明其登记方法,见表 1-8 和表 1-9。

表 1-8　库存现金日记账

第 1 页

××年		凭证		摘要	对方科目	收入	付出	结余
月	日	字	号					
2	21	付	2	提取现金	银行存款	460		460
2	28			二月份发生额及月末余额		460		460

表 1-9　银行存款日记账

第 1 页

××年		凭证		摘要	结算凭证		对方科目	收入	付出	结余
月	日	字	号		种类	号数				
2	1			月初余额						300 000
2	5	收	1	国家投资	略		实收资本	45 000		345 000
2	15	付	1	偿还借款			短期借款		60000	285000
2	21	付	2	提取现金			库存现金		460	284 540
2	26	付	3	购料付款			原材料		20 000	264 540
2	28			二月份发生额及月末余额				45 000	80 460	264 540

② 总分类账的登记。总分类账一般采用借、贷、余三栏式的订本账,登记举例见表 1-10 至表 1-15。必须指出,由于这种账户的基本结构分为借方和贷方,在会计教学和理论研究中常用"T"形账户代替,如下所示:

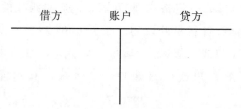

表 1-10　总分类账

会计科目:银行存款

第 1 页

××年		凭证		摘要	借方	贷方	借或贷	结余
月	日	字	号					
2	1			月初余额			借	300 000
2	5	总	1	国家投资	45 000			
2	15	总	3	偿还借款		60 000		
2	21	总	4	提取现金		460		
2	26	总	6	购料付款		20 000		
2	28			二月份发生额及月末余额	45 000	80 460	借	264 540①

注:① = 月初借方余额 300 000 + 借方本期发生额 45 000 - 贷方本期发生额 80 460,这是资产类账户的余额计算公式。

表1-11　总分类账

会计科目：原材料　　　　　　　　　　　　　　　　　　　　　　　　　　　　　第2页

××年		凭证		摘要	借方	贷方	借或贷	结余
月	日	字	号					
2	10	总	2	购料欠款	8 000			
2	26	总	6	购料付款	20 000			
2	26	总	7	购料欠款	4 000			
2	28			二月份月结	32 000		借	32 000

表1-12　总分类账

会计科目：库存现金　　　　　　　　　　　　　　　　　　　　　　　　　　　　　第3页

××年		凭证		摘要	借方	贷方	借或贷	结余
月	日	字	号					
2	21	总	4	提取现金	460			
2	28			二月份月结	460		借	460

表1-13　总分类账

会计科目：实收资本　　　　　　　　　　　　　　　　　　　　　　　　　　　　　第4页

××年		凭证		摘要	借方	贷方	借或贷	结余
月	日	字	号					
2	1			月初余额			贷	200 000
2	5	总	1	国家追加投资		45 000		
2	28			二月份月结		45 000	贷	245 000①

注：① = 月初贷方余额200 000 + 贷方本期发生额45 000 - 借方本期发生额0，这是权益类账户的余额计算公式。

表1-14　总分类账

会计科目：应付账款　　　　　　　　　　　　　　　　　　　　　　　　　　　　　第5页

××年		凭证		摘要	借方	贷方	借或贷	结余
月	日	字	号					
2	10	总	2	购入原材料欠款		8 000		
2	25	总	5	取得借款还欠款	5 300			
2	26	总	7	购入原材料欠款		4 000		
2	28			二月份月结	5 300	12 000	贷	6 700

表1-15　总分类账

会计科目：短期借款　　　　　　　　　　　　　　　　　　　　　　　　　　　　　第6页

××年		凭证		摘要	借方	贷方	借或贷	结余
月	日	字	号					
2	1			月初余额			贷	100 000
2	15	总	3	偿还流动资金借款	60 000			
2	25	总	5	取得流动资金借款		5 300		
2	28			二月份月结	60 000	5 300	贷	45 300

③ 明细分类账的登记。明细分类账有借、贷、余三栏式的(见表1-16至表1-19),有数量金额式的(见表1-20至表1-21),还有多栏式的,登记举例见表1-16至表1-21。

表1-16　实收资本明细账

二级或明细科目:国家资本　　　　　　　　　　　　　　　　　　　　　　　　　　　　分第1页

××年		凭证		摘要	借方	贷方	借或贷	结余
月	日	字	号					
2	1			月初余额			贷	200 000
2	5	收	1	国家追加投资		45 000		
2	28			二月份月结		45 000	贷	245 000

表1-17　短期借款明细账

二级或明细科目:流动资金借款　　　　　　　　　　　　　　　　　　　　　　　　　　分第1页

××年		凭证		摘要	借方	贷方	借或贷	结余
月	日	字	号					
2	1			月初余额			贷	100 000
2	15	付	1	偿还流动资金借款	60 000			
2	25	转	2	取得流动资金借款		5 300		
2	28			二月份月结	60 000	5 300	贷	45 300

表1-18　应付账款明细账

二级或明细科目:振华厂　　　　　　　　　　　　　　　　　　　　　　　　　　　　　分第1页

××年		凭证		摘要	借方	贷方	借或贷	结余
月	日	字	号					
2	10	转	1	购入甲材料欠款		8 000		
2	25	转	2	取得借款还欠款	5 300			
2	28			二月份月结	5 300	8 000	贷	2 700

表1-19　应付账款明细账

二级或明细科目:前进厂　　　　　　　　　　　　　　　　　　　　　　　　　　　　　分第2页

××年		凭证		摘要	借方	贷方	借或贷	结余
月	日	字	号					
2	26	转	3	购入乙材料欠款		4 000		
2	28			二月份月结		4 000	贷	4 000

表 1-20 原材料明细账

类别:原料及主要材料　　　　　品种规格:甲材料　　　　　　　计量单位:千克

××年		凭证		摘要	收入			发出			结存		
月	日	字	号		数量	单价	金额	数量	单价	金额	数量	单价	金额
2	10	收[①]	1	购入	500	16	8 000						
2	28			二月份月结	500	16	8 000				500	16	8 000

注:①指收料单的"收"字。

表 1-21 原材料明细账

类别:原料及主要材料　　　　　品种规格:乙材料　　　　　　　计量单位:吨

××年		凭证		摘要	收入			发出			结存		
月	日	字	号		数量	单价	金额	数量	单价	金额	数量	单价	金额
2	10	收[②]	2	购入	200	120	24 000						
2	28			二月份月结	200	120	24 000				200	120	24 000

注:②指收料单的"收"字。

（4）账簿的核对。账簿的核对主要包括:①总账各账户月末借方余额的合计数同贷方余额的合计数核对相符。例如,表 1-10 至表 1-15 中余额 264 540 + 32 000 + 460 = 245 000 + 6 700 + 45 300 = 297 000 元。②库存现金日记账、银行存款日记账月末余额和总账中对应账户月末余额核对相符。例如,表 1-8 库存现金日记账结余 460 元和表 1-12 现金总账账户余额 460 元相等;表 1-9 银行存款日记账结余 264 540 元和表 1-10 银行存款总账账户余额 264 540 元相等。③总账有关账户月末余额同所属明细账月末余额之和核对相符。例如,表 1-11"原材料"总账账户月末余额 32 000 元和表 1-20、表 1-21 原材料明细账甲材料 8 000 元和乙材料 24 000 元之和相等;又如,表 1-14"应付账款"总账账户月末贷方余额 6 700 元和表 1-18、表 1-19 应付账款明细账振华厂 2 700 元和前进厂 4 000 元之和相等。④会计部门有关财产物资的明细账余额和财产物资保管部门或使用部门的明细账余额按月或定期核对相符。

4. 根据会计账簿编制会计报表

会计账簿提供的核算资料相比会计凭证虽然更序时、连续、系统,但还不能集中概括、一目了然,因此有必要将会计账簿资料进一步加工整理,汇总编制出会计报表,以满足企业管理者、投资者、债权人及其他相关单位经济管理和决策的需要。

企业会计报表分为对外会计报表和对内会计报表两类。前者是指向对企业外部有关方提供的报表,包括资产负债表、利润表和现金流量表等;后者是指仅为企业内部服务,向企业管理者提供的会计报表,包括产品生产成本表、主要产品单位成本表等。一般说来,对外会计报表同时也为企业内部经营管理服务。以上产生会计信息的程序如图 1-6 所示。

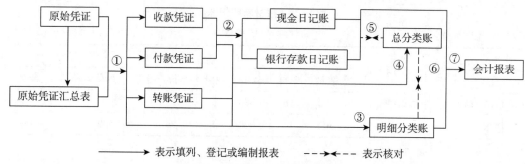

图 1-6　记账凭证核算形式程序

说明：程序⑦一般是根据总分类账和明细分类账编制会计报表，但编制现金流量表采用直接法时要利用库存现金日记账和银行存款日记账的记录确定。程序④是根据记账凭证登记总账，由此称为记账凭证核算形式。生产经营规模较大、业务较多的单位可根据记账凭证编制出汇总记账凭证或科目汇总表，再据以登记总账，这种程序称为汇总记账凭证核算形式或科目汇总表核算形式，可以简化总账的登记工作。

5. 从会计核算资料中取得会计信息

会计信息是由会计在不同环节、不同阶段加工处理数据过程中而生成的。会计信息使用者从会计核算资料中可取得以下三种信息：

（1）会计账簿信息。它是由会计账簿直接提供的信息。结合上述账簿资料，通过银行存款日记账，可以随时得到企业存款的信息；通过应付账款总账账户，可以得到月末欠款 6 700 元的信息，并通过进一步检查应付账款明细账，知道欠振华厂料款 2 700 元、欠前进厂料款 4 000 元；通过原材料总账和明细账，可以得到材料存货资金占用以及哪些材料超储、哪些材料急需求购等信息；等等。

（2）会计报表信息。它是由会计报表直接提供的信息。通过会计报表可以获得财务状况、经营成果及其变动情况等方面的信息。

（3）分析预测信息。它是对会计核算资料进行加工计算的反映有关指标之间关系及变动趋势的信息。这种信息主要供使用者分析和预测之用。

（四）提供会计信息的部门

会计信息由会计机构提供。会计机构是由专职会计人员组成的、负责组织领导和从事会计工作的职能单位。中央和地方各级企业管理机关一般设财务（会）司（局）或财务（会）处（科）；大中型企业设财务（会）处（科）；小型企业设财务（会）科（组）；不设会计机构的小型企业必须指定专人负责会计工作。在大中型企业财务科内部应设出纳组、材料组、工资组、成本组、销售组、资金证券组、综合组等小组从事会计专门业务工作，以便提供综合会计信息和专门会计信息。

三、财务计划

财务计划是运用科学的技术手段和数学方法，在对经营目标进行综合平衡后确定的计划期内有关资金筹集、使用、收入和分配等方面的预算额度,也称财务预算。企业财务计划主要包括资金筹集计划、资本支出计划、流动资金计划、成本计划、利润计划、对外投资计划等。财务计划是企业经营目标的系统化、具体化,不仅是控制财务收支活动的依据,也是检查、分析和评价财务状况和经营成果的依据。

第四节 财务分析的种类和方法

一、财务分析的种类

财务分析的种类可按不同的标准进行划分。

(1) 按照分析在经济活动发生的前后,分为事前分析、事中分析、事后分析。
(2) 按照分析的时间是否固定,分为定期分析和不定期分析。
(3) 按照分析的人员,分为内部分析(从经营者的角度出发,由企业内部经营管理人员对企业的生产经营和财务活动所做的分析,也称诊断分析)和外部分析(企业外部有利害关系的集团或人员根据各自目的对企业财务状况和经营成果所做的分析)。
(4) 按照所要分析的是企业的一个时点的状况还是一个时期的状况,分为静态分析和动态分析。
(5) 按照分析的范围,分为会计要素内容专题分析和会计报表(告)综合分析。
(6) 按照分析的内容,分为资金结构分析、风险程度分析、成本效益分析和经营绩效分析等。
(7) 按照分析的主要目标,分为流动性分析(或称偿债能力分析)、盈利能力分析、营运能力分析、发展(成长)能力分析等。

二、财务分析的方法

1. 比较分析法

比较分析法(简称比较法),亦称对比分析法(简称对比法),是将两个或两个以上有内在联系的、可比的指标进行比较从而揭示数量差异的一种方法。一般说来,数量上的差异反映了经营管理工作中存在差距。比较法的重要作用在于揭示客观存在的差距以及形成这种差距的原因,帮助人们发现问题,挖掘潜力改进工作。比较分析法是各种分析方法的基础,不仅各种绝对数可以比较,而且各种比率或百分数也可以比较,因而它是最基本的分析方法。

在运用比较分析法时,通常是将分析期实际数据与计划数据(或预算数据)进行对比,与前期或上年同期或若干连续时期的实际数据进行对比,与行业平均指标或先进企业指标进行对比。采用比较法应注意指标的可比性,对财务政策、会计方法以及计算方法发生变化的指标要调整换算,排除不可比因素,以便准确、合理地揭示问题。

2. 比率分析法

比率分析法是将两个或两个以上有内在联系的项目指标进行对比求出比率值进行分析的一种方法,是比较分析法的发展形式。按不同的分析目的,比率分析法有以下三种用法:

(1) 趋势比率分析。它是将几个时期的同类指标进行对比,借以揭示增减变动趋势的一种分析方法。反映趋势的指标通常有发展速度和增长速度两种。发展速度等于报告期指标数值除以基期指标数值得出。发展速度按不同要求有定基发展速度(基期固定的速度)和环比发展速度(以上期指标数值为基数的速度)。增长速度等于增长量(报告期指标数值减去基期指标数值后的余额)除以基期指标数值得出,或者等于发展速度减去100%得出。现举例予以说明。某企业四年销售收入及其发展速度计算如表1-22所示。

表1-22　某企业销售收入动态

项目	20×1年	20×2年	20×3年	20×4年
销售收入(万元)	100	110	118	124
定基发展速度(%)	—	110	118	124
环比发展速度(%)	—	110	107.27	105.08

表1-22中各指标的计算过程如下:

① 20×4年销售收入定基发展速度 = 124÷100 = 124%

② 20×4年销售收入环比发展速度 = 124÷118 = 105.08%

③ 20×4年销售收入比20×1年增长速度 = (124-100)÷100 = 24%(或)= 124%-100% = 24%

④ 20×1年至20×4年销售收入平均发展速度(%) = $\sqrt[3]{124 \div 100}$ = 107.43%(或)= $\sqrt[3]{110\% \times 107.27\% \times 105.08\%}$ = 107.43%

⑤ 20×1年至20×4年销售收入平均增长速度(%) = 107.43%-100% = 7.43%(也称平均递增速度)

(2) 结构比率分析。它是计算一个经济指标各个组成部分占总体的比重,借以分析指标的内部结构及其变化,从而掌握经济活动特点和变化趋势的分析方法。例如,企业资产总额40万元,其中流动资产18万元,则流动资产的结构比率(比重)为45%(18÷40×100%)。

(3) 相关比率分析。它是两个不同项目或不同类别但又相关的数据进行对比求出比率进行分析的一种方法。这些比率涉及企业经营管理的各个方面,大致分为以下几类:流动资产状况指标、短期偿债能力指标;长期偿债能力指标;盈利能力指标;营运能力指标;发展能力指标;等等。从狭义的角度看,比率分析法一般指相关比率分析法。

3. 因素替换法

因素替换法亦称连锁(环)替代法、顺序换算法、因素分析法,是将某个综合指标分解为相互联系的若干因素,然后顺序地替换各项因素而测定各因素差异对综合指标影响程度的方法。这种方法的计算程序是:先确定分析对象,计算出总的差异;然后按组成因素建立关系式;再以计划数或上期数为基础,用实际数逐个替代,计算出各个因素的影响额度;最后汇总各个因素变动差异,检查是否和总差异(分析对象)一致。现举例予以说明。企业生产某产品的直接材料费如表1-23所示。

表1-23　某产品材料耗用情况

项目	计划	实际	差异
(1) 产品产量(件)	20	22	+2
(2) 每件产品消耗材料(千克)	59	55	-4
(3) 每千克材料单价(元)	120	130	+10
(4) 产品材料费 = (1)×(2)×(3)(元)	141 600	157 300	15 700

(1) 分析对象(总差异) = 157 300 - 141 600 = 15 700元(超支)

(2) 建立关系式

　　　　产品材料费 = 产品产量 × 产品单位材料消耗量 × 材料单价

(3) 逐个替代

① 计划材料费 = 20 × 59 × 120 = 141 600(元)

② 第一次替代后材料费 = 22 × 59 × 120 = 155 760(元)

③ 第二次替代后材料费 = 22 × 55 × 120 = 145 200(元)

④ 第三次替代后材料费 = 22 × 55 × 130 = 157 300(元)

(4) 确定各因素变动影响额度

ⓐ 产量变动影响材料费 = ② - ① = 155 760 - 141 600 = 14 160(元)

ⓑ 单耗变动影响材料费 = ③ - ② = 145 200 - 155 760 = -10 560(元)

ⓒ 单价变动影响材料费 = ④ - ③ = 157 300 - 145 200 = 12 100(元)

综合各因素影响总额 = ⓐ + ⓑ + ⓒ = 15 700(元)

为了简化计算,可以将第(3)、(4)步合并,产生另一种计算方法——差额计算法。计算过程如下:

① 产量变动影响材料费 = (22 - 20) × 59 × 120 = 14 160(元)

② 单耗变动影响材料费 = 22 × (55 - 59) × 120 = -10 560(元)

③ 单价变动影响材料费 = 22 × 55 × (130 - 120) = 12 100(元)

④ 综合各因素影响总额 = ① + ② + ③ = 15 700(元)

从以上分析中可见,由于产量增加使产品材料费增加14 160元,这是正常性增加;由于产品单位材料消耗量降低,使产品材料费减少10 560元,这是生产部门的成绩;由于材料单价提高,使产品材料费增加12 100元,这种不利差异应由材料采购供应部门负责,需进一步查找具体原因。

采用因素替换法,可以衡量各项因素的影响程度,分清原因和责任。但是,这种分析方法存在一定的假定性:假设替代顺序(一般把最重要的因素排在前面先替代),一旦顺序变换,将得出不同的结果;同时,在替代逐个因素时,是假定一个因素变动而其他因素不变,但事实上往往多种因素会同时起作用。因此,在实际运用这种方法时,还要深入实际进一步调查研究,才能得出客观的分析结论。

习题一

目的:区分资产与权益。

要求:根据下列资料判断哪些属于资产类,哪些属于权益类,在相应栏内打"√"。

资金内容	资产类	权益类
1. 库存现金		
2. 存于银行的款项		
3. 储存在仓库的材料		
4. 国家投入资本		
5. 向银行借入资金		
6. 生产用的厂房、设备		
7. 办公大楼		
8. 应付某单位的购料款		
9. 应收某单位的售货款		
10. 正在加工中的产品		
11. 采购人员外出而暂借的差旅费		
12. 应付尚未支付给职工的工资		
13. 应交尚未缴纳的所得税		
14. 提取的盈余公积		
15. 未分配的利润		

习题二

目的:练习会计核算过程。

资料一:启新工厂20××年4月30日各总账账户余额如下表所示。

单位:元

资产类	金额	权益类	金额
1. 银行存款	100 000	10. 短期借款	78 000
2. 库存现金	192	11. 应付账款	2 162
3. 应收账款	1 800	12. 应付职工薪酬	0
4. 原材料	28 650	13. 实收资本	655 780

(续表)

资产类	金额	权益类	金额
5. 生产成本	3 200	14. 本年利润	0
6. 制造费用	0		
7. 库存商品	3 900		
8. 固定资产	598 200		
9. 管理费用	0		
合　计	735 942	合　计	735 942

资料二：启新工厂 20×× 年 4 月 30 日有关明细账户金额如下表所示。

单位：元

1. 原材料——钢材	21 000（10.5 吨）	5. 短期借款——流动资金借款	78 000
水泥	7 650（153 吨）	6. 应付账款——上海钢厂	2 000
2. 库存商品——甲产品	3 900（39 台）	——兰方水泥厂	162
3. 应收账款——大丰厂	1 000	7. 实收资本——国家资本	500 000
——华光厂	800	——法人资本	0
4. 生产成本——甲产品	3 200	——外商资本	0
		——个人资本	155 780

资料三：启新工厂 20×× 年 5 月发生下列经济业务：

(1) 1 日，购入钢材 9.1 吨计价 18 200 元，已验收入库，货款从银行支付。

(2) 2 日，从银行取得半年期流动资金借款 35 000 元，存入银行。

(3) 5 日，购入钢材 11 吨计价 22 000 元，已验收入库，货款从银行支付。

(4) 7 日，生产甲产品领用 5 吨钢材，计价 10 000 元。

(5) 10 日，用银行存款归还流动资金借款 37 800 元。

(6) 12 日，收到国家投入的载重汽车一辆 12 000 元。

(7) 13 日，收到银行通知，上月售给大丰厂甲产品货款 1 000 元今日收到，已存入银行。

(8) 15 日，从银行提取现金 2 320 元，准备发放工资。

(9) 16 日，从上海钢厂购入钢材 2.5 吨计价 5 000 元，已验收入库，货款未付。

(10) 17 日，发放工资 2 320 元，用现金支付。

(11) 20 日，振华公司投入固定资产，计价 320 000 元。

(12) 22 日，从兰方水泥厂购入水泥一批 734 吨，计价 30 700 元，水泥已验收入库，货款未付。

(13) 25 日，外商投入生产用机床 2 台，计价 9 600 元。

(14) 27 日，用银行存款购入卡车一辆，计价 12 000 元。

(15) 28 日，用银行存款偿还应付账款 20 000 元，其中上海钢厂 2 000 元，兰方水泥厂 18 000 元。

(16) 29 日,用银行存款支付本月电费共计 3 285 元。其中,甲产品生产耗用 2 130 元,车间照明耗用 832 元,厂部管理部门耗用 323 元。

(17) 30 日,分配本月工资费用 2 320 元。其中,生产工人工资 1 975 元,车间管理人员工资 168 元,厂部管理人员工资 177 元。

(18) 31 日,把本月制造费用的发生额转入"生产成本——甲产品"账户,把管理费用发生额转入"本年利润"账户。

(19) 31 日,完工甲产品一批 110 台,成本 11 000 元,已验收入库。

(20) 31 日,上月售给华光厂甲产品货款 800 元,今日收回 500 元存入银行。

要求:

(1) 根据上述经济业务做会计分录(用纸格式附后)。

(2) 根据上列经济业务和已编制的会计分录填制记账凭证(到财会实验室购置记账凭证)。

(3) 根据资料一和收款凭证、付款凭证开设、登记库存现金日记账、银行存款日记账(用纸格式附后)。

(4) 根据资料一和编制的记账凭证开设、登记总分类账户(到财会实验室购置账页)。

(5) 根据资料二和编制的记账凭证开设、登记明细分类账户(到财会实验室购置账页)并与有关总账账户核对。

(6) 根据总账账户余额编制资产负债表(简表)(格式附后)。

作业用纸格式如下:

(1) 会计分录表(要求写出明细科目)

题号	会计分录	凭证字号
1		
2		
3		
4		
5		
6		
7		
8		
9		
10		
11		
12		
13		
14		
15		

（续表）

题号	会计分录	凭证字号
16		
17		
18		
19		
20		

（2）填制记账凭证（另行购置）

（3）登记日记账

库存现金日记账　　　　　　　　　　　　　　　　　　　　第　页

年		凭证		摘要	结算凭证	对方科目	收入	付出	结余
月	日	字	号						

银行存款日记账　　　　　　　　　　　　　　　　　　　　第　页

年		凭证		摘要	结算凭证	对方科目	收入	付出	结余
月	日	字	号						

(4) 登记总账、明细账(另行购置)

(5) 编制资产负债表(简表)

资产类	金额	权益类	金额
1. 货币资金		5. 短期借款	
2. 应收账款		6. 应付账款	
3. 存货		7. 实收资本	
4. 固定资产		8. 本年利润	
资产合计		权益合计	

第二章 流动资产

第一节 货币资金

一、货币资金的种类

货币资金是指企业暂时停留在货币形态的资金,按其存放地点的不同,分为库存现金、银行存款和其他货币资金。库存现金是存放在企业、可随时动用的货币资金。银行存款是企业存放在开户银行的货币资金。其他货币资金是除库存现金和银行存款以外的有特定用途的各项货币资金,包括外埠存款、银行汇票存款、银行本票存款、信用证保证存款、信用卡存款和存出投资款等。外埠存款是指企业到外地进行临时或零星采购时,汇往采购地银行开立采购账户的款项。银行汇票存款是汇款人将款项交存银行,由银行签发在银行汇票上据以异地结算的款项。银行本票存款是付款单位或个人将款项交存银行,由银行签发在银行本票上据以同城结算的款项。信用证保证存款是指购货企业在购货之前申请开户银行把款项开在信用证上作为商品交易结算保证金的存款。信用卡存款是指企业将款项存在商业银行发行的信用卡上,据以向特约单位购物、消费和向银行存取现金且具有消费信用特征的存款。存出投资款是指企业已存入证券公司但尚未进行短期性证券投资的现金。

企业设置"库存现金""银行存款"和"其他货币资金"三个总账科目及相应的日记账或明细账核算货币资金业务。货币资金在企业流动资产中的流动性最强,搞好货币资金的结算、核算和管理十分重要。

二、货币资金的结算与核算

企业的货币收付行为称为结算。凡是直接用现金收付的称现金结算;凡是通过银行转账收付的,称转账结算,也称非现金结算。

1. 现金管理制度

1988年9月8日,国务院发布了《现金管理暂行条例》,其主要内容包括以下几个方面:

(1) 规定了现金的使用范围。现金使用范围包括:①职工工资、津贴;②个人劳务报酬;③根据国家规定颁发给个人的科学技术、文化艺术、体育等各种奖金;④各种劳保、福利费用以及国家规定的对个人的其他支出;⑤向个人收购农副产品和其他物资的价款;⑥出差人员必须随身携带的差旅费;⑦结算起点(1 000元)以下的零星支出;⑧中国人民银行确定需要支付现金的其他支出。企业在现金使用范围以外的款项支付,一般通过银行转账结算。

(2) 规定了库存现金的限额。为了满足企业日常零星开支的需要,企业应保留一定数额的库存现金。库存现金保留数额,一般能应付3—5日的零星开支,具体限额由银行核定。企业平时需要现金时可签发现金支票从银行提取;企业库存现金超过限额时,应及时送存银行。

(3) 一般不准坐支现金。所谓坐支现金,是指企业从现金收入中直接支付自己的支出。企业因小额销售等活动收入现金时,应填写缴(送)款单注明来源并及时存进银行;企业从银行支取现金时,应填写现金支票,注明款项用途,这样有利于银行监督。如果企业坐支现金,就逃避了银行监督,打乱了现金收支的正常渠道。

(4) 建立现金账目。会计总账上要设置"库存现金"账户核算现金的增减变动;同时,还要设置库存现金日记账由出纳人员逐笔登记现金的收付,做到日清月结、账款相符。

为了更有效地执行国家现金管理条例,企业应实行钱账分管。所谓钱账分管,即管钱的出纳人员除登记库存现金日记账、银行存款日记账外,不得登记其他任何账目;管账的会计人员不得管钱。实行钱账分管有利于内部牵制,防止弊端。

2. 银行转账结算与核算

企业凡是不属于现金结算范围的支出,都得通过银行办理转账结算手续。同一城市的转账结算使用转账支票、银行本票等银行结算凭证。非同一城市的异地结算使用银行信汇凭证(或银行电汇凭证)、托收承付结算凭证、银行汇票等;商业汇票和委托收款结算凭证既可以用于同城结算,又可以用于异地结算。转账支票一般在同城结算中用得较广泛,但从2006年12月18日起,企事业单位和居民个人签发的支票可以在北京、天津、上海、广东、河北、深圳六地互相通用结算,2007年7月在全国通用。

销货企业要想做现款交易,除了用现金(或现金支票)结算随时得到现金,一是收票给货,即收到转账支票、银行本票、银行汇票时提交货物;二是收款发货,即让购货企业先汇款,待收到银行信汇凭证(或电汇凭证)后再发货。如果销货企业(或收款单位)先发货或先提供劳务,然后填写托收承付结算凭证或委托收款结算凭证通过银行向购货企业(或付款单位)收款,待对方付款后再从银行返回的"收账通知"收到时才算收到款,这称为临时赊销或结算性赊销。如果销货企业采用约期赊销,那么可以采用商业汇票结算,商业汇票上列明兑现票款的付款日期。

企业除了在总账上设置"银行存款""其他货币资金"账户核算转账结算业务,还要设置银行存款日记账和其他货币资金明细账逐日逐笔登记货币款项的增减变动。其中,银行存款日记账要做到日清月结,并定期与银行提供的对账单核对,编制"银行存款余额调节表",将企业银行存款日记账余额与银行对账单余额调整相符。

月终,企业将"库存现金""银行存款"和"其他货币资金"账户余额之和填入资产负债表中"货币资金"项目。该项目相当于西方会计中的"现金"。如果称我国"货币资金"为狭义的现金,那么可将"货币资金"加上"现金等价物"统称为广义的现金。

3. 外币业务的处理

有外币业务的企业在发生外币银行存款业务时,应将有关外币金额折算为人民币记账。外币银行存款日记账上要登记外币金额、汇率和人民币金额。汇率是一国货币兑换为另一国货币的比率或比价,有买入价、卖出价和中间价。不同的外汇银行每天都有不同的汇率。中国人民银行每天都对不同的市场汇率进行汇总,平均计算、公布统一的市场汇价。会计则采用统一的市场汇价的中间价记账。

对日常外币业务增减处理所选择的市场汇价(汇率)既可以是交易发生日的即期汇率,也可以是与交易发生日即期汇率近似的汇率(当期平均汇率或加权平均汇率)。选择哪种汇率记账经确定一般不得随意改变。会计在记录外币业务时,要同时反映外币金额、汇率和记账本位币金额。会计期末要将所有外币货币性项目的外币余额按期末汇率折算为记账本位币金额反映,折算后的记账本位币金额与按此汇率折算前账面记账本位币余额之间的差额为汇兑差额(或称汇兑损益),一般计入当期损益(财务费用)。

例2-1 光明厂3月31日美元存款日记账上结余3 000美元,市场汇价为1∶6.4(即1美元折算为6.4元人民币)。4月5日,光明厂销售商品收到2 000美元,当日市场汇价为1∶6.7。4月20日,光明厂购买货物付出1 000美元,当日市场汇价为1∶6.6。4月30日,国家公布的市场汇价为1∶6.8。光明厂采用业务发生时的即期汇率记账。要求一:确定光明厂美元存款日记账上4月30日美元余额、人民币余额及当月列入财务费用的汇兑损益,并编制处理汇总损益的会计分录。要求二:如果光明厂不是采用业务发生时的即期汇率记账,而是采用即期汇率的近似汇率1∶6.38记账,试确定光明厂4月份的汇总损益。

① 4月30日美元余额 = 3 000 + 2 000 - 1 000 = 4 000(美元)

② 4月30日美元户人民币余额 = 4 000 × 6.8 = 27 200(元)

③ 4月30日汇率折算前账面人民币余额 = 3 000 × 6.4 + 2 000 × 6.7 - 1 000 × 6.6 = 26 000(元)

④ 4月份美元户汇兑损益 = 27 200 - 26 000 = 1 200(元)

计算结果表明,光明厂4月份美元户产生汇兑收益1 200元。计算的汇兑损益若为负数,则为汇兑损失。

⑤ 光明厂4月30日编制处理美元户汇兑损益的会计分录如下:

借:银行存款——美元户   1 200
  贷:财务费用   1 200

⑥ 光明厂 4 月份业务全部采用即期汇率的近似汇率——至 4 月 1 日止的周平均汇率 1∶6.38 记账,则

4 月份的汇总损益 =（4 000 × 6.8）−（3 000 × 6.4 + 2 000 × 6.38 − 1 000 × 6.38）= 27 200 − 25 580 = 1 620（元）

三、货币资金的分析

货币资金是企业全部资产中流动性最强的资产。企业可随时用货币资金购买商品、清偿债务等。企业持有货币资金量的多少,直接影响企业的支付能力和货币使用效率。因此,对货币资金的分析,包括对企业货币资金存量合理性的分析和货币资金使用效率的分析两方面。

（一）货币资金存量分析

货币资金存量过多,会使企业失去利用货币资金获取更大利润的机会;货币资金存量过少,又会导致企业出现货币资金短缺,影响企业的生产经营。因此,企业有必要确定货币资金的最佳存量,常用的方法有以下几种:

1. 存货模式

货币资金管理的存货模式是指利用存货管理的经济批量公式确认最佳货币资金存量。它由美国学者威廉·鲍莫尔（William J. Baumol）在 1952 年提出,又称鲍莫尔现金模型（也译成鲍莫尔模型）。在这一模式中,假设货币资金的收入是相隔一段时间发生的,而支出则是在一定时期内均匀发生的。收入的货币存放在银行或企业财务部门等待支付,企业便失去了将这些货币投放到可获得更大收益的项目,如购买股票、债券等有价证券,这种获利机会的丧失,是企业的一种机会成本,称为保持货币存量的置存成本;同时,企业一旦发生货币短缺,就必须变卖手头的有价证券,变卖证券要发生经纪人费用、支付手续费等,称为交易成本。置存成本和交易成本与货币资金存量的关系是:存量越多,置存成本越大,交易成本越小。因此,确定货币资金最佳存量,就是确定货币资金总成本最小的货币资金存量数额。借鉴存货管理的经济批量模式,用公式表示如下:

$$货币资金总成本 = 货币资金置存成本 + 货币资金交易成本$$

$$= \frac{N}{2}i + \frac{T}{N}b \tag{2-1}$$

其中,b 为有价证券每次交易的成本;T 为一定时期内企业货币资金交易所需的货币总量;N 为此期间内货币资金的最高余额;$\frac{N}{2}$ 为此期间货币资金的平均余额;i 为持有货币资金的机会成本（短期有价证券的利率）。

货币资金总成本、货币资金置存成本和货币资金交易成本的关系如图 2-1 所示。

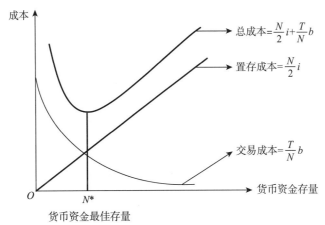

图 2-1 货币资金最佳存量

对公式(2-1)用导数方法求最小值,可得:

$$N^* = \sqrt{\frac{2Tb}{i}} \tag{2-2}$$

根据公式(2-2)即可求出货币资金最佳存量。

例 2-2 某企业预计全年需要货币资金 100 000 元,货币资金与有价证券的每次交易成本为 200 元,有价证券的利息率为 15%,由公式(2-2)可求得货币资金最佳存量。

$$N^* = \sqrt{\frac{2 \times 100\ 000 \times 200}{15\%}} = 16\ 330\ (元)$$

最佳点上货币资金总成本 $= \frac{N}{2}i + \frac{T}{N}b = \frac{16\ 330}{2} \times 15\% + \frac{100\ 000}{16\ 330} \times 200 = 2\ 450(元)$

全年有价证券转换为货币资金的变现次数 $= 100\ 000 \div 16\ 330 \approx 6(次)$

2. 随机模式

随机模式是假定货币资金收支的波动是偶然的而不是均匀或确定不变的情况下确定定额现金余额的模型,由美国金融专家米勒(Miller)和奥尔(Orr)在 1966 年提出,又称"米勒-奥尔模型"(见图 2-2)。他们假设日现金净流量分布接近于正态分布,即日现金净流量可能低于或高于期望值,是一种随机的数值。企业可确定一个期望值,现金富余时就购买有价证券,货币资金不足时就变卖有价证券,由此调节现金余缺。米勒-奥尔模型如下:

$$Z = \sqrt[3]{\frac{3b\delta^2}{4 \times (i \div 360)}} + L \tag{2-3}$$

其中,Z 为目标货币资金存量;b 为有价证券与货币资金每次交易的成本;i 为有价证券利息率;δ 为每天货币资金存量变化的标准离差;L 为最低的货币资金余额(货币资金下限)。

最高货币资金余额为:

$$M = 3Z - 2L \tag{2-4}$$

平均货币资金余额为:

$$N = \frac{4Z - L}{3} \tag{2-5}$$

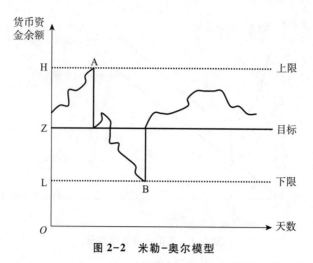

图 2-2 米勒-奥尔模型

例 2-3 某企业货币资金存量的标准离差为 4 000 元,企业每次买卖有价证券的交易成本为 600 元,有价证券的年利率为 10%,企业确定的最低货币资金余额为 0。试确定货币资金最佳存量。

$$Z = \sqrt[3]{\frac{3 \times 600 \times 4\,000^2}{4 \times (10\% \div 360)}} + 0 = 29\,595\,(\text{元})$$

最高货币资金余额 $= 3 \times 29\,595 - 2 \times 0 = 88\,785\,(\text{元})$

平均货币资金余额 $= (4 \times 29\,595 - 0) \div 3 = 39\,460\,(\text{元})$

上述计算中"平均货币资金余额"39 460 元为企业货币资金最佳存量。

随机模式的意义在于:当货币资金达到最高限额 A 点(88 785 元)时,企业可将多于目标货币资金存量以上的货币 59 190 元(88 785−29 595)用于购买有价证券;当企业的货币资金余额低于最低限额 B 点(此题为 0,一般应考虑保险储备、补偿性余额等需要而大于 0)时,应变卖证券以补充货币资金达到目标量 29 595 元。这样,一定时期平均货币资金余额(39 460 元)为最理想的货币资金存量。

3. 因素分析法

因素分析法是以上年合理的货币资金存量为基础,考虑本年销售收入变动等因素来估算货币资金存量的方法。其计算公式为:

$$\text{货币资金存量} = \left(\text{上年货币资金平均余额} - \text{不合理占用额}\right) \times \left(1 + \text{预计本年销售收入变动的 \%}\right)$$

例 2-4 某企业上年货币资金平均余额为 123 000 元,其中不合理占用额为 2 000 元,预计本年销售收入比上年增长 5%,则:

本年货币资金存量 $= (12\,300 - 2\,000) \times (1 + 5\%) = 127\,050\,(\text{元})$

企业货币资金的期末余额与理想存量有差额,需要进一步分析和处理。若前者大于后者过多,则可考虑用货币资金进行投资或归还债务等;若前者小于后者过多,则应尽快采取弥补措施。一是增加货币资金收入,可通过扩大销售、出售有价证券、借入资金及尽快收回应收账款等方式来实现;二是减少各种非必要支出。

（二）货币资金使用效率的分析

货币资金使用效率的分析可用货币资金周转率指标予以反映，其计算公式为：

$$货币资金周转率 = \frac{计算期实际收到的销售额}{货币资金平均余额}$$

上述公式中"计算期实际收到的销售额"通常用现金流量表中经营活动现金流量项目中"销售商品、提供劳务收到的现金"数额，不包括投资活动、筹资活动产生的现金流量；公式中分母项用资产负债表中年初货币资金与年末货币资金之和的平均数额。这个指标表示企业一定时期内货币资金平均占用额收回了几次，次数越多，货币资金的使用效率就越高。

第二节　交易性金融资产

一、金融资产的概念

金融资产是指企业或其他经济组织中持有的以价值形态存在的资产[1]，是企业持有的现金、其他方的权益工具以及符合金融资产界定条件的合同权利、衍生或非衍生工具合同。它与"实物资产"相对称，代表持有者对资产的索取权[2]，即对有形资产所创造的一部分收入流量的索取权，这种索取权能够为持有者带来货币收入流量[3]。

我国《企业会计准则第22号——金融工具确认和计量》第十六条规定，企业根据管理金融资产的业务模式和金融资产的合同现金流量特征，将金融资产划分为三类：①以摊余成本计量的金融资产；②以公允价值计量且其变动计入其他综合收益的金融资产；③以公允价值计量且其变动计入当期损益的金融资产。该准则第十九条还对金融资产进行了特殊分类，将非交易性权益工具投资指定为以公允价值计量且其变动计入其他综合收益的金融资产。

我国《企业会计准则第22号——金融工具确认和计量》应用指南规定，企业对金融资产的核算应设置以下会计科目：

（1）"交易性金融资产"科目。它是一个流动资产类的会计科目。该科目核算企业分类为以公允价值计量且其变动计入当期损益的金融资产，包括为交易目的所持有的股票投资、基金投资和可转换债券投资等。企业持有的直接指定为以公允价值计量且其变动计入当期损益的金融资产，也在本科目核算。

（2）"债权投资"科目。它是一个非流动资产类的会计科目。该科目核算企业以摊余成本计量的金融资产，如企业持有至到期的债券投资的摊余成本等。

（3）"其他债权投资"科目。它是一个非流动资产类的会计科目。该科目核算企业以

---

[1] 王世定：《西方会计实用手册》，中国社会科学出版社1993年版。
[2] 冯淑萍：《简明会计辞典》，中国财政经济出版社2002年版。
[3] 李扬、王国刚：《资本市场导论》，经济管理出版社1998年版。

公允价值计量且其变动计入其他综合收益的金融资产,如企业持有的、不准备持有至到期的、相时变现的、非交易性债券投资。

(4)"其他权益工具投资"科目。它是一个非流动资产类的会计科目。该科目核算企业指定为以公允价值计量且其变动计入其他综合收益的非交易性权益工具投资。例如,企业购买的股票既不是以交易性为目的,也不是以控制或影响被投资企业为目的,而是相时观望变现的投资,即为其他权益工具投资。

(5)"应收账款""应收票据""应收股利""应收利息""其他应收款""贷款""银行存款""其他货币资金"等会计科目,核算金融资产中以摊余成本计量的"应收款项"内容和货币资金内容。

在以上会计科目设置过程中,本章重点阐述归为流动资产类的投资项目——交易性金融资产的核算,对于归为非流动金融资产类的投资项目——债权投资、其他债权投资、其他权益工具投资的核算内容在第三章"非流动资产"阐述;对于应收款项的核算内容在本章第三节阐述。

二、交易性金融资产的概念和种类

交易性金融资产是指为交易而持有的、准备近期出售的金融资产。交易性金融资产分为交易性股票投资、交易性债券投资、交易性基金投资和交易性权证投资四类。交易性股票投资是指企业购买的、准备近期出售的股票所进行的投资;交易性债券投资是指企业购买的、准备近期出售的债券所进行的投资;交易性基金投资是指企业购买的、准备近期出售的基金所进行的投资;交易性权证投资是指企业购买的、准备近期出售的认股权证所进行的投资。认股权证是公司在发行公司债券或优先股或进行股权分置改革时发行的给予购买债券或优先股股票的人或流通股股东享有购买普通股股票权利的一种证券。

认股权证又称"认股证"或"权证"或"认沽权证"("沽"是"售"的意思),其英文名称为 Warrant,故在香港俗译"窝轮"。它是由发行人发行的、能够按照约定价格在特定的时间内购买或沽出"相关资产"(如股份、指数、商品、货币等)的选择权凭证,实质上类似于普通股票的看涨期权。认股权证的应用范围包括股票配股、增发、基金扩募、股份减持等。

由于交易性基金投资和交易性权证投资的会计处理与交易性股票投资相近,下面仅阐述交易性股票投资和交易性债券投资的业务处理。

三、交易性股票投资业务

1. 购入股票

企业从证券交易所购买股票,一般要支付三种款项:①股票的买价,包括股票票面价格(面值)和溢价两部分;②交易费用,包括支付给代理机构(如证券交易所等)、咨询公司、券商等的手续费和佣金、缴纳的税金(印花税、交易税)及其他必要支出,但不包括融资费用、内部管理成本以及其他与交易不直接相关的费用;③支付给股票持有人应获得的已宣告但尚未发放的现金股利。

《企业会计准则第22号——金融工具确认和计量》规定,企业取得交易性金融资产,按其公允价值入账,即按公允价值记入"交易性金融资产"科目。所谓公允价值,是指市场参与者在计量日发生的有序交易中,出售一项资产所能收到或者转移一项负债所需支付的价格。在这一概念中,市场参与者应相互独立、熟悉情况,在有序交易中有能力自愿进行资产交换或者清偿债务。例如,在活跃的证券交易市场(如证券交易所)上,若股票持有人的股票报价能被购买人接受而成交,则股票报价(包括面值和溢价)应作为股票的公允价值计量。企业在购买股票过程中发生的交易费用,在以公允价值计量且其变动计入当期损益的计价模式下,直接记入"投资收益"科目,视为当期损益的减少。企业在购买股票时支付的已宣告但尚未发放的现金股利是一种暂付性债权,记入"应收股利"科目,待股份公司实际发放股利时再收回暂付性款项,转销已入账的债权。

2. 入账股票的价格变动

企业购入股票的价格发生变动,应设置"公允价值变动损益"科目进行反映。与此对应,"交易性金融资产"科目除了设置"成本"明细科目,还应设置"公允价值变动"明细科目。其中,"成本"明细科目,在以公允价值计量且其变动计入当期损益的计价模式下反映投资的买价,在其他计价模式下反映投资的买价和交易费用。各期末,"公允价值变动损益"金额要转入"本年利润"科目。

3. 分进现金股利

企业分进现金股利,是企业股票投资取得的收益,记入"投资收益"科目,但不包括垫付股利的收回。

4. 卖出股票

企业进行交易性金融投资,一是为了保持资金的流动性,即为调节货币资金余缺而买卖;二是为了获取一定的投资收益。当资金紧张或股票价格上涨时,企业可随时卖出股票。卖出股票取得的收入扣除支付的佣金、手续费等为股票的净收入。企业将股票净收入与"交易性金融资产"账户余额进行对比,净收入大于账户余额,增加企业的"投资收益";反之,则为投资损失,减少企业的"投资收益"。同时,还要将从购入股票至出售股票期间的股票价格变动损益进行转销:上涨额从"公允价值变动损益"科目转出记入"投资收益"科目贷方,即增加"投资收益";反之,减少"投资收益"。

例 2-5 某企业购入普通股股票 3 000 股,每股 20 元,另付手续费 300 元,还支付已宣告尚未支付的股利 2 100 元。20 天后,企业分到现金股利 2 100 元。半年后,企业每股分到现金股利 2 元。年终,该股票每股买价升为 20.05 元。1 个月后,企业将 3 000 股全部售出,每股售价 22.02 元,付手续费 460 元,计算应交转让金融产品增值税 343 元(税率 6%)。要求确定该企业记入"交易性金融资产"账户的金额、记入"公允价值变动损益"账户的金额、取得的投资净收益和该项股票投资收益率。

① 购入股票时记入"交易性金融资产——成本"账户的金额 = 3 000 × 20 = 60 000(元)

② 股价变动时记入"交易性金融资产——公允价值变动"账户借方的金额 = 3 000 × (20.05 - 20) = 150(元)

③ 股价变动时记入"公允价值变动损益"账户贷方的金额 = 150(元)

当月末再将其转入"本年利润"账户的贷方。

④ 取得的投资净收益 = (3 000 × 22.02 − 460) − (60 000 + 150) − 343 − 300 + (3 000 × 2) + 150 = 10 957(元)

计算结果表明,该项股票投资交易发生投资净收益10 957元。

⑤ 股票投资收益率 = 股票投资净收益 ÷ 股票投资额 × 100%

$$= 10\ 957 ÷ (60\ 000 + 300) × 100\% = 18.17\%$$

股票投资收益率中的"股票投资额"有三种计算方法:一是按初始投资额计算。初始投资额不仅包括股票买价,还包括购买股票时支付的交易费用。这两者是企业初始投资的付出,是企业持股期间的资金占用。需要说明的是,企业购买股票时还支付了已宣告发放但尚未支付的股利,这是企业暂付性债权,随着股利的实际发放,企业即可收回债权,因而它不属于企业在股票投资期间的资金占用,即不作为"股票投资额"。二是按股票投资的平均额计算。三是按股票投资的精确占用额计算。

四、交易性债券投资业务

企业购买债券,包括购买政府发行的国库券、国家重点建设债券,银行发行的金融债券,企业发行的企业债券(也称公司债券)等。企业购买债券短期内变现的,是交易性债券投资业务。交易性债券投资业务与交易性股票投资业务的核算有三点不同:一是购入债券实付款中含有已到付息期但尚未领取的利息记入"应收利息"科目;二是购入的债券能按期收到固定利息;三是债券到期时能收回本金。

例2-6 某企业10月1日购入海洋债券,付款50 640元,其中面值48 000元、溢价570元、利息1 920元(按年利率8%计算6个月的利息)、佣金150元。10月2日,企业收到债券利息1 920元。12月31日,企业计算海洋债券10月1日至12月31日的利息960元(48 000 × 8% × 3/12);12月31日,企业持有的海洋债券公允价值变为47 570元。次年2月1日,企业将海洋债券全部售出,售价49 969元,计算应交转让金融产品增值税79元(税率6%),另付手续费140元。要求确定企业记入"交易性金融资产"账户的金额、记入"公允价值变动损益"账户的金额、取得的投资净收益。

① 10月1日购入债券时记入"交易性金融资产——成本"账户的金额 = 48 000 + 570 = 48 570(元)

② 12月31日计算海洋债券3个月应收利息时记入"投资收益"科目贷方的金额 = 48 000 × 8% × 3/12 = 960(元)

③ 12月31日债券价格变动时记入"交易性金融资产——公允价值变动"账户的金额 = 47 570 − 48 570 = −1 000(元)

④ 12月31日债券价格变动时同时记入"公允价值变动损益"账户的金额 = −1 000(元)

⑤ 12月31日转入"本年利润"的债券"公允价值变动损益"金额 = -1 000(元)

⑥ 次年2月1日售出债券取得的投资净收益 = (49 969 - 140) - (48 570 - 1 000) - 79 - 150 + 960 - 1 000 = 1 990(元)

计算结果表明,该项债券投资交易取得投资净收益1 990元。

五、交易性金融资产价值在资产负债表中的列示

会计期末,企业"交易性金融资产"账户的余额直接填入资产负债表中"交易性金融资产"项目。由于"交易性金融资产"按公允价值计价,期末,报表反映交易性金融资产的市场价值情况,因此这种方法称为市价法。同时,对于交易性金融资产"公允价值变动损益"也应在利润表中"公允价值变动损益"反映,构成企业的利润总额,但它仅仅是企业的"未得利润"①。只有当企业处置交易性金融资产时,"未得利润"才转化为"实得利润"。

六、交易性金融资产的分析

交易性金融资产是企业货币资金的一种转换形式。对交易性金融资产进行分析,主要是分析它的流动性和收益性。

1. 交易性金融资产的流动性分析

交易性金融资产作为货币资金的替代品,具有较高的流动性。当货币资金多余时,企业通常将货币资金换成有价证券;当货币资金不足时,企业则立即出售有价证券获得货币资金。在对交易性金融资产的流动性进行分析时,应结合货币资金存量进行。一方面看其是否保证了理想的货币资金需要,另一方面看其存量是否合适。此外,企业还应结合市场行情,对流动性较差的有价证券根据经营状况及时进行处置。

2. 交易性金融资产的收益性分析

交易性金融资产的收益性是指纳税后股利、利息和资本增值(或贬值)数额的大小。在各种有价证券中,企业债券、国库券的收益固定,但其价格会随市场利率的波动而变化。当市场利率上升时,企业债券、国库券的价格会下跌。普通股股票的收益不确定,完全随股票发行企业的经营状况、获利能力和股市状况而定。在对交易性金融资产的收益性进行分析时,首先是要确认某项交易性金融资产乃至全部交易性金融资产是取得了净收益,还是发生了净损失。取得的净收益一般应高于把这部分投资资金存在银行所获得的利息。若经计算或测算某项有价证券投资的收益低于同期可获得的银行利息,则一般应立即出售该项有价证券。

---

① 李涵、朱学义:《短期投资的重新划分及会计处理的演变》,《财务与会计(综合版)》2007年第9期。

第三节 应收款项

一、应收款项的概念及种类

应收款项是企业拥有的将来收取货币资金或得到商品和劳务的各种权利,由企业经营活动或非经营活动所形成。应收款项按内容分为以下六类:

(1) 应收账款。这是指企业因销售商品或提供劳务等经营活动而形成的债权。

(2) 应收票据。这是指企业因销售商品或提供劳务等收到票据而形成的债权。

(3) 预付款项。这是指企业按照合同规定预付的款项。

(4) 应收股利。这是指企业因股权投资而应收取的现金股利或因其他投资而应收其他单位的利润。

(5) 应收利息。这是指企业因债权投资而应收取的利息。

(6) 其他应收款。这是指除应收账款、应收票据、预付款项、应收股利和应收利息等以外的各种应收、暂付款项,包括应收各种赔款和罚款、存出保证金、备用金、应收出租包装物租金、应向职工收取的各种垫付款项等。

需要说明的是,与企业"应收账款"科目相近似的另一个会计科目是"合同资产"。"合同资产"与"应收账款"的区别为:合同资产是企业已向客户转让商品而有权利收取的对价,是企业有条件收取对价的权利。这里的对价包括实物资产、无形资产、股权、客户提供的广告服务等,而应收账款代表的是企业无条件收取合同对价的权利(收取的对价一般是货币资金);应收账款仅承担货款到期有可能收不回货款的信用风险,而合同资产除了承担信用风险外,还要承担其他风险,如履约风险等。

在实际工作中,还会发生预收货款的情况,《企业会计准则第 14 号——收入》应用指南要求设置"合同负债"科目核算。"合同负债"科目核算企业已收或应收客户对价而应向客户转让商品的义务,按合同进行明细核算。企业向非购货单位预收的款项,如预收租金等,设置"预收账款"科目进行核算。"合同负债"与企业销售商品有关,"预收账款"与企业提供劳务有关,这两个科目的贷方发生额是企业在未提供商品或劳务之前欠客户的负债,通过提供商品或劳务转销负债。

二、应收账款

(一) 应收账款的形成

企业采用赊销方式(临时赊销和约期赊销)销售商品、提供劳务等形成应收账款。记入"应收账款"科目的内容有货款、应向客户收取的增值税、应由客户承担的本企业代垫的运杂费等。

增值税是对商品或劳(服)务价值中的增值额部分进行征税的一种流转税。增值额是商品或劳(服)务价值扣除相应的外购材料等价值的差额。我国规定,增值税是价外税,即在商品或劳(服)务价格之外按一定税率征税。2019年3月21日,财政部、国家税务总局、海关总署2019年39号公告规定:增值税一般纳税人增值税税率共四档,即13%、9%、6%、0%;小规模纳税人增值税征收率为3%(新冠疫情防控期间优惠为1%)。工业企业和商品流通企业销售货物、加工、修理修配劳务增值税税率为13%;交通运输服务、邮政服务、建筑服务、销售不动产增值税税率为9%;金融服务、生活服务、电信服务(其中,基础电话服务为9%)、现代服务(其中,有形动产租赁服务为13%、不动产服务为9%)、销售无形资产(转让土地使用权增值税税率为9%)增值税税率为6%;出口货物增值税税率为0%。

一个工厂从其他单位购入材料、固定资产,除支付材料、固定资产价款及有关费用外,还要向供货单位支付增值税。当这个工厂生产出产品对外销售或出售已用固定资产时,除向客户收取产品、固定资产货款及有关费用外,还要向客户收取增值税。工厂售货中收取的增值税扣除购货中支付的增值税后的差额即为当期应向国家缴纳的增值税。例如,甲厂(一般纳税人,下同)本月购入材料价款1 000元,增值税130元(1 000 × 13%),共支付1 130元。甲厂本月将材料制成产品全部售出,向客户收取价款1 500元和增值税195元(1 500 × 13%)。甲厂本月应交增值税65元(195 − 130)。企业购销过程涉及增值税的要有增值税专用发票。企业购货时,要向供货单位索取专用发票的发票联(作为会计记账依据)和抵扣联(在向国家缴税时作为抵扣销项税额的依据);企业销货时,要向客户提供专用发票的发票联和抵扣联。

例 2-7 某企业向A公司发出商品一批,价款20 000元,增值税2 600元,用银行存款代垫运杂费400元,当即到银行办妥委托收款手续。

该企业增加了"应收账款"23 000元(20 000 + 2 600 + 400),同时增加了"主营业务收入"20 000元,增加了"应交税费——应交增值税(销项税额)"2 600元,垫付运杂费减少了"银行存款"400元。

(二)销售折扣的处理

销售折扣是指销售活动中卖方给买方的价格优惠,包括商业折扣和现金折扣两种。

1. 商业折扣

商业折扣是指出售商品时从售价中扣除一定比例的数额。例如,某商品价格100元,按5%的商业折扣出售,应收账款记95元。

2. 现金折扣

现金折扣是指销货企业对购货方或接受劳务方在赊销期内提前偿付款项所给的优惠。现金折扣的一种表示方式是"2/10,1/20,n/30"。其含义是:赊销期限为30天,客户10天内付款,可少付2%的款;20天内付款,可少付1%的款;30天内付款,按全价付清。现金折扣的另一种表示方式是"2/10,EOM",[EOM是英语"月底"(end of month)的缩写],其含义是:月底前付款;如果10天内付款可享受2%的折扣。我国《企业会计准则》隐含现金折扣的核算方法——净价法,即应收账款和销售收入按扣除现金折扣后的销售净额入账。

例 2-8 某企业赊销商品一批,增值税专用发票上价款20 000元、增值税2 600元,现金折扣条件为"2/10,n/30"。客户在10天内偿付了全部款项。要求采用净价法确定企业记入"应收账款"的金额、应交增值税的销项税额、取得的主营业务收入额、实际收款的金额和主营业务收入净额。

① 应收账款金额 = 20 000 × 98% + 2 600 = 22 200(元)
② 应交增值税销项税额 = 20 000 × 13% = 2 600(元)
③ 主营业务收入额 = 20 000 × 98% = 19 600(元)
④ 实际收款额 = 20 000 × 98% + 2 600 = 22 200(元)
⑤ 主营业务收入净额 = 主营业务收入 − 商业折扣 − 销售折让 − 销售退回
　　　　　　　　　 = 19 600 − 0 − 0 − 0 = 19 600(元)

上式中"销售折让"是指企业售出的商品因品种或质量不符合规定而降价结算所减让的价格;"销售退回"是指企业已售出的商品因品种或质量不符合规定而被购买单位退回的事项,这种退回一律冲减当月营业收入。需要说明的是,企业在商品销售过程中给客户提供的现金折扣对销售方来说,在确认销售收入时按扣除现金折扣后的净额入账[①],而后客户若没有在折扣期内付款则必须付全款,销售方收到全款时,将原先作现金折扣扣除的金额贷记"财务费用"科目,不调增"主营业务收入"。

3. 折扣的处理

折扣的处理有两种方法:一是企业设置"销售折扣与折让"科目,专门核算企业发生的各种商业折扣和销售折让。会计期末,企业将"销售折扣与折让"的发生额转入"主营业务收入"科目,冲减当期的主营业务收入。二是企业不设置"销售折扣与折让"科目,发生商业折扣按扣除商业折扣后的净额入账,发生销售折让直接冲减当月收入。会计期末,企业将主营业务收入净额填入利润表"营业收入"项目,即利润表中"营业收入"实际反映的是营业收入净额。

(三) 应收账款净额的确认

应收账款净额是应收账款扣除坏账损失或坏账准备后的余额。坏账是指无法收回的应收账款,由此产生的损失称为坏账损失。

坏账损失和坏账准备不是一个概念。坏账损失是一个确定性的事实,确认坏账损失应符合下列条件之一:①债务人破产或者死亡,以其破产财产或者遗产清偿后仍无法收回的应收账款;②债务人逾期未履行偿债义务且具有明显特征表明无法收回的应收账款。坏账准备是一个事先估计的数额,指会计人员按期估计坏账损失而形成坏账准备金数额。

坏账损失的处理方法有两种:一是直接转销法,是指在实际发生坏账损失时直接将损失计入当期损益同时转销应收款项的处理方法;二是备抵法,是指事先估计坏账损失计入各期损益,形成坏账准备金,待实际发生坏账时再冲减坏账准备金的会计处理方法。我国小企业会计准则规定采用直接转销法核算坏账损失,大中型企业会计准则规定采用备抵法核算坏账损失,并在下列估计坏账损失的方法中做出选择。

---

① 朱学义、高玉梅、马颖莉:《收入准则下现金折扣及销售折扣券的业务处理》,《财务与会计》2020年第2期。

1. 应收账款余额百分比法

它是期末按应收账款余额一定百分比估计坏账损失的一种方法。该方法认为,坏账与未收回的应收款项有关。估计坏账损失率应根据企业以往的经验、债务单位的实际财务状况和现金流量状况以及其他相关信息合理确定。企业期末计提坏账准备的公式为:

$$\text{期末计提的坏账准备} = \text{期末应收账款余额} \times \text{坏账准备提取率} - \text{计提前"坏账准备"账户余额}$$

公式中"计提前'坏账准备'账户余额",如为贷方余额用正数表示,如为借方金额用负数表示。

例 2-9 甲厂 20××年年末应收账款账面余额为 90 万元,按 5‰计提坏账准备。计提前"坏账准备"账户余额为 4 000 元。

甲厂 20××年年末计提的坏账准备金额 = 900 000 × 5‰ - 4 000 = 500(元)

借:信用减值损失　　　　　　　　　　500
　　贷:坏账准备　　　　　　　　　　　　　500

2. 账龄分析法

它是根据应收账款账龄的长短估计坏账准备的一种方法。该方法认为,客户欠账的时间(账龄)越长,收不回款项的可能性越大,产生坏账的风险越高。

例 2-10 乙厂年末根据会计账簿记录整理编制的估计坏账准备如表 2-1 所示。按账龄分析法计提坏账准备。计提前"坏账准备"账户借方余额 385 元。

表 2-1　估计坏账损失

20××年 12 月 31 日

账龄	应收账款余额(元)	估计坏账损失率(%)	估计坏账损失金额(元)
1 年以内	17 000	1	170
1—2 年以内	13 900	5	695
2—3 年以内	9500	10	950
3—4 年以内	7 000	20	1 400
4—5 年以内	5 000	40	2 000
5 年以上	3 000	60	1 800
合计	55 400		7 015

乙厂 20××年年末计提的坏账准备金额 = 7 015 + 385 = 7 400(元)

借:信用减值损失　　　　　　　　　　　　　　7 400
　　贷:坏账准备　　　　　　　　　　　　　　　　　7 400

3. 个别认定法

如果债务方已有确凿证据(如债务单位撤销、破产、资不抵债、现金流量严重不足、发生严重的自然灾害等)表明没有偿债能力,债权方就应对该项应收款项全额计提(计提率100%)坏账准备。这种对债务方陷入财务困境而单独进行分析并确认计提坏账准备的方法,称为个别认定法。

采用备抵法计提坏账准备后,若实际发生了坏账损失,则冲减"坏账准备";若坏账准备不足以冲减,仍挂账处理,即用全额冲减坏账准备,使"坏账准备"账户出现借方余额(负数);若已转销的坏账又收回,则再转作坏账准备。

企业期末资产负债表上列示"应收账款净额",即"应收账款"账户余额扣除"坏账准备"账户贷方余额(或加上"坏账准备"账户借方余额)后的净额填入资产负债表"应收账款"项目。

例 2-11 甲厂20×4年年末应收账款账面余额为90万元,按5‰计提坏账准备(计提前"坏账准备"账户贷方余额为4 000元)。20×5年5月,林达公司前欠甲厂货款5 300元已超过三年未能收回,甲厂报经批准同意作坏账转销;20×5年10月,甲厂经过催收,又收到林达公司原欠货款5 300元;20×5年度,甲厂"应收账款"账户借方共增加50万元,贷方共减少56万元(即当年收回上年和当年的应收账款共56万元)。试确定甲厂20×4年年末、20×5年年末计提的坏账准备及其资产负债表上列示的应收账款数额。

① 20×4年年末甲厂计提的坏账准备 = 900 000 × 5‰ - 4 000 = 500(元);
② 20×5年年末甲厂应收账款余额 = 900 000 + 500 000 - 560 000 = 840 000(元);
③ 20×5年年末甲厂计提坏账准备前"坏账准备"账户余额 = 4 000 + 500 - 5 300 + 5 300 = 4 500(元);
④ 20×5年年末甲厂计提的坏账准备 = 840 000 × 5‰ - 4 500 = -300(元),即应冲销账上多提的坏账准备300元;
⑤ 20×4年年末、20×5年年末甲厂资产负债表"应收账款"项目分别列示895 500元(900 000 - 4 500)、835 800元(840 000 - 4 200)。

三、应收票据

(一)应收票据的类型

目前,我国作为应收票据核算的是商业汇票。商业汇票是由收款人或付款人签发,由承兑人承兑并于到期日向收款人或执票人支付款项的票据。承兑是指在票据上签署并写明"承兑"字样及日期,承认票据到期时见票付款的行为。承兑期由双方商定,最长不超过6个月。承兑人是到期兑现票款的人。票据到期由企业兑现票款,这种票据称为商业承兑汇票;票据到期由企业事先委托开户行兑现票款,这种票据称为银行承兑汇票。商业承兑汇票到期时,如果付款单位无款支付,收款单位就收不到款,仍需派人催收;银行承兑汇票到期时,承兑银行兑现票款,随即从付款单位银行户头上扣款,因而这种汇票对收款单位来讲没有风险。我国目前使用的票据是不带息票据,即票据上不标明利率,到期也不计算利息。随着市场经济的发展,我国也会使用西方普遍使用的带息票据。

(二)应收票据的形成与兑现

企业销售商品时收到商业汇票,应记入"应收票据"账户。票据到期时,若收到票款,则转为"银行存款";若收不到票款,则转为"应收账款"。

例 2-12 甲厂向东升厂销售商品一批,价款 10 万元,增值税 1.3 万元,当即收到一张面值为 11.3 万元、承兑期为 4 个月的无息商业承兑汇票一张。4 个月后,甲厂如数收到票款。

① 甲厂销售商品收到票据时,"应收票据"账户增加 11.3 万元,"主营业务收入"账户增加 10 万元,应交增值税销项税额增加 1.3 万元;

② 汇票到期甲厂收到票款时,"应收票据"账户减少 11.3 万元,"银行存款"账户增加 11.3 万元。

③ 若汇票到期而东升厂无力偿付票款,则甲厂减少"应收票据"账户 11.3 万元,增加"应收账款"账户 11.3 万元,并派人催收欠款。

例 2-13 承例 2-12,如果甲厂收到的是带息票据,票面利率为 9%(年利率,用百分号表示;若是月利率,则用千分号"‰"表示;若是日息,则用万分号"‱"表示),其他情况不变。

① 甲厂销售收到票据时,会计记录和例 2-12 相同;

② 汇票到期甲厂收到票款时,"应收票据"减少 11.3 万元,收到利息 0.339 万元(11.3 × 9% × 4/12)冲减"财务费用",增加"银行存款"11.639 万元。

(三)应收票据的贴现

1. 贴现的概念

贴现是以贴付利息为代价而将未到期票据兑换成现款。当企业资金紧张迫切需要支付现款时,企业可将未到期的商业汇票拿到银行办理贴现。贴现银行要向企业收取自贴现日起至汇票到期前一日止的贴现利息,企业实际得到的贴现款是汇票到期值扣除贴现利息后的余额。

2. 无息应收票据的贴现

例 2-14 承例 2-12,面值 11.3 万元的无息票据开出日期是 2 月 14 日,票据到期日是 6 月 14 日。如果甲厂 5 月 15 日将该票据拿到银行贴现,银行贴现利率为 8‰,则:

贴现天数 = 5 月份 17 天 + 6 月份 13 天 = 30(天)

贴现利息 = 票据到期值 × 日贴现率 × 贴现天数

= 113 000 × (8‰ ÷ 30) × 30 = 904(元)

实得贴现款 = 113 000 − 904 = 112 096(元)

3. 带息应收票据的贴现

带息应收票据的贴现和无息应收票据的贴现不同之点是:计算贴现利息的票据到期值不仅包括票据面值,还包括票据到期的利息。

例 2-15 承例 2-12,如果面值 11.3 万元的票据为带息票据,票面利率 9%,开出日期为 2 月 14 日,到期日为 6 月 14 日,甲厂 5 月 15 日办理贴现,银行贴现率为 8‰,贴现天数为 30 天,则:

票据到期应收利息 = 113 000 × 9% × 4/12 = 3 390(元)

票据到期值 = 113 000 + 3 390 = 116 390(元)

贴现利息 = 116 390 × (8‰ ÷ 30) × 30 = 931.12(元)

实得贴现款 = 116 390 − 931.12 = 115 458.88(元)

4. 已贴现票据的或有负债

已贴现的商业汇票未到期前留在贴现银行，待到期时由贴现银行收取票款。如果已贴现的汇票是商业承兑汇票，汇票到期时付款单位无力支付，那么贴现银行收不到票款仍要向贴现企业追讨贴现款。因此，贴现企业在将未到期商业承兑汇票"卖给"贴现银行时，存在潜在的可能发生的债务，这种债务称为或有负债。一旦票据到期不能兑现，贴现企业的或有负债就成了实际负债。

5. 票据贴现的账务处理

（1）无息应收票据贴现的账务处理。

例 2-16 承例 2-14，甲厂将未到期的商业汇票向银行办理贴现后，做会计分录如下：

借：银行存款　　　　　　　　　　　　　　　　　112 096
　　财务费用　　　　　　　　　　　　　　　　　　　904
　　贷：应收票据　　　　　　　　　　　　　　　113 000

（2）带息应收票据贴现的账务处理。

例 2-17 承例 2-15，甲厂将未到期的商业汇票向银行办理贴现后，做会计分录如下：

借：银行存款　　　　　　　　　　　　　　　　115 458.88
　　贷：应收票据　　　　　　　　　　　　　　113 000.00
　　　　财务费用(3 390-931.12)　　　　　　　　2 458.88

6. 贴现票据的到期处理

已贴现票据到期时，付款单位兑现了票款，贴现企业不需要做任何账务处理。如果付款单位无力偿付，贴现银行从贴现企业扣回了已贴现款，贴现企业就要做会计分录。以例 2-16 为例：

借：应收账款　　　　　　　　　　　　　　　　　113 000
　　贷：银行存款　　　　　　　　　　　　　　　113 000

如果贴现企业银行存款户头无款可扣，那么贴现银行将其转为逾期贷款。此时贴现企业做会计分录如下：

借：应收账款　　　　　　　　　　　　　　　　　113 000
　　贷：短期借款　　　　　　　　　　　　　　　113 000

（四）应收票据坏账准备的计提

期末，企业未到期的应收票据，如确有证据表明不能收回或收回的可能性不大的，应该计提减值准备，借记"信用减值损失"，贷记"坏账准备"。

期末，"应收票据"账户余额扣除"坏账准备"账户余额后的净额列入资产负债表"应收票据"项目。

四、其他应收款

其他应收款包括应收的各种赔款、罚款，应收出租包装物租金，应向职工收取的各种垫付款项，备用金，应收已宣布发放的股利等。

企业应设置"其他应收款"科目,按不同债务人设置明细账。以备用金为例,职工因公出差临时预借差旅费400元,企业付给现金,增加"其他应收款";职工出差归来报销差旅费380元,记入"管理费用",交回现金20元,同时注销(减少)"其他应收款"400元。

期末,企业"其他应收款"应比照"应收账款"的核算方法计提减值准备,即借记"信用减值损失"账户,贷记"坏账准备"账户。

期末,"其他应收款"账户余额扣除"坏账准备"账户余额后的净额列入资产负债表"其他应收款"项目。

五、应收股利、应收利息

企业设置"应收股利"科目,核算企业应收取的现金股利和应收取其他单位分配的利润。企业设置"应收利息"科目,核算企业购买债券已到付息期但尚未领取的利息和分期付息、一次还本债券投资期末按票面利率计算确定的应收未收利息。

企业的应收股利、应收利息一般不会出现坏账损失。但出现特殊情况有确凿证据表明不能收回股利和利息或收回的可能性不大的,企业期末应对应收股利、应收利息计提坏账准备(分录同其他应收款)。期末,"应收股利""应收利息"账户余额扣除各自计提的"坏账准备"账户余额后的净额列入资产负债表"应收股利""应收利息"项目。

六、应收账款的分析

(一)应收账款构成及发展趋势分析

分析应收账款的构成,主要是看正常的应收账款和不正常的应收账款各自占应收账款总额的比重。应收账款正常与否的划分标准主要有两点:一是看应收账款的发生是否符合国家结算制度的规定,凡违反规定的赊销款项为不正常的应收账项;二是看应收账款是否超过结算期限,凡超过银行转账结算凭证传递的正常期限或企业约定的赊销期限的应收账款为不正常的应收账款。对于不正常的应收账款尤其是长期应收未收的账款,应采取切实有力的措施催收,防止坏账损失的发生。

例 2-18 某企业连续五年的应收账款及其构成见表2-2。

表 2-2 应收账款及其构成

项目	20×1年	20×2年	20×3年	20×4年	20×5年	每年递增
(1)应收账款总额(元)	112 000	155 000	207 000	280 000	330 000	31%
(2)其中:不正常应收账款(元)	11 200	17 670	33 120	47 600	82 500	64.70%
(3)不正常应收账款比例(%)=(2)÷(1)	10	11.4	16	17	25	—

由表2-2可见,该企业应收账款数额逐年上升,其中不正常的应收账款也逐年上升,其比例由20×1年的10%上升到20×5年的25%。

在分析应收账款的基础上,可从两个方面分析其发展趋势:其一,考察应收账款本身的变动趋势。根据表 2-2,企业应收账款总额 20×1 年至 20×5 年平均每年递增 31%($\sqrt[4]{33\,000 \div 112\,000} - 1$),不正常的应收账款平均每年递增 64.7%($\sqrt[4]{82\,500 \div 11\,200} - 1$),不正常应收账款比例平均每年上升 3.75 个百分点[$(25 - 10) \div 4$],说明该企业的商业信用规模不断扩大,不正常的应收账款越来越严重。其二,考察应收账款占流动资产比重的变动趋势。若比重逐渐加大,则进一步验证了企业的商业信用规模越来越大。

(二) 应收账款账龄和实际坏账率分析

应收账款账龄分析是将应收账款按欠款时间长短(如拖欠一个月、三个月、半年、一年、二年、三年等)归类排队并列表反映,使人一目了然。应收账款账龄分析表可分为总表(见表 2-1)和附表两类。附表,一是按欠款单位列示,二是按销售人员及其欠款单位列示,以考核销售人员业绩,组织催收工作。

实际坏账率是实际坏账损失占平均应收账款的比率,它是考察账龄与实际坏账的关系,决定信用规模和期限以及计提坏账准备的一个依据。企业可计算全部应收账款实际坏账率和各信用期限实际坏账率。

(三) 应收账款回收速度分析

应收账款回收速度分析主要是计算应收账款周转率或应收账款周转天数。

1. 应收账款周转率的计算

根据国务院国资委考核分配局编制的《企业绩效评价标准值》的规定,应收账款周转率的计算公式为:

$$\text{应收账款周转率} = \frac{\text{营业总收入}}{\text{应收账款平均余额}}$$

$$\text{应收账款平均余额} = \left[\left(\text{年初应收账款净额} + \text{年初应收账款坏账准备}\right) + \left(\text{年末应收账款净额} + \text{年末应收账款坏账准备}\right)\right] \div 2$$

2. 应收账款周转天数的计算

应收账款周转天数的计算公式为:

$$\text{应收账款周转天数} = \frac{\text{应收账款平均余额} \times \text{计算期天数}}{\text{营业总收入}}$$

或

$$= \frac{\text{计算期天数}}{\text{应收账款周转率}}$$

公式中"计算期天数"是指从年初累计到当期期末的天数,一个月选用 30 天,一个季选用 90 天,一年选用 360 天。

公式中分母项涉及的"收入",从理论上讲,是指计算期赊销收入净额(赊销收入净额=全部销售收入-现销收入-商业折扣-销售折让-销货退回),企业会计人员能把握该指标的计算,但由于赊销收入是商业秘密,企业外部人员无法获得,非企业会计人员计算该指标时,一般用"营业总收入"代替"赊销收入净额"。需要说明的是,财政部企业会计准则规定的利润表上只有"营业收入"项目,根据企业主营业务收入和其他业务收入加总得出。而我国上市公司公布的利润表首行反映"营业总收入",次行反映"营业收入"。前者由一般企业的营业收入和金融保险企业利息净收入、保险业务收入等组成。因此,一般企业的营业总收入往往等于营业收入。从这一角度看,工业企业、商品流通企业等非金融保险类企业"应收账款周转率"可以用"营业收入"计算指标。

应收账款周转天数也称应收账款回收期或应收账款平均收账期,收账期越短越好。

3. 应收账款回收速度分析举例

例 2-19 我国规模以上工业企业应收账款周转率的计算如表 2-3 所示。"规模以上工业企业"指年主营业务收入在 2 000 万元及以上的工业企业。

表 2-3 我国规模以上工业企业应收账款周转率的计算

项目	2017 年	2018 年	2019 年	2020 年	2021 年	五年累计	每年递增
(1) 年末应收账款净额(亿元)①	135 645	146 084	156 298	167 496	188 730	794 253	9%④
(2) 营业收入(亿元)	1 133 161	1 049 491	1 057 825	1 083 658	1 279 227	5 603 362	7%
(3) 应收账款周转率(次)=(2)÷(1)	8.6②	7.5	7.0	6.7	7.2	7.1③	
(4) 应收账款周转天数=360÷(3)	41.7	48.3	51.5	53.8	50.1	51.0	

注:①2016 年年末应收账款净额为 126 847 亿元;② = 1 133 161÷[(126 847+135 645)÷2] = 8.6 次;③ = 5 603 362÷794 253 = 7.05 ≈ 7.1 次;④ = $\sqrt[4]{188\ 730 \div 135\ 645} - 1 = 9\%$。

资料来源:2017—2022 年各年度的《中国统计年鉴》。

从表 2-3 的计算结果可见,我国规模以上工业企业应收账款周转速度不断变慢。就应收账款周转天数分析,2017 年应收账款周转天数为 41.7 天,2021 年增加为 50.1 天,五年累计平均 51.0 天(不包括 2016 年数据)。国务院国资委考核分配局编制的《企业绩效评价标准值》中国有工业企业应收账款周转率 2017—2021 年五年简单平均为 6.7 次(53.6 天)。20×0 年至 20×2 年,我国 1 304 家上市公司应收账款周转率三年累计平均为 7.33 次(49.1 天)①,2021 年 4 434 家上市公司应收账款周转率(仅当年数据)为 8.36 次(43.06 天)②。

(四) 应收账款合理性分析

1. 应收账款占用率

应收账款占用率是应收账款净额占流动资产的比例,其计算公式为:

$$应收账款占用率 = \frac{应收账款净额}{流动资产} \times 100\%$$

上述公式中分子、分母通常是期末数。应收账款占用率反映每 100 元流动资产被客户占用的应收账款净额是多少。

例 2-20 我国规模以上工业企业应收账款占用率的计算如表 2-4 所示。

---

① 数据取自中国矿业大学朱学义教授上市公司数据库。
② 数据取自 CCER 经济金融研究数据库。

表 2-4　我国规模以上工业企业应收账款占用率的计算

项目	2017年	2018年	2019年	2020年	2021年	五年累计	每年递增
(1) 年末应收账款净额(亿元)	135 645	146 084	156 298	167 496	188 730	794 253	9%
(2) 年末流动资产(亿元)	534 081	554 165	587 317	648 818	723 909	3 048 290	8%
(3) 应收账款占用率=(1)÷(2)	25.4%	26.4%	26.6%	25.8%	26.1%	26.1%	

资料来源:2018—2022年各年度的《中国统计年鉴》。

从表 2-4 的计算结果可见,我国规模以上工业企业应收账款占用率 2017—2021 年五年累计平均为 26.1%,即每 100 元流动资产被客户占用的应收账款净额是 26.10 元。20×0 年至 20×2 年,我国 1 304 家上市公司应收账款占用率三年累计平均为 19.7%[1],2021 年 4 458 家上市公司应收账款占用率为 14.3%[2]。

2. 应收账款与营业收入的比率

应收账款与营业收入的比率称为营业收入应收账款率,反映企业每 100 元营业收入常年被客户占用的应收账款净额是多少,其计算公式为:

$$营业收入应收账款率 = \frac{应收账款}{营业收入} \times 100\%$$

上述公式中"应收账款"是期初应收账款净额与期末应收账款净额之和除以 2 得出。

例 2-21　我国规模以上工业企业营业收入应收账款率的计算如表 2-5 所示。

表 2-5　我国规模以上工业企业营业收入应收账款率的计算

项目	2017年	2018年	2019年	2020年	2021年	五年累计	每年递增
(1) 应收账款净额(亿元)	135 645	146 084	156 298	167 496	188 730	794 253	9%
(2) 营业收入(亿元)	1 133 161	1 049 491	1 057 825	1 083 658	1 279 227	5 603 362	3%
(3) 应收账款与营业收入的比率 = (1)÷(2)	11.6%	13.4%	14.3%	14.9%	13.9%	14.2%	

资料来源:2017—2022年各年度的《中国统计年鉴》;2016年年末应收账款净额为126 847亿元。

从表 2-5 的计算结果可见,我国规模以上工业企业应收账款与营业收入的比率逐年上升,由 2017 年的 11.6% 上升到 2021 年的 13.9%,五年累计平均为 14.2%(不包括 2016 年数据),即每 100 元营业收入被客户占用的应收账款净额是 14.20 元。20×0 年至 20×2 年,我国 1 304 家上市公司应收账款与主营业务收入的比率三年累计平均为 16.2%[3],2021 年 4 434 家上市公司应收账款与营业收入的比率为 12.0%[4]。

---

[1] 数据取自中国矿业大学朱学义教授上市公司数据库。
[2] 数据取自 CCER 经济金融研究数据库。
[3] 数据取自中国矿业大学朱学义教授上市公司数据库。
[4] 数据取自 CCER 经济金融研究数据库。

3. 应收账款技术分析法

企业赊销可以扩大销售、增加利润,但企业赊销会被客户占用资金,企业为了保证生产经营的正常进行不得不筹措资金,包括取得借款等。这就是说,企业被其他单位占用资金是要付出代价的(筹资利息),而且随着应收账款的增加,企业会增加收账费用,增加坏账损失。应收账款占用资金的利息、收账费用以及资金被客户占用而失去其他获利机会,这些都是应收账款的成本。如果减少赊销款,企业就会降低市场占有率,减少获利机会,这同样会给企业带来损失。因此,对应收账款合理额度进行分析,首先要检查增加应收账款带来的利润是否超过应收账款的成本,是否带来预期的收益净额;其次要计算企业应收账款成本最低、利润最大点的应收账款占用额度,这个额度是应收账款的合理额度。企业采用一定的技术方法确定赊销收益最大,同时应收账款总成本最低的应收账款合理额度,分析应收账款实际占用水平的方法称为应收账款技术分析法。

(1)应收账款持有成本。企业为了促销而采用赊销政策,意味着企业不能随时收回货款,而相应的要为客户垫付一笔相当数量的资金。由于这笔垫付的资金丧失了其他投资的赢利机会,便形成了应收账款的机会成本,称为应收账款持有成本。

企业的资金被客户占用后必须另外筹集资金,如向银行取得借款等,故应收账款的持有成本一般可以按银行借款利率计算。应收账款持有成本与应收账款持有额度呈正比例关系。设应收账款平均余额为 X,银行借款利率为 I,应收账款的持有成本为 Y_1,则应收账款持有成本的数学模型为:

$$Y_1 = X \times I$$

例 2-22 甲企业应收账款平均余额见表 2-6,如果银行借款年利率为 10%,则不同的应收账款余额产生了不同的应收账款持有成本(见表 2-6)。

表 2-6 甲企业应收账款持有成本　　　　　　　　　　　　　　单位:元

企业应收账款平均余额 X	100 000	300 000	500 000	700 000	900 000	1 100 000
应收账款持有成本 $Y_1=0.1X$	10 000	30 000	50 000	70 000	90 000	110 000

根据表 2-6 绘制的应收账款持有成本线如图 2-3 所示。

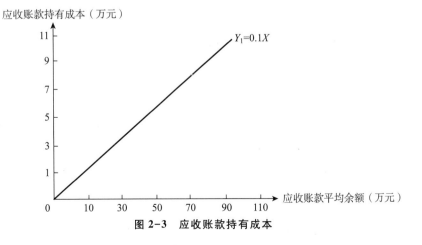

图 2-3 应收账款持有成本

（2）应收账款管理成本。应收账款管理成本是指企业管理应收账款所付出的代价。它包括以下三部分：

① 收款成本。收款成本包括货款销售人员和财务人员的工资、簿记费用、办公费、通讯费、文具用品费、收集信用资料费等。这些费用比较固定，与应收账款的多少不呈比例关系。

② 延付成本。延付成本是指客户拖欠货款，为了催讨货款而发生的各种费用，如电话费、电报费、出差费、诉讼费等。它一般与应收账款额度呈正比例关系。

③ 拒付成本。拒付成本是指欠款客户拒付货款而给企业带来的拒付损失。它一般与应收账款额度呈正比例关系。

设应收账款收款成本为 F，延付成本为 P_1，拒付成本为 P_2，应收账款平均余额为 X，应收账款管理成本为 Y_2，则应收账款管理成本的数学模型为：

$$Y_2 = F + (P_1 + P_2) \times X$$

例 2-23 甲企业应收账款平均余额、收款成本、延付成本（$P_1 = 0.008$）、拒付成本（$P_2 = 0.005$）分别见表 2-7，不同的应收账款余额产生不同的应收账款管理成本，计算结果如表 2-7 所示。

表 2-7 甲企业应收账款管理成本　　　　　　　　　　　　　　　　　　单位：元

(1) 应收账款平均余额 X	100 000	300 000	500 000	700 000	900 000	1 100 000
(2) 收款成本 F	30 000	30 000	30 000	30 000	30 000	30 000
(3) 延付成本 $P_1 X$	800	2 400	4 000	5 600	7 200	8 800
(4) 拒付成本 $P_2 X$	500	1 500	2 500	3 500	4 500	5 500
(5) 应收账款管理成本 =(2)+(3)+(4)	31 300	33 900	36 500	39 100	41 700	44 300

根据表 2-7 绘制的应收账款管理成本线如图 2-4 所示。

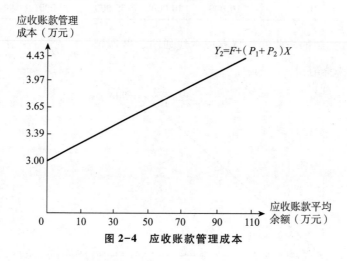

图 2-4　应收账款管理成本

（3）应收账款短缺成本。① 应收账款的短缺成本是指企业少做或不做赊销交易使原有客户转向竞争对手而使企业蒙受的销售损失。短缺成本随着应收账款的增加而减少，即它与应收账款额度呈反比例关系。关于应收账款短缺成本的计量，各教科书很少涉及。我们经过研究分析，认为确定应收账款短缺成本计量模型必须考虑下列因素：

① 企业赊销额、赊销收益和应收账款余额。企业缩小赊销范围，必然要失去一些客户使企业蒙受损失。企业赊销额既反映收入实现额，又反映应收账款发生额。减少赊销额必然影响应收账款余额。应收账款余额越少，企业失去的赊销收益越大，两者呈比例关系。设 X 表示应收账款余额，T 表示赊销额，r 表示赊销收入净利率，Y_3 表示应收账款短缺损失，则应收账款短缺损失的数学模型为：

$$Y_3 = (T \times r) / X$$

上述公式的含义是：每 1 元应收账款余额提供多少赊销收益。

② 考虑市场占有率。市场占有率是企业销售收入占全行业销售收入的比例。在一定时期内，市场对企业某种产（商）品的需求量总是一定的，该产（商）品的社会平均净利润也总是一定的。在这样的条件下，某企业减少赊销额，其市场占有率必然降低，企业分得的社会平均净利润也相应减少。设企业原有市场占有率为 M_1，减少赊销额后的市场占有率为 M_2，社会平均净利润为 R，则市场占有率下降引起的应收账款短缺损失的数学模型为：

$$Y_3 = (M_1 - M_2) \times R$$

综合上述两个因素，抵消其中相同的净利润因素，应收账款短缺成本的综合数学模型为：

$$Y_3 = T / X \times (M_1 - M_2) \times R$$

例 2-24 甲企业目前应收账款全年发生额为 120 万元（T = 120 万元）。由于回款极度困难，致使应收账款全年账面平均余额为 110 万元，而同行业应收账款全年账面平均余额为 1 375 万元。社会平均净利润率为 10%。如果将甲企业应收账款平均余额（X）分别缩减至 90 万元、70 万元、50 万元、30 万元、10 万元五种情况，则应收账款短缺成本的有关计算如表 2-8 所示。

表 2-8　甲企业应收账款短缺成本　　　　　　　　　　　　单位：元

（1）应收账款平均余额 X	100 000	300 000	500 000	700 000	900 000	1 100 000
（2）同行业应收账款平均余额	13 750 000	13 750 000	13 750 000	13 750 000	13 750 000	13 750 000
（3）企业市场占有率(%)=(1)÷(2)	0.727	2.182	3.636	5.091	6.545	8.000
（4）企业分享行业净利润①	110 000	110 000	110 000	110 000	110 000	110 000
（5）应收账款短缺成本	96 000②	25 600③	1 1520④	5 486⑤	2 133⑥	0⑦

注：① = 行业应收账款余额（13 750 000）× 赊销净利率（10%）× 甲企业目前市场占有率（8%）= 110 000（元）。
　　② = 1 200 000/100 000 × (8% − 0.727%) × 110 000 = 96 000（元）
　　③ = 1 200 000/300 000 × (8% − 2.182%) × 110 000 = 25 600（元）
　　④ = 1 200 000/500 000 × (8% − 3.636%) × 110 000 = 11 520（元）
　　⑤ = 1 200 000/700 000 × (8% − 5.091%) × 110 000 = 5 486（元）
　　⑥ = 1 200 000/100 000 × (8% − 6.545%) × 110 000 = 2 133（元）
　　⑦ = 1 200 000/100 000 × (8% − 8%) × 110 000 = 0

---

① 朱学义、吴欣：《企业应收账款短缺成本确定方法》，《四川会计》2001 年第 2 期。

根据表 2-8 绘制的应收账款短缺成本曲线如图 2-5 所示。

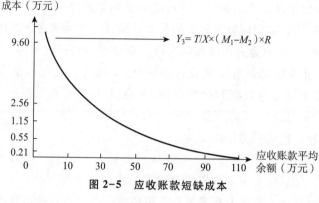

图 2-5 应收账款短缺成本

综上所述,应收账款总成本由应收账款持有成本 Y_1、应收账款管理成本 Y_2 和应收账款短缺成本 Y_3 三部分组成,其综合数学模型为:

$$Y = (X \times I) + [F + (P1 + P2) \times X] + [T/X \times (M1 - M2) \times R]$$

例 2-25 承例 2-22、2-23、2-24,甲企业应收账款总成本的计算有六种方案可供选择,如表 2-9 所示。

表 2-9 甲企业应收账款现状及其合理额度确定方案　　　　　　　　　　单位:元

(1) 应收账款平均余额	100 000	300 000	500 000	700 000	900 000	1 100 000
(2) 应收账款持有成本	10 000	30 000	50 000	70 000	90 000	110 000
(3) 应收账款管理成本	31 300	33 900	36 500	39 100	41 700	44 300
(4) 应收账款短缺成本	96 000	25 600	11 520	5 486	2 133	0
(5) 应收账款总成本 = (2)+(3)+(4)	137 300	89 500	98 020	114 586	133 833	154 300

根据表 2-9 绘制的应收账款总成本曲线如图 2-6 所示。

从表 2-9 和图 2-6 中可见,甲企业应收账款合理额度在 300 000 元和 500 000 元之间,经过进一步计算为 310 000 元。此时,应收账款总成本最低,为 89 498 元,与 300 000 元应收账款的成本(89 500 元)相近,由此甲企业赊销收益最大、成本最低的应收账款合理额度为 310 000 元。

企业应收账款最佳额度确定后,应根据销售客户的信誉决定相应的信用政策。对销售客户进行信誉排队的方法有多种,如直接调查法、五 C[分析客户的资本(capital)、特征(character)、条件(condition)、能力(capacity)、抵押品(collateral)]评估法、信用评分法和回款期评价法等。结合我国情况,回款期评价法(根据销售客户以往回款期限确定信用政策)是较合宜的。

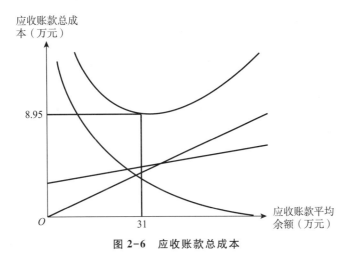

图 2-6 应收账款总成本

第四节 存 货

一、存货的种类和计价

存货是指企业在日常活动中持有以备出售的产成品或商品、处在生产过程的在产品、在生产过程或提供劳务过程耗用的材料和物料等,分为以下几类:

(1) 存货。它包括原材料(原料及主要材料、辅助材料、外购半成品、修理用备件、包装材料、燃料)、包装物(包装产品的桶、箱、瓶、坛、袋等)、低值易耗品(价值低且容易损耗的工具、玻璃器皿、管理用具、劳动保护用品等)和委托加工材料。

(2) 在制品存货。它包括正在车间加工的在产品和已经完成一个或几个生产步骤但还需继续加工的自制半成品。

(3) 商品产品存货。它包括企业自行制造完工验收入库的产成品、从企业外部购入的库存商品(或外购配套商品)以及发出商品等。

存货可采用实际成本、计划成本或定额成本、售价等方法计价,企业应根据各类存货的实际情况选择适当的计价方法。

二、材料存货

1. 材料采购成本的内容

外购材料的实际成本包括买价,运杂费(运输费、装卸费、保险费),途中合理损耗,入库前加工、整理、挑选费用,相关税费(如进口关税等),其他可归属于存货采购成本的费用。其中,买价不包括商业折扣,也不包括现金折扣,税金不包括支付的增值税(购料单位是小规模纳税人的包括在内)。

企业材料采购核算科目的设置有两种方法:(1)采用实际成本(或进价)进行材料日常

核算的企业,设置"在途物资"科目核算外购材料的实际采购成本;(2)采用计划成本进行材料日常核算的企业,设置"材料采购"科目核算外购材料的采购成本。对于计划成本偏离实际成本而产生的差异,设置"材料成本差异"科目进行核算。

2. 材料按实际成本计价核算

材料按实际成本计价核算是指材料的收发凭证(收料单、领料单等)和材料账收入、发出和结存都记录实际成本。

(1) 收入材料。企业材料仓库收入材料的来源有外购材料、自制材料、投资者投入材料、接受捐赠的材料、委托外单位加工收回的材料,其中主要而经常发生的业务是外购材料。

例 2-26 某企业购入原材料一批,价款为 10 万元、增值税进项税额为 1.3 万元、对方代垫运杂费为 0.2 万元(其中,运费专用发票上价款为 0.14 万元,增值税为 0.0126 万元,其增值税可抵扣),共付款 11.5 万元。材料已验收入库。

① 收料单上填列的原材料实际成本为 10.1874 万元 [10 + 0.14 + (0.2 - 0.14 - 0.0126)];

② "原材料"账户增加 10.1874 万元;

③ "应交税费——应交增值税(进项税额)"账户借方登记 1.3126 万元(1.3 + 0.0126),待向国家交税时作为"销项税额"的抵扣项目;

④ 企业"银行存款"减少 11.5 万元。

该项业务的会计分录如下:

借:原材料　　　　　　　　　　　　　　　　　　　　　101 874
　　应交税费——应交增值税(进项税额)　　　　　　　　13 126
　　贷:银行存款　　　　　　　　　　　　　　　　　　　115 000

企业外购材料时,如果并非上述举例那样"钱货两清"又该如何进行账务处理呢?①若企业先付款后收料,则付款时记入"在途物资"科目借方,待收料入库时再从该账户贷方转入"原材料"账户借方;②若企业先收料后付款,则收料时暂不记材料总账,而是在材料收料单、材料明细账上登记收料数量,待付款时进行账务处理,既登记材料总账,又在材料收料单和明细账上补记金额;③对月终未付款的收料要按估价借记"原材料"账户,贷记"应付账款"或"应付票据"账户。

企业一次购进几种材料发生共同运杂费,应按各种材料的买价或重量等比例分配共同运杂费,计算出各种材料的实际成本记入材料明细账。

企业在外购材料的过程中,遇到供货单位提供的折扣优惠,按存货会计准则规定,商业折扣不计入材料成本,现金折扣计入材料成本。

例 2-27 甲厂 4 月 20 日赊购低值易耗品(工具)一批,价款为 50 000 元,增值税为 6 500 元,付款条件为"2/10,n/30"。甲厂 4 月 29 日偿付了全部货款。

4 月 20 日,甲厂做如下会计处理:

① 收料单上填列的工具的实际成本为 50 000 元;

② "周转材料——低值易耗品"账户增加 50 000 元;

③"应交税费——应交增值税(进项税额)"账户借方登记 6 500 元;

④"应付账款"账户登记欠款 56 500 元。

4 月 29 日,甲厂付款后做会计处理如下:

⑤"应付账款"账户注销(减少)56 500 元;

⑥"银行存款"账户减少 55 500 元 [(50 000 × 98%) + 6 500];

⑦享受现金折扣 1 000 元(50 000 × 2%)冲减"财务费用"。

(2)发出材料。企业材料仓库发出材料的去向有生产经营领用、对外销售、委托外单位加工、捐出材料等。在实际成本计价方式下发出材料应按实际成本计价。在某一会计期间,材料仓库发出的材料可能是上期结余的材料,也可能是本期入库的材料或者是两种情况都有。材料库每次收进的材料由于买价、采购费用等情况不同,其单位成本往往不一样。发出材料怎样计算实际成本呢?常用的方法有以下几种:

① 先进先出法。它是假定先入库的材料先发出,按此顺序确定发出材料和结存材料实际成本的一种方法。

例 2-28 某企业 10 月份乙种原材料的收入、发出和结存资料见表 2-10。

表 2-10 乙种材料收发存情况

20××年		摘要	入库			发出			结存		
月	日		数量(件)	单价(元)	金额(元)	数量(件)	单价(元)	金额(元)	数量(件)	单价(元)	金额(元)
10	1	期初结存							500	4.00	2000
10	4	购入	200	3.80	760				700		
10	14	发出				600			100		
10	20	购入	400	4.10	1 640				500		
10	25	发出				200			300		
10	30	购入	210	4.00	840				510		
10	31	合计	810		3 240	800			510		

10 月 14 日发出 600 件材料的成本 = 500 × 4 + 100 × 3.80 = 2 380(元)

10 月 25 日发出 200 件材料的成本 = 100 × 3.80 + 100 × 4.10 = 790(元)

10 月 31 日结存 510 件材料的成本 = 2 000 + 3 240 - (2 380 + 790) = 2 070(元)

计算结果表明,该企业 10 月份发出乙种材料的实际成本共计 3 170 元(2 380 + 790)。如果材料被生产领用,则 10 月 14 日、10 月 25 日两张领料单上分别填列 600 件 2 380 元、200 件 790 元。

② 后进先出法。它是假定后入库的材料先发出,按此顺序确定发出材料和结存材料实际成本的一种方法。根据例 2-28:

10 月 14 日发出 600 件材料的实际成本 = 200 × 3.80 + 400 × 4.00 = 2 360(元)

10 月 25 日发出 200 件材料的实际成本 = 200 × 4.10 = 820(元)

10 月 31 日结存 510 件材料的实际成本 = 2 000 + 3 240 - (2 360 + 820) = 2 060(元)

③ 加权平均法。它是在期末将本期收入数和期初结存数平均计算单位成本,进而确定本期发出材料和期末结存材料实际成本的计价方法。根据例2-28:

$$\frac{材料加权平}{均单位成本} = \frac{2\,000 + 3\,240}{500 + 810} = 4.00(元/件)$$

本月发出材料成本 = 800 × 4.00 = 3 200(元)

月末结存材料成本 = 2 000 + 3 240 - 3 200 = 2 040(元)

④ 移动平均法。它是每收入一批材料就重新计算一次平均单位成本,进而对每次发出材料按当时的平均单位成本计算发出材料实际成本的一种方法。

$$\frac{移动平均}{单位成本} = \frac{本批收料前结存材料成本 + 本批收入材料成本}{本批收料前结存材料数量 + 本批收入材料数量}$$

$$\frac{本批发出}{材料成本} = \frac{本批发出}{材料数量} \times \frac{当时移动平}{均单位成本}$$

根据例2-28,乙种材料明细账登记情况见表2-11。

表2-11 乙种原材料明细账(移动平均法)

××年		凭证号数	摘要	入库			发出			结存		
月	日			数量(件)	单价(元)	金额(元)	数量(件)	单价(元)	金额(元)	数量(件)	单价(元)	金额(元)
10	1	略	期初结存							500	4.00	2 000
10	4		购入	200	3.80	760				700	3.94①	2 760
10	14		发出				600	3.94	2 364	100	3.96③	396②
10	20		购入	400	4.10	1 640				500	4.07④	2 036
10	25		发出				200	4.07	814	300	4.07	1 222
10	30		购入	210	4.00	840				510	4.04	2 062
10	31		合计	810		3 240	800		3 178	510	4.04	2 062

注:① = (2 000 + 760) ÷ (500 + 200) = 3.9428 ≈ 3.94(元);② = 2 760 - 2 364 = 396(元);
③ = 396 ÷ 100 = 3.96(元);④ = (396 + 1 640) ÷ 500 = 4.072 ≈ 4.07(元)。

⑤ 个别计价法。它是以某批材料收入时的实际单位成本作为该批材料发出时的实际成本的一种计价方法,也称分批实际法。

根据例2-28,经确认,10月14日发出600件材料,其中450件是期初结存的、150件是10月4日购进的;10月25日发出200件材料都是10月20日购进的。则:

本月发出材料成本 = 450 × 4.00 + 150 × 3.80 + 200 × 4.10 = 3 190(元)

月末结存材料成本 = 2 000 + 3 240 - 3 190 = 2 050(元)

财政部2006年修订颁布的《企业会计准则第1号——存货》规定:企业应当采用先进先出法、加权平均法或者个别计价法确定发出存货的实际成本。因此,企业要根据实际情况选择存货计价方法,计价方法一经确定,不得随意变更。

企业发出材料要按材料用途分别记入"生产成本"(产品直接耗用)、"制造费用"(车间一般耗用)、"管理费用"(行政管理部门耗用)等账户。

例 2-29 承例 2-28,假定企业本月仅发出 800 件材料,确定采用加权平均法,实际成本共计 3 200 元。其中,产品耗用 2 800 元,车间一般耗用 340 元,厂部行政部门耗用 60 元。

企业记入"生产成本""制造费用""管理费用"账户的材料费用分别为 2 800 元、340 元、60 元。

3. 材料按计划成本计价核算

材料按计划成本计价核算的要点如下:

(1)材料仓库里的每种材料事先确定计划单价,编制"材料计划价格目录"。材料计划单价一般以上年实际采购成本(买价、采购费用等)为依据,考虑当年各项变动因素确定。

(2)材料收发凭证上填列计划成本。

(3)材料总账"原材料""周转材料——包装物""周转材料——低值易耗品"账户①及其相应的明细账登记计划成本,即仓库收入材料时按收入数量乘以计划单价记入材料账户借方,发出材料时,按发出数量乘以计划单价记入材料账户贷方,会计期末材料账户结余额反映库存材料的计划成本。

(4)企业购买材料按实际成本付款,企业入库材料按计划成本入账,两种成本不同,均通过"材料采购"账户反映。"材料采购"账户借方反映材料的实际成本,贷方反映材料的计划成本,两者差额在月终从账户借方或贷方转入"材料成本差异"账户。"材料采购"账户月终如有借方余额,反映已付款尚未入库的在途材料实际成本。

(5)外购材料的实际成本大于计划成本的差额,称为材料超支价差或材料超支差异或正差,记入"材料成本差异"账户借方;外购材料的实际成本小于计划成本的差额,称为材料节约价差或材料节约差异或负差,记入"材料成本差异"账户贷方。材料成本差异占仓库材料计划成本的比例称为材料成本差异率,计算公式为(以原材料为例):

$$\frac{\text{本月原材料}}{\text{成本差异率}} = \frac{\text{月初结存材料成本差异} + \text{本月收入材料成本差异}}{\text{月初结存材料计划成本} + \text{本月收入材料计划成本}} \times 100\%$$

企业利用材料成本差异率可将仓库发出材料的计划成本调整为实际成本,计算公式为:

$$\text{发出材料分摊的材料价差} = \text{发出材料计划成本} \times \text{材料成本差异率}$$

$$\text{发出材料的实际成本} = \text{发出材料计划成本} \pm \text{发出材料分摊的材料价差}$$

材料成本差异率为正数称为超支价差率,发出材料分摊的材料价差为正数;材料成本差异率为负数称为节约价差率,发出材料分摊的材料价差为负数。

(6)月末,仓库材料存货的实际成本通过材料账户和"材料成本差异"账户的余额反映,计算公式为:

$$\frac{\text{月末库存材料}}{\text{实际成本}} = \frac{\text{"原材料""周转材料"}}{\text{账户月末余额}} \pm \frac{\text{"材料成本差异"}}{\text{账户月末余额}}$$

---

① 包装物、低值易耗品业务频繁的企业,《企业会计准则应用指南(2020年版)》规定,可单独设置"包装物""低值易耗品"两个一级科目进行核算。

"材料成本差异"账户期末若为借方余额,则上述公式中用加号;若为贷方余额,则公式中用减号。

(7) 月末,全部材料存货实际成本计算公式为:

$$\begin{matrix}\text{全部材料存货}\\\text{月末实际成本}\end{matrix} = \begin{matrix}\text{"材料采购"账}\\\text{户月末余额}\end{matrix} + \begin{matrix}\text{月末库存材}\\\text{料实际成本}\end{matrix} \pm \begin{matrix}\text{"委托加工材料"成}\\\text{本账户月末余额}\end{matrix}$$

例 2-30 某企业本月购入原材料付款 11.5 万元,其中价款为 10 万元、增值税为 1.3 万元、对方代垫运杂费为 0.2 万元(其中,运费 0.124 万元可抵扣 9% 的增值税);原材料验收入库的计划成本为 12 万元;本月产品生产领用原材料计划成本 9 万元。该原材料月初结存 8 万元,超支价差为 2.2112 万元。

① 购入材料实际成本 = 10 + (0.2 - 0.124 × 9%) = 10.1888(万元)

② 购入材料进项税额 = 10 × 13% + 0.124 × 9% = 1.3112(万元)

③ 入库材料计划成本 = 入库材料数量 × 材料计划单价 = 12(万元)

④ 该批材料成本差异 = 10.1888 - 12 = - 1.8112(万元,节约价差)

⑤ $\text{本月原材料成本差异率} = \dfrac{2.2112 + (-1.8112)}{8 + 12} \times 100\% = 2\%$

⑥ 本月生产领料分摊材料价差 = 9 × 2% = 0.18(万元)

⑦ 本月产品生产领料的实际成本 = 9 + 0.18 = 9.18(万元)

⑧ 月末"原材料"账户余额 = 8 + 12 - 9 = 11(万元)

⑨ 月末"材料成本差异"账户余额 = 2.2112 - 1.8112 - 0.18 = 0.22(万元)

⑩ 月末结存原材料实际成本 = 11 + 0.22 = 11.22(万元)

三、在制品存货

企业设置"生产成本"账户,核算产品生产耗用的直接材料(如例 2-30 中的 9.18 万元)、发生的生产工人工资,以及发生的水电、固定资产折旧等制造费用。月末,若生产的产品未完工或部分完工部分未完工,则"生产成本"账户期末余额反映未完工的在产品实际成本。

企业生产过程中如有多个生产步骤(如机械厂的铸造、加工、装配等步骤),对已完成一个或几个生产步骤尚未制成产成品而送交半成品仓库收发的中间产品(如毛坯、零件或部件),企业应设置"自制半成品"账户核算。该账户月末余额反映半成品库结存的自制半成品的实际成本。

"生产成本"账户和"自制半成品"账户月末余额之和反映在制品存货(即广义的在产品存货)的实际成本。

四、商品产品存货

1. 库存商品存货

工业企业制造完工的产品验收入库(产成品仓库)后,会计应计算入库产成品的实际成本,从"生产成本"账户贷方转入"库存商品"账户借方。当产品销售出去后应将已销产品的生产成本从"库存商品"账户贷方转入"主营业务成本"账户借方。商品流通企业外购商品的核算,设置"库存商品"科目进行。其中,零售商店等单位采用售价核算"库存商品"的,还要设置"商品进销差价"科目。期末,零售商店等单位"库存商品"账户以售价反映的余额加或减"商品进销差价"账户的余额为库存商品的进价成本。

2. 发出商品存货

企业销售商品时,其商品控制权是否真正转移,是确认收入的一个重要条件。若商品控制权没有完全转移,则不应当确认收入实现。例如,企业销售的商品需要进行安装和检验,在安装和检验完毕前,其商品的控制权没有完全转移,一般不应确认收入。再如,企业销售商品时按购销合同或协议规定允许退货,预计退回的商品实际上也没有完全转移控制权,不能确认收入的实现。一句话,企业销售商品时不满足收入确认条件的,其发出商品的成本应设置"发出商品"科目进行核算。"发出商品"科目借方登记未满足收入确认条件的发出商品的实际成本或进价或计划成本或售价(从"库存商品"账户贷方转入"发出商品"账户借方),贷方反映满足收入确认条件时结转的销售成本(从"发出商品"账户贷方转入"主营业务成本"账户借方),期末借方余额反映企业尚未确认收入的发出商品的实际成本或进价或计划成本或售价。

3. 外购商品存货

工业企业有时从外部购入的无须进行任何加工就与自制产品配套出售的商品,称为外购配套商品,企业可设置"外购商品"科目进行单独核算。

五、存货的分析

1. 存货占用率分析

存货占用率是指存货占流动资产的比例。生产经营特征相近的企业或行业,存货占用率的水平一般相差不大,企业可以建立存货占用率的较优评价标准。存货占用率的计算公式为:

$$存货占用率 = \frac{存货}{流动资产} \times 100\%$$

上述公式中分子、分母通常是期末数。存货占用率反映每100元流动资产有多少是存货占用的资金。

例 2-31 我国规模以上工业企业存货占用率的计算如表 2-12 所示。

表 2-12 我国规模以上工业企业存货占用率的计算

项目	2017年	2018年	2019年	2020年	2021年	五年累计	每年递增
(1) 存货(亿元)	113 305	116 671	119 226	125 904	145 379	620 485	6%
(2) 流动资产(亿元)	534 081	554 165	587 317	648 818	723 909	3 048 290	8%
(3) 存货占用率 = (1)÷(2)	21.2%	21.1%	20.3%	19.4%	20.1%	20.4%	—

资料来源:2018—2022年各年度的《中国统计年鉴》。

从表 2-12 的计算结果可知，我国规模以上工业企业存货占用率 2017—2021 年五年累计平均为 20.4%，即每 100 元流动资产中有 20.40 元是存货占用的资金。据国务院国资委考核分配局编制的《企业绩效评价标准值》中国有工业企业相关平均值推算，存货占用率 2017—2021 年五年累计简单平均为 34.7%。20×0 年至 20×2 年，我国 1 304 家上市公司存货占用率三年累计平均为 20.0%①，2021 年 4 458 家上市公司存货占用率为 33.1%②。因此，我国工业企业存货占用率平均水平在 20% 和 35% 之间。

2. 存货与营业收入的比率分析

存货与营业收入的比率称为营业收入存货率，反映企业每创造 100 元营业收入需要占用多少存货资金。其计算公式为：

$$营业收入存货率 = \frac{存货}{营业收入} \times 100\%$$

上述公式中"存货"是年初存货与年末存货之和除以 2 得出；"营业收入"是全年营业收入，年度期间计算该指标要换算成全年"营业收入"。

例 2-32 我国规模以上工业企业营业收入存货率的计算如表 2-13 所示。

表 2-13 我国规模以上工业企业营业收入存货率的计算

项目	2017 年	2018 年	2019 年	2020 年	2021 年	五年累计	每年递增
(1) 存货(亿元)	113 305	116 671	119 226	125 904	145 379	620 485	6%
(2) 营业收入(亿元)	1 133 161	1 057 327	1 067 397	1 083 658	1 279 227	4 341 543	3%
(3) 存货占营业收入的比率(%) = (1) ÷ (2)	9.5	10.9	11.1	11.3	10.6	14.3	—

资料来源：2017—2022 年各年度的《中国统计年鉴》；2016 年存货为 102 804 亿元。

从表 2-13 的计算结果可知，我国规模以上工业企业存货与营业收入的比率不断上升，由 2017 年的 9.5% 上升到 2021 年的 10.6%，五年累计平均为 14.3%（不包括 2016 年数据），即每 100 元主营业务收入需要占用 14.30 元的存货资金。国务院国资委考核分配局编制的《企业绩效评价标准值》中国有工业企业存货与营业收入的比率（以平均值为评价标准，称为"收入存货率"）2017—2021 年五年简单平均为 28.0%。20×0 年至 20×2 年，我国 1 304 家上市公司存货占主营业务收入的比率三年累计平均为 13.8%③，2021 年 4 386 家上市公司存货与营业收入的比率为 28.0%④。

3. 存货结构及其变动分析

存货结构是指各类存货占全部存货的比重。对存货结构进行分析，就是分析材料存

---

① 数据取自中国矿业大学朱学义教授上市公司数据库。
② 数据取自 CCER 经济金融研究数据库。
③ 数据取自中国矿业大学朱学义教授上市公司数据库。
④ 数据取自 CCER 经济金融研究数据库。

货比重(也称储备资金比重)、在制品存货比重(与生产资金比重类似)和商品产品存货比重(也称成品资金比重)的合理性。主要方法是将期末各类存货比重与存货计划或定额比重、期初存货比重进行对比,观察结构的变动情况,重点是检查存货有无超储积压的现象。

例 2-33 甲企业年度存货资料见表 2-14。

表 2-14 甲企业年度存货结构分析

项目	年初实际		年末实际		年末比年初	
	金额(万元)	比重(%)	金额(万元)	比重(%)	增加额(万元)	增长(%)
材料存货	466.22	57.71	754.72	64.72	288.50	61.88
在制品存货	102.70	12.71	110.60	9.48	7.90	7.69
库存商品存货	238.90	29.57	300.77	25.79	61.87	25.90
存货合计	807.82	100.00	1 166.09	100.00	358.27	44.35

从表 2-14 可知,甲企业年末材料存货比重比年初升高 7.01(64.72 - 57.71)个百分点,是否存在超储积压有待进一步调查。年末库存商品存货比重比年初降低 3.78(25.79 - 29.57)个百分点;而年末在制品存货比重比年初降低 3.23(9.48 - 12.71)个百分点,是投产不足还是缩短生产周期有待进一步调查。

从表 2-14 可知,甲企业年末存货比年初增加了 358.27 万元,增长率为 44.35%。其中,材料存货增加最多,比年初增长 61.88%,应进一步调查超储现象是否合理。一般来说,凡企业生产经营的季节性原因、市场供求变化原因以及非企业本身责任原因(如供货方提前发货等)造成的超储,均属于合理因素;凡计划失误或管理失调或盲目采购等原因造成的超储,均属于不合理因素。同时还要具体检查哪些材料超储、哪些材料储备不足,检查材料买价、采购资金的升降情况。

4. 存货周转速度分析

存货周转速度是指存货资金流动的时间或效率,常用存货周转率和存货周转天数表示。存货周转率是存货周转额与存货平均占用额的比率;存货周转天数是存货资金周转一次所需的天数。

存货周转额从整体看是指存货总周转额。存货总周转额是指一定时期内存货资金在周而复始的周转过程中所完成的累积数额,可以用一定时期内的营业收入或营业成本来反映。表 2-15 记录了存货总周转额的形成情况。

表 2-15 甲企业存货周转额 单位:万元

项目	年初结存	本年增加	本年减少	年末结存
存货合计	807.82	12 719.524	12 361.254	1 166.09
其中:库存商品存货	238.90	3 947.494	3 885.624	300.77

从表 2-15 可知,甲企业全年存货总周转额就是库存商品存货"本年减少"栏数额,它是本年销售阶段库存商品资金向货币资金转化的数额,也就是转入"主营业务成本"的数

额 3 885.624 万元。这是存货总周转额最恰当的数额。有时,我们用"主营业务收入"反映存货总周转额,虽然也能说明问题,但由于它包括商品盈利额在内,是一个近似数值。

(1) 存货总周转天数的计算和评价。存货(总)周转天数的计算公式为:

$$\frac{存货(总)}{周转天数} = \frac{平均存货 \times 计算期天数}{计算期营业成本总额}$$

$$平均存货 = (期初存货余额 + 期末存货余额) \div 2$$

根据表 2-15 存货周转额资料,甲企业存货(总)周转天数计算如下:

$$平均存货 = (807.82 + 1\,166.09) \div 2 = 986.955 (万元)$$

$$\frac{存货(总)}{周转天数} = \frac{986.955 \times 360}{3\,885.624} = 91.4 (天)$$

计算结果表明,甲企业存货周转天数为 91.4 天,即企业从购买材料入库开始,经过生产,再到售出产品为止共持续 91.4 天,存货周转率为 3.9 次(360÷91.4)。

在评价存货周转速度时,可同全国工业企业平均水平进行比较。我国规模以上工业企业存货周转天数和存货周转率的计算见表 2-16。

表 2-16 我国规模以上工业企业存货周转速度的计算

项目	2017 年	2018 年	2019 年	2020 年	2021 年	五年累计	每年递增
(1) 存货(亿元)	113 305	116 671	119 226	125 904	145 379	620 485	6.4%
(2) 营业成本(亿元)	956 120	880 807	891 095	903 752	1 071 247	4 703 022	2.9%
(3) 存货周转天数=平均存货×360÷(2)	40.7	47.0	47.7	48.8	45.6	47.5	—
(4) 存货周转率(次)= 360÷(3)	8.8	7.7	7.6	7.4	7.9	7.6	—

资料来源:2017—2022 年各年度的《中国统计年鉴》;2016 年存货为 102 804 亿元。

从表 2-16 的计算结果可知,我国规模以上工业企业存货周转天数不断增加,由 2017 年的 40.7 天上升到 2021 年的 45.6 天,说明存货管理水平不断下降,五年累计平均为 47.5 天(不包括 2016 年数据),五年累计平均周转 7.6 次。从国务院国资委考核分配局编制的《企业绩效评价标准值》中国有工业企业平均数据看,存货周转率 2017—2021 年五年简单平均为 5.4 次(67.2 天)。20×0 年至 20×2 年,我国 1 304 家上市公司存货周转率三年累计平均为 5.73 次(62.8 天)[1],2021 年 4 364 家上市公司存货周转率为 2.77 次(130.0 天)[2]。

结合甲企业的存货周转情况进行评价:甲企业存货周转天数为 91.4 天,比 2017—2021 年全国国有工业企业平均水平 130.0 天速度快,说明企业在加速存货资金周转速度方面取得一定的成绩。

存货周转天数越少,周转速度越快,企业的资金利用效率越高。企业在分析存货周转速度时,不仅要将本期实际周转天数与上期实际周转天数进行比较,还要与计划水平、同

---

[1] 数据取自中国矿业大学朱学义教授上市公司数据库。
[2] 数据取自 CCER 经济金融研究数据库。

行业先进水平对比,以便做出正确的评价。

(2) 存货资金节约额的计算。为了进一步分析存货周转速度加快给企业带来的效益,企业还要计算存货资金节约额。其计算公式为:

$$\frac{存货资金}{节约额} = \left(\frac{上期实际(或计划)}{周转天数} - \frac{计算期实际}{周转天数}\right) \times \frac{计算期营业成本}{计算期天数}$$

例 2-34 甲企业上年存货(总)周转天数为 95 天,本年存货(总)周转天数为 91.4 天,全年存货实际周转额(营业成本)为 3 885.624 万元。计算加速存货周转所带来的存货资金节约额。

$$\frac{存货资金}{节约额} = (95 - 91.4) \times \frac{3\,885.624}{360} = 38.856(万元)$$

计算结果表明,甲企业实际周转天数比上年缩短 3.6 天(95-91.4),使企业全年存货占用资金相对节约 38.856 万元。若计算结果为负数,则表明由于周转天数加长,企业相对多占用(浪费)的资金量。

习题三

目的:练习外币业务和货币资金管理模式。

1. 广宇公司 4 月 1 日美元存款日记账上结余 15 000 美元,市场汇价 1∶6.24。4 月 10 日从国外购货付款 6 000 美元,当日市场汇价 1∶6.30。4 月 15 日,偿付美国 W 公司欠款 5 400 美元,当日市场汇价 1∶6.28。4 月 25 日,上月售给美国 A 公司的商品款 5 000 美元今日收到,当日市场汇价 1∶6.32。4 月 30 日,国家公布的市场汇价为 1∶6.31。要求:

(1) 广宇公司按当日市场汇价记账,请计算:

① 4 月 30 日美元存款日记账上美元金额=

② 4 月 30 日美元存款日记账上人民币金额=

③ 4 月份美元户汇兑损益=

(2) 广宇公司按月初市场汇价记账,请计算:

④ 4 月份美元户汇兑损益=

2. 某企业预计全年需要货币资金 50 万元,每次售出有价证券的交易成本为 150 元,有价证券的利率为 14%。采用存货模式完成下列要求:

(1) 货币资金最佳存量=

(2) 用 Excel 绘图(图中要有原始数据和图形;图贴于下面框内)。

3. 分析上市公司——用友软件(600588)货币资金占用水平和使用效率。用"证券之星"(www.stockstar.com)公布的近三年上市公司三大报表数据进行分析;完成下列表中数据的填列和计算。

用友软件近三年财务报表有关数据及有关指标计算

指标	年	年	年	三年合计
年末货币资金(元)				
年末交易性金融资产(元)				
年末流动资产(元)				
年末货币资金占用率(%)				
年末现金占用率(%)				
全年销售商品提供劳务收取的现金(元)				—
货币资金周转率(次)				—

习题四

目的:练习交易性金融资产业务处理。

1. 甲企业20×7年3月10日购入华洋股票5 000股(准备随时变现),每股付款20元,另付手续费300元;20×7年6月30日,甲企业从华洋公司分进股利10 000元;20×7年8月18日,甲企业以每股20.55元的价格将华洋股票全部售出,售出股票时支付手续费404.34元,计算应交转让金融产品增值税155.66元。要求计算:

① 甲企业变卖股票前"交易性金融资产"账户的余额=

② 甲企业买卖华洋股票最终取得的投资净收益或净损失=

2. 甲企业20×7年12月25日购入龙化股票4 000股(准备随时变现),每股付款20元(含龙化公司20×7年12月20日宣布但尚未发放的股利每股1元),另付手续费250元。20×8年1月5日,甲企业收到龙化公司发放的股利每股1元。20×8年7月5日,甲企业又收到龙化公司发放的股利每股1.5元。20×8年7月20日,甲企业以每股24.4元价格将龙化股票全部售出,另付手续费577.36元,计算应交转让金融产品增值税1 222.64元。要求计算:

① 甲企业变卖龙化股票前"交易性金融资产"账户余额=

② 取得的投资净收益=

习题五

目的:练习应收款项业务处理。

1. 某企业赊销商品一批,开出的增值税专用发票上货款50 000元,增值税6 500元,同时提供的付款条件是"2/10,n/30"。客户在折扣期内偿付了全部款项。要求计算:

① 实际收款额=

② 主营业务收入净额=

2. A 企业某年年末应收账款账面余额 800 万元,按 5‰的比例计提坏账准备(计提前,企业"坏账准备"账户结余 1.5 万元未动用,即贷方余额 1.5 万元)。第二年 5 月,实际发生坏账 5 万元经批准同意转销。第二年发生应收账款 7 400 万元,收回应收账款 7 390 万元(不含已转销的坏账)。要求计算:

① 第一年年末计提的坏账准备=
② 第二年年末应收账款余额=
③ 第二年年末计提坏账准备前"坏账准备"账户余额=
④ 第二年年末计提的坏账准备=
⑤ 第一年年末资产负债表中"应收账款"(填列净额)=
⑥ 第二年年末资产负债表中"应收账款"(填列净额)=

3. B 企业 6 月 4 日向四方公司销售产品一批,当天收到四方公司开出的面值为 5 万元、承兑期为 1 个月的商业承兑汇票一张。8 月 25 日,B 企业因资金紧张将该汇票向银行申请贴现,按 9‰贴现率付息。要求计算:

① 贴现天数=
② 支付的贴现利息=
③ 实得贴现款=

4. 承第 2 题,A 企业第二年全年销售收入 17 000 万元。其中,现销收入 9 600 万元,现金折扣 50 万元,销售折让 27.5 万元,销售退回 100 万元。要求计算:

① 全年赊销收入净额=
② 应收账款平均余额=
③ 应收账款回收期=

案例一

目的:兖州煤业上市公司应收账款管理问题评价。

要求:登陆"证券之星"(www.stockstar.com)网站,收集兖州煤业上市公司(600188)下列情况:

1. 公司概况;
2. 股票发行情况;
3. 股份构成;
4. 公司主要股东;
5. 近三年每股收益及分红配股方案;
6. 近三年主要财务指标;
7. 应收账款及坏账准备情况(本案例重点,越详细越好);
8. 下载最近一年的资产负债表;
9. 下载最近一年的利润表;

10. 下载最近一年的现金流量表;

11. 对兖州煤业应收账款相关指标进行分析和评价(与全国平均水平、国内外先进水平进行比较),并结合分析结果撰写应收账款管理问题评价报告。

习题六

目的:练习存货业务处理。

1. 某企业甲原材料12月1日结存2 000千克,单价1.00元;12月8日购入3 000千克,单价1.10元;12月10日发出4 000千克;12月15日购入4 000千克,单价1.15元;12月20日发出3 000千克;12月28日购入1 000千克,单价1.20元。要求计算:

① 先进先出法下发出甲材料成本 =

② 后进先出法下发出甲材料成本 =

③ 加权平均单价 =

④ 加权平均法下发出甲材料成本 =

2. 某企业本月购入原材料付款137 200元(其中货价120 000元,增值税15 600元,对方代垫运杂费1 600元),材料入库计划成本为112 000元,本月生产领用80 000元。该原材料月初结存88 000元,节约价差600元。要求计算:

① 本月购入材料价差 =

② 本月原材料成本差异率 =

③ 本月生产领用原材料实际成本 =

④ 本月原材料存货平均余额 =

⑤ 原材料存货周转天数 =

第三章 非流动资产

第一节 非流动资产投资

一、非流动资产投资的概念和种类

企业在自身生产经营业务之外,还可以利用富余的资金向其他单位进行投资。投资不仅包括对内投资,如企业购买固定资产等,还包括对外投资,如对外投出流动资产、固定资产等。对外投资按投资目的及变现能力,可分为短期投资和长期投资两类;按性质,可分为权益性投资、债权性投资和混合性投资三类;按资产负债表归类属性,可分为"归为流动资产类的投资项目"(交易性金融资产)和"归为非流动资产类的投资项目"两类。

"归为非流动资产类的投资项目"简称"非流动资产投资",是指企业对外进行的、不准备在一年内或长于一年的一个营业周期内变现的投资。投资是为了实现长期战略目标(如为了获取新的货源、开拓新的市场、扩大企业影响提高声誉等),谋求长期经济利益,影响和控制其他企业的重大经营决策,获取较高的投资收益。与调节企业现金流量以提高资金使用效益的短期投资行为截然不同,非流动资产投资具有投资金额大、回收期长、投资回报率高等特点。企业在进行非流动资产投资时,要以不影响自身的正常资金周转和企业信誉为基本原则。

非流动资产投资按会计核算项目分类,可分为债权投资、其他债权投资、长期股权投资、其他权益工具投资、投资性房地产等。

二、债权投资

债权投资是指企业持有的、有固定到期日的、回收金额固定或可确定的、企业有明确意图和能力持有至到期的非衍生金融资产。它包括持有至到期的债券投资、委托银行贷款等。企业应设置"债权投资"一级会计科目,在该科目下按投资的类别和品种分别"成本""利息调整""应计利息"三个明细科目进行明细核算。

持有至到期的债券投资是指企业购买政府债券、金融债券和企业债券并计划准备在债券到期时变现所进行的投资。政府债券包括中央政府债券和地方政府债券两类,其中中央政府债券有国库券、财政券、保值公债、国家建设债券、国家重点建设债券、特种国债、投资债券和基本建设债券等。金融债券是由金融机构发行的债券。企业债券是由企业(包括股份公司、企业性金融机构)发行的债券。企业购买债券的核算,应根据购买债券的目的、资金安排计划和实际财务能力分别列入"交易性金融资产""债权投资"和"其他债权投资"科目进行核算。若所购债券准备近期变现的,则属于交易性的债券投资,记入"交易性金融资产"科目;若所购债券准备持有至到期变现的,则属于持有至到期的债券投资,记入"债权投资"科目;若所购债券既不准备近期变现也不准备持有至到期变现的,则属于相时观望变现的债券投资,计入"其他债权投资"科目。

企业购入的债券,由于票面利率和实际利率有差异,分别有三种价格:①按债券票面价值购入,即等价购入;②按高于债券票面价值购入,即溢价购入;③按低于债券票面价值购入,即折价购入。基于这三种价格的发行之于债券发行公司,分别表述为等价发行(或称面值发行)、溢价发行和折价发行三种形式。企业不论以哪种价格购入,面值和折(溢)价均被称为"买价"。会计在对债权投资的债券进行计价时,将买价中的"面值"确认为"债权投资——面值",将买价中的溢价或折价及其交易费用记入"债权投资——利息调整"明细科目进行核算。

企业购入的债券,如果为分期付息、一次还本的债券,那么所支付价款含有已到付息期但尚未领取的债券利息,应记入"应收利息"科目借方;企业购入的债券,如果为一次还本付息的债券,那么所支付的价款含有尚未到期的利息,应记入"债权投资——利息调整"科目借方。

企业设置"债权投资——应计利息"明细科目,只核算企业在取得一次还本付息债券后的持有期间于资产负债表日计算确认的利息。

会计对初始确认记入"债权投资——利息调整"明细科目的金额,应在债券到期前采用实际利率法分期摊销,摊销期次一般与计息期次一致。

(一) 购入债券的核算

例 3-1　丙企业 20×2 年 1 月 1 日购入上年 1 月 1 日发行的 5 年期债券,买价为 10.3 万元(面值 10 万元+溢价 0.3 万元),应计利息为 1 万元,实际付款为 11.3 万元。债券票面利率为 10%(每年年末计单利一次),实际利率为 9.0725%,再过 4 年到期还本付息。

1 月 1 日,丙企业购入债券时做会计分录如下:

借:债权投资——债券投资(面值)　　　　　　　100 000
　　　　　　——债券投资(利息调整)　　　　　　 13 000
　贷:银行存款　　　　　　　　　　　　　　　　113 000

如果例 3-1 是"分期付息、一次还本"的债券,那么对付款额中已到付息期但尚未领取的利息 1 万元,应借记"应收利息"科目。

（二）债券投资初始利息调整额的实际利率法摊销

《企业会计准则第22号——金融工具确认和计量》规定，企业应采用实际利率法确认利息收入、摊销初始利息调整额。债券计息和初始利息调整额的摊销按下列公式计算：

每期债券投资应收利息 = 债券面值 × 票面利率

每期债券投资实际收益 = 债券摊余成本 × 实际利率

其中，债券摊余成本 = 债券初始确认金额 − 已偿还本金 ± 债券累计摊销额 − 已发生的减值损失

每期摊销初始利息调整额 = 每期债券投资应收利息 − 每期债券投资实际收益

当年年末（及以后各年年末），丙企业计算债券应收利息并摊销"利息调整"明细科目金额如表3-1所示。

表3-1 持有至到期债券投资初始利息调整额的摊销（实际利率法） 单位：元

计息日期	债券投资应收利息 (1) = 面值×票面利率10%	债券投资实际收益 (2) = 上期(5)×实际利率9.0725%	初始利息调整额摊销 (3) = (1)−(2)	未摊销金额 (4) = 上期(4)−(3)	债券摊余成本 (5) = 上期(5)−(3)
20×1.01.01（发行价）					100 000.00
20×2.01.01				13 000.00	103 000.00
20×2.12.31	10 000.00	9 344.68	655.32	12 344.68	102 344.68
20×3.12.31	10 000.00	9 285.22	714.78	11 629.90	101 629.90
20×4.12.31	10 000.00	9 220.37	779.63	10 850.27	100 850.27
20×5.12.31	10 000.00	9 149.73*	850.27	10 000.00	100 000.00
合　计	40 000.00	37 000.00	3 000.00		

注：*含小数误差0.09元，其他数值含进位误差。

① 表3-1中20×2年12月31日丙企业计息并摊销利息调整额的计算过程如下：

债券投资应收利息 = 债券面值 × 债券票面利率
= 100 000 × 10% = 10 000（元）

债券投资实际收益 = 债券摊余成本 × 债券实际利率
= 103 000 × 9.0725% = 9 344.68（元）

利息调整摊销额 = 债券投资应收利息 − 债券投资实际收益
= 10 000 − 9 344.68 = 655.32（元）

② 20×2年12月31日，丙企业根据表3-1编制计息并摊销利息调整额的会计分录如下：

借：债权投资——债券投资（应计利息） 10 000.00
　　贷：债权投资——债券投资（利息调整） 655.32
　　　　投资收益 9 344.68

其余各年年末的会计分录类同处理。

（三）债券投资的收回

企业购买的债券一般按债券规定的期限收回本金和利息，其中归属于丙企业的应收利息为 40 000 元["债权投资——债券投资（应计利息）"账户借方余额]。由于债券投资初始利息调整额中的溢价、折价在持券期间已分期摊完，债券到期时只余利息调整额中不属于丙企业拥有的债券利息 10 000 元和债券面值 100 000 元。当债券到期收回时，"债权投资"三个明细账户的余额都应予以注销。

20×6 年 1 月 1 日，丙企业收回债券本息时编制会计分录如下：

借：银行存款　　　　　　　　　　　　　　　　　　　150 000
　　贷：债权投资——债券投资（面值）　　　　　　　　100 000
　　　　　　　　——债券投资（应计利息）　　　　　　 40 000
　　　　　　　　——债券投资（利息调整）　　　　　　 10 000

（四）持有至到期债券投资的报表列示

会计期末，企业在编制资产负债表时，"债权投资"账户余额中一年内到期的债券投资余额填入流动资产类下"一年内到期的非流动资产"项目，其他债券投资余额填入"债权投资"项目。

三、其他债权投资

（一）其他债权投资的概念

所谓其他债权投资，是指企业购买的有固定到期日的、固定回收金额但企业没有明确意图和能力持有至到期的债券而进行的非流动性金融资产投资。债券的非流动性是指企业持有债券的期限在一年以上。此概念有两个重要特征：一是企业购买的债券不准备近期变现，即不以交易为目的；否则，通过"交易性金融资产"科目进行核算。二是企业购买的债券不准备持有至到期变现，即不具有"持有意图和能力"投资；否则，通过"债权投资"科目进行核算。

企业设置"其他债权投资"一级会计科目，在该科目下按金融资产类别和品种，分别"成本""利息调整""公允价值变动"等进行明细核算。其中，"其他债权投资——公允价值变动"明细科目不仅反映记入"其他债权投资"科目的债券公允价值变动情况，还要将这一变动差额记入"其他综合收益——其他债权投资公允价值变动"科目，且期末还要对债券进行减值测试，发生减值单独设置"其他综合收益——信用减值准备"科目进行核算。

（二）其他债权投资核算举例

例 3-2 红星厂 10 月 1 日购入海洋公司本年 4 月 1 日发行的 3 年期、票面利率 8%、面值 48 000 元的债券。该债券 10 月 1 日证券市场上显示的实际利率为 6%。红星厂共付款 50 640 元，其中债券买价为 48 570 元（本金 48 000 元 + 溢价 570 元）、债券半年期利息为 1 920 元（48 000 × 8% × 6 ÷ 12）、经纪人佣金为 150 元。债券每年 9 月 30 日和 3 月 31 日付息，到期一次还本，红星厂将其列为"其他债权投资"处理。

（1）红星厂10月1日购入海洋债券的会计分录如表3-2所示。

表3-2 红星厂10月1日购入海洋债券时的入账分析

经济业务内容			红星厂账务处理（会计分录）	
1. 债券买价 48 570元	债券本金	48 000元	借：其他债权投资——海洋债券（成本）	48 000
	债券溢价	570元	借：其他债权投资——海洋债券（利息调整）	720
2. 付给经纪人佣金		150元		
3. 债券半年期利息		1 920元	借：应收利息	1 920
红星厂购买海洋债券共付款		50 640元	贷：银行存款	50 640

说明三点：①表3-2中借记"其他债权投资——海洋债券（成本）"仅仅登记债券本金48 000元，这是为了后续简化计息的需要。②"其他债权投资"设置"利息调整"明细科目，核算购买债券发生的溢价和交易费用，"利息调整"入账金额的摊销和各期计息一起进行。③购入价款支付的价款中含有已到付息期但尚未领取的利息1 920元，记入"应收利息"科目借方；若该利息是到期一次还本付息，则记入"其他债权投资——海洋债券（利息调整）"明细科目借方。

（2）10月5日，红星厂收到海洋公司第一期利息1 920元存入银行做如下会计分录：

借：银行存款　　　　　　　　　　　　　　　　　　　　　　　　　1 920
　贷：应收利息　　　　　　　　　　　　　　　　　　　　　　　　　　1 920

（3）当年12月31日，红星厂对上述债券在资产负债表日进行计息：

① 票面利息的计算（10月1日至12月31日，票面利率8%）

$$应收利息 = 48\ 000 \times 8\% \times 3/12 = 960（元）$$

② 实际利息的计算（10月1日至12月31日，实际利率6%）

$$实际利息 = (48\ 000 + 720) \times 6\% \times 3/12 = 730.80（元）$$

③ 红星厂12月31日做如下会计分录：

借：应收利息　　　　　　　　　　　　　　　　　　　　　　　　　960.00
　贷：投资收益　　　　　　　　　　　　　　　　　　　　　　　　　　730.80
　　　其他债权投资——海洋债券（利息调整）　　　　　　　　　　　　229.20

若以上债券不是分期付息，而是到期一次还本付息，则上述会计分录借记"应收利息"科目改为"其他债权投资——海洋债券（应计利息）"科目。

（4）当年12月31日，红星厂持有的海洋公司债券公允价值为47 490.80元，确认公允价值变动损益（损失）1 000元[（48 000 + 720 − 229.20）− 47 490.80]，做如下会计分录：

借：其他综合收益——其他债权投资公允价值变动　　　　　　　　　1 000
　贷：其他债权投资——海洋债券（公允价值变动）　　　　　　　　　　1 000

若公允价值上升，则会计分录与此相反。需要说明的是，在资产负债表日，如果红星厂对海洋公司债券进行减值测试，发现债券公允价值已持续下跌，短期内无望上升，预计可收回金额小于债券账面价值，那么其差额确认为减值损失时应做如下会计分录：

借：信用减值损失
　贷：其他综合收益——信用减值准备

(5) 企业根据资金需要处置上述债券时,要注销各有关科目的余额,处置收款额与注销账面价值发生的差额记入"投资收益"科目的借方或贷方。

四、长期股权投资

(一) 长期股权投资的概念

长期股权投资是指企业投出的、期限在一年以上(不含一年)的各种股权性质的投资,分为长期股票投资和其他长期投资两部分。

长期股票投资是指以购买股票的方式所进行的长期投资。企业购买股票若准备近期变现的,则属于交易性股票投资,记入"交易性金融资产"科目;若准备长期持有用来达成长期目标的,则属于长期股票投资,记入"长期股权投资"科目;若所购股票既不准备近期变现也不准备长期持有而相时观望的,则属于非流动性股票投资,记入"其他权益工具投资"科目。

其他长期投资,是指除长期股票投资以外的长期投资,如对外投出货币资金、材料物资、固定资产、无形资产等。

(二) 长期股权投资的取得方式

长期股权投资的取得方式分为"企业合并"取得的长期股权投资和"其他方式"取得的长期股权投资两种情况。

1. 企业合并形成的长期股权投资

企业合并形成的长期股权投资,应当区分"同一控制下的企业合并"和"非同一控制下的企业合并"两种情况分别确定初始投资成本。所谓"同一控制下的企业合并",是指参与合并的企业在合并前后均受同一方或相同多方的最终控制,且并非暂时性的控制。例如,同一企业集团下的两个企业合并要受到企业集团的控制。又如,总公司下的两个分公司合并要受到总公司的控制。两个企业之间的合并如果受到同一方控制,表明这两个企业不具有进行市场经济交易行为的独立地位,即双方不能自主、平等地"讨价还价",形成符合市场运作规则的"交换价值",会计就不能按"公允价值"计量,只能按合并日取得被合并方所有者权益账面价值的份额作为长期股权投资的初始投资成本。所谓"非同一控制下的企业合并",是指参与合并的各方在合并前后不属于同一方或相同多方的最终控制所进行的合并。长期股权投资的初始投资成本一般按公允价值计量。

例 3-3 甲公司和 A 企业均为淮都集团的下属单位。在淮都集团组织下,甲公司与 A 企业合并。甲公司向 A 企业投资货币资金 150 万元,拥有 A 企业 60% 的权益(甲公司和 A 企业均为淮都集团所控制)。合并日 A 企业所有者权益账面价值为 280 万元。甲公司合并 A 企业时确认初始投资成本为 168 万元(280×60%)。

甲公司投出货币资金时做会计分录如下:

借:长期股权投资——其他股权投资　　　　　　　　　　　1 680 000
　　贷:银行存款　　　　　　　　　　　　　　　　　　　1 500 000
　　　　资本公积——资本溢价　　　　　　　　　　　　　　180 000

说明:若甲公司向 A 企业投出货币资金时,A 企业所有者权益账面价值仅为 240 万元,甲公司确认的投资"份额"144 万元(240×60%)小于所付出的 150 万元货币,则应借记"资本公积——资本溢价"科目 6 万元(150-144)。若"资本公积——资本溢价"余额不足冲减 6 万元,则依次借记"盈余公积"和"利润分配——未分配利润"科目。

2. 采用"其他方式"对外投资形成的长期股权投资

采用"其他方式"对外投资形成的长期股权投资的情况有:以支付现金的方式取得长期股权投资;以购买股票等权益性证券的方式取得长期股权投资;通过非货币性资产交换的方式取得长期股权投资;通过债务重组的方式取得长期股权投资;等等。

例 3-4 甲企业购入乙公司普通股 60 000 股,持股比例为 21%,每股售价为 5 元,另付手续费等费用 7 700 元。

借:长期股权投资——股票投资（60 000 × 5 + 7 700）　　　　307 700
　　贷:银行存款　　　　　　　　　　　　　　　　　　　　　　307 700

若例 3-4 每股售价 5 元中含有已宣告发放的股利 0.4 元,则甲企业借记"长期股权投资——股票投资"科目的金额为 283 700 元[60 000 × (5 - 0.4) + 7 700],借记"应收股利"科目的金额为 24 000 元(60 000 × 0.4)。

(三) 长期股权投资的核算方法

企业对外进行长期投资取得股权后,应视持股比例分别采用"成本法"或"权益法"进行后续计量核算。

1. 长期股权投资的成本法

成本法是指长期股权投资按投资成本计价的方法。在成本法下,企业对外投资确认初始投资成本并计价后,除投资单位追加或收回投资等情形需要调整投资成本外,长期股权投资的账面价值一般保持不变。投资企业从被投资企业分得的红利确认为投资收益。

长期股权投资的成本法适用情形为:投资企业对被投资单位能够实施控制(持股比例>50%)的长期股权投资。这种投资是母公司对子公司的投资,属于控股投资,采用成本法核算,但编制合并财务报表时按照权益法进行调整。

例 3-5 依例 3-4,第二年甲企业从乙公司分进现金股利 24 000 元并存入银行。
甲企业做会计分录如下:

借:银行存款　　　　　　　　　　　　　　　　　　　　　　24 000
　　贷:投资收益　　　　　　　　　　　　　　　　　　　　　24 000

2. 长期股权投资的权益法

权益法是指长期股权投资最初按初始投资成本确认方法计价,以后根据投资企业享有被投资单位所有者权益份额的变动对投资的账面价值进行调整的方法。在权益法下,长期股权投资的账面价值随着被投资单位所有者权益的变动而变动,包括随被投资单位实现的净利润而变动、随被投资单位发生的净亏损而变动以及随被投资单位其他所有者权益项目金额增减而变动三种情况。

权益法的适用情形为:投资企业对被投资单位具有共同控制(持股比例≥20%而≤50%)

或重大影响时,长期股权投资采用权益法核算。其中,投资企业与其他投资方对被投资单位实施共同控制的,被投资单位为其合营企业;投资企业能够对被投资单位施加重大影响的(如在被投资单位的董事会或类似权力机构中派有代表,参与被投资单位的政策制定,向被投资单位派出管理人员,依赖投资企业的技术资料等),被投资单位为其联营企业。也就是说,投资方对合营企业、联营企业的投资采用权益法进行核算。

采用权益法核算的企业,应在"长期股权投资"科目下分别设置"成本""损益调整""其他综合收益""其他权益变动"四个明细科目,对因权益法核算所产生的、影响长期股权投资账面余额的增减变动因素分别进行核算和反映。

例 3-6 A 企业购买 B 公司发行的普通股并付款 700 万元,持股比例为 45%。B 公司当年获得净利润 40 万元,分配现金股利 24 万元。B 公司第 2 年亏损 20 万元。A 企业第 3 年年初售出全部 B 公司股票,收款 701 万元。

A 企业有关账务处理如下:
(1) A 企业购入 B 公司发行的普通股时

借:长期股权投资——股票投资　　　　　　　　　　　　7 000 000
　贷:银行存款　　　　　　　　　　　　　　　　　　　7 000 000

(2) 当年年末,B 公司获得净利润 40 万元,A 企业相应调整股权投资"份额"

借:长期股权投资——股票投资(40×45%)　　　　　　　180 000
　贷:投资收益　　　　　　　　　　　　　　　　　　　180 000

(3) 当年年末,A 企业从 B 公司分进现金股利 10.8 万元(24×45%),应作为长期股权投资的收回

借:银行存款　　　　　　　　　　　　　　　　　　　108 000
　贷:长期股权投资——股票投资　　　　　　　　　　　108 000

(4) 第 2 年年末,B 公司亏损 20 万元,A 企业相应调整股权投资"份额"

借:投资收益(20×45%)　　　　　　　　　　　　　　　90 000
　贷:长期股权投资——股票投资　　　　　　　　　　　90 000

(5) 第 3 年年初,A 企业将 B 公司股票全部售出,收款 701 万元。A 企业做如下会计分录:

借:银行存款　　　　　　　　　　　　　　　　　　　7 010 000
　贷:长期股权投资——股票投资(700+18-10.8-9)　　　6 982 000
　　　投资收益　　　　　　　　　　　　　　　　　　　28 000

五、其他权益工具投资

企业购买股票有三种处理方式:①作为"交易性"投资,准备近期变现,设置"交易性金融资产"科目进行核算。②作为"长期性"投资,控制或影响被投资企业生产经营和投资回报决策,设置"长期股权投资"科目进行核算。投资股权超过 50% 的,一般认为能控制被投资方,长期股权投资采用成本法核算;投资股权大于等于 20% 小于等于 50% 的,一般认为对被投资方能够实施共同控制或具有重大影响,长期股权投资采用权益法核算。

③作为"非流动性"投资,如股权投资比例小于20%,一般认为对被投资方不具有控制、共同控制或重大影响,不急于近期变现而是相时观望变现,设置"其他权益工具投资"科目进行核算。

企业对外投资,除了购买股票,还可以对外直接投入货币资金、固定资产、无形资产等,这些投资除金额很大且为了控制或影响被投资企业而设置"长期股权投资"科目进行核算外,一般投资金额较小且股权投资比例低于20%的,设置"其他权益工具投资"科目进行核算。

企业要在"其他权益工具投资"科目下按其他权益工具投资的类别和品种分别设置"成本"和"公允价值变动"明细科目进行核算。

例 3-7 A 公司向 W 企业投资设备一台,账面原值 40 万元,已提折旧 10 万元。投资合同按设备公允价值确定的投资额为 32 万元,持股比例为 10%,投资期为 5 年。A 公司投出设备时,按设备公允价值计算增值税销项税额 4.16 万元。第 2 年 A 公司从 W 企业分进利润 4.5 万元。第 3 年年末,设备价值增值 4 万元。第 5 年投资期满时,A 公司收回原设备,其公允价值为 34.16 万元,与此相关的"其他综合收益"余额(经纳税调整后的净额)为 3 万元。

(1) A 公司投出设备时,注销设备账面价值,应做如下会计分录:

借:固定资产清理　　　　　　　　　　　　　　　　　　　　300 000
　　累计折旧　　　　　　　　　　　　　　　　　　　　　　100 000
　　贷:固定资产　　　　　　　　　　　　　　　　　　　　　　　400 000

(2) A 公司投出设备计算应交增值税销项税额时,做会计分录如下:

借:固定资产清理　　　　　　　　　　　　　　　　　　　　 41 600
　　贷:应交税费——应交增值税(销项税额)　　　　　　　　　　41 600

(3) A 公司投出设备确认投资额时按指定价值作为投资成本。这是依据《企业会计准则第 22 号——金融工具确认与计量》应用指南规定所做的判断。该应用指南指出,企业对单项非交易性权益工具进行初始确认时,应"将其指定为以公允价值计量且其变动计入其他综合收益的金融资产,其公允价值的后续变动计入其他综合收益,不需计提减值准备"。结合例 3-7 分析,A 公司投出固定资产,是一种投资行为(其他权益工具投资行为),应按主体准则——《企业会计准则第 22 号——金融工具确认与计量》进行账务处理,《企业会计准则第 4 号——固定资产》为从属准则,只能服从主体准则规定。对例 3-7 而言,主体准则规定的"指定"行为具有主观性,既指定分类,又指定金额。指定的分类是"特殊的金融资产",即通过"其他权益工具投资"科目核算的金融资产,只设置"成本"和"公允价值变动"两个明细科目核算,不设置"面值"和其他明细科目,初始确认时不反映公允价值变动,只将后续公允价值变动金额记入"其他综合收益"科目,各期末也不计提减值准备。指定金额是指初始投资额只确认"成本",包括面值、折价或溢价、其他相关的利得和损失。因此,例 3-7 初始确认的投资"成本" = 固定资产净额 + 应交增值税销项税额 − 初始投资出现的公允价值变动 + 固定资产处置损益 = (40 − 10) + 4.16 − (32 − 30) + (32 − 30) = 34.16 万元。A 公司确认初始投资额时做会计记录如下:

借：其他权益工具投资——W 企业（成本）	341 600	
贷：固定资产清理		341 600

上述分录中没有通过"资产处置损益"核算固定资产对外投资出现的损益是因为固定资产准则的从属性服从金融工具准则的主体性。这种主体性同时还否定了长期股权投资准则对初始股权投资所作的规定。

（4）第 2 年，A 公司从 W 企业分进利润 4.5 万元，A 公司做如下会计分录：

借：银行存款	45 000	
贷：投资收益		45 000

（5）第 3 年年末，A 公司对 W 企业投资设备确定投资价值发生变动，增值 4 万元，A 公司做会计分录如下：

借：其他权益工具投资——W 企业（公允价值变动）	40 000	
贷：其他综合收益		40 000

（6）第 5 年投资期满时，A 公司收回原设备，设备公允价值为 34.16 万元，A 公司"其他权益工具投资——W 企业（成本）"账户借方余额 34.16 万元，"其他权益工具投资——W 企业（公允价值变动）"借方余额 4 万元，"其他综合收益"账户贷方余额 4 万元，A 公司做会计分录如下：

借：固定资产	341 600	
其他综合收益	40 000	
贷：其他权益工具投资——W 企业（成本）		341 600
——W 企业（公允价值变动）		40 000

若 A 公司收回的设备公允价值不是 34.16 万元，与注销的账面价值产生的差额调整留存收益记入"盈余公积——法定盈余公积""利润分配——未分配利润"等科目。

六、投资性房地产

投资性房地产是指为赚取租金或资本增值，或两者兼有而持有的房地产，包括：已出租的土地使用权、持有并准备增值后转让的土地使用权、已出租的建筑物，但不包括自用房地产（即为生产商品、提供劳务或者经营管理而持有的房地产）和作为存货的房地产。投资性房地产应当按照成本进行初始计量。其后续支出，如满足初始确认条件的（与该投资性房地产有关的经济利益很可能流入企业；该投资性房地产的成本能够可靠地计量），应当计入投资性房地产成本；不满足初始确认条件的，应当在发生时计入当期损益。

投资性房地产后续计量模式有两种：一是成本计量模式，二是公允价值计量模式。若有确凿证据（如有活跃的房地产交易市场且交易价格容易取得）表明投资性房地产的公允价值能够持续可靠取得的，则应对投资性房地产采用公允价值模式进行后续计量；反之，则采用成本模式进行后续计量。

企业采用公允价值模式计量的，不对投资性房地产计提折旧或进行摊销，应当以资产负债表日投资性房地产的公允价值为基础调整其账面价值，公允价值与原账面价值的差额计入当期损益(公允价值变动损益)。在公允价值计量模式下,企业应在"投资性房地产"一级会计科目下按投资性房地产类别和项目分设"成本"和"公允价值变动"进行明细核算。企业采用成本模式计量的,投资性房地产按类别和项目进行明细核算,还要计提折旧或进行摊销,设置"投资性房地产累计折旧"或"投资性房地产累计摊销"科目进行核算;采用成本计量模式的投资性房地产发生减值的,还要单独设置"投资性房地产减值准备"科目进行核算。

例 3-8 乙公司 20×1 年年初付款 1 308 万元(价款 1 200 万元,增值税 108 万元),购买一栋楼列作"投资性房地产"。20×1 年年末,该"投资性房地产(大楼)"公允价值升至 1 350 万元。20×2 年 2 月乙公司售出该大楼,销售收款 1 580.5 万元(其中价款 1 450 万元,增值税销项税额 130.5 万元)。

乙公司有关账务处理如下:

(1) 20×1 年年初,乙公司购入大楼

借:投资性房地产——大楼(成本)   12 000 000
     应交税费——应交增值税(进项税额)   1 080 000
  贷:银行存款   13 080 000

(2) 20×1 年年末,乙公司购入大楼升值 1 500 000

借:投资性房地产——大楼(公允价值变动)   1 500 000
  贷:公允价值变动损益   1 500 000

若大楼跌价,会计分录与此相反。

(3) 20×1 年年末,乙公司结转办公楼公允价值变动损益

借:公允价值变动损益   1 500 000
  贷:本年利润   1 500 000

(4) 20×2 年 2 月,乙公司售出该大楼

借:银行存款   15 805 000
  贷:其他业务收入   14 500 000
     应交税费——应交增值税(销项税额)   1 305 000

借:其他业务成本   13 500 000
  贷:投资性房地产——大楼(成本)   12 000 000
     ——大楼(公允价值变动)   1 500 000

七、非流动资产投资的分析

非流动资产投资分析的基本内容包括:一是分析企业对外进行非流动资产投资后的资金实力,以是否影响本企业生产经营活动和资金周转的正常进行为评价标准;二是分析投资收益率,以考察其是否高于对内投资收益率。

投资收益率是一定时期内投资净收益与投资额的比率,也称投资回报率。投资净利润是投资净收益扣除相应所得税后的余额。投资净收益有两种核算方法:

（1）企业设置"投资收益"账户核算企业对外投资取得的投资收益扣除投资损失后的投资净收益。投资净收益由投资回报（债息、股利、利润）和资本损益（投资收回或转让时产生的损益）构成，分为长期股权投资净收益、债权投资净收益、其他权益工具投资净收益三部分。其中，长期股权投资净收益就是长期股权投资净利润，因为被投资企业在缴纳所得税后分配股利或利润，因而投资企业一般不必再缴纳所得税（除分进股利或利息的单位所得税税率高于分红企业要补交差额外）；债权投资净收益是被投资企业在缴纳所得税之前支付的债息，投资企业收到债券利息要缴纳所得税，其投资净收益扣除所得税后的余额为投资净利润；其他权益工具投资净收益属于产权性质的"其他综合收益"，要在进行所得税纳税调整后转化成"其他综合收益净额"。

（2）企业通过收支账户核算产生的投资净利润。投资性房地产净利润由两部分组成：一是投资性房地产公允价值变动（房地产升值或贬值）产生的公允价值变动损益，当期转入利润总额；二是投资性房地产出租、转让产生的净利润，即收入扣除成本、税金及附加和所得税后的余额。根据以上分析，非流动资产投资收益率应分投资种类分别计算。

（一）个别投资收益率的计算

1. 长期股权投资收益率

长期股权投资收益率的计算公式为：

$$\text{长期股权投资收益率} = \frac{\text{全年长期股权投资净收益}}{\text{长期股权投资年平均余额}} \times 100\%$$

2. 债权投资收益率

债权投资收益率（含其他债权投资收益在内）的计算公式为：

$$\text{持有至到期投资收益率} = \frac{\text{全年债权投资净收益} \times (1 - \text{所得税税率})}{\text{债权投资年平均余额}} \times 100\%$$

3. 其他权益工具投资收益率

其他权益工具投资收益率的计算公式为：

$$\text{其他权益工具投资收益率} = \frac{\text{其他权益工具投资综合收益} \times (1 - \text{所得税税率})}{\text{其他权益工具投资年平均余额}} \times 100\%$$

4. 投资性房地产收益率

投资性房地产收益率的计算公式为：

$$\text{投资性房地产收益率} = \frac{(\text{全年投资性房地产公允价值变动损益} + \text{全年房地产经营利润}) \times (1 - \text{所得税税率})}{\text{投资性房地产年平均余额}}$$

（二）对外投资总收益率的计算

对外投资总收益率以个别投资收益率为基础，考虑个别投资比重而确定，其计算公式为：

$$\text{对外投资总收益率} = \sum (\text{个别投资收益率} \times \text{个别投资比重})$$

(三) 对内投资总收益率的计算

$$\text{对内投资总收益率} = \frac{\text{全年净利润} - \text{全年对外投资净利润}}{\text{资产年平均余额} - \text{对外投资年平均余额}} \times 100\%$$

对外投资年平均余额 = 交易性金融资产年平均余额 + 债权投资年平均余额 + 长期股权投资年平均余额 + 其他权益工具投资年平均余额 + 投资性房地产年平均余额

公式中"全年对外投资净利润"应该与"对外投资年平均余额"中各项目对应。

(四) 投资收益率计算举例

例 3-9 B 公司某年度非流动资产投资有关资料如表 3-3(所得税税率为 25%)所示。

表 3-3　B 公司某年度非流动资产投资情况　　　　　　　　　　　　单位:元

对外投资种类及比重	"长期股权投资"年平均余额	"债权投资"及"其他债权投资"年平均余额	"其他权益工具投资"年平均余额	"投资性房地产"年平均余额	非流动资产投资年平均余额合计
股票投资	85 000		38 500		123 500
债券投资		91 500			91 500
其他投资			75 000		75 000
房地产投资				140 000	140 000
合计	85 000	91 500	113 500	140 000	430 000
投资比重	19.77%	21.28%	26.40%	32.55%	100%
投资净收益	10 574	5 600	7 945	28 000①	52 119

注:① = 公允价值变动损益(22 000 元) + 利润净额(6 000 元) = 28 000 元。

根据表 3-3,B 公司非流动资产投资有关指标计算如下:
① 长期股权投资收益率 = 10 574 ÷ 85 000 × 100% = 12.44%
② 债权投资收益率 = 5 600 × (1 - 25%) ÷ 91 500 × 100% = 4.59%
③ 其他权益工具投资收益率 = 7 945 ÷ 113 500 × 100% = 7.00%
④ 投资性房地产收益率 = 28 000 × (1 - 25%) ÷ 140 000 × 100% = 15%

投资性房地产各年度升值记入"公允价值变动损益"账户贷方,并转入"本年利润"科目,构成当年利润总额。从纳税角度看,各年度涨价额不交纳所得税,而是待投资性房地产处置时一并交纳所得税。但是,新修订的《企业会计准则第 3 号——投资性房地产》应用指南规定,会计在处置投资性房地产时确认的投资收益仅仅是当期销售房地产取得的"其他业务收入"扣除"其他业务成本"(包括投资性房地产初始入账"成本"加上各期累积的"公允价值变动")的差额,这样处理的实质是各期均衡地分摊了投资性房地产的涨价额和处置利得。企业按税务部门规定处置投资性房地产应纳所得税(按收入扣除初始入账成本的差额纳税)正好等于会计各年度公允价值变动损益计算的递延所得税加上处置投资性房地产当期应纳所得税之和。因此,各年度按税务部门规定不纳税的"公允价值变动损益"实质上隐含了应纳所得税,投资性房地产收益率中的"公允价值变动损益"产生的递延所得税也视同产生了应纳所得税。

⑤ 对外投资总收益率 =（12.44% × 19.77%）+（4.59% × 21.28%）+（7.00% × 26.40%）+（15% × 32.55%）= 10.17%

例 3-10 承例 3-9，B 公司全年净利润为 282 200 元，其中对外投资净利润为 43 719 元[10 574+5 600×（1-25%）+7 945+28 000×（1-25%）]；年平均资产总额为 2 297 000 元，其中非流动资产年平均余额为 430 000 元，公司未进行"交易性金融资产"投资。

对内投资总收益率 =（282 200 - 43 719）÷（2 297 000 - 430 000）= 238 481 ÷ 1 867 000 = 12.77%

（五）投资收益率的评价

在评价对外投资总收益率时，要将其与对内投资总收益率进行比较。B 公司对外投资总收益率 10.17% 比对内投资总收益率 12.77% 低 2.6 个百分点，说明对外投资方案不一定是最优的。

在评价对外投资收益率时，要逐个进行分析。B 公司对外投资收益率中最好的指标是投资性房地产收益率，为 15%，它主要是因为房地产市场价格上升；其次是长期股权投资收益率，为 12.44%，处于较好水平。债权投资收益率为 4.59%，其他权益工具投资收益率为 7.00%，这两个指标虽然低些，但后者高于银行长期借款利率。此外，企业还可将债权投资收益率同企业发行长期债券的利率（排除所得税因素）进行比较，将长期股权投资收益率同本企业股权（票）分红率进行比较，以便做出正确评价。

第二节 固定资产

一、固定资产的概念和计价

固定资产是指为生产商品、提供劳务、出租或经营管理而持有的，使用寿命超过一个会计年度，并在使用过程中保持原有物质形态的资产。使用寿命是指企业使用固定资产的预计期间，或者固定资产所能生产产品或提供劳务的数量。

固定资产的计价方法主要有以下四种：

（1）原始价值，简称原价或原值，是指企业在购置、建造某项固定资产时所发生的一切支出。会计设置"固定资产"账户反映固定资产原价。

（2）重置完全价值，简称重置价值，是指在当前生产条件和市场条件下，重新购置、建造该项固定资产所需的全部支出。企业重新评估固定资产时，往往要用到固定资产重置价值。企业要对报表固定资产项目进行补充、附注说明时，也采用重置价值。

（3）折余价值，也称固定资产净值，是指固定资产原值减去已提折旧后的余额。固定资产盘盈盘亏、报废、毁损、对外投资、债务重组、进行非货币性资产置换时要用到固定资产净值。

（4）固定资产净额，是指固定资产净值扣除固定资产减值准备后的余额。企业反映资产总额时要使用固定资产净额。

二、固定资产的形成

1. 投资者投入固定资产

我国《企业会计准则第4号——固定资产》准则规定：投资者投入固定资产的成本，应当按照投资合同或协议约定的价值确定，但合同或协议约定价值不公允的除外。这一规定有四层含义：一是投资者投入固定资产要有合同或协议；二是投资合同或协议约定的价值是公允的；三是投入方按约定的公允价值作为初始投资成本入账；四是投资合同或协议约定的价值不公允的，不能将其作为入账的依据，而是按投资方账面价值或投入方确认的价值作为初始投资成本入账。

例3-11 某企业接受一台旧设备投资，投出单位账面原值为65 000元，已提折旧8 000元。双方签订的投资合同确认的公允价值为60 000元。

企业做如下会计分录：

借：固定资产　　　　　　　　　　　　　　　　　　60 000
　　贷：实收资本　　　　　　　　　　　　　　　　　　　　60 000

"固定资产"增加60 000元；"实收资本"增加60 000元。

2. 购入固定资产

购入的固定资产按支付的购价、增值税①、运输费、包装费、装卸费、保险费、安装费等作固定资产原价入账。

例3-12 某企业购入不需安装设备一台，付款11 700元，其中价款为10 000元，增值税为1 300元，包装运杂费为400元。

企业做如下会计分录：

借：固定资产　　　　　　　　　　　　　　　　　　10 400
　　应交税费——应交增值税（进项税额）　　　　　 1 300
　　贷：银行存款　　　　　　　　　　　　　　　　　　　　11 700

如果购入固定资产需要安装，通过"在建工程"账户核算包括安装费在内的全部支出，待安装完工达到预定可使用状态并交付生产使用时，再从"在建工程"账户转入"固定资产"账户。若购入的固定资产属于国家征收耕地占用税的，则应将这一税额列入固定资产原价。

还要说明的是，购入固定资产预计未来报废时要进行弃置处理的（如含有放射元素的仪器在报废时的处置等），在固定资产入账时，要预计未来发生的弃置费用，按一定折现率将其折算为现值计入固定资产成本，同时确认为相应的预计负债。

3. 自行建造完成的固定资产

企业自行建造固定资产时，动用银行存款购进工程物资、支付工程款以及在工程建造期间为筹集工程资金向银行借款而支付的由固定资产承担的资本化利息等记入"在建工程"账户，待工程完工固定资产交付使用时，再转入"固定资产"账户。企业对原有固定资产进行扩改建，其追加支出符合资本化条件的，也通过"在建工程"账户核算，最终将其转

---

① 从2009年1月1日起，企业购买的固定资产进项税额可以抵扣。

入固定资产价值。

4. 融资租入的固定资产

融资租入的固定资产是企业以融资租赁方式从租赁公司等单位取得的固定资产。作为出租方的融资租赁公司等单位替承租方融通资金购买所需固定资产,租给承租方使用,然后分期收取租赁费(包括设备价值、资金利息和融资手续费在内)。租赁期届满时,融资租赁公司一般将租赁资产所有权转归承租方所有。如果租赁期届满时租赁固定资产将返还给出租方,那么出租方为了促使承租方谨慎使用租赁资产,避免承租方过度使用而蒙受损失,往往在签订融资租赁合同或协议时要求承租方对租赁资产届满时的余值进行担保。担保的资产余值(简称"担保余值")是指在租赁开始日估计的租赁期届满时租赁资产的公允价值。一旦租赁期届满时租赁资产的实际价值小于公允价值,承租方要赔偿出租方的损失,即对担保资产承担保值责任。由于承租方从融资租赁公司租赁的资产只有使用权而没有所有权,承租方设置"使用权资产"科目核算融资租赁资产的价值变化。这是财政部2018年修订发布的《企业会计准则第21号——租赁》及应用指南所做的规定。之前,承租方设置"固定资产——融资租入固定资产"会计科目进行核算。因此,"使用权资产"是"融资租入固定资产"的演变,其实质上揭示了资产的归属权,但实际工作中仍在形式上作为企业的固定资产进行管理。

与融资租赁对应的另一个概念是临时租赁(或称"经营租赁")。两者最大的区别在于:融资租赁的租赁期限长(规定要不低于固定资产预计使用年限的75%),承租方设置"使用权资产"科目核算;若承租方从融资租赁公司临时租入资产使用,则不将"临时租赁"的资产正式记入会计账簿,仅仅在备查簿上登记。

5. 以补偿贸易方式从国外引进固定资产

补偿贸易是指从国外引进设备、技术、专利等,不立即支付现款,而是等到项目投产后用所生产产品或双方议定的其他内容清偿的贸易方式。企业引进设备时通过"在建工程"账户核算有关费用(形成固定资产),同时增加"长期应付款",待产品返销时抵付"长期应付款"。

6. 接受捐赠的固定资产

企业接受捐赠的固定资产,按取得的发票账单金额(无发票账单的,按同类固定资产市场价格)加上由企业负担的运输费、保险费、安装调试费等作固定资产原价入账;同时,记入"递延收益"账户贷方,分期转入"营业外收入"账户。这样处理的依据是:接受固定资产捐赠的单位由于以后计提折旧会导致各期利润减少,国家少收所得税,国家税务总局国税发〔2003〕45号文规定,从2003年1月1日起,"企业接受捐赠的非货币性资产,须按接受捐赠时资产的入账价值确认捐赠收入,并入当期应纳税所得,依法计算缴纳企业所得税。企业取得的捐赠收入金额较大,并入一个纳税年度缴税确有困难的,经主管税务机关审核确认,可以在不超过5年的期间内均匀计入各年度的应纳税所得。"因此,企业在接受捐赠时,一方面增加"固定资产"价值,另一方面增加"递延收益"价值,待税务机关确定纳税期限时,再分期转入各期"营业外收入",构成纳税所得额计算交纳所得税。

例 3-13 东方工厂接受某公司赠送的新设备一套,按捐赠固定资产的发票、支付的相关税费等资料确定设备入账价值12万元(价款10.62万元,增值税1.38万元)。税务机关核定,该受赠设备分3年平均确认纳税所得,计交所得税。

东方工厂接受捐赠的设备时,增加"固定资产"10.62万元,减少"应交税费——应交增值税(进项税额)"1.38万元,增加"递延收益"12万元。企业各年年末结转捐赠收入4万元(12/3)时,减少"递延收益"4万元,增加"营业外收入——捐赠利得"4万元;同时,再减少"营业外收入"4万元,增加"本年利润"4万元。这4万元就可以和其他利润一起计算缴纳所得税了。

三、固定资产折旧

固定资产折旧简称折旧,是指固定资产在使用过程中因磨损而逐渐转移到成本费用中的那部分损耗价值。企业每月计提折旧,一方面反映转入成本费用的折旧费,另一方面将其从每月营业收入中扣除,以便逐渐收回投资,积累未来重新购置该项固定资产的资金实力。

(一)固定资产折旧方法

固定资产折旧方法通常分为平均法和加速折旧法两类。平均法包括直线法、工作量法等;加速折旧法包括双倍余额递减法、年数总和法等。

1. 直线法

直线法又称平均年限法,是指固定资产原价减去预计净残值现值后按预计使用年限平均分摊的折旧方法。预计净残值是指假定固定资产预计使用寿命已满并处于使用寿命终了时的预期状态,企业目前从该项资产处置中获得的扣除预计处置费用后的金额。此概念有三层含义:①预计固定资产使用寿命期满时的残值收入,按一定折现率折算成现值,就是目前的预计处置收入;②预计固定资产使用寿命期满时的清理费用,按一定折现率折算成现值,就是目前的预计处置费用;③预计净残值就是预计残值收入现值扣除预计清理费用现值后的余额,或者是预计现时处置收入减去预计现时处置费用后的余额。

预计净残值占原值的比例,称为预计净残值率,它由企业根据固定资产性质和消耗方式确定,一般为原始价值的3%和5%之间。

直线法下固定资产折旧计算公式为:

$$\text{固定资产年折旧额} = \frac{\text{固定资产应提折旧总额}}{\text{固定资产预计使用年限}}$$

$$= \frac{\text{固定资产原价} - (\text{预计残值收入现值} - \text{预计清理费用现值})}{\text{固定资产预计使用年限}}$$

$$\text{固定资产折旧率} = \frac{\text{固定资产年折旧额}}{\text{固定资产原价}} \times 100\% \text{ 或} = \frac{1 - \text{预计净残值率}}{\text{预计使用年限}} \times 100\%$$

在固定资产预计残值收入和预计清理费用相差不大的情况下,固定资产年折旧率可以简化为:

$$\text{固定资产年折旧率} = 1 \div \text{预计使用年限}$$

$$\text{固定资产月折旧率} = \text{固定资产年折旧率} \div 12$$

$$\text{固定资产月折旧额} = \text{固定资产原价} \times \text{固定资产月折旧率}$$

在上述公式中,预计净残值突出的是"现值",即将未来固定资产使用寿命结束时的价值按一定折现率折算成现在的价值,计算公式为:

$$预计净残值 = (预计残值收入 - 预计处置费用) \times (1 + 折现率)^{-n}$$
$$= (预计现时处置收入 - 预计现时处置费用)$$

公式中 n 为固定资产预计使用年限,亦称固定资产使用寿命。

例 3-14 某固定资产原值 10 000 元,预计净残值率为 4%,预计使用年限为 6 年。

$$年折旧率 = \frac{1 - 预计净残值率}{预计使用年限} \times 100\%$$

$$= \frac{1 - 4\%}{6} \times 100\% = 16\%$$

月折旧率 = 16% ÷ 12 = 1.33%

月折旧额 = 10 000 × 1.33% = 133(元)

以上是按某项固定资产计算的个别折旧率。在实际工作中,企业一般是先计算分类折旧率(按个别折旧额汇总计算),再按类计算月折旧额。

直线法的主要特点是各期折旧额相等,累计折旧直线上升。

2. 工作量法

工作量法是按固定资产的工作量(如汽车总行驶里程、机器总工作小时等)事先确定单位工作量的折旧额,然后再根据各月实际工作量确定折旧额的折旧方法。

3. 双倍余额递减法

双倍余额递减法是用不考虑残值的直线法折旧率的双倍乘以固定资产在每一会计期初的折余价值(账面净值)而确定折旧额的折旧方法,其计算公式为:

$$年折旧率 = 2 \times \frac{1}{预计使用年限} \times 100\%$$

$$年折旧额 = 固定资产账面净值 \times 年折旧率$$

为了简化计算和平账需要,采用双倍余额递减法计提固定资产折旧到预计使用年限到期前两年,应将固定资产净值扣除预计净残值后的余值平均摊销。

例 3-15 某设备原值为 50 000 元,预计使用期为 5 年,预计净残值为 2 500 元,年折旧率为 40%[2×(1÷5)×100%],按双倍余额递减法计算的折旧额如表 3-4 所示。

表 3-4 固定资产折旧计算(双倍余额递减法) 单位:元

年数	当年计提的折旧额	累计折旧额	折余价值
0			原值 50 000
1	50 000 × 40% = 20 000	20 000	30 000
2	30 000 × 40% = 12 000	32 000	18 000
3	18 000 × 40% = 7 200	39 200	10 800
4	(10 800 - 2 500) × 50% = 4 150	43 350	6 650
5	(10 800 - 2500) × 50% = 4 150	47 500	2 500

注:各月折旧额 = 年折旧额 ÷ 12。

表3-4中,第4、5年改用直线法,每年折旧额均为4150元,使得第5年年末账面折余价值正好等于预计净残值2500元。

4. 年数总和法

年数总和法,亦称使用年限积数法或年限总额法或合计年限法,它是以固定资产应计提的折旧总额为基数,乘以一个逐年递减的折旧率来计算各年折旧额的一种方法。其计算公式为:

$$\text{年折旧额} = \left(\text{固定资产原值} - \text{预计净残值}\right) \times \frac{\text{尚可使用年数}}{\text{年数总和}}$$

$$= \text{应计提折旧总额} \times \text{固定资产当年折旧率}$$

依例3-15:年数总和 = 1 + 2 + 3 + 4 + 5 = 15;五年的年折旧率分别为5/15、4/15、3/15、2/15、1/15,计算结果如表3-5所示。

表3-5　固定资产折旧计算(年数总和法)　　　　单位:元

年数	应提折旧总额	尚可使用年数	年折旧率	年折旧额	折余价值
1	50 000 - 2 500 = 47 500	5	5/15	15 833①	15 833
2	47 500	4	4/15	12 667	28 500
3	47 500	3	3/15	9 500	38 000
4	47 500	2	2/15	6 333	44 333
5	47 500	1	1/15	3 167	47 500

注:① = 47 500 × 5/15 = 15 833;月折旧额 = 年折旧额 ÷ 12。

在上述五种方法中,双倍余额递减法和年数总和法是加速折旧法,其总特征为:固定资产折旧前期计提得多、后期计提得少,从而加快了折旧速度,有利于与费用配比,促进固定资产的技术更新。

(二)固定资产折旧规定

企业固定资产计提折旧的范围规定如下:

(1)企业应以月初应计提折旧固定资产的账面原值为依据按月计提折旧。折旧的范围包括:房屋和建筑物,在用的机器设备、仪器仪表、运输工具、工具器具,季节性停用、大修理停用的固定资产,以经营租赁方式租出的和以融资租赁方式租入的固定资产(计提"使用权资产累计折旧")。当月增加的固定资产,当月不计提折旧,从下月起计提折旧;当月减少的固定资产,当月照提折旧,从下月起停止计提折旧。

(2)企业提足折旧的固定资产继续使用时,不再计提折旧;提前报废的固定资产不补提折旧。所谓提足折旧,是指提足该项固定资产的应计提折旧额。应计提折旧额,是指应当计提折旧的固定资产的原价扣除预计净残值后的金额。已计提减值准备的固定资产,还应当扣除已计提的固定资产减值准备累计金额。

(3)下列固定资产不提折旧:①已提足折旧仍继续使用的固定资产;②按规定单独计价作为固定资产入账的土地。

（三）固定资产折旧的账务处理

企业应按月计提固定资产折旧。生产车间固定资产计提的折旧记入"制造费用"账户，行政管理部门、福利部门固定资产折旧记入"管理费用"账户，销售机构固定资产折旧记入"销售费用"账户，经营性租出和附属营业部门固定资产折旧记入"其他业务成本"账户，全部折旧费用合计记入"累计折旧"账户。

四、固定资产减值

企业应当在资产负债表日对固定资产进行全面检查，判断其是否存在可能发生减值的迹象。如果固定资产的市价当期大幅下跌，跌幅明显高于因时间推移或者正常使用而预计的下跌；固定资产已经陈旧过时或者实体已经损坏；固定资产已经或者将被闲置、终止使用或者计划提前处置；企业经营所处的经济、技术或者法律等环境以及资产所处的市场在当期或者在近期将发生重大变化，从而对企业产生不利影响；企业内部报告相关证据表明资产的经济绩效已经低于或者将低于预期等，表明固定资产已经发生减值现象，企业就应该计提资产减值准备。计提固定资产减值准备的金额等于固定资产预计可收回金额低于固定资产账面价值的差额。固定资产预计可收回金额应当根据固定资产公允价值减去处置费用后的净额与固定资产预计未来现金流量的现值两者之间较高者确定。处置费用包括与资产处置有关的法律费用、相关税费、搬运费以及为使资产达到可销售状态而发生的直接费用等。固定资产预计未来现金流量的现值，应当按照资产在持续使用过程中和最终处置时所产生的预计未来现金流量，选择恰当的折现率对其进行折现后的金额加以确定。有迹象表明一项资产可能发生减值的，企业应当以单项资产为基础估计其可收回金额。企业难以对单项资产的可收回金额进行估计的，应当以该项资产所属的资产组为基础确定资产组的可收回金额。

例 3-16 甲企业在资产负债表日对一台生产用设备进行减值测试。设备原值为 30 万元，预计使用期为 10 年，预计净残值率为 5%，已使用 3 年整。现测试表明：如果出售该设备，处置净额为 16 万元；如果继续使用，尚可使用 5 年，未来 5 年现金流量及第 5 年设备使用期满处置现金流量分别为 3.1 万元、3.5 万元、4.0 万元、4.5 万元、5.8 万元，采用的折现率为 5%。计算可收回金额，确定是否计提减值准备，如果计提减值准备，在重新调整预计净残值率为 4% 的情况下继续计提折旧。

（1）计算固定资产的账面价值

该设备年折旧率 = (1 - 5%) ÷ 10 = 9.5%

设备 3 年已提折旧 = 30 × 9.5% × 3 = 8.55（万元）（如果已提折旧不是 3 年整，则按实际计提折旧的月数计算）

设备账面价值 = 原值 - 已提折旧 = 30 - 8.55 = 21.45（万元）

（2）计算固定资产可收回金额

设备减值测试时处置净额 = 处置收入 - 处置费用 = 16（万元）

设备预计未来现金流量现值 = $3.1 \times (1+5\%)^{-1} + 3.5 \times (1+5\%)^{-2} + 4.0 \times (1+5\%)^{-3} + 4.5 \times (1+5\%)^{-4} + 5.8 \times (1+5\%)^{-5} = 18$(万元)

计算结果表明,该设备预计可收回金额(18万元)大于处置净额(16万元),故选择18万元作为可收回金额。

(3) 确定计提的固定资产减值准备

设备计提的减值准备 = 21.45 - 18 = 3.45(万元)

(4) 编制计提固定资产减值准备的会计分录

借:资产减值损失　　　　　　　　　　　　　　　　　　　　　34 500
　　贷:固定资产减值准备　　　　　　　　　　　　　　　　　　34 500

计提减值后的固定资产以后价值回升,其减值准备不得转回。

(5) 甲企业在计提固定资产减值准备的同时,确定资产负债表上"固定资产"填列的金额(假定就本项设备而言)

资产负债表上"固定资产"填列的金额 = 固定资产原值 - 累计折旧 - 固定资产减值准备 = 30 - 8.55 - 3.45 = 18(万元)。

(6) 固定资产计提减值准备后,要按计提固定资产减值后的固定资产账面价值考虑预计净残值率重新确定新的折旧率和折旧额。计算如下:

设备新的年折旧率 = (1 - 4%) ÷ 5 = 19.2%

设备以后5年中每年计提的折旧 = 18 × 19.2% = 3.456(万元)

五、固定资产修理

固定资产修理分为经常性修理和大修理两种。前者是对固定资产的个别部分进行调整和拆换;后者是对固定资产的局部进行更新(如更换主要部件、配件,对房屋建筑物进行翻修等),修理范围广,支出费用多,时间间隔长。固定资产修理是固定资产后续支出,是对固定资产使用功能的恢复,发生的修理费用是费用性支出(除非以大修理名义进行的固定资产扩改建等符合资本化条件的计入固定资产价值),不计入固定资产价值。《企业会计准则》应用指南附录中规定:企业生产车间(部门)和行政管理部门发生的固定资产修理费用等后续支出,均在"管理费用"科目核算。

例 3-17 A企业20××年8月对一车间某设备进行大修,用银行存款支付大修理费用3.16万元;10月对厂部办公楼进行大修,用银行存款支付大修理费用1万元。

A企业8月份"管理费用"增加3.16万元,"银行存款"减少3.16万元;10月份"管理费用"增加1万元,"银行存款"减少1万元。

六、固定资产的清理和清查

(一) 固定资产清理

《企业会计准则第4号——固定资产》规定企业处置固定资产的情况包括出售、转让、报废、毁损、盘亏。企业处置固定资产时,要将固定资产账面价值、发生的清理费用以及应缴纳的相关税费转入"固定资产清理"账户的借方；固定资产出售收入、固定资产残值收入、毁损固定资产应收保险公司赔款以及应收责任人赔款等应记入"固定资产清理"账户的贷方；"固定资产清理"账户借贷方差额，属于固定资产出售、转让发生的损益，记入"资产处置损益"科目，属于固定资产报废、毁损、盘亏发生的损失记入"营业外支出"科目。

例 3-18 A 企业有一台设备报废。设备原值为 10 万元，已提折旧为 9.6 万元。报废时用银行存款支付清理费用 0.4 万元，残料变卖收入为 0.5 万元。确定处理该项固定资产的净损益及其结转的对应账户。

固定资产报废分为到龄正常报废和提前报废。前者在固定资产使用期满时报废，固定资产折旧提完，报废时没有损益，固定资产使用期满后还能继续使用的，准则规定不再计提折扣，而后报废时也不产生损益；后者是固定资产因使用不当而提前报废，折旧未提完，会产生报废损失，作"营业外支出"处理。

企业报废设备转入清理的账面价值和费用 =（10 - 9.6）+ 0.4 = 0.8（万元）

固定资产清理收入 = 0.5（万元）

处置固定资产净损益 = 0.5 - 0.8 = - 0.3（万元）

处置固定资产发生的 0.3 万元净损失，列入"营业外支出"账户。

（二）固定资产清查

固定资产清查是对固定资产进行盘点和检查。企业在盘点固定资产时，对盘盈的固定资产，应确认现时价值借记"固定资产"科目，贷记"以前年度损益调整"科目。之所以通过"以前年度损益调整"科目核算，是因为像固定资产这类财产物资一般不会发生盘盈，如果出现固定资产盘盈现象，那基本上是前期搞错，所以会计应按前期差错调整方式处理，通过"以前年度损益调整"科目核算。企业在盘点固定资产时，对盘亏的固定资产，应按账面价值转入"待处理财产损溢"账户，待报批或处理后从该账户转入"营业外支出"账户借方。

例 3-19 企业盘亏设备一台，原值为 12 000 元，已计提折旧 9 000 元，已计提固定资产减值准备 1 000 元。

企业根据盘亏报告做如下会计分录：

借：累计折旧　　　　　　　　　　　　　　　　　　　　　　　　9 000
　　固定资产减值准备　　　　　　　　　　　　　　　　　　　　1 000
　　待处理财产损溢　　　　　　　　　　　　　　　　　　　　　2 000
　贷：固定资产　　　　　　　　　　　　　　　　　　　　　　　12 000

上列盘亏固定资产，报批后同意转销，会计人员做如下会计分录：

借：营业外支出——盘亏损失　　　　　　　　　　　　　　　　2 000
　贷：待处理财产损溢　　　　　　　　　　　　　　　　　　　2 000

需要说明的是，盘亏和毁损的固定资产"报批处理"，是指报经股东大会或董事会，或经理（厂长）会议或类似机构批准处理。一般说，报批处理要在会计期末结账前处理完毕。如果期末结账前尚未批准的，应在对外提供财务会计报告时由会计人员先进行处理，并在会计报表附注中做出说明；如果以后批准处理的金额与已处理的金额不一致，应按两者差额调整会计报表相关项目的年初数。

会计期末,资产负债表上有关固定资产项目设置及其金额填列方法如下:

固定资产 = 固定资产原值 - 累计折旧 - 固定资产减值准备

在建工程 = "在建工程"期末余额 - 在建工程减值准备

工程物资 = "工程物资"期末余额 - 工程物资减值准备

固定资产清理 = "固定资产清理"期末余额

七、固定资产的分析

(一) 固定资产总量变动分析

例 3-20 某企业近五年固定资产原值变动情况如表 3-6 所示。计算固定资产年递增率。

表 3-6 固定资产原值总量变动情况

项目	20×1 年	20×2 年	20×3 年	20×4 年	20×5 年	年递增率(%)
固定资产原值(万元)	100	120	134	150	168	13.85
固定资产年增长率(%)	—	20.00	11.67	11.94	12.00	13.85

在表 3-6 中,固定资产年递增率有以下两种计算方法:

① 定基法下 20×1—20×5 年固定资产年递增率 = $\sqrt[4]{\dfrac{168}{100}} - 100\% = 13.85\%$

环比法下 20×1—20×5 年固定资产年递增率
$= \sqrt[4]{(1+20.00\%) \times (1+11.67\%) \times (1+11.94\%) \times (1+12.00\%)} - 100\% = 13.85\%$

(二) 固定资产利用效果分析

1. 固定资产有用系数

固定资产有用系数,亦称固定资产老化程度或固定资产新旧程度指标,是指固定资产账面净值与固定资产原值的比例。其计算公式为:

$$\text{固定资产有用系数} = \dfrac{\text{报告期期末固定资产净值}}{\text{报告期期末固定资产原值}} \times 100\%$$

全国规模以上工业企业 2017—2021 年固定资产指标情况如表 3-7 所示。

表 3-7 2017—2021 年全国规模以上工业企业固定资产指标情况   单位:亿元

项目	2017 年	2018 年	2019 年	2020 年	2021 年	五年累计	每年递增
固定资产原值	643 861	613 522	649 758	648 970	654 560	3 210 671	0.4%
固定资产净值	358 959	342 673	353 886	476 863	480 971	2 013 352	7.6%
利润总额	74 916	66 351	61 996	68 465	87 092	358 820	3.8%
营业收入	1 133 161	1 049 491	1 057 825	1 083 658	1 279 227	5 603 362	3.1%

根据表 3-7，计算全国规模以上工业企业固定资产有用系数如下：

$$2017—2021 \text{ 年固定资产有用系数} = \frac{2\,013\,352}{3\,210\,671} \times 100\% = 62.71\%$$

计算结果表明，2017—2021 年全国规模以上工业企业固定资产（账面价值）约六成三新。

2. 固定资产利润率

固定资产利润率是企业一定时期（年度或季度）利润总额与固定资产原值平均余额的比例。其计算公式为：

$$\text{固定资产利润率} = \frac{\text{利润总额}}{\text{固定资产原值平均余额}} \times 100\%$$

根据表 3-7 计算我国规模以上工业企业 2017—2021 年固定资产利润率如下：

$$2017—2021 \text{ 年固定资产利润率} = \frac{358\,820}{3\,210\,671} \times 100\% = 11.18\%$$

计算结果表明，2017—2021 年我国规模以上工业企业每百元固定资产原值提供了 11.18 元的利润。

3. 固定资产利税率

固定资产利税率是企业一定时期（年度或季度）利税总额与固定资产原值平均余额的比例。其中，"利"指利润总额；"税"指税收总额，由"税金及附加"和"应交增值税"组成。其计算公式为：

$$\text{固定资产利税率} = \frac{\text{利润总额} + \text{税收总额}}{\text{固定资产原值平均余额}} \times 100\%$$

4. 固定资产周转率

固定资产周转率是企业一定时期（年度或季度）企业营业收入与固定资产原值平均余额的比例。计算公式如下：

$$\text{固定资产周转率} = \frac{\text{计算期营业收入}}{\text{固定资产原值平均余额}} \times 100\%$$

根据表 3-7 计算我国规模以上工业企业 2017—2021 年固定资产周转率如下：

$$2017—2021 \text{ 年固定资产周转率} = \frac{5\,603\,362}{3\,210\,671} \times 100\% = 1.75（次）$$

计算结果表明，2017—2021 年我国规模以上工业企业固定资产周转率为 1.75 次，即固定资产资金约 205 天收回一次。

第三节 其他长期资产

其他长期资产是指除流动资产、非流动资产投资、固定资产（含在建工程、工程物资、固定资产清理）以外的非流动资产，包括无形资产、开发支出、商誉、长期待摊费用、长期应收款、油气资产、生产性生物资产、递延所得税资产、特准储备物资等。

一、无形资产

(一)无形资产的种类

无形资产是指企业拥有或者控制的、没有实物形态可辨认的非货币性资产。其具体内容包括以下几种：

1. 专利权

专利权是指国家专利主管机关依法授予发明创造者在法定期限内享有的专有权利，包括发明专利权、实用新型专利权和外观设计专利权。它有三个特征：一是具有独占性，是一种排他性的财产权，企业依法享有后就受到法律的保护，任何人想要使用专利，除法律另有规定的以外，必须事先取得专利人的许可并支付一定的费用；否则，即构成侵权行为，要负法律责任，赔偿经济损失。二是具有地域性，即只在注册的国家和地区有效，在非注册的国家和地区无效。三是具有时间性，即在一定时间内有效，期满即不复存在，成为社会的共同财富。专利权可由发明创造者依法定程序申请取得，也可以从他人处购买取得。

2. 专有技术

专有技术又叫技术秘密或技术诀窍，是指不为外界所知、在生产经营活动中已采用的、不享有法律保护的各种技术和经验，一般包括工业专有技术、商业贸易专有技术、管理专有技术等。由于专有技术的发明创造者不愿意或来不及申请专利，或专有技术本身不具备专利申请条件，使专有技术不能转化为专利，因此，它又叫非专利技术。非专利技术具有经济性、机密性和动态性等特点。

3. 商标权

商标权是商标专用权的简称，是指商标权人专门在某类指定的商品或产品上使用特定的名称或图案的权利。其特点有：一是具有独占性；二是具有禁止性，指商标权享有人排除和禁止他人对商标独占使用权进行侵犯的权利；三是具有时间性。商标权可以外购，也可以自创。企业自行设计的商标一经登记注册就取得专用权，即形成自创商标权。

4. 著作权

著作权是指著作权人对其作品依法享有的出版、发行等专有权利。企业作为著作权人，其作品包括工程设计图、产品设计图等图形作品以及模型、计算机软件等作品。我国《著作权法》所称的著作权又称为版权。著作一经获得版权后，在法律规定的有效期限内，其他单位或个人不得翻印或复制。著作权(版权)包括人身权和财产权。著作人身权主要有署名权、发表权、保护作品完整权以及修改和回收作品权等；著作财产权主要有复制权、发行权、表演权、放映权、广播权、信息网络传播权、展览权、出租权、编辑权、摄制权、翻译权等。著作权属于作者的，其中的财产权可以继承或转让。著作权属于法人或其他组织的，法人或者其他组织变更、终止后，如规定的权利仍在法定保护期内，由承受其权利义务的法人或其他组织享有；没有承受其权利义务的法人或其他组织的，著作权由国家享有。

5. 土地使用权

土地使用权是指国家准许某一企业或个人在一定时期内对国有土地享有开发、利用、经营的权利。我国的土地所有权归国家所有，企事业单位或个人只能获得土地使用权。企业取得土地使用权的方式大致有行政划拨取得、外购取得、投资者投入取得等。

行政划拨取得土地使用权分为两种情况：一是现有存量土地无偿取得。企业已经获得国家无偿划拨土地予以使用的，企业没有花费任何代价，会计账上没有土地使用权的价值。但是，企业要转（出）让这种划拨的土地使用权时，不仅要补办土地使用权出让手续并进行登记，还要补交出让金。企业支付土地使用权出让金和相关支出，记入"无形资产"科目借方；取得出让收入，在扣除该项无形资产成本以及应交纳的各种税费后，记入"资产处置损益"科目贷方（若亏损，则记入"资产处置损益"科目借方）。二是企业今后再获得国家行政划拨的增量土地使用权时，应借记"无形资产——土地使用权"科目，贷记"递延收益"科目；分期转作营业外收入时，借记"递延收益"科目，贷记"营业外收入"科目。

外购取得土地使用权有两种情况要区别对待：一是和建造房屋有关的土地使用权如何入账的问题。《企业会计准则第6号——无形资产》应用指南规定：自行开发建造厂房等建筑物，相关的土地使用权与建筑物应当分别进行处理。外购土地及建筑物支付的价款应当在建筑物与土地使用权之间进行分配；难以合理分配的，应当全部作为固定资产。但是，《企业会计准则》对房地产开发公司用地做出不同的规定：企业（房地产开发）取得土地用于建造对外出售的房屋建筑物，相关的土地使用权账面价值应当计入所建造的房屋建筑物成本。也就是说，房地产开发公司将购入的土地使用权用于商品房开发，应借记"开发成本"科目。二是取得土地使用权为了增值获益如何入账的问题。企业购入的土地使用权准备增值后转让的，购买时直接借记"投资性房地产"科目，不作为"无形资产"处理。

投资者投入土地使用权如何作价入账呢？作为投资入账的土地使用权，要按双方确认的公允价值入账。土地使用权的公允价值以土地的实际占用面积、需要使用的年限和同类场所规定的使用费标准为依据计算确认。其中，改组或新设股份制企业，国有土地使用权作价入账的价格由县级以上人民政府土地管理部门组织评估，并报县级以上人民政府审核批准后，作为核定的土地资产金额。在国家建立开发区，收取出让土地费用的情况下，外商投资企业以实际购入场地使用权所支付的款项作为土地使用权的入账价格。

有两点需要说明：①有的企业会计账面上已有"固定资产——土地"的价值，这仅指1951年清产核资时和1956年私营工商业社会主义改造时估价入账的土地价值；而后与土地有关的费用，如征用土地支付的补偿费等，计入与土地有关的房屋、建筑物的价值之内。②土地使用权不同于土地使用费。土地使用费是企业使用土地而支付的费用。也就是说，土地使用费是企业租用场地而支付的租金，属于收益性支出，计入当期费用，从当期利润中补偿；而土地使用权是企业的一项无形资产，属于资本性支出，分期摊入各个受益期，作为企业的投资项目还能获得投资收益。所以，两者除了概念不同，账务处理也不同。

6. 特许权

特许权或称专营权,是经营特许权的简称,是政府(或企业)准许某一企业(或另一企业)在一定地区内享有经营某种业务或销售某种特定商标产品的专有权利。如政府特许的公用事业经营权、企业获准经营的连锁商店等。不花费代价获得的专营权,不作无形资产入账;花费较大代价获得的专营权,才作无形资产入账。

(二)无形资产的取得

企业取得无形资产主要有三条渠道:一是投资者投入。投资者投入无形资产应当按照投资合同或协议约定的价值作无形资产成本入账,但合同或协议约定价值不公允的除外。入账时,增加"无形资产",增加"实收资本"。二是企业购入。按实际支付的价款作无形资产成本入账,包括购买价款、相关税费以及直接归属于使该项资产达到预定用途所发生的其他支出。入账时,增加"无形资产",减少"银行存款"等。三是企业自创。企业自行开发的无形资产,其支出应区分为两部分:一是研究阶段支出,是指为获取并理解新的科学或技术知识而进行的独创性的有计划调查所发生的支出。研究支出采用"费用化"方式处理,即研究费用发生时借记"研发支出——费用化支出"科目,当期期末再转入"管理费用"科目。二是开发阶段支出,是指在进行商业性生产或使用前,将研究成果或其他知识应用于某项计划或设计,以生产出新型或具有实质性改进的材料、装置、产品等所发生的支出。开发支出采用"资本化"(不符合资本化条件的记入"管理费用")的方式处理,即开发费用发生时借记"研发支出——资本化支出"科目,当期期末不结转,而是挂账,将其余额列入资产负债表"开发支出"项目,待开发成功(如获得专利等)后再从"研发支出——资本化支出"科目的贷方转入"无形资产"科目的借方。

(三)无形资产的摊销

无形资产摊销是指将无形资产价值在使用寿命内分期摊入各受益期的过程。无形资产使用寿命有确定、不确定之分。使用寿命确定的(有限的)无形资产,其应摊销金额在使用寿命内系统合理摊销;使用寿命不确定的无形资产(即无法预见无形资产未来经济利益),其价值不予摊销,只计减值(即在期末确认无形资产可收回金额,将其低于账面价值的差额作为无形资产减值准备计提)。

无形资产的摊销金额一般应当计入当期损益(管理费用)。某项无形资产包含的经济利益通过所生产的产品或其他资产实现的,其摊销金额应当计入相关资产的成本(其他业务成本等)。无形资产(专利权)直接用于产品生产的,其摊销价值记入"制造费用——专利权摊销"科目。

无形资产摊销方法,应当反映与该项无形资产有关的经济利益的预期实现方式。无法可靠确定预期实现方式的,应当采用直线法摊销。直线法是将无形资产价值在取得当月至预计使用年限内分期平均摊销的一种方法。其计算公式为:

$$\frac{\text{无形资产}}{\text{月摊销额}} = \frac{\text{无形资产成本} - \text{预计残值} - \text{已提减值准备}}{\text{使用寿命年限} \times 12}$$

使用寿命有限的无形资产一般没有残值,但在两种情况下存在残值:①如果有第三方承诺在无形资产使用寿命结束时购买该无形资产;②可以根据活跃市场得到预计残值信息,并且该市场在无形资产使用寿命结束时很可能存在。

对于无形资产摊销,企业应当专门设置"累计摊销"账户核算,期末作为"无形资产"的备抵账户,同"无形资产减值准备"账户一起,抵减无形资产价值后列入资产负债表。

(四)无形资产的转让

无形资产转让有两种情况:一是转让所有权,即出售所有权;二是转让使用权,即出租使用权。这两种转让取得的收入(出售的价款和收取的租金)作"其他业务收入"处理,但转让所有权要注销无形资产账面价值,转让使用权不注销无形资产账面价值,只将履行转让合同条款过程发生的自己承担的费用(如派出技术服务队发生的费用等)作其他业务成本处理。

现以出售专利权为例说明无形资产的核算。

例 3-21 A 企业购入一项专利,付款 60 万元,预计使用寿命为 10 年。该项专利购入后使用 3 年整又出售给其他单位,取得收入 47.7 万元,其中价款为 45 万元,增值税为 2.7 万元。请确定该专利入账、摊销、出售等的价值以及出售转让获得的利润。

(1)购入专利时增加"无形资产"价值 60 万元
(2)使用专利 3 年摊销无形资产价值 = $60 \div 10 \times 3 = 18$(万元)
(3)出售专利时"无形资产"账面余值 = $60 - 18 = 42$(万元)
(4)出售专利记入企业"资产处置损益"账户的金额 = $47.7 - 2.7 - 42 = 3$(万元)

二、商誉

商誉是指企业出于主客观因素形成的优越地位(如地理位置优越、历史悠久、信誉好、技术先进、组织得当、有生产诀窍等),获得超过同行业一般利润水平而形成的一种价值。通常所说的品牌价值,就是商誉的一种典型体现形式。商誉有理论概念和法定概念之分。商誉的理论概念是指从商誉本质属性上界定的概念。商誉是获取超额利润的一种能力,是不可辨认的无形资产。[①] 商誉的法定概念是从法律规章制度上定义的商誉概念。我国《企业会计准则第 6 号——无形资产》应用指南规定:商誉的存在无法与企业自身分离,不具有可辨认性⋯⋯本准则不规范商誉的处理。正确理解商誉的法定概念,应把握五点含义:①商誉是在企业合并时产生的;②商誉的确认是指"正商誉",不包括"负商誉",即"企业合并成本大于合并取得被购买方各项可辨认资产、负债公允价值份额的差额"作为商誉(正商誉)处理;③商誉的确认以"公允价值"为基础;④商誉与企业自身不可分离,不具有可辨认性;⑤商誉不属于《企业会计准则第 6 号——无形资产》规范的内容[②],商誉按《企业会计准则第 20 号——企业合并》和《企业会计准则第 33 号——合并财务报表》的规定进

[①] 葛家澍等主编的《会计大典第三卷·财务会计》(中国财政经济出版社 1999 年版)称商誉是无形资产中最"无形"的资产。

[②] 2006 年及以前的"商誉",按《企业会计准则》和《企业会计制度》规定属于"无形资产"核算范畴。2007 年 1 月 1 日起执行新的《企业会计准则》后,"商誉"不再作为无形资产核算,而是单独设置"商誉"一级会计科目进行核算。

行处理。鉴于以上分析,下述内容仅指"法定商誉"的会计核算。

企业合并产生商誉,特指企业对外投资产生商誉的情况。其可分为确认"合并报表商誉"和"入账核算商誉"两种情况:企业控股合并或新设合并,在合并日当控股方合并成本大于股权投资"份额"时,控股方在合并日编制合并报表,有可能产生"合并报表商誉";企业吸收合并,被合并方独立法人资格注销,其各项资产、负债纳入合并方账簿体系,在合并日当合并方合并成本大于被合并方可辨认净资产公允价值时,合并方要确认所产生的商誉,记入"商誉"账户进行详细核算,这就是"入账核算商誉"。

三、长期待摊费用

长期待摊费用是指企业已经支出但摊销期超过一年的各项费用。它同待摊费用有相似之处,两者都是已经发生而由以后各期负担的费用;两者的区别主要是摊销的时间,摊销期在一年内(含一年)的费用列作待摊费用,摊销期超过一年的费用列作长期待摊费用。例如,租入资产改良支出,其摊销期一般在一年以上,故列作长期待摊费用核算。

固定资产改良支出是指企业以经营租赁方式租入的固定资产,为使其增加效用或延长使用寿命而进行改装、翻修、改建发生的支出。这种固定资产的租入,不是"融资租赁"方式租入的资产(它通过"使用权资产"科目核算),而是"经营租赁"方式租入的资产,通过设置"备查簿"进行登记核算。《企业会计准则第4号——固定资产》应用指南规定:"企业以经营租赁方式租入的固定资产发生的改良支出,应于资本化,作为长期待摊费用,合理进行摊销。"

四、其他长期资产

其他长期资产包括长期应收款(指超过一个营业周期的应收款项)、油气资产、使用权资产、生产性生物资产、递延所得税资产、特准储备物资、冻结银行存款、冻结物资、涉及诉讼中的财产等。其中,油气资产是指石油天然气开采企业持有的矿区权益和油气井及相关设施。生产性生物资产是指农业企业为产出农产品、提供劳务或出租等目的而持有的,包括经济林、薪炭林、产畜和役畜等。特准储备物资是指具有专门用途(如应对战争、自然灾害等特殊需要)但不参加生产经营的经国家批准储备的特种物资。

习题七

目的:练习非流动资产投资业务处理。

1. 甲企业购买下列两种股票进行股权投资:①购买全盘股份公司发行的10万股普通股的20%,每股价格5元,购买时另付费用2 500元;②购买晶园股票10 000股,占晶园公司全部股份的5%,每股价格10.5元,其中含已宣告发放的股利(每股0.5元),另付交易费用1 000元。全盘股份公司当年净利润20万元,从中拿出5万元发放股利。甲企业分别收到晶园公司和全盘股份公司的股利并存入银行。计算甲企业:

① 取得的投资收益=

② "长期股权投资"账户账面余额=

③ "其他权益工具投资"账户账面余额=

2. 乙企业购入安友公司股票付款 60 万元,占安友公司股权的 45%。安友公司当年获得净利润 40 万元,从中拿出 10 万元发放现金股利。乙企业分得相应股利并存入银行。第 2 年安友公司发生亏损 10 万元,为了维护股票声誉,仍发放 12 万元的现金股利。乙企业分得相应股利并存入银行。根据所述业务内容计算乙企业:

① 取得的投资收益=

② "长期股权投资"账户账面余额=

3. 丙企业购入虹桥公司 1 月 1 日发行的 5 年期债券作为债权投资。债券面值为 10 万元,购价为 12 万元,票面利率为 10%,实际利率为 5.38%,每年 7 月 1 日和 1 月 1 日付息。要求计算丙企业:

① 1 月 1 日购入债券记入"债权投资"账户的金额=

② 当年 7 月 1 日获得的投资收益=

③ 当年债权投资收益率(所得税税率为 25%,计算结果精确到 0.01%)=

4. 丁公司年初付款 1 308 万元(价款 1 200 万元,增值税 108 万元)购买一栋楼列作"投资性房地产"。6 月末,该"投资性房地产——大楼"公允价值上升为 1 350 万元。12 月丁公司售出该大楼,销售收款 1 526 万元(价款 1 400 万元,增值税 126 万元)。分别按 7% 和 3% 计算应交城建税和教育费附加。要求计算:

① 6 月 30 日取得的"公允价值变动损益"金额=

② 12 月 31 日利润表上填列的"营业利润"金额=

③ 该项投资性房地产收益率=

习题八

目的:练习固定资产业务处理。

1. 某设备原值 8 万元,预计使用 5 年,预计净残值率 3%,请分别采用直线法、双倍余额递减法和年数总和法确定年折旧率和年折旧额。计算下列指标并填制下表:

① 直线法下的年折旧率=

直线法下的年折旧额=

② 双倍余额递减法下的年折旧率=

双倍余额递减法下的折旧计算　　　　　　　　　　　　　　单位:元

年数	当年计提的折旧	累计折旧	折余价值
0			80 000(原值)
1			
2			
3			
4			
5			

③ 年数总和法下的年折旧率＝

年数总和法下的折旧计算　　　　　　　　　　金额单位:元

年数	应提折旧总额	年折旧率(%)	年折旧额	累计折旧
1				
2				
3				
4				
5				

2. A企业出售固定资产一台，收入4.52万元，其中价款为4万元，增值税为0.52万元。该固定资产原值为5万元，已提折旧为1.5万元；同时因自然灾害毁损厂房一栋，原值为50万元，已提折旧为20万元，清理设备时支付清理费用1万元，回收残料1.5万元，收到保险公司赔款24万元。计算：

① A企业记入"资产处置损益"账户贷方的数额＝

② A企业记入"营业外支出——非流动资产毁损报废损失"账户借方的数额＝

3. 分析上市公司——徐工科技(000425)固定资产资产利用效果(使用"证券之星"公布的近三年上市公司三大报表数据进行分析)；完成下表相关项目的填列和计算，并对固定资产的扩展进行简要评价。

徐工科技近三年财务报表有关数据及其指标的计算

指标	第1年	第2年	第3年	3年合计	年递增率(%)
年末固定资产原值(元)					
全年营业收入(元)					
全年利润总额(元)					
全年税金及附加(元)					
固定资产利润率(%)				—	—
固定资产利税率*(%)				—	—

注：*根据企业以往经验数据，"应交增值税"为"税金及附加"的10%；为了简化，各年指标的计算只采用年末固定资产原值。

习题九

目的：练习无形资产和其他资产业务处理。

某企业4月1日购入一项专利权，入账12万元，法定有效期为5年，当年6月1日将其售出，收款14.84万元，其中价款为14万元，增值税为0.84万元。要求计算：

① 专利已摊销额＝

② 专利账面余值＝

③ 出售专利获得的"资产处置收益"＝

第四章 负 债

第一节 流 动 负 债

流动负债是指企业过去的交易或者事项形成的、预期会在 1 年（含 1 年）或者超过 1 年的一个营业周期内导致经济利益流出企业的现时义务。现时义务是指企业在现行条件下已承担的义务。流动负债分为短期借款、应付款项、应交税费、长期债务中 1 年内到期的债务等。企业举借流动债务的主要目的是满足生产周转的需要。

一、短期借款

（一）短期借款业务

企业为了补充生产周转资金，可向银行或其他金融机构（如保险公司、信托投资公司、财务公司、信用合作社等）取得短期借款。

企业从银行取得短期借款后，要按期支付利息。短期借款利息一般于季末支付，有些是到期付息。利息的处理有两种方法：一是年内付息，企业在付息的当期记入"财务费用"科目；二是跨年度付息，企业应于年末计算应付利息，记入年末月份的"财务费用"科目。

例 4-1 企业 8 月 1 日向银行取得半年期借款 40 000 元，年利率为 5.58%，季末付息。

（1）企业 8 月 1 日取得借款时，"银行存款"增加 40 000 元，"短期借款"增加 40 000 元；

（2）企业 9 月 20 日支付利息 303.80 元（40 000 × 5.58% ÷ 360 × 49）时，增加"财务费用"，减少"银行存款"；

（3）企业 12 月 20 日支付利息 558 元（40 000 × 5.58% ÷ 360 × 90）时，增加"财务费用"，减少"银行存款"；

（4）企业 12 月 31 日计算应付利息 68.20 元（40 000 × 5.58% ÷ 360 × 11）时，增加"财务费用"，增加"应付利息"（为简化，此账务处理也可以不做，待次年借款到期还本付息时再处理）；

（5）企业次年1月31日还本付息40 254.20元［（40 000×5.58%÷360×41）+40 000］时，做会计分录如下：

借：短期借款　　　　　　　　　　　　　　　40 000.00
　　应付利息　　　　　　　　　　　　　　　　　　68.20
　　财务费用　　　　　　　　　　　　　　　　　 186.00
　　贷：银行存款　　　　　　　　　　　　　　40 254.20

（二）银行短期信用的分析

银行信用是指银行或其他信用机构以货币形式向借款人提供的信用。如果银行提供的贷款偿还期限在1年以内的，称为银行短期信用，主要分为无担保贷款和担保贷款两种。

1. 无担保贷款

无担保贷款是指没有任何担保品作担保的贷款。银行一般只对信誉好、规模大的企业提供无担保贷款。

2. 担保贷款

担保贷款是指必须有担保品或担保人作还款保证的贷款。银行对信用不好、财务状况较差的单位采用担保贷款。担保品有股票和债券等证券、房地产、机器设备、流动资产、无形资产和其他资产等。担保人贷款，也称信用担保贷款，是债权人要求债务人寻找第三方以其信用作为还款保证的贷款。担保人在贷款合同上背书担保后，一旦借款人不能按期偿还贷款，担保人就要偿还贷款。在美国，半数以上的银行贷款额是财产担保贷款，约三分之二的银行贷款是担保人背书担保贷款。

西方企业用流动资产作担保的贷款主要有应收账款担保贷款和存货担保贷款。应收账款担保贷款的利率一般比最优惠利率高2%—5%，银行还要收取1%—3%的手续费，其贷款额度一般为应收账款账面额的50%—80%。存货担保贷款的利率一般比最优惠利率高3%—5%，银行还要收取1%—3%的管理费，其贷款额度取决于存货质量，对于易变现、易保管的存货，贷款额占存货额的比例高达90%。

对银行短期信用进行分析，首先是分析银行信用的风险：一是分析银行浮动利率变动对企业造成的影响，尤其是考察这种利率有没有超过长期借款的固定利率；二是检查企业是否按期偿还短期借款，企业生产经营在还款后是否会受到影响，会造成多大的损失。其次是分析银行短期信用的成本（利率等），计算银行短期借款成本并加以评价。

二、应付款项

应付款项包括应付账款、应付票据、预收账款、应付职工薪酬、应付股利、其他应付款等。

1. 应付账款

企业购入材料物资、商品或者接受劳务（供应）当时未付款的，记入"应付账款"账户。通过"应付账款"账户核算的内容按收到发票、账单等凭证上记载的应付账款金额记账，不包括对方提供的商业折扣,但包括现金折扣。也就是说,在赊购商品时,企业记入"应付账款"账户的金额不考虑以后能否取得现金折扣,取得现金折扣则说明理财有方,冲减当月"财务费用"。

2. 应付票据

应付票据是企业开出、承兑票据而形成的债务。短期应付票据分为应付商业票据和应付银行借款票据两种。

(1)商品交易中的应付票据。企业购入货物给销售方商业汇票(商业承兑汇票和银行承兑汇票)的,记入"应付票据'账户,然后按票据约定日期兑现票款。这种在商品交易活动中开具的、承诺在一定时期内交付票款的票据,称为应付商业票据。应付票据按面值入账。对带息的应付票据,其利息金额不大的,于票据到期日兑付本金时一次记入"财务费用"账户;利息金额较大的,期末应计算应付利息,记入"财务费用"账户,同时增加"应付票据"账面金额。票据到期,当企业没有能力支付票款时,属于商业承兑汇票的,企业将面值和应计未付利息之和一并转入"应付账款"账户;属于银行承兑汇票的,如银行无条件承兑票款,同时转为企业的逾期贷款,企业记入"短期借款"账户。

例4-2 乙企业2月1日购入材料一批,价款为34 000元,增值税进项税为4 420元,对方代垫运杂费为220元。乙企业当即提交商业承兑汇票一张,面值为38 640元,票面利率为8%,承兑期为6个月。

① 企业购入材料提交票据时:"材料采购"增加34 220元,"应交税费——应交增值税(进项税额)"抵扣额为4 420元,"应付票据"增加38 640元。

② 票据到期兑现票款时:"应付票据"减少38 640元,利息费用1 545.60元(38 640×8%÷2)记入"财务费用"账户,"银行存款"减少40 185.60元。若票据到期,企业无力偿付票款,则"应付票据"减少38 640元,"财务费用"增加1 545.60元,"应付账款"增加40 185.60元。

(2)借贷活动中的应付票据。它是指由企业开具用于向银行借款的一种票据,称为应付银行借款票据(西方常用的一种不附息借款票据)。借款利息通常由银行预先扣除,也可由借款人到期还款时偿付。若借款利息在企业出具票据时由银行预先扣除,则企业实际收到的金额与应付票据面值之间会有差额,该差额实质上是借款人预付的利息,核算时记入"应付票据贴现"科目(西方设置使用的会计科目)。会计期末,"应付票据贴现"科目的余额抵减"应付票据"科目的余额进入资产负债表"应付票据"项目。

例4-3 乙企业9月1日向银行签发面值为10 000元、期限为6个月的无息应付票据,按9%的贴现率向银行贴现,利息由银行预先扣除,由借款人到期还款时偿付。

① 向银行提交票据取得现款时:"银行存款"增加9 550元(10 000 - 10 000×9%÷2);"应付票据贴现"增加450元(10 000×9%÷2);"应付票据"增加10 000元。

② 当年12月31日确认利息费用时:"财务费用"增加300元(10 000×9%×4/12);"应付票据贴现"减少300元。

③ 第二年3月1日还款时:"应付票据"减少10 000元,"银行存款"减少10 000元;同时,"财务费用"增加150元(10 000×9%×2/12),"应付票据贴现"减少150元。

④ 该业务在资产负债表中列示:9月30日、10月31日、11月30日"应付票据"项目均填列9 550元(10 000 - 450);12月31日、1月31日、2月28日均填列9 850元[10 000 - (450 - 300)]。

3. 预收账款或合同负债

预收账款是指企业按合同规定向非购货单位或个人预先收取的款项或定金。由于企业收款时未给客户提供劳务,占用了付款单位或个人的资金,因而形成了企业的流动负债。企业设置"预收账款"账户核算非商品款项的预收、补收等业务。如企业按合同预收货款,则设置"合同负债"科目进行核算

例4-4 乙企业2月份向某客户预收货款5万元存入银行。3月份向该客户发出商品一批,价款为12万元、增值税销项税额为1.56万元、代垫运杂费为0.26万元,共计款项为13.82万元;4月份乙企业收到剩余款项8.82万元(13.82 - 5)。

① 2月份预收货款时:"银行存款"增加5万元,"合同负债"增加5万元。

② 3月份发货时:"主营业务收入"增加12万元,"应交税费——应交增值税(销项税额)"增加1.56万元,垫付的运杂费减少"银行存款"0.26万元,"合同负债"减少13.82万元。

③ 4月份收到剩余欠款时:"银行存款"增加9.3万元,"合同负债"增加8.82万元。

4. 应付职工薪酬

企业设置"应付职工薪酬"一级会计科目核算根据有关规定应付给职工的各种薪酬。企业在"应付职工薪酬"科目下设置的明细科目有:"工资"(包括职工工资、奖金、津贴和补贴)、"职工福利"(职工福利费)、"社会保险费"(包括医疗保险费、工伤保险费和生育保险费)、"住房公积金""工会经费""职工教育经费""非货币性福利""离职后福利"(包括养老保险费、失业保险费、补充养老费)、"辞退福利"(企业因解除与职工的劳动关系而给予辞退职工的补偿)、"其他长期福利"和"股份支付"等。

(1) 工资的核算。工资是职工薪酬的主体,是企业职工的"工资总额"。具体包括:①工资,包括计时工资、计件工资、加班加点工资、特殊情况下支付的工资(如工伤、产假、婚丧假、探亲假、病假、公假等支付的工资);②奖金,包括生产奖、节约奖、劳动竞赛奖、其他奖金;③津贴和补贴,包括保健性津贴、技术性津贴、年功性津贴、其他津贴和物价补贴。

例4-5 甲企业某年7月份按职工考勤、产品产量等记录计算应付职工工资总额14 700元。8月5日发放工资时代扣职工个人承担的养老保险等费用1 200元,实发工资(库存现金)13 500元。甲企业8月份分配工资费用14 700元,其中基本生产车间工人工资4 800元,辅助生产车间工人工资3 600元,车间管理人员工资900元;企业行政管理人员工资2 900元;销售部门人员工资700元;医务福利部门人员工资1 800元。

① 企业8月5日按实发工资13 500元从银行提取现金时:增加"库存现金"13 500元,减少"银行存款"13 500元。

② 企业8月5日发放工资13 500元时:"库存现金"减少13 500元,"应付职工薪酬——工资"减少13 500元。

③ 企业8月5日代扣职工养老保险等费用(职工个人承担部分)时:"应付职工薪

酬——工资"减少1 200元,"应付职工薪酬——社会保险费"增加1 200元(注:企业从职工工资里代扣职工个人应交个人所得税时,借记"应付职工薪酬——工资"科目,贷记"应交税费——应交个人所得税"科目;企业从职工工资里代扣其他有关款项或扣还垫款时,借记"应付职工薪酬——工资"科目,贷记"其他应付款"科目或贷记"其他应收款"科目)。

④ 企业8月31日分配工资费用时:"生产成本"增加8 400元(4 800+3 600);"制造费用"增加900元;"管理费用"增加2 900元;"销售费用"增加700元;"应付职工薪酬——职工福利"减少1 800元;"应付职工薪酬——工资"增加14 700元。

（2）职工福利性薪酬的核算。职工福利性薪酬核算包括职工福利费核算、非货币性福利核算和辞退福利核算三大内容。

① 职工福利费核算。职工福利费的核算有两种方法:一是先提后支。企业根据历史经验数据和实际情况,合理预计当期应开支的职工福利费,将其计入成本费用,形成专项资金,实际支出时再从该专项资金中列支。会计期末(一般是年末),实际发生金额大于预计金额的,应当补提职工福利费;实际发生金额小于预计金额的,应当冲回多提的职工福利费。二是直接列支。实际发生职工福利费时,直接计入当期成本费用。在"先提后支"方式下,企业从成本费用中计提的职工福利费,在未用于职工福利支出之前是对企业职工的负债,可设置"应付职工薪酬——职工福利"明细科目核算这种负债的形成和转销。

举例说明"先提后支"的核算方法。承例4-5,甲企业8月份共计提职工福利费2 058元,具体列入下列账户:"生产成本"增加1 176元（8 400×14%）;"制造费用"增加126元（900×14%）;"管理费用"增加658元［(2 900+1 800)×14%］;"销售费用"增加98元（700×14%）;"应付职工薪酬——职工福利"增加2 058元（14 700×14%）。

企业按月计提的职工福利费,专门用于职工生活困难补助、医务和福利部门人员的薪酬及经费支出等。企业实际开支职工福利费时,减少"应付职工薪酬——职工福利",不再计入成本费用。

② 非货币性福利核算。非货币性福利是指企业以非货币形式提供给职工的福利,包括企业以自产产品分发给职工作为福利、将企业拥有的资产无偿提供给职工使用、为职工无偿提供医疗保健服务等。企业向职工分发自产产品或外购商品或提供其他非货币性福利时,设置"应付职工薪酬——非货币性福利"明细科目进行核算。

③ 辞退福利核算。辞退福利是指企业辞退职工而解除与职工劳动关系所给予的补偿。辞退福利包括:职工劳动合同到期前,不论职工本人是否愿意,企业决定解除与职工的劳动关系而给予的补偿;职工劳动合同到期前,为鼓励职工自愿接受裁员而给予的补偿,职工有权选择继续在职或接受补偿离职。辞退福利通常采取在解除劳动关系时一次性支付补偿的方式,也可以采取提高退休后养老金或其他离职后福利的标准,或者将职工工资支付至辞退后未来某一期间的方式。辞退福利的实质是货币性福利,企业可设置"应付职工薪酬——辞退福利"明细科目进行核算。

（3）工资附加费的核算。工资附加费是根据国家规定按职工工资总额的一定比例计提并按规定用途使用的费用。它依附于工资总额计提,通常被称为"工资附加费"。

① "五险一金"的核算。"五险一金"是企业每月按全部职工工资总额的一定比例计

提的职工医疗保险费、养老保险费、失业保险费、工伤保险费、生育保险费等社会保险费和住房公积金。其中,除工伤保险费、生育保险费全部由企业交纳外,其余均由企业和职工共同交纳。在"五险一金"中,职工医疗保险费、工伤保险费、生育保险费属于企业职工"短期薪酬"中的"社会保险费",而养老保险费、失业保险费属于企业职工"离职后福利"中的"设定提存计划"。

属于企业交纳的职工薪酬部分,由企业有关部门人员在期末按工资总额和提取率计算应交纳的"五险一金",做会计分录如下:

借:生产成本　　　　　　　　　　　　　　　　　×××
　　制造费用　　　　　　　　　　　　　　　　　×××
　　劳务成本　　　　　　　　　　　　　　　　　×××
　　销售费用　　　　　　　　　　　　　　　　　×××
　　在建工程　　　　　　　　　　　　　　　　　×××
　　研发支出　　　　　　　　　　　　　　　　　×××
　　管理费用　　　　　　　　　　　　　　　　　×××
　　贷:应付职工薪酬——社会保险费　　　　　　×××
　　　　　　　　　——住房公积金　　　　　　　×××
　　　　　　　　　——离职后福利——设定提存计划　×××

职工个人负担的"三险一金"(职工医疗保险费、养老保险费、失业保险费和住房公积金)从职工工资里扣除,会计分录如下:

借:应付职工薪酬——工资　　　　　　　　　　×××
　贷:应付职工薪酬——社会保险费　　　　　　×××
　　　　　　　　　——住房公积金　　　　　　×××
　　　　　　　　　——离职后福利——设定提存计划　×××

企业实际向有关部门支付"五险一金"时:

借:应付职工薪酬——社会保险费　　　　　　　×××
　　　　　　　　——住房公积金　　　　　　　×××
　　　　　　　　——离职后福利——设定提存计划　×××
　贷:银行存款　　　　　　　　　　　　　　　　×××

② 工会经费和职工教育经费的核算。企业每月按工资总额的一定比例计提工会经费(计提比例2%)、职工教育经费(计提比例不超过2.5%)时做会计分录如下:

借:生产成本　　　　　　　　　　　　　　　　　×××
　　制造费用　　　　　　　　　　　　　　　　　×××
　　劳务成本　　　　　　　　　　　　　　　　　×××
　　销售费用　　　　　　　　　　　　　　　　　×××
　　在建工程　　　　　　　　　　　　　　　　　×××
　　研发支出　　　　　　　　　　　　　　　　　×××
　　管理费用　　　　　　　　　　　　　　　　　×××

  贷：应付职工薪酬——工会经费   ×××
       ——职工教育经费   ×××
企业实际向工会支付工会经费时：
 借：应付职工薪酬——工会经费   ×××
  贷：银行存款   ×××
企业职工教育经费实际用于职工教育时：
 借：应付职工薪酬——职工教育经费   ×××
  贷：银行存款或库存现金   ×××

  （4）其他薪酬的核算。其他薪酬的核算包括以现金与职工结算的股份支付核算（如给予企业高级管理人员股票期权激励，在授予股票期权至到期行权期间，企业设置"应付职工薪酬——股份支付"科目进行核算）、累积带薪缺勤核算（设置"应付职工薪酬——累积带薪缺勤"科目进行核算）和非累积带薪缺勤核算（职工在缺勤期间与工资一并进行核算）等。

  5. 应付股利

  当企业确定应分配给投资者的红利或利润时，记入"应付股利"账户；实际向投资者（或股东）支付投资红利或利润时，再减少"应付股利"。

  6. 其他各项应付、暂收款项

  企业代扣的房租水电费、煤气费，暂收的包装物押金，应付租入固定资产和包装物的租金等，一般通过"其他应付款"账户核算。

  7. 商业信用分析

  商业信用是指商品交易过程中以延期支付货款或预先交付货款方式提供的信用，例如购货企业赊购商品产生的应付账款，以签发商业汇票等形成的应付票据以及预收货款等。商业信用分析的基本内容如下：

  （1）商业信用获得的短期资金来源分析。企业购货欠账，使企业占用了其他单位或个人的资金，形成了企业短期资金的来源。企业欠账的时间越长，短期资金的来源越多。例如，企业平均每天购进 2 000 元材料，如果供货单位同意延期 30 天付款，那么该企业 30 天共欠款 60 000 元，即获得 60 000 元的资金来源。如果信用条件从 30 天扩大到 40 天，那么应付账款将由 60 000 元增加到 80 000（60 000÷30×40）元。因此，企业可根据资产负债表"应付账款""应付票据""预收账款"项目计算利用商业信用获得的短期资金来源总额。

  （2）净信用的计算。净信用是指企业赊销商品提供的商业信用（应收账款、应收票据、预付账款）与企业赊购商品获得的商业信用（应付账款、应付票据、预收账款）的差额。前者大于后者，为商业信用的净提供额；前者小于后者，为商业信用的净使用额。企业应该计算净信用提供率，作为控制净信用的依据。净信用提供率是应收账款扣除应付账款后的净额占平均信用［（应收账款余额＋应付账款余额）÷2］的比率。朱学义教授提出的净信用提供率的控制标准[①]如表 4-1 所示。

---

  ① 朱学义：《控制应收账款的几种方法》，《中国乡镇企业会计》1999 年第 10 期。

表 4-1　净信用提供率控制标准

债权大于债务的类型	数额较少	数额一般	数额过大
净信用提供率控制标准	小于等于20%	21%—40%	41%—50%

例 4-6　乙企业平均每天销售 3 000 元商品,平均收账期为 30 天;同时,企业平均每天购买 2 500 元材料,平均付款期为 20 天。

① 乙企业商业信用净提供额 = 3 000 × 30 − 2 500 × 20 = 40 000(元)

计算结果表明,乙企业商业信用净提供额为 40 000 元,说明企业给他人占用的资金多于占用他人的资金,即提供了净信用 40 000 元。

② 乙企业商业信用净提供率 = (3 000 × 30 − 2 500 × 20) ÷ [(3 000 × 30 + 2 500 × 20) ÷ 2] = 40 000 ÷ 70 000 = 57.14%

计算结果表明,乙企业商业信用净提供率为 57.14%,超过最高控制线 50%,乙企业应重点控制应收账款,减少让其他企业过多占用本企业资金的额度。

(3) 应付账款周转天数的计算。应付账款周转天数的计算公式为:

$$应付账款周转天数 = \frac{应付账款平均余额}{年销售成本} \times 360$$

(4) 商业信用成本的计算。商业信用成本是指企业获得商业信用资金所付出的代价。本来购货欠账占用别人的资金,购货企业并没有发生成本;然而,当对方提供了现金折扣时,购货企业没有利用而延长了付款天数多占用了别人的资金,却失去了获得折扣的好处——机会成本。这种机会成本与多获得的商业信用资金的比率就是商业信用成本率。具体计算举例见第八章第四节中"筹资分析"部分的商业信用成本率的计算。

三、应交税费

(一) 应交税金

国家向企业征收的税种分为三大类:一是对流通和交换领域中商品和劳务征收的流转税,包括增值税、消费税、关税等;二是对收益额征收的收益税,包括企业所得税、资源税、土地增值税等;三是对某些财产和特定行为征收的财产及行为税,包括房产税、车船税、耕地占用税、土地使用税、城市维护建设税(简称城建税)、印花税等。

由于绝大部分税金的计算期限和缴纳日期往往不在同一会计期间,因此企业应设置"应交税费"账户,核算各种税金的计算和缴纳情况。只有企业缴纳的耕地占用税和印花税无须与税务部门清算或结算,因而不通过"应交税费"账户核算。

企业计算、缴纳的各种税金都有规定的内容和开支范围。

1. 计入资产价值的税金

企业征用耕地建造厂房等,改变了耕地用途,国家为了保护耕地,对改变耕地用途的行为征收耕地占用税。企业支付的耕地占用税计入固定资产价值。

我国海关对进口的货物和物品征收进口关税。企业支付的进口关税视进口的货品名称分别计入材料物资、固定资产价值。

2. 记入"税金及附加"但从收入中扣除的主体税金

从收入中扣除的主体税金有消费税、资源税、城建税和土地增值税。其中,土地增值税是对转让国有土地使用权、地上建筑物及其附着物的单位和个人按其增值额(转让收入扣除法定扣除项目金额后的余额)和规定的税率而征收的一种税。这些主体税金列入第六章第二节中详细阐述。

3. 记入"税金及附加"但从收入中扣除的"四小税"

(1) 房产税。它是按房产评估价值和规定的税率(1%—5%)按年计征、分期缴纳的一种税。

(2) 车船税。它是对在我国境内依法应当到公安、交通、农业、渔业、军事等车船管理部门办理登记的车辆、船舶,根据其种类,按照规定的计税单位和年税额标准计算征收的一种财产税。应缴纳车船税的车辆、船舶包括载客汽车、载货汽车、摩托车、三轮汽车、低速货车、专项作业车、轮式专用机械车及机动船。

车船税的纳税义务发生时间为车船管理部门核发的车船登记证书或者行驶证书所记载日期的当月。纳税人未按照规定到车船管理部门办理应税车船登记手续的,以车船购置发票所载开具时间的当月作为车船税的纳税义务发生时间。对未办理车船登记手续且无法提供车船购置发票的,由主管地方税务机关核定纳税义务发生时间。

购置的新车船,购置当年的应纳税额自纳税义务发生的当月起按月计算。其计算公式为:

$$应纳税额 = (年应纳税额 \div 12) \times 应纳税月份数$$

例4—7 某企业8月份购入小客车一辆。小客车每年应交车船税480元。确定企业购车当年应交车船税额。

$$企业购车当年应交车船税 = (480 \div 12) \times 5 = 200(元)$$

车船税实行幅度税额,载客汽车的年税额为每辆60—660元,载货汽车的年税额为按自重每吨16—120元,三轮汽车、低速货车的年税额为按自重每吨24—120元,摩托车的年税额为每辆36—180元,船舶的年税额为每净吨3—6元。

(3) 土地使用税。它是按实际占用的土地面积和规定的税额按年计征、分期缴纳的一种税。

(4) 印花税。它是对经济活动和经济交往中书立、领受的凭证,如合同性凭证、产权转移书据、营业账簿、权利许可证照等按金额或件和规定的税率或税额征收的一种税。例如,对于购销合同,立合同人应按购销金额的万分之三购买印花税票(即缴纳印花税);对于商标权等转移书据,立据人按所载金额的万分之五购买印花税票;对于记载资金的账簿,立账簿人按固定资产原值与自有流动资产总额的万分之五购买印花税票,其他账簿每件购买5元的印花税票;对于政府部门发给的工商营业执照、商标注册证、专利证等,证照领受人每件购买5元印花税票;等等。

4. 增值税

增值税的纳税义务人是我国境内销售货物或者加工、修理修配劳务,销售服务、无形资产、不动产以及进口货物的单位和个人。增值税的纳税人分为一般纳税人和小规模纳税人两种。纳税人不同,会计处理也不同。

(1) 一般纳税人的会计处理。一般纳税人销售货物或提供应税劳务,按四档税率计税。①工业和商业等销售货物、劳务等,增值税税率为13%。②采用低税率9%的行业:农业等涉及人们生活的行业,包括粮食、食用植物油,自来水、暖气、冷气、热水、煤气、石油液化气、天然气、沼气、居民用煤炭制品,图书、报纸、杂志;饲料、化肥、农药、农机、农膜;交通运输服务、邮政服务、建筑服务、基础电话服务、转让土地使用权、销售不动产。③服务性行业6%,包括金融服务、生活服务、现代服务(不含有形动产租赁服务和销售不动产,其税率分别为13%、9%)、电信服务(不含基础电话服务,其税率为9%)、销售无形资产(不含转让土地使用权,其税率为9%)。④零税率,包括出口货物(国务院另有规定的除外)、境内单位和个人跨境销售国务院规定范围内的服务、无形资产。

各企业单位按规定的税率计收增值税形成"销项税额",购进货物或固定资产或接受应税劳务支付的增值税形成"进项税额",两者差额为本期应交增值税额。

企业支付的增值税进项税额并不是都能从销项税额中抵扣的。不能抵扣的情形有:①用于简易计税方法计税项目、免征增值税项目、集体福利,或者个人消费的购进货物、劳务、服务、无形资产和不动产;②非正常损失的购进货物,以及相关的劳务和交通运输服务;③非正常损失的在产品、产成品所耗用的购进货物(不包括固定资产)、劳务和交通运输服务;④国务院规定的其他项目。

(2) 小规模纳税人的会计处理。小规模纳税人按不含税销售额3%的征收率(新冠疫情防控期间优惠征收率为1%或免税)计算应交增值税,其购入货物或固定资产或接受应税劳务所交付的增值税,不作进项税额抵扣,而是直接记入"材料采购""固定资产"等涉及货物、固定资产或劳务成本的账户。

5. 从利润总额中扣除的税金

企业实现的利润总额要按税法规定调整为纳税所得,计算缴纳25%或其他优惠税率的所得税。所得税从利润总额中扣除,其后得出的税后利润也称净利润。具体举例在第六章第二节中阐述。

(二) 应交费用

1. 应交教育费附加

企业每月计算出应交消费税、应交增值税后,应按实际应缴纳的这"两税"的3%计算应交教育费附加,同时,有些省份(如江苏省)还要按实际应缴纳的这"两税"的2%计算应交地方教育费附加,这两种附加同"两税"一起缴纳。

2. 应交矿产资源补偿费

矿产资源补偿费是国家为了发展矿业,加强矿产资源的勘查、开发利用和保护工作,维护国家对矿产资源的财产权益而向开采矿产资源的采矿权人征收的一项费用。其计算公式为：

$$征收矿产资源补偿费金额 = 矿产品销售收入 \div 补偿费率 \times 开采回采率系数$$

$$开采回采率系数 = 核定开采回采率 \div 实际开采回采率$$

上述公式中的补偿费率国家规定为1%至4%不等。

第二节 长期负债

长期负债又称非流动负债，是指企业过去的交易或者事项形成的、预期在一年或者超过一年的一个营业周期以上会导致经济利益流出企业的现时义务。它是企业向债权人筹集的可供长期使用的资金，包括长期借款、应付债券、长期应付款、租赁负债、预计负债、专项应付款、递延所得税负债和其他长期负债。

企业举借长期债务主要是为了购置大型设备、开发房地产、增建和扩建厂房等。实现这一目的所需的资金数额大，负担的固定性利息费用多，而且在长期负债到期之前企业需要提前准备足额的货币资金偿债。因此，与流动负债相比，长期负债具有数额较大、偿还期限较长等特征。

企业举借长期债务会发生借款费用。借款费用是指企业因借款而发生的利息及其相关费用，包括借款利息、折价或者溢价的摊销、辅助费用以及因外币借款而发生的汇兑差额等。辅助费用是指企业在借款过程中发生的诸如手续费、佣金、印刷费、承诺费等。借款费用有两种处理方式：一是费用化处理，即将借款费用直接计入当期损益；二是资本化处理，即将借款费用计入相关资产的成本。符合资本化条件的资产，是指需要经过相当长时间的购建或者生产活动才能达到预定可使用或者可销售状态的固定资产、投资性房地产和存货等资产。建造合同成本、确认为无形资产的开发支出等在符合条件下，也可认定为符合资本化条件的资产。在具体处理借款费用时，可考虑以下四种情况：

（1）企业筹建期间发生的借款费用符合资本化条件的，采用资本化处理方式。用于购建固定资产而发生的借款费用符合资本化条件的，记入"在建工程"科目，待所建固定资产达到预定可使用状态时再转入"固定资产"科目，筹建期结束后发生的借款费用计入当期管理费用（开办费）；企业在筹建期间发生的不符合资本化条件的，计入当期管理费用（开办费）。

（2）企业在生产经营过程中因购建固定资产（包括委托其他单位建造固定资产）而取得的专门借款（为购建或者生产符合资本化条件的资产而专门借入的款项）所发生的借款费用以及用于购建固定资产符合资本化条件的其他一般借款，采用资本化处理方式。将借款费用先记入"在建工程"科目，待所建固定资产达到预定可使用状态时再转入"固定资产"科目，以后发生的借款费用计入当期财务费用。

（3）企业在生产经营过程中某些存货通常需要经过相当长时间（一年及以上）的建造或者生产过程才能达到预定可销售状态的，其借款费用计入存货成本；其他不属于这一情况的存货的生产以及在生产经营过程中发生的与购建固定资产无关的借款费用,如从银行取得流动资金借款以及为筹集流动资金发行债券等发生的借款费用,由当期财务费用负担。

(4)企业购建房地产和开发无形资产发生的借款费用符合资本化条件的,分别记入"投资性房地产"和"无形资产"科目。

一、长期借款

长期借款是指企业向金融机构和其他单位借入的期限在一年以上的各种借款,包括人民币长期借款和外币长期借款。金融机构包括银行(政策性银行、商业银行)和非银行金融机构(如中国人民保险公司、中国国际信托投资公司等)。

长期借款的偿还方式,按借款合同规定,可到期一次还本付息,也可分期付息一次还本,还可分期还本付息。长期借款的计息方式分为计单利和计复利两种。

1. 计息方式

(1)单利。单利就是只按本金计算利息,所产生利息不再加入本金再次计息。其计算公式为:

$$单利利息 = 本金 \times 利率 \times 期数$$
$$本利和(单利) = 本金 \times (1 + 利率 \times 期数)$$

例 4-8 某企业年初从银行取得 5 年期借款 20 万元,年利率为 6.48%,到期一次还本付息(计单利)。

$$每年应付利息 = 20 \times 6.48\% = 1.296(万元)$$
$$到期还本付息 = 20 \times (1 + 6.48\% \times 5) = 26.48(万元)$$

(2)复利。复利是将利息加入本金再次计息,逐期滚算,利上加利的一种计息方式。其计算公式为:

$$本利和(复利) = 本金 \times (1 + 利率)^{期数}$$

承例 4-8,各年计息情况如下:

第 1 年应付利息 = $20 \times 6.48\%$ = 1.296(万元)
第 2 年应付利息 = $(20 + 1.296) \times 6.48\%$ = 1.380(万元)
第 3 年应付利息 = $(21.296 + 1.380) \times 6.48\%$ = 1.469(万元)
第 4 年应付利息 = $(22.676 + 1.469) \times 6.48\%$ = 1.565(万元)
第 5 年应付利息 = $(24.145 + 1.565) \times 6.48\%$ = 1.666(万元)
5 年利息合计   7.376(万元)
5 年本利和 = $20 \times (1 + 6.48\%)^5$ = 27.376(万元)

2. 长期借款业务

例 4-9 某企业 20×1 年年初向银行取得 3 年期借款 10 万元,随即购买一台不需安装设备(当即交付生产使用)。借款利率 6%,每年计复利一次,第二年年末偿还本息总额的 40%,第三年年末还清剩余本息。

① 第一年年末计算应付利息 = 10 × 6% = 0.6(万元)。将利息支出列入"财务费用"账户(下同),同时增加"长期借款",致使"长期借款"账户年末余额为 10.6 万元(年初本金 10 万元+年末计息 0.6 万元)。

② 第二年年末计算应付利息 = (10 + 0.6) × 6% = 0.636(万元),使"长期借款"增加到 11.236 万元(10 + 0.6 + 0.636)。

③ 第二年年末偿还本息(40%) = (10 + 0.6 + 0.636) × 40% = 4.4944(万元)。

④ 第二年年末"长期借款"账户余额 = 11.236 − 4.4944 = 6.7416(万元)。

⑤ 第三年年末计算应付利息 = 6.7416 × 6% = 0.404496(万元),使"长期借款"增加到 7.146096 万元(6.7416 + 0.404496)。

⑥ 第三年年末还清借款本息 = 6.7416 + 0.404496 = 7.146096(万元)。

3. 长期借款转化为流动负债

企业取得长期借款后,对于一年内偿还的长期借款,其性质已属于流动负债,在资产负债表中列入流动负债类下"一年内到期的非流动负债"项目,其余长期借款在资产负债表长期负债类下"长期借款"项目内反映,而会计账簿记录不作任何调整。承例 4-9 资料,资产负债表和会计账簿记录如表 4-2 所示。

表 4-2　账簿中的长期借款记录在资产负债表中的列示

账表	有关项目	20×1 年	20×2 年	20×3 年
资产负债表	流动负债			
	……			
	一年内到期的非流动负债	3.8584 万元①	6.7416 万元	0
	……			
	非流动负债			
	长期借款	6.7416 万元	0	0
	……			
账簿	"长期借款"账户余额	10.6 万元		

注:① = 10.6 × [(1 + 6%) × 40% − 6%] = 3.8584(万元);②20×2 年 1 月至 11 月各月末账簿记录和报表列示均与 20×1 年数据相同;③20×3 年 1 月至 11 月各月末账簿记录和报表列示均与 20×2 年数据相同。

4. 长期借款的分析

(1) 长期借款偿还能力分析。企业取得长期借款后要按期还本付息。企业能否按期还本付息,主要取决于两个方面的情况:一是分析长期借款的额度是否合理,可通过计算举债经营比率(也称资产负债率)等指标考察企业是否存在负债过大,甚至出现资不抵债的现象;二是分析长期借款的运用是否给企业带来预期的利润。就正常生产经营而言,企业并不能依靠变卖资产来偿还长期债务,只能凭借创利来偿债。因此,企业经营所得的利润是企业偿还长期债务的资金源泉。企业应计算取得的收益(包括利润)与利息费用比率(称为已获利息倍数)等指标,判断企业有无偿债能力以及偿还长期债务的稳定性如何。

如果企业举借外币贷款,应检查企业是否按国家规定建立偿债基金存入指定外汇银行专户,以便还本付息时专款专用。取得外币贷款的企业,用贷款项目出口创汇的,可借鉴外债宏观管理的有关指标,计算偿债率进行分析。偿债率是偿还外债本息与当年贸易和非贸易外汇收入之比。企业可计算各年的偿债率和连续几年的累计偿债率,看是否低于国际公认的20%的警戒线水平。

(2)长期借款成本分析。长期借款成本是指企业取得和使用长期借款所付出的代价,包括支付的手续费、利息等。企业应计算长期借款成本率并与其他各种资金的成本率进行比较,以便做出恰当的评价。对举借外币贷款的企业,还应分析汇率变动给企业带来的外汇风险。例如,五年前取得10万美元借款,当时汇率为1∶7(1美元折算人民币7元),现在还款时,汇率上升为1∶7.5,就偿还本金而言,企业多偿还人民币5万元[(7.5-7)×10]。

二、应付债券

应付债券又称企业债券或公司债券,是指企业依照法定程序发行的、约定在一定期限内还本付息的、具有一定价值的证券。企业发行一年期(含一年期)的债券,属于流动负债范畴,这里作为长期负债的"应付债券"是指超过一年期的企业债券,也称长期债券。

企业发行债券,可以记名发行(票面上登记购买人姓名),也可以无记名发行;发行债券用财产等抵押品担保的,称为抵押债券;只凭发行企业信用而发行的债券,称为信用债券。按国家规定,企业发行债券的票面利率不得大于银行同期居民储蓄定期存款利率的1.4倍;发行债券的累计总额不得超过企业现有净资产额的40%(国外有的规定以不超过公司资本和公积金总额为限,也有的规定不超过公司现有财产净额为限)。

(一)企业债券发行价格的确定

企业债券的发行价格与债券的面值、利率、付息方式、发行期限等因素有关。其中,票面利率与市场利率不一致,是导致发行价格偏离债券面值的主要因素。当市场利率低于债券票面利率时,企业一般应按超过面值的价格溢价发行,因为企业以后每期按票面利率支付的利息比按市场利率计算的利息多得多;相反,当市场利率高于债券票面利率时,企业一般应按低于面值的价格折价发行;只有当市场利率和票面利率一致时,企业才按债券的面值平价发行。

1. 确定发行价格的几个概念

(1)终值和现值。终值是指若干年后包括本金和利息在内的未来价值;现值是指现在付款或收款的价值。

① 单利的终值和现值。企业年初存入银行100元,年利率10%,在单利方式下,则:

$$第一年年末的终值 = 100 \times (1 + 10\% \times 1) = 110(元)$$
$$第二年年末的终值 = 100 \times (1 + 10\% \times 2) = 120(元)$$
$$第三年年末的终值 = 100 \times (1 + 10\% \times 3) = 130(元)$$

如果企业想第三年年末(到期)从银行收到100元,按年利率10%贴现,单利下企业现在应存入银行多少钱呢?

$$\frac{第一年年末}{100\,元的现值} = 100 \times \frac{1}{(1+10\%\times 1)} = \frac{100}{1.1} = 90.91(元)$$

$$\frac{第二年年末}{100\,元的现值} = 100 \times \frac{1}{(1+10\%\times 2)} = \frac{100}{1.2} = 83.83(元)$$

$$\frac{第三年年末}{100\,元的现值} = 100 \times \frac{1}{(1+10\%\times 3)} = \frac{100}{1.3} = 76.92(元)$$

计算结果表明,企业要想第三年年末从银行收到 100 元,按年利率 10% 贴现,企业现在应存入银行 76.92 元[验算:76.92 × (1 + 10% × 3) = 100 元]。

② 复利的终值和现值。企业年初存入 100 元。年利率 10%,在复利方式下,则:

第一年年末的终值 = 100 × (1 + 10%) = 110(元)

第二年年末的终值 = 110 × (1 + 10%) = 100 × (1 + 10%)^2 = 121(元)

第三年年末的终值 = 121 × (1 + 10%) = 100 × (1 + 10%)^3 = 133.10(元)

企业要想第三年年末(到期)从银行收到 100 元,按年利率 10% 计算,复利下企业现在应存入银行多少钱呢?

$$\frac{第一年年末}{100\,元的现值} = 100 \times \frac{1}{(1+10\%)^1} = 100 \times (1+10\%)^{-1} = 100 \times 0.9091 = 90.91(元)$$

$$\frac{第二年年末}{100\,元的现值} = 100 \times \frac{1}{(1+10\%)^2} = 100 \times (1+10\%)^{-2} = 100 \times 0.8264 = 82.64(元)$$

$$\frac{第三年年末}{100\,元的现值} = 100 \times \frac{1}{(1+10\%)^3} = 100 \times (1+10\%)^{-3} = 100 \times 0.7513 = 75.13(元)$$

计算结果表明,企业要想第三年年末从银行收到 100 元,按年利率 10% 贴现,复利下企业现在应存入银行 75.13 元[验算:75.13 × (1 + 10%)^3 = 100 元]。

上式中 $(1+10\%)^{-n}$,其结果分别为 0.9091、0.8264、0.7513 等称为复利现值系数。

(2)年金现值。年金是指一定期限内每期相等金额的收付款项。例如,企业发行面值 100 元的债券,年利率 10%,每年年末付息一次。持券人每年年末都能收到 10 元利息,发行人每年年末必须支付 10 元利息,这就是年金。年金现值是一定期限内每期期末收付款项按复利折算成现值的总和。例如,企业发行 3 年期债券,面值为 100 元,年利率为 10%,每年年末付息一次,则三年中支付利息的复利现值计算如下:

第一年年末付息 10 元的现值 = 10 × (1 + 10%)$^{-1}$ = 10 × 0.9091 = 9.091(元)

第二年年末付息 10 元的现值 = 10 × (1 + 10%)$^{-2}$ = 10 × 0.8264 = 8.264(元)

第三年年末付息 10 元的现值 = 10 × (1 + 10%)$^{-3}$ = 10 × 0.7513 = 7.513(元)

企业三年付息 30 元的现值合计　　　　　　　　　　　　　　　24.87(元)

上述计算可用以下公式一次性完成:

$$\frac{企业三年付息 30}{元的现值合计} = 10 \times \frac{1-(1+10\%)^{-3}}{10\%} = 10 \times 2.48685 = 24.87(元)$$

上式中 2.48685 称为年金现值系数。

2. 确定发行价格的计算公式

$$\begin{aligned}\text{企业债券发行价格} &= \text{债券面值按市场利率计算的现值} + \text{债券各期利息的现值} \\ &= \text{债券面值} \times \left(1 + \text{市场利率}\right)^{-n} + \text{每期支付的固定利息} \times \frac{1-(1+\text{市场利率})^{-n}}{\text{市场利率}}\end{aligned}$$

公式中"n"表示债券在全部期限内的计息次数。例如5年期债券:若每年支付一次利息,则 $n=5$;若每年付息两次,则 $n=10$;若第五年一次付息但按年计算复利,则 $n=5$,表示五年中计息5次。"市场利率"表示计息期限的利率。如市场年利率为8%,每半年付息一次,则公式中市场利率 $= 8\% \div 2 = 4\%$。

3. 债券发行价格举例说明

例 4-10 甲企业1月1日发行3年期、票面年利率6%、面值200元的债券1 000张(总面值20万元)。每半年付息一次(1月1日、7月1日),五年到期一次还本。现假定发行时市场利率有以下三种情况:

① 当市场利率为5%时

$$\begin{aligned}\text{债券发行价格} &= 200\,000 \times (1+2.5\%)^{-6} + 200\,000 \times 3\% \times \frac{1-(1+2.5\%)^{-6}}{2.5\%} \\ &= 200\,000 \times 0.86230 + 6\,000 \times 5.50813 = 172\,460 + 33\,049 \\ &= 205\,509(\text{元})\end{aligned}$$

上式中$(1+2.5\%)^{-6}$的结果可查复利现值系数表得出;上式中$\frac{1-(1+2.5\%)^{-6}}{2.5\%}$为年金现值系数,可查年金现值系数表得出。这两者也可用计算器直接算出,$(1+2.5\%)^{-6}$就是$(1+2.5\%)^{6}$的倒数。

计算结果表明,当市场利率(5%)小于票面利率(6%)时,债券应溢价发行,其溢价为5 509元(205 509 - 200 000)。

② 当市场利率为7%时

$$\begin{aligned}\text{债券发行价格} &= 200\,000 \times (1+3.5\%)^{-6} + 200\,000 \times 3\% \times \frac{1-(1+3.5\%)^{-6}}{3.5\%} \\ &= 200\,000 \times 0.813\,50 + 6\,000 \times 5.328\,55 = 162\,700 + 31\,971 \\ &= 194\,671(\text{元})\end{aligned}$$

计算结果表明,当市场利率(7%)大于票面利率(6%)时,债券应折价发行,其折价为5 329元(200 000 - 194 671)。

③ 当市场利率为6%时

$$\begin{aligned}\text{债券发行价格} &= 200\,000 \times (1+3\%)^{-6} + 200\,000 \times 3\% \times \frac{1-(1+3\%)^{-6}}{3\%} \\ &= 200\,000 \times 0.837\,48 + 6\,000 \times 5.417\,19 = 167\,496 + 32\,504 \\ &= 200\,000(\text{元})\end{aligned}$$

计算结果表明,当市场利率(6%)正好等于票面利率(6%)时,债券发行价格等于面值,即债券应平价发行。

（二）债券溢价和折价的摊销

1. 债券溢价的摊销

企业发行债券获得成功，按债券实际发行价格收款存入银行，增加了"银行存款"，同时形成了长期负债，按面值增加"应付债券——面值"，按溢价增加"应付债券——利息调整"。

对债券产生的溢（折）价，应在债券确定的期限内按计息次数分期摊销。摊销方法有直线法和实际利率法两种。我国《企业会计准则应用指南（2020 年版）》规定采用实际利率法。实际利率法是根据每期期初应付债券摊余成本乘上实际利率算出的实际利息与按票面利率算出的名义利息的差求得摊销额的一种摊销方法。其计算公式为：

实际利息 = 期初应付债券摊余成本 × 实际利率

名义利息 = 应付债券票面价值 × 票面利率

溢价摊销额 = 实际利息 − 名义利息

实际利息作为当期利息费用处理，名义利息作为当期应支付的利息处理。

例 4-11 甲企业 1 月 1 日发行 3 年期、票面年利率为 6%、总面值为 20 万元的债券 1 000 张，发行日市场利率为 5%。该债券每年 7 月 1 日和 1 月 1 日付息。债券发行成功，收款 205 509 元存入银行。

（1）甲企业 1 月 1 日债券发行成功收款存入银行的会计分录如下：

借：银行存款　　　　　　　　　　　　　　　　　　　　205 509
　　贷：应付债券——面值　　　　　　　　　　　　　　　　200 000
　　　　　　　——利息调整　　　　　　　　　　　　　　　　5 509

（2）应付债券溢价的摊销。甲企业当年 7 月 1 日按实际利率计算编制的"企业应付债券溢价摊销表"如表 4-3 所示。

表 4-3　企业应付债券溢价摊销表（实际利率法）　　　　　　　　　　单位：元

计息日期	应付利息 (1)=面值×3%	利息费用 (2)=上期(5)×2.5%	溢价摊销 (3)=(1)−(2)	未摊销溢价 (4)=上期(4)−(3)	摊余成本 (5)=上期(5)−(3)
20×1.01.01				5 509.00	205 509.00
20×1.07.01	6 000	5 137.73①	862.28②	4 646.73	204 646.73
20×1.12.31	6 000	5 116.17	883.83	3 762.89	203 762.89
20×2.07.01	6 000	5 094.07	905.93	2 856.97	202 856.97
20×2.12.31	6 000	5 071.42	928.58	1 928.39	201 928.39
20×3.07.01	6 000	5 048.21	951.79	976.60	200 976.60
20×3.12.31	6 000	5 023.40③	976.60	0.00	200 000.00
合计	36 000	30 491.00	5 509.00		

注：① = 205 509 × 2.5% = 5 137.73（元）；② = 6 000 − 5 137.73 = 862.28（元）；③小数尾数−1.01 元调整计入末期。

甲企业当年 7 月 1 日计算应付债券利息和摊销溢价的会计分录如下：

借：财务费用　　　　　　　　　　　　　　　　　　　　5 137.73
　　应付债券——利息调整　　　　　　　　　　　　　　862.28
　贷：应付利息　　　　　　　　　　　　　　　　　　　　　　　6 000.00

甲企业当年7月1日支付利息时做会计分录如下：
借：应付利息　　　　　　　　　　　　　　　　　　　　6 000
　贷：银行存款　　　　　　　　　　　　　　　　　　　　　　6 000

若甲企业发行的债券是到期一次还本付息，则各期应付利息通过"应付债券——应计利息"科目核算。

2. 债券折价的摊销

企业发行债券发生折价，按面值增加"应付债券——面值"，按折价减少"应付债券——利息调整"，面值减去折价为实收款，增加"银行存款"。

企业各期摊销折价增加"应付债券——利息调整"，各期折价摊销额和各期应计利息相加，构成各期应负担的利息费用，记入"财务费用"或"在建工程"账户。

例 4-12　甲企业1月1日发行3年期、票面年利率为6%、总面值为20万元的债券1 000张，发行日市场利率为7%。该债券每年7月1日和1月1日付息。债券发行成功，收款194 671元存入银行。

（1）甲企业1月1日债券发行成功收款存入银行的会计分录如下：
借：银行存款　　　　　　　　　　　　　　　　　　　194 671
　　应付债券——利息调整　　　　　　　　　　　　　　5 329
　贷：应付债券——面值　　　　　　　　　　　　　　　　　200 000

（2）应付债券折价的摊销。甲企业当年7月1日按实际利率计算编制的"企业应付债券折价摊销表"如表4-4所示。

表4-4　企业应付债券折价摊销表（实际利率法）　　　　　　　　　单位：元

计息日期	应付利息 （1）= 面值×3%	利息费用 （2）= 上期(5)×3.5%	折价摊销 （3）= （2）-（1）	未摊销折价 （4）= 上期(4)-（3）	摊余成本 （5）= 面值-（4）
20×1.01.01				5 329.00	194 671.00
20×1.07.01	6 000	6 813.49①	813.49②	4 515.51	195 484.49
20×1.12.31	6 000	6 841.96	841.96	3 673.55	196 326.45
20×2.07.01	6 000	6 871.43	871.43	2 802.12	197 197.88
20×2.12.31	6 000	6 901.93	901.93	1 900.19	198 099.81
20×3.07.01	6 000	6 933.49	933.49	966.70	199 033.30
20×3.12.31	6 000	6 966.70③	966.70	0.00	200 000.00
合计	36 000	41 329.00	5 329.00		

注：① = 194 671×3.5% = 6 813.49（元）；② = 6 813.49-6 000 = 813.49（元）；③小数尾数0.54元调整计入末期。

甲企业当年7月1日计算应付债券利息和摊销折价的会计分录如下：
借:财务费用　　　　　　　　　　　　　　　　　　　6 813.49
　　贷:应付利息　　　　　　　　　　　　　　　　　　6 000.00
　　　　应付债券——利息调整　　　　　　　　　　　　813.49

(三) 企业债券的偿还

企业发行债券时,一般会规定偿还的条件。有的到期一次偿还,有的分期偿还,有的提前偿还,有的发行新债券以赎回旧债券。

1. 一次偿还

企业债券本金于到期日一次偿还时,按债券面值冲减"应付债券——面值"账户,同时减少"银行存款",表明该笔负债已清偿。

2. 分期偿还

企业债券在发行时就确定分期偿付的,一般采用分批抽签的办法,确定分期偿还的债券。在分期偿还的情况下,企业事先要根据每期期初发行在外的债券面值确定溢(折)价的摊销额。

3. 提前偿还

提前偿还有两种情况:一是发行债券时规定提前偿还权,到时通知债权人提前偿还;二是债券发行后发行单位(债务人)视企业资金、市场利率变化等情况在证券市场上提前陆续购回发行在外的债券。企业提前收回债券,一般要以高于面值的价格收回。收回时要相应计算未计利息和未摊销的溢(折)价,并转销收回债券的账面价值。收回债券发生的损益作当期损益处理。

(四) 应付债券在资产负债表中的列示

属于长期负债的企业债券,各会计期末资产负债表中"应付债券"项目列示"应付债券"账户的余额包括面值,加(减)溢(折)价和已经计算入账尚未支付的利息。对于一年内到期偿还的应付债券,包括本金、折(溢)价摊余成本和应计未付利息,应在资产负债表流动负债类下"一年内到期的非流动负债"项目反映。

(五) 应付债券的分析

1. 应付债券偿还能力的分析

企业发行债券,必须按期支付利息,到期偿还本金。企业应主要依靠经营获利来偿还长期债务,通过计算长期偿债能力指标(参见第八章第四节)和其他长期负债进行分析,以便做出客观评价。

2. 应付债券成本分析

应付债券的成本是指企业发行债券和使用债券资金所付出的代价,包括债券的注册登记费、代办发行费、支付的债券利息等。企业应计算长期债券成本率(参见第八章第四节)进行具体分析和评价。

三、长期应付款

长期应付款是指长期负债中除长期借款、应付债券以外的超过一年以上的其他应付款项,包括采用补偿贸易方式引进国外设备款、以分期付款方式购入固定资产尚未支付的款项等。

1. 应付引进设备款

采用补偿贸易方式从国外引进设备,合同通常规定由外商提供生产技术、设备和必要的材料,由国内企业进行生产,然后用生产的产品(或双方商定的其他内容)分期归还外商提供的价款本息。引进设备的全部价值包括:①国外款项,包括设备价款、国外运保费,会计将此作为"长期应付款"入账时,应将外币按市场汇率折合为人民币反映;②向海关支付的进口关税、增值税、消费税(进口应税消费品才缴纳此税);③国内运杂费;④设备安装费;⑤固定资产交付使用前引进设备应付的利息以及外币折合为人民币的差额(固定资产达到预定可使用状态后的引进设备利息及汇兑损益计入当期财务费用)。引进设备的全部价值除可以抵扣的进项税额通过"应交税费"科目核算外,其余通过"在建工程"科目核算,待固定资产交付使用时再从"在建工程"科目贷方转入"固定资产"科目借方。企业按补偿贸易合同引进设备时,往往随设备一起引进工具、零配件等,这属于"材料采购"的内容,其国外款项部分在折合人民币反映时作为"长期应付款"入账,向海关支付的税金、国内运杂费等除增值税可以抵扣外,其余均作为材料采购成本处理,待工具、零部件入库时转入"周转材料——低值易耗品""原材料"等账户。引进的设备投产后,用所生产产品返销抵付引进设备款项时,再减少"长期应付款"。

2. 分期应付设备款

企业采用分期付款方式购入固定资产时,分期付款的总额(名义金额,比如分三年共付900万元)记入"长期应付款——分期应付设备款"账户,固定资产的现时价值(公允价值,比如800万元)记入"固定资产"账户。记入"固定资产"账户的价值低于记入"长期应付款"账户的价值的差额(900-800=100万元)作为"未确认融资费用"入账,并在货款延付期内分期摊销记入"财务费用"账户。

四、租赁负债

企业从融资租赁公司(出租公司)租入固定资产,事先要向出租单位提出申请,经出租单位审查同意后,各方洽谈并签订协议书,明确规定机器设备的名称、种类、规格、价款、数量、租赁期限和租赁费用等条款,然后由出租单位购买所需设备出租给承租企业使用;企业按期交纳租赁费,租赁期限一般要长于租赁资产使用寿命的75%。租赁费一般高于设备购置费用,包括设备价值、租赁手续费和垫付资金的利息。租赁期满后,设备一般由承租企业作价购入。

对于承租方,从融资租赁公司租入固定资产时,一方面增加"使用权资产",另一方面增加长期负债——"租赁负债"。根据租赁协议,承租方应付租赁公司的融资租赁费总额包括两部分内容：一是租赁设备价值；二是按设备价值计算的利息。承租方入账的租赁负债金额包括：租赁合同中确定的各期支付的租赁费和担保余值，将其折算为现值入账，即折算为"租赁付款额"现值入账。企业作为"使用权资产"入账的价值包括：租赁付款额现值和初始直接费用。初始直接费用是租赁固定资产过程中由承租方负担的手续费、谈判费、律师费、差旅费、印花税等。企业入账的"使用权资产"价值低于"租赁负债——租赁付款额"的差额作为"租赁负债——未确认融资费用"入账，并在租赁期内分期摊销记入"财务费用"账户。

五、其他长期负债

其他长期负债包括专项应付款、预计负债、特准储备基金、递延所得税负债等。专项应付款是指政府作为企业所有者投入的有专项或特殊用途的款项。例如，国家拨给国有企业用于研究开发方面（包括新产品试制、中间试验和重要科学研究等）的款项、科技创新发展方面（包括科技发展基金、技术创新基金等）的款项。企业使用国家专项拨款进行研究和开发活动发生的费用冲减专项拨款。如果动用专项拨款进行资本性支出，如购买固定资产等，应视国家投入资金，转作资本公积。预计负债是指企业预计将来可能承担的各项潜在债务，包括对外提供债务担保、商业承兑汇票贴现、未决诉讼、产品质量保证、执行亏损合同、企业重组义务、固定资产弃置（费）等很可能产生的负债。特准储备基金是指相对于特准储备物资而形成的资金来源。

习题十

目的：练习流动负债业务处理。

1. A 企业从兰德厂购入材料一批，提交一张面值为 10 万元、票面利率为 8%、承兑期为 4 个月的银行承兑汇票，向银行申请承兑时支付手续费 100 元。票据到期时，A 企业如数偿付票据款项。要求计算 A 企业：

① 记入"应付票据"账户的金额 =

② 记入"财务费用"账户的金额 =

2. B 企业本月应付工资 20 万元，其中生产工人工资 12 万元，车间管理人员工资 3 万元，行政管理人员工资 4 万元，福利部门人员工资 1 万元。B 企业职工福利费、工会经费、职工教育经费的计提比例分别为 14%、2% 和 1.5%，"五险一金"的计提比例共 26%。要求计算 B 企业：

① 本月计提的职工福利费 =

② 本月计提的工会经费 =

③ 本月计提的职工教育经费 =

④ 本月计入"管理费用"账户的职工薪酬 =

习题十一

目的:练习长期负债业务处理。

1. 企业 20×8 年 1 月 1 日发行面值 50 万元的 5 年期债券,票面利率为 5%,每年 7 月 1 日和 1 月 1 日付息。要求计算下列指标值(精确到元):

① 债券 1 月 1 日发行时的市场利率为 4%

债券发行价格=

② 债券 1 月 1 日发行时的市场利率为 6%

债券的发行价格=

③ 若溢价发行债券是为了筹集流动资金,则 20×8 年 7 月 1 日计算应付利息并摊销溢价(按实际利率法)

记入"财务费用"账户的利息费用=

2. 企业从租赁公司租入一台设备,租赁期为 5 年,设备款项为 200 000 元,按 10% 的利率计息(单利),租赁手续费等初始直接费用为 2 000 元。设备租入时企业支付运杂费和途中保险费共 4 000 元,安装时付安装调试费 3 000 元,三天安装完毕交付使用(不考虑三天的利息),试计算:

① 应付融资租赁费总额=

② 记入"使用权资产——融资租入固定资产"账户的价值=

第五章　成本和费用

第一节　产品成本与生产费用

一、产品成本的概念

工业企业进行产品生产,必然要发生各种各样的生产耗费。生产中的耗费包括劳动对象(如原材料)的耗费、劳动手段(如机器设备)的耗费以及劳动力(如人工)的耗费等。这些物化劳动和活劳动的耗费,归根到底都是社会劳动的耗费。生产某种产品所耗费的社会必要劳动量构成该产品的价值。产品价值由三部分组成:①已耗费的生产资料转移价值;②劳动者为自己劳动(必要劳动)所创造的价值;③劳动者为社会劳动(剩余劳动)所创造的价值。产品价值用公式表示为 $W = C + V + m$。其中,m 是劳动者为社会劳动所创造的价值,用货币表现就是企业的盈利,要在国家、企业、投资者之间进行分配。产品价值 W 扣除 m 后的 $C+V$ 用货币形式表示就是产品的理论成本(即成本),是产品生产中消耗的生产资料转移价值和劳动者必要劳动所创造的价值的货币表现。

实际应用成本虽然是以理论成本为依据,或者说是理论成本的具体化,但它是按国家财务制度规定,按法定内容、程序和方法计算出来的成本,称为法定成本或制度成本或财务成本或账面成本,和理论成本有一定的出入。实际应用成本有广义和狭义之分。广义的产品成本不仅包括生产和销售过程中生产资料消耗(C)和劳动报酬(V)方面的正常费用,还包括一些损失性费用(如废品损失、停工损失)和一些分配性支出(如属于 m 范畴的借款利息支出、保险费等)。概括起来,它是产品在生产和销售过程中耗费的以货币形式表现的生产资料价值、职工工资和其他支出的总和,由产品制造成本和期间费用(或称期间成本)组成,体现了财务制度中成本和费用的内容。狭义的产品成本仅指产品制造成本。需要指出的是,产品制造成本是从产品生产的角度提出的,是产品制造完工验收入库时由会计人员按规定计算的实际生产成本,又称产品生产成本。产品库的产品一旦销售出去,已销产品的制造成本直接转化为产品销售成本——主营业务成本。主营业务成本和其他业务成本组成营业成本。营业成本和期间费用在会计核算中统称"成本费用"。

按国家财务制度规定,不得列入成本、费用的支出有:①为购置和建造固定资产、无形资产和其他资产的支出;②对外投资的支出;③被没收的财物,支付的滞纳金、罚款、违约金、赔偿金,以及企业赞助、捐赠支出;④国家法律、法规规定以外的各种付费;⑤国家规定不得列入成本、费用的其他支出。这些支出不是生产性支出,有的是投资性支出,有的是惩罚性支出,还有的是不合法支出。

二、生产费用的概念

生产费用是指企业在一定时期内发生的全部生产耗费的总和。生产耗费具体包括外购材料、外购动力、工资、职工福利费、固定资产折旧费、利息支出、其他支出等。生产费用具体内容又称为生产费用要素,它是国家计算工业净产值、工业增加值的重要依据。

三、产品成本与生产费用的关系

1. 两者密切联系

产品成本和生产费用的经济内容一致,都是产品价值构成中 $C+V$ 两部分价值的等价物,都是企业生产经营过程中耗费的用货币形式表示的资金总和;生产费用的发生额是形成产品成本的前提或基础,产品成本是生产费用发生的结果或归宿;生产费用加减有关项目能计算出产品成本(见图5-1)。

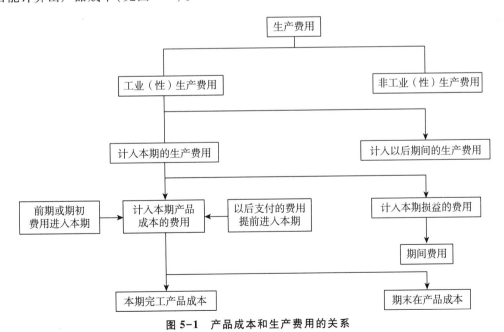

图5-1 产品成本和生产费用的关系

2. 两者相互区别

生产费用包括用于产品生产和非产品生产的全部费用，前者称为工业（性）生产费用，后者称为非工业（性）生产费用（如生产车间为清理固定资产、安装机器设备、进行其他专项工程发生的费用，以及为福利部门提供的劳务费用等），产品成本只是生产费用中用于产品生产的部分。生产费用是某一时期内实际发生的费用，即以"期间"为基础归集的资金耗费，与一定的"期间"相联系；而产品成本是某一时期某种产品应负担的费用，即以"产品"为对象归集的资金耗费，与一定的"产品"相联系。

第二节 产品制造成本

一、产品制造成本项目

企业生产过程中实际发生的与产品制造有关的费用计入产品制造成本。产品制造成本分为以下成本项目：

1. 直接材料

直接材料是指直接用于产品生产、构成产品实体或有助于产品形成的材料费，包括生产经营过程中实际消耗的原料及主要材料、辅助材料、备品备件、外购半成品、燃料、动力、包装材料以及其他直接材料。

2. 直接工资

直接工资是指直接参加产品生产人员的工资、奖金、津贴和补贴，产品生产工人的福利性薪酬，按产品生产工人工资总额和规定比例计的"五险一金"（医疗保险费、养老保险费、失业保险费、工伤保险费、生育保险费等社会保险费和住房公积金）及"两费"（工会经费和职工教育经费）。

3. 制造费用

制造费用是指企业生产车间（部门）为组织和管理生产而发生的各项间接费用，包括：生产车间（部门）管理人员薪酬，生产车间（部门）房屋建筑物、机器设备等的折旧费和机物料消耗，生产车间（部门）使用的低值易耗品修理费、经营租赁费（临时租入固定资产等支付的租赁费，不包括融资租赁费），生产车间（部门）发生的或消耗的低值易耗品、取暖费、水电费、办公费、差旅费、运输费、保险费、设计制图费、试验检验费、劳动保护费、环境保护费（排污费、绿化费等）、季节性或修理期间的停工损失、其他制造费用（如矿山维简费、油田维护费、原油储量有偿使用费、生产安全费、生产发展费等）。

以上是成本项目的一般规定，各企业可根据自身的特点和管理的要求进行适当的调整。比如，产品生产中直接消耗的燃料和动力费用较大，可从直接材料项目中分离出来单独设置"燃料和动力"成本项目；也可增设"其他直接支出"成本项目专门反映产品生产工人工资以外的薪酬。

二、产品制造成本核算的要求和程序

(一) 产品制造成本核算的基本要求

产品制造成本核算的内容包括费用支出的核算和产品成本的计算,其基本要求有以下几项:

1. 加强对费用的审核和控制

对费用的审核,主要是审核费用该不该发生,已经发生的费用应不应计入产品成本。审核时要以国家有关方针、政策、法令和制度为依据,坚决制止违反规定的支出。对费用的控制,主要是指在费用发生过程中,对各种耗费进行指导、限制和监督,使支出的费用控制在原先规定的范围内。控制费用时以定额或计划为依据。

2. 正确划分各种费用的界限

(1) 正确划分应计入产品成本和期间费用与不应计入产品成本和期间费用的界限,遵守成本、费用的开支范围。

(2) 正确划分各个月份的费用界限。就是对计入产品成本的生产费用和期间费用,进一步划清哪些应当计入本月份,哪些应当计入其他月份。对本月发生但应由以后各月负担的费用,在不违反会计准则中确认、计量和报告规定的前提下,企业可以根据本单位实际情况自行增设"待摊费用"科目核算。例如,11月份发生冬季取暖费4万元,要求按4个月的取暖期分摊,则计入11月份成本、费用的取暖费为1万元,其余3万元留在"待摊费用"科目以后分3个月平均摊销。对于本月已受益但并不支付而是以后才支付的费用,企业同样可以增设"预提费用"①科目核算。

(3) 正确划分产品成本和期间费用的界限。为生产产品直接发生的材料、人工属于产品成本;为生产产品发生的各项间接费用属于制造费用,需分配计入各项产品成本,因而也属于产品成本。而企业行政管理部门为组织和管理生产经营活动发生的管理费用、筹资理财发生的财务费用、销售过程中发生的销售费用、产品流转过程中发生的税金及附加均属于期间费用,应当计入当期损益,不计入产品成本。

(4) 正确划分不同产品成本的界限。在生产产品时,凡能直接分清计入某种产品成本的费用称为直接费用,如某产品的直接材料费、某产品生产工人薪酬等;若发生的费用不能一下分清每种产品各耗用多少,需要按一定标准(如生产工时等)分配计入各种产品成本,这种费用称为间接费用。例如,一条流水生产线同时生产几种产品时,生产工人的薪酬就属于间接费用,需要进行分配。又如,机器设备折旧费等都是间接费用,都要进行分配。只有划清各种产品之间的费用界限,才能区分盈利产品和亏损产品、可比产品(指以前年度正式生产过并有成本资料可以比较的产品)和不可比产品之间的费用界限,才能防止以盈补亏、掩盖超支的错误发生,促使企业降低产品成本,限制亏损产品的生产,扩大

---

① 2006年及以前的会计准则和会计制度规定企业设置"待摊费用"和"预提费用"科目核算摊提费用,从2007年1月1日起实施新的《企业会计准则》时,为了防止企业单位人为地通过摊提方式调节利润,故取消"待摊费用"和"预提费用"这两个会计科目。

盈利产品的生产。

（5）正确区分产成品成本和在产品成本的界限。上月投产的产品没有完工，所发生的费用留在"生产成本"账上转到本月，称为月初在产品费用（或月初在产品成本）；该产品本月继续生产，所发生的费用称为本月生产费用；月末，该产品大部分完工入库、少部分未完工，必须将月初在产品费用和本月生产费用加总求出生产费用合计，在本月完工产品和在产品之间进行分配。其关系式为：

月初在产品费用 + 本月生产费用 = 本月完工产品成本 + 月末在产品费用

将本月完工产品总成本除以完工产品数量就得出完工产品单位成本。

（二）产品制造成本的核算程序

1. 一般程序

首先，审核、控制费用，确定计入产品成本的费用；其次，将计入产品成本的费用直接或分配计入各种产品成本；最后，将计入某种产品成本的费用在完工产品和在产品之间进行分配。这三个过程称为生产费用的归集和分配。

为了归集产品的生产费用，会计应设置"生产成本""制造费用"等科目进行核算。企业的生产主要包括基本生产和辅助生产两个过程。前者是从事基本产品的生产，由基本生产车间（如机械制造厂的铸造车间、锻造车间、机加工车间、装配车间等）来完成；后者是为基本生产服务而进行产品的生产和劳务的供应，由辅助生产车间（如机修车间、动力车间、工具车间、厂部车队等）来完成。因此，在"生产成本"科目下还应分设"基本生产成本"和"辅助生产成本"两个二级科目；在二级科目下再按成本核算对象（如某产品等）设置明细账，账内按成本项目设置专栏（或专行）。

"生产成本"账户体系如下：

有些企业根据管理需要可取消"生产成本"总账账户，直接设置"基本生产成本"和"辅助生产成本"两个总账账户。生产费用在各账户之间进行归集分配，最终要进入（直接进入或分配进入）生产成本明细账户，计算出各种产品的成本。

2. 产品成本（账表）核算程序

产品成本（账表）核算程序如图 5-2 所示。

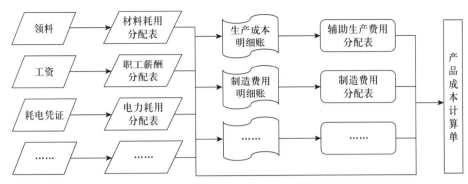

图 5-2　产品成本(账表)核算程序

三、产品制造成本的计算方法

成本计算方法是指按一定的成本计算对象归集生产费用计算产品成本的方法。成本计算对象指成本的归属者,即按什么计算成本,要根据生产特点和管理要求决定。例如,煤矿大量生产单一的煤炭产品,可以按某种产品(原煤)计算成本,称为品种法。客户拿来订货单,要求生产一批产品,可以按该批产品计算成本,称为分批法(或订单法)。机械制造厂还可以按铸造、机加工、装配等生产步骤计算产品成本,称为分步法。电线厂生产各种电线,洗煤厂生产各种洗煤,可将裸铜线、裸铝线、漆包线、纱包线等,作为一类,将洗精煤、洗中煤和煤泥分别作为一类,按类别计算产品成本(类内各种产品按事先规定的系数分配),称为分类法。定额管理基础较好、产品各项消耗较稳定的单位,也可以采用定额法计算产品成本。产品成本计算的品种法、分批法、分步法是计算产品成本的基本方法,分类法、定额法是计算产品成本的辅助方法,后者和生产特点没有直接关系,不能独立使用。现以品种法为例予以说明。

例 5-1　某企业有一个基本生产车间,本月投产甲产品 100 件,投产乙产品 180 台。甲产品本月发生直接材料费 30 000 元,直接工资 20 000 元;乙产品本月发生直接材料费 77 400 元,直接工资 32 000 元。甲乙产品直接费用均已分别记入甲乙产品成本明细账。该车间本月发生水电费、折旧费等,已记入"制造费用"明细账户借方,合计为 57 200 元,要求按直接工资的比例分配给甲乙两种产品。甲产品本月全部完工验收入库,乙产品本月完工 160 台,月末在产品 20 台。要求:采用品种法计算甲乙完工产品总成本和单位成本(乙产品发生的直接材料费按完工产品数量和在产品数量的比例分配,直接工资和制造费用全部由完工产品承担),并计算"生产成本"账户月末余额,说明其含义,算出进入"库存商品"账户借方的金额。

(1)将制造费用分配于甲乙产品(分配表略)

制造费用分配率 = 57 200 ÷ (20 000 + 32 000) = 1.1

甲产品分摊制造费用 = 20 000 × 1.1 = 22 000(元)

乙产品分摊制造费用 = 32 000 × 1.1 = 35 200(元)

(2) 计算甲产品成本(成本计算单略)

完工甲产品总成本 = 直接材料费 + 直接工资 + 制造费用
$$= 30\,000 + 20\,000 + 22\,000 = 72\,000(元)$$

甲产品单位成本 = 72 000 ÷ 100 = 720(元/件)

(3) 计算乙产品成本(成本计算单略)

① 将直接材料费分配于完工产品和在产品

直接材料费分配率 = 77 400 ÷ (160 + 20) = 430(元/台)

完工产品负担直接材料费 = 160 × 430 = 68 800(元)

在产品负担直接材料费 = 20 × 430 = 8 600(元)

② 计算完工产品成本

完工乙产品总成本 = 直接材料费 + 直接工资 + 制造费用
$$= 68\,800 + 32\,000 + 35\,200 = 136\,000(元)$$

乙产品单位成本 = 136 000 ÷ 160 = 850(元/台)

③ 计算在产品成本

月末在产品成本 = 月初在产品成本 + 本月生产费用 − 本月完工产品成本
$$= 0 + (77\,400 + 32\,000 + 35\,200) − 136\,000 = 8\,600(元)$$

"生产成本"账户月末借方余额 8 600 元,表示未完工产品(在产品)成本;本月进入"库存商品"账户借方的金额为本月完工入库产成品成本的总和 208 000 元(72 000 + 136 000)。

第三节 期间费用

一、期间费用的内容

期间费用是指不能直接归属于某个特定产品成本的费用,包括销售费用、管理费用、财务费用、研发费用和税金及附加。[①]

1. 销售费用

销售费用是指企业在销售过程中发生的应由企业负担的费用。其具体项目内容包括:运输费、装卸费、包装费、保险费、委托代销手续费、广告费、展览费、租赁费(不含融资租赁费)和销售服务费用,专设销售机构的人员薪酬、差旅费、办公费、折旧费、修理费、物料消耗、低值易耗品摊销以及其他经费。

2. 管理费用

管理费用是指企业行政管理部门为组织和管理生产经营活动而发生的各种费用。其具体项目内容包括:

---

① 国务院国资委考核分配局编制的《企业绩效评价标准值》(经济科学出版社 2022 年版)确定的"成本费用总额"公式为:成本费用总额 = 营业成本 + 税金及附加 + 销售费用 + 管理费用 + 研发费用 + 财务费用。

（1）公司经费，是指董事会和行政管理部门在企业经营管理中发生的管理费用，或者应由企业统一负担的公司经费，包括管理人员薪酬、差旅费、办公费、折旧费、修理费、运输费、会议费、物料消耗、财产保险费、低值易耗品摊销及其他公司经费。其中，修理费是指企业生产车间（部门）和行政管理部门使用固定资产发生的修理费。

（2）工会经费，是指按照职工工资总额2%计提拨交工会的经费。

（3）职工教育经费，是指企业为职工学习先进技术和提高文化水平而支付的费用，最高可按职工工资总额的2.5%计提。

（4）董事会费，是指企业最高权力机构（如董事会）及其成员为执行职能而发生的各项费用，包括董事会成员津贴、差旅费、会议费等。

（5）聘请中介机构费，是指企业聘请会计师事务所等中介机构进行查账、验资、资产评估、税务清算、法律调查等发生的费用。

（6）咨询费，是指企业向有关咨询机构进行科学技术、经营管理咨询所支付的费用，包括聘请经济技术顾问、法律顾问等支付的费用。

（7）审计费，是指企业聘请注册会计师进行查账验资以及进行资产评估等发生的各项费用。

（8）诉讼费，是指企业因起诉或者应诉而发生的各项费用。

（9）排污费，是指企业按规定缴纳的排污费用。

（10）绿化费，是指企业对厂区、矿区进行绿化而发生的零星绿化费用。

（11）税金，是指企业按规定支付的房产税、车船税、土地使用税、印花税等。

（12）土地使用费（海域使用费），是指企业使用土地（海域）而支付的费用。

（13）土地损失补偿费，是指企业在生产经营过程中因破坏国家不征用的土地所支付的土地损失补偿费。

（14）技术转让费，是指企业使用非专利技术而支付的费用。

（15）研究费用，是指企业内部科研机构进行研究开发以及委托外部单位研究开发新产品、新技术、新工艺所发生的新产品设计费，工艺规程制定费，设备调试费，原材料和半成品的试验费、技术图书资料费，未纳入国家计划的中间试验费，研究人员的薪酬，研究设备的折旧费，与新产品试制、技术研究有关的其他经费。由于研究阶段具有计划性和探索性的特征，受益对象不明确，因此研究阶段的支出应当采用费用化处理方法，计入当期损益（管理费用）。对于开发阶段的支出，应当采用资本化处理方法，但不符合资本化条件的也要记入当期损益（管理费用）。

（16）无形资产摊销，是指专利权、商标权、著作权、土地使用权、非专利技术和专营权等无形资产的摊销。

（17）长期待摊费用摊销，是指对过去发生的租入固定资产改良支出及摊销期限在一年以上的其他长期待摊费用按照规定进行逐月摊销计入成本的费用。

（18）开办费，是指企业筹建期间发生的各种开办费。

（19）业务招待费，是指企业为了开展生产经营业务所发生的合理的、必要的招待费用支出。

（20）存货盘亏、毁损和报废（减盘盈），是指盘点存货报批处理而核销的价值。

（21）探亲费，是指管理人员因回家探亲而发生的旅费。

（22）书籍资料印刷费，是指管理人员为提高工作技能而购买的各种书籍资料以及为印刷各种业务资料所发生的费用。

（23）劳动保护费，是指管理范围内为防暑降温、防冻保暖、防矽尘毒等按规定标准支付的保健费用。

（24）仓库经费，是指企业材料和产成品仓库为进行保管、整理等工作所发生的各种费用。

（25）警卫消防费，是指企业警卫、消防部门按规定应由管理费用负担的各种费用。

（26）出国经费，是指企业职工因出国考察、签订合同、培训等按规定支付的各种费用。

（27）租赁费，是指企业管理部门因租用外单位房屋、设备、用具等经营租赁行为而发生的费用。

（28）矿产资源补偿费，是指企业在中华人民共和国领域和其他管辖海域开采矿产资源，按规定（矿产品销售收入的一定比例）计算缴纳的一种费用。

（29）其他管理费用。

3. 财务费用

财务费用是指企业在筹集资金等财务活动中发生的各项费用。具体项目内容包括利息支出（减利息收入）、汇兑损失（减汇兑收益）、金融机构手续费、其他财务费用等。

4. 研发费用

研发费用是指企业进行研究与开发过程中发生的费用化支出，以及计入管理费用的自行开发无形资产的摊销。前者是记入"管理费用"科目下的"研究费用"发生额；后者是记入"管理费用"科目下的"无形资产摊销"额。

5. 税金及附加

税金及附加是指企业销售产品、提供劳务应向国家及有关单位缴纳的消费税、资源税、土地增值税、城建税、教育费附加、城镇土地使用税、房产税、车船税、印花税、矿产资源补偿费、排污费等。

二、期间费用的处理

企业发生的期间费用全部转入当期损益，即全部从当期营业收入中扣除。企业平时发生除"研发费用"外的期间费用时，记入"销售费用""管理费用""财务费用"和"税金及附加"账户的借方，期末分别从这些账户贷方转入"本年利润"账户的借方，结转后，这些期间费用账户期末无余额。企业期末编制利润表时，填制"管理费用"项目的金额要扣除平时记入"管理费用"科目下"研究费用"和"无形资产摊销"的金额列示，扣除部分填入利润表中"研发费用"项目。

第四节 成本和费用的分析

一、全部产品成本的分析

全部产品成本包括主要产品成本和非主要产品成本两部分。分析时,首先将全部产品的实际成本与计划成本进行比较,确定总成本是否超过计划;其次将主要产品的实际成本与计划成本及上年实际成本进行比较,确定成本超支或节约、升高或降低的额度;最后分析非主要产品成本计划的完成情况。

二、可比产品成本的分析

企业进行产品成本分析时,应将以前年度生产的有成本记录的可比产品单独列出来进行重点分析。除了与历史资料比较外,由于这些产品一般附有成本降低计划,还要进行任务完成情况的分析。

(一) 可比产品成本实际降低情况的分析

可比产品成本实际降低情况的分析是将可比产品本期实际成本与上期实际成本进行对比而确定实际成本降低率。

例 5-2 某企业本年生产甲乙两种可比产品,实际产量分别为 150 台、160 件,实际单位成本分别为 34 元、27.5 元,甲产品上年实际产量 210 台、实际单位成本 40 元,乙产品上年实际产量 180 件、实际单位成本 25 元。

$$\text{可比产品成本实际降低额} = \text{本年实际产量} \times \text{上年实际单位成本} - \text{本年实际产量} \times \text{本年实际单位成本}$$

$$= (150 \times 40 + 160 \times 25) - (150 \times 34 + 160 \times 27.5)$$

$$= 10\,000 - 9\,500 = 500(\text{元})$$

$$\text{可比产品成本实际降低率} = \frac{\text{可比产品成本实际降低额}}{\text{本年实际产量} \times \text{上年实际单位成本}} \times 100\%$$

$$= 500 \div 10\,000 \times 100\% = 5\%$$

计算结果表明,该企业可比产品成本比上年实际降低 500 元,降低率为 5%。为了进一步分析,还要计算各产品的成本降低率。

$$\text{产品成本降低率} = \frac{\text{上年实际单位成本} - \text{本年实际单位成本}}{\text{上年实际单位成本}} \times 100\%$$

$$\text{甲产品成本降低率} = (40 - 34) \div 40 \times 100\% = 15\%$$

$$\text{乙产品成本降低率} = (25 - 27.5) \div 25 \times 100\% = -10\%$$

计算结果表明,该企业甲产品成本比上年降低 15%,乙产品成本比上年升高 10%。

(二) 可比产品成本降低计划任务完成情况的分析

计划年度确定的可比产品成本降低任务包括计划降低额和计划降低率两部分。计划降低任务是对上年实际成本而言的,因而要以上年实际单位成本为计算基础。承例 5-2,上述企业本年度甲产品计划产量 250 台、计划单位成本 36 元,乙产品计划产量 200 件、计

划单位成本 24 元,则:

$$\text{可比产品成本计划降低额} = \text{本年计划产量} \times \text{上年实际单位成本} - \text{本年计划产量} \times \text{本年计划单位成本}$$

$$= (250 \times 40 + 200 \times 25) - (250 \times 36 + 200 \times 24)$$

$$= 15\ 000 - 13\ 800 = 1\ 200(元)$$

$$\text{可比产品成本计划降低率} = \frac{\text{可比产品成本计划降低额}}{\text{本年计划产量} \times \text{上年实际单位成本}} \times 100\%$$

$$= \frac{1\ 200}{15\ 000} \times 100\% = 8\%$$

可比产品成本降低计划任务确定后应努力完成,但上述企业执行结果不够理想:

实际降低额 500 元 - 计划降低额 1 200 元 = - 700 元(未完成计划)

实际降低率 5% - 计划降低率 8% = - 3%(未完成计划)

影响可比产品成本降低计划任务完成的因素有三:一是产品产量变动;二是品种结构变动;三是单位成本变动。其中,产品产量变动只影响成本降低额,不影响降低率。现仍以上述举例予以说明。

1. 产品产量变动影响的分析

$$\text{产品产量变动影响的成本降低额} = \left[\sum(\text{本年实际产量} \times \text{上年单位成本}) - \sum(\text{本年计划产量} \times \text{上年单位成本})\right] \times \text{计划成本降低率}$$

$$= [(150 \times 40 + 160 \times 25) - (250 \times 40 + 200 \times 25)] \times 8\%$$

$$= (10\ 000 - 15\ 000) \times 8\% = - 400(元)$$

2. 品种结构变动影响的分析

品种结构变动影响是指各种产品成本在总成本中的比重发生变动而对成本降低任务产生的影响。

$$\text{品种结构变动影响的成本降低额} = \sum\begin{pmatrix}\text{本年实际产量} \times \text{上年单位成本}\end{pmatrix} - \sum\begin{pmatrix}\text{本年实际产量} \times \text{计划单位成本}\end{pmatrix} - \sum\begin{pmatrix}\text{本年实际产量} \times \text{上年单位成本}\end{pmatrix} \times \text{计划成本降低率}$$

$$= (150 \times 40 + 160 \times 25) - (150 \times 36 + 160 \times 24) - (150 \times 40 + 160 \times 25) \times 8\%$$

$$= 10\ 000 - 9\ 240 - 10\ 000 \times 8\% = - 40(元)$$

$$\text{品种结构变动影响的成本降低率} = \frac{\text{品种结构变动影响的成本降低额}}{\sum(\text{本年实际产量} \times \text{上年单位成本})} \times 100\%$$

$$= - 40 \div 10\ 000 = - 0.4\%$$

3. 单位成本变动影响的分析

$$\text{单位成本变动影响的成本降低额} = \sum\begin{pmatrix}\text{本年实际产量} \times \text{计划单位成本}\end{pmatrix} - \sum\begin{pmatrix}\text{本年实际产量} \times \text{本年实际单位成本}\end{pmatrix}$$

$$= (150 \times 36 + 160 \times 24) - (150 \times 34 + 160 \times 27.5)$$

$$= 9\ 240 - 9\ 500 = - 260(元)$$

$$\text{单位成本变动影响的成本降低率} = \frac{\text{单位成本变动影响的成本降低额}}{\sum(\text{本年实际产量} \times \text{上年单位成本})} \times 100\%$$

$$= -260 \div 10\,000 = -2.6\%$$

将以上计算结果汇总列入表 5-1。

表 5-1 可比产品成本降低任务完成情况分析

项目	可比产品成本降低额(元)	可比产品成本降低率(%)
(1) 实际降低指标	500	5
(2) 计划降低指标	1 200	8
(3) 计划完成情况 = (1) - (2)	-700	-3
其中:① 产品产量变动影响	-400	0
② 品种结构变动影响	-40	-0.4
③ 单位成本变动影响	-260	-2.6
合计 = ①+②+③	-700	-3.0

三、主要产品单位成本的分析

对主要产品单位成本的分析,除了分析其降低额和降低率,还应着重按成本项目进行分析。现以上述企业甲产品为例列示有关计算(见表 5-2)。

表 5-2 甲产品成本项目分析

项目	实际	计划	差异
甲产品单位成本(元)	40.00	36.00	4.00
(1) 直接材料(元)	24.88	21.90	2.98
① 单位耗用量(千克/台)	20.00	21.90	-1.90
② 材料单价(元/千克)	1.24	1.00	0.24
(2) 直接工资(元)	7.14	7.50	-0.36
① 单位工时(小时/台)	1.40	1.50	-0.10
② 小时工资率(元/小时)	5.10	5.00	0.10
(3) 制造费用(元)	7.98	6.6	1.38
① 单位工时(小时/台)	1.40	1.50	-0.10
② 小时费用率(元/小时)	5.70	4.40	1.30

1. 直接材料项目的分析

单位耗用量变动影响 = (实际单位耗用量 - 计划单位耗用量) × 计划单价
= (20 - 21.9) × 1.00 = -1.9(元)

材料单价变动影响 =(实际单价 - 计划单价)× 实际单位耗用量

$$= (1.24 - 1.00) \times 20 = 4.8(元)$$

直接材料变动总差异 = 量差 + 价差 = -1.9 + 4.8 = 2.9(元)

2. 直接工资项目的分析

工时消耗量变动影响 =(实际单位工时 - 计划单位工时)× 计划小时工资率

$$= (1.4 - 1.5) \times 5.00 = -0.50(元)$$

小时工资率变动影响 = 实际单位工时 ×(实际小时工资率 - 计划小时工资率)

$$= 1.4 \times (5.10 - 5.00) = 0.14(元)$$

直接工资变动总差异 = 效率差异 + 工资率差异

$$= -0.50 + 0.14 = -0.36(元)$$

3. 制造费用项目的分析

工时消耗量变动影响 =(实际单位工时 - 计划单位工时)× 计划小时费用率

$$= (1.4 - 1.5) \times 4.40 = -0.44(元)$$

小时费用率变动影响 = 实际单位工时 ×(实际小时费用率 - 计划小时费用率)

$$= 1.4 \times (5.70 - 4.40) = 1.82(元)$$

制造费用变动总差异 = 效率差异 + 费用率差异

$$= -0.44 + 1.82 = 1.38(元)$$

四、期间费用的分析

期间费用的分析一般采用比较分析法。第一,将本单位期间费用的实际发生数与期间费用的预算数进行对比,求出各期间费用的差异,并对差异大的项目进行重点分析。第二,计算期间费用率,并将其与全国平均(先进)水平、行业平均(先进)水平以及国外先进水平进行比较,找出差距,以便采取有效措施加以改进。

例 5-3 我国规模以上工业企业期间费用发生情况见表 5-3。要求:计算 2017—2021 年我国规模以上工业企业各项期间费用率。

表 5-3 我国规模以上工业企业期间费用情况

项目	2017 年	2018 年	2019 年	2020 年	2021 年	五年累计	年递增率
(1)营业收入(亿元)	1 133 161	1 049 491	1 057 825	1 083 658	1 279 227	5 603 362	3.1%
(2)税金及附加(亿元)	17 516	16 344	16 500	16 751	19 774	86 885	3.1%
(3)销售费用(亿元)	31 344	30 924	31 178	30 778	32 525	156 749	0.9%
(4)管理费用(亿元)	46 718	46 125	52 275	58 275	66 115	269 508	9.1%
(5)财务费用(亿元)	12 833	11 905	11 443	11 688	11 255	59 124	-3.2%
(6)税金附加率(%)=(2)÷(1)	1.55	1.56	1.56	1.55	1.55	1.55	
(7)销售费用率(%)=(3)÷(1)	2.77	2.95	2.95	2.84	2.54	2.80	

（续表）

项目	2017年	2018年	2019年	2020年	2021年	五年累计 年递增率
（8）管理费用率(%)＝(4)÷(1)	4.12	4.39	4.94	5.38	5.17	4.81
（9）财务费用率(%)＝(5)÷(1)	1.13	1.13	1.08	1.08	0.88	1.06
占比合计(%)	9.57	10.03	10.53	10.84	10.14	10.21

注：税金及附加 ＝ 营业收入 × 五年累计税附比率1.5457669%，1.5457669% ＝ 2011—2015年全国规模以上工业企业累计"主营业务税金及附加"÷2011—2015年全国规模以上工业企业累计"主营业务收入"。

资料来源：2017—2021年各年度的《中国统计年鉴》。

从表5-3可见，我国规模以上工业企业期间费用与营业收入的比率总体呈上升趋势：四项比率合计由2017年的9.57%上升到2021年的10.14%，五年累计平均为10.21%。其中，三项费用比率情况为：(1)销售费用与营业收入的比率由2017年的2.77%下降到2021年的2.54%，五年累计平均为2.80%；(2)管理费用与营业收入的比率由2017年的4.12%上升到2021年的5.17%，五年累计平均为4.81%；(3)财务费用与营业收入的比率由2017年的1.13%下降到2021年的0.88%，五年累计平均为1.06%。其中，财务费用比率下降，除国家几次降低存贷款利息外，我国工业企业加强内部管理、提高管理水平也是极其重要的原因。由于国家统计局2015年起不再公布我国规模以上工业企业"税金及附加"数据，该项比率根据2011—2015年数据类推计算，不太准确。

20×0年至20×2年，我国1 304家上市公司税附率（税金及附加与营业收入的比率）为1.67%、销售费用率为4.72%、管理费用率为6.60%、财务费用率为1.72%，四项期间费用之和占三年累计营业收入的比率为14.71%[1]。

查找CCER经济金融研究数据库可知，2017—2021年3 805家上市公司税金及附加率累计平均为2.19%，研发费用率（研发费用占营业收入的比率）累计平均为1.81%。就2021年而言，2021年4 195家上市公司税金及附加率为1.84%、销售费用率为3.19%、管理费用率为3.24%、财务费用率为1.06%，四项期间费用之和占当年营业收入的比率为9.33%。

习题十二

目的：练习产品制造成本的计算和成本分析。

1. 产品制造成本的计算

先锋工厂有两个基本生产车间，生产情况和有关费用如下：

一车间本月投产甲产品50件，本月全部完工入库，发生直接材料费50 000元、直接工资35 000元，一车间本月发生制造费用32 000元（仅生产一种甲产品）。

二车间本月投产乙产品100件、丙产品80件。乙产品本月发生直接材料费120 000

---

[1] 数据取自中国矿业大学朱学义教授上市公司数据库。

元、直接工资75 000元,丙产品本月发生直接材料费96 000元、直接工资65 000元。二车间本月发生制造费用168 000元(按乙、丙两种产品的直接工资比例分配于乙、丙两种产品)。乙产品本月完工入库60件,丙产品本月没有完工。计入乙、丙产品成本的各项费用(料、工、费)均按完工产品数量和在产品数量的比例分配。先锋工厂本月销售甲产品20件,乙产品10件。要求计算:

① 完工甲产品总成本 =
   完工甲产品单位成本 =
② 制造费用分配率 =
   乙产品分摊制造费用 =
   丙产品分摊制造费用 =
③ 乙产品本月生产费用总额 =
   乙产品生产费用分配率 =
   完工乙产品总成本 =
   完工乙产品单位成本 =
④ 先锋工厂月末在产品成本 =
   本月进入"库存商品"账户借方金额 =
⑤ 本月产品销售成本 =

2. 可比产品成本的分析

假设上述先锋工厂月度成本计算依据为年度计划,试对产品成本进行分析(填表)。

产品名称	上年同期		本月计划		本月实际	
	实际产量(件)	实际单位成本(元)	计划产量(件)	计划单位成本(元)	实际产量(件)	实际单位成本(元)
甲	45	2 300	48	2 350		
乙	55	2 800	58	2 810		

可比产品成本降低任务完成情况分析(降低率精确到0.01%)。

项目	可比产品成本降低额(元)	可比产品成本降低率(%)
(1) 实际降低指标		
(2) 计划降低指标		
(3) 计划完成情况 = (1) - (2)		
其中:① 产品产量变动影响		
② 品种结构变动影响		
③ 单位成本变动影响		
合计 = ①+②+③		

第六章 收入和利润

第一节 收 入

一、收入的种类

我国《企业会计准则第 14 号——收入》定义的收入,是指企业在日常活动中形成的、会导致所有者权益增加的、与所有者投入资本无关的经济利益的总流入,包括销售商品收入、提供劳务收入和其他经营活动。其中,"日常活动"是指企业为完成经营目标所从事的经常性活动以及与之相关的活动,不包括偶发活动(如处置固定资产等)。"经济利益"是指直接或间接流入企业的现金或现金等价物。我国会计准则定义的收入指的是营业收入,分为主营业务收入和其他业务收入两类,并设置相应的会计科目进行核算。

1. 主营业务收入

主营业务收入是指企业在销售商品和提供劳务等主要经营业务中取得的收入。在工业企业,主营业务收入包括销售库存商品、自制半成品和提供工业性劳务等取得的收入;在商品流通企业,主营业务收入包括商品销售收入(自购自销商品收入、代销商品收入)和代购代销手续费收入;在施工企业,主营业务收入包括承包工程实现的工程价款结算收入和向发包单位收取的各种索赔款等;在房地产开发企业,主营业务收入包括对外转让土地、销售商品房和代建工程的结算收入以及出租开发产品取得的收入等;在交通运输企业,主营业务收入包括旅客和货物的运输收入、装卸收入、堆存收入等;在旅游及服务企业,主营业务收入包括客房收入、餐饮收入、服务收入等。

2. 其他业务收入

其他业务收入是指除主营业务活动以外的其他经营活动实现的收入,包括出租固定资产、出租无形资产、出租包装物、出租商品、销售材料、交换材料、材料抵债、代购代销、技术转让、提供非工业性劳务等收入。其特点是,每笔业务金额一般较小,收入不十分稳定,服务对象不太固定,占营业收入的比重较小。

二、收入的确认

(一) 收入确认的概念及确认方法

收入确认是指将符合收入定义及收入确认标准的某个项目记入或列入利润表的过程。简言之,收入确认是指什么时间作为营业收入的实现,也就是与收入有关的交易金额什么时间记入"主营业务收入"或"其他业务收入"科目贷方。收入确认的方法有三种:一是销售法,即在销售成立或履行劳务时确认收入实现,如商(产)品销售时作收入实现;二是生产法,即在生产过程中或生产完成时确认收入实现,如生产周期较长的大型机器设备、船舶的制造按完成进度法等确定收入实现;三是收现法,即以账款的实际收讫日确认收入实现,如一些零售、批发或服务行业的商贸企业在向顾客销售收现的当日(销售时点和收现时点往往相同或较为接近)确认收入实现。一般情况下,企业较多采用销售法。

(二) 收入确认的条件

财政部 2017 年修订的《企业会计准则第 14 号——收入》规定:企业应当在履行了合同中的履约义务,即在客户取得相关商品控制权时确认收入。取得相关商品控制权,是指能够主导该商品的使用并从中获得几乎全部的经济利益(也包括有能力阻止其他方主导该商品的使用并从中获得经济利益)。收入准则对收入确认的规定,是以商品的控制权转移为依据,且站在客户的角度进行分析和判断。客户取得商品控制权同时包括三项要素:一是客户拥有现时主导转移商品的权利,具有从中获益的能力。若客户只能在未来的某一期间主导商品的使用并从中获益,则表明其尚未取得该商品的控制权。二是客户能够主导商品的使用,不但客户自身在其活动中有权使用该商品,而且能够允许或阻止其他方使用该商品。三是客户能够获得商品几乎全部的经济利益。所谓商品的经济利益,是指该商品的潜在现金流量,既包括现金流入的增加,也包括现金流出的减少。客户可以通过使用、消耗、出售、处置、交换、抵押或持有等多种方式直接或间接地获得商品的经济利益。

收入准则规定,当企业与客户之间的合同同时满足下列条件时,企业应当在客户取得相关商品控制权时确认收入:

(1) 合同各方已批准该合同并承诺将履行各自义务;

(2) 该合同明确了合同各方与所转让商品或提供劳务(以下简称"转让商品")相关的权利和义务;

(3) 该合同有明确的与所转让商品相关的支付条款;

(4) 该合同具有商业实质,即履行该合同将改变企业未来现金流量的风险、时间分布或金额;

(5) 企业因向客户转让商品而有权取得的对价很可能收回。

以上五项条件均围绕"合同"展开。收入准则所称合同,是指双方或多方之间订立的有法律约束力的权利义务的协议。它包括书面形式、口头形式以及其他形式(如隐含于商业惯例或企业以往的习惯做法中等)。企业与客户签订的合同同时满足上述五项条件的且在合同开始日(通常是指合同生效日)履行合同中的履约义务的,被认为客户取得相关商品控制权,企业即可确认收入。

会计人员在实际工作中确认收入时往往要考虑货款的结算方式。在现款交易方式下,客户根据销售合同规定,收到转账支票或通过银行汇兑方式已汇入款项,销售方随即向客户提交或发出商品——商品的控制权被认为已转移给客户,销售方此时确认收入(时点收入)实现。在赊销方式下(例如,采用托收、委托收款、商业汇票等结算方式销售商品的),销售方根据销售合同规定采用先发货后收款的方式向客户发出商品,并通过银行办理收款手续——商品的控制权被认为已转移,销售方发出商品时确认收入(时点收入)实现。

销售方除了对上述单项履约义务确认"时点收入",还有确认"时段收入"的情况:销售方对单项履约义务的履行需要一段时间才能完成的收入确认。例如,建筑施工企业建造房屋,要根据工程进度核定履约进度,再根据各段时间的完工率确认各时段的销售收入。收入准则对多项履约义务收入、特殊交易或事项收入的确认还有不同的规定。

三、收入的处理

(一) 收入形成的入账

1. 商品销售收入的入账

企业销售商品或产品(包括提供加工、修理、修配劳务)一般要向客户收取增值税,开具增值税专用发票。增值税是价外税,销售收入中不包括增值税。但如果是收现给货(如零售商店的柜台交易),由于零售价包含最终消费者承担的增值税,平时销售收入暂时混入增值税入账,但企业应定期或月终再计算出增值税税额冲减销售收入。现以工商企业为例予以说明。

例 6-1 杜晋厂 12 月 5 日赊销商品一批,价款为 204 820 元,增值税为 26 626.60 元,共计 231 446.60 元货款未收。

杜晋厂 12 月 5 日做如下记录:

(1) 记入"主营业务收入"账户贷方金额 204 820 元;

(2) 应向客户收取的增值税 26 626.60 元记入"应交税费——应交增值税(销项税额)"账户贷方;

(3) 该批商品结算额共计 231 446.60 元未收,记入"应收账款"账户借方。

例 6-2 承例 6-1,若付款条件为"2/10,n/30",客户在 12 月 14 日偿付全部货款,折扣期间客户享受现金折扣 4 096.40 元(204 820 × 2%)。

杜晋厂 12 月 5 日赊销商品时按净价法入账:

(1) 记入"主营业务收入"账户贷方金额 200 723.60 元(204 820 - 4 096.40);

(2) 记入"应交税费——应交增值税(销项税额)"账户贷方金额 26 626.60 元;

(3) 记入"应收账款"账户借方金额 227 350.20 元(204 820 × 98% + 26 626.60)。

12月14日,杜晋厂收到货款时做如下记录:

(4)"银行存款"增加227 350.20元;

(5)"应收账款"减少227 350.20元。

如果超过折扣期,如客户在12月25日付款,则要付全款231 446.60元,杜晋厂收到货款时做如下记录:

(6)"银行存款"增加231 446.60元;

(7)"应收账款"减少227 350.20元;

(8)"财务费用"减少4 096.40元。

例6-3 杜晋厂上月(11月)售给C单位的一批商品(上月已收货款24 820元,增值税3 226.60元)本月全部退回。12月25日,杜晋厂相应退回已收的款项。

杜晋厂12月25日将款项退给C单位时做如下记录:

(1)减少"银行存款"28 046.60元(24 820 + 3 226.60);

(2)冲减12月份"主营业务收入"24 820元;

(3)冲减12月份应交增值税3 226.60元记入"应交税费——应交增值税(销项税额)"账户借方(由于"应交增值税明细账"在贷方设置"销项税额"栏目而借方未设置"销项税额"栏目,实际登账时在"应交增值税明细账"贷方"销项税额"栏登红字金额3 226.60元)。

例6-4 某零售商店12月1日售出商品收入现金1 000元,以后每天如此,全月共收货款30 000元,增值税税率为13%。

该零售商店12月份做如下记录:

(1)12月1日,商店"库存现金"增加1 000元,"主营业务收入"增加1 000元(以后每天均如此记录)。

(2)12月31日,商店计算全月应交增值税3 451.33元(30 000÷1.13×13%),在会计账上减少"主营业务收入"3 451.33元,增加"应交税费——应交增值税(销项税额)"3 451.33元。

(3)商店12月营业收入总额 = 30 000 - 3 451.33 = 26 548.67(元)。

以上工商企业是一般纳税人的销售业务,这些单位或个人按13%的增值税税率向客户收取增值税。若销售单位是小规模纳税人,则应交增值税按3%征收率计算。

例6-5 某书店为小规模纳税人,12月份按图书码洋销售收款21 840元,增值税征收率为3%。

(1)书店12月份应交增值税 = 21 840÷1.03×3% = 636.12(元);

(2)书店12月份营业收入总额 = 21 840 - 636.12 = 21 203.88(元)。

2.商品销售收入净额的反映

在销售过程中,企业为了扩大销售,有时会给客户一定的销售折扣(商业折扣和现金折扣);企业有时售出去的商品,因品种、质量不符合规定,需要降价结算,即给客户一定的销售折让;企业有时售出去的商品,因品种规格不符合要求等被退回。对于销售折扣中的商业折扣、销售折让和销售退回,一律抵(冲)减当期营业收入。给客户提供的现金折扣,销售方确认收入时按扣除现金折扣后的净额入账;若客户没有在折扣期内付款则按全价

付款,销售方收到货款时,将原先扣除的折扣贷记"财务费用"科目,不调增营业收入。因此,商品销售收入净额的计算公式为:

商品销售收入净额 = 商品销售收入 - 商业折扣 - 销售折让 - 销售退回

企业期末编制的利润表中"营业收入"项目反映营业收入净额,包括主营业务收入净额和其他业务收入净额。以上述杜晋厂12月份主营业务数据为例(见例6-1、例6-3),该厂12月份进入利润表中"营业收入"为主营业务收入净额180 000元。计算如下:

主营业务收入净额 = 主营业务收入 - 商业折扣 - 销售折让 - 销售退回
　　　　　　　　 = (例6-1收入)204 820 - 0 - 0 - (例6-3退回)24 820
　　　　　　　　 = 180 000(元)

3. 其他业务收入的入账

(1) 销售材料。企业购进的材料出于多余不用或其他原因向外销售的,均要在价外向客户收取增值税,因而入账的材料销售收入不包括向客户收取的增值税。

例6-6 甲厂本月销售材料一批,价款为2 300元,增值税销项税额为299元。经查,该批材料当初购入时价款为2 000元(实际成本),增值税进项税额为260元。甲厂适用的增值税税率为13%、城建税税率为7%、教育费附加率为3%、地方教育附加率为2%。计算该材料销售产生的营业利润,并进行相应的账务处理。

① 销售材料增加"其他业务收入"2 300元;
② 销售材料增加"其他业务成本"2 000元;
③ 销售材料产生应交增值税39元(销项税额299元 - 进项税额260元);
④ 销售材料增加"应交城建税"2.73元(应交增值税39元 × 7%);
⑤ 销售材料增加"应交教育费附加"1.17元(应交增值税39元 × 3%);
⑥ 销售材料增加"应交地方教育附加"0.78元(应交增值税39元 × 2%);
⑦ 销售材料增加"税金及附加" = ④ + ⑤ + ⑥ = 2.73 + 1.17 + 0.78 = 4.68(元);
⑧ 销售材料取得的营业利润 = 其他业务收入 - 其他业务成本 - 税金及附加
　　　　　　　　　　　　 = 2 300 - 2 000 - 4.68 = 295.32(元)

上述业务,甲厂要做五笔会计分录:
一是销售材料收到款项,编制以下会计分录:
借:银行存款　　　　　　　　　　　　　　　　　　　　　　2 599
　　贷:其他业务收入——材料销售　　　　　　　　　　　　　　2 300
　　　　应交税费　　应交增值税(销项税额)　　　　　　　　　　299
二是销售材料结转材料成本,编制以下会计分录:
借:其他业务成本——材料销售　　　　　　　　　　　　　　2 000
　　贷:原材料　　　　　　　　　　　　　　　　　　　　　　　2 000
三是计算税金及附加(4.68元),编制相应会计分录:
借:税金及附加——材料销售　　　　　　　　　　　　　　　4.68
　　贷:应交税费——应交城建税　　　　　　　　　　　　　　　2.73
　　　　　　　　——应交教育费附加(1.17+0.78)　　　　　　　1.95

四是结转"其他业务收入"科目,编制以下会计分录:

借:其他业务收入——材料销售　　　　　　　　　　　　　2 300
　贷:本年利润　　　　　　　　　　　　　　　　　　　　　　　2 300

五是结转"其他业务成本"和"税金及附加"科目,编制以下会计分录:

借:本年利润　　　　　　　　　　　　　　　　　　　　　2 004.68
　贷:其他业务成本——材料销售　　　　　　　　　　　　　2 000.00
　　　税金及附加——材料销售　　　　　　　　　　　　　　　　4.68

通过以上会计处理,销售材料取得的营业利润 = "本年利润"贷方 2 300 元 − "本年利润"借方 2 004.68 元 = 295.32 元。

(2) 出租包装物。企业在销售产品时,有时要耗用包装箱、包装桶等。这些包装物对客户来说一般没有使用价值,而销货单位能继续使用,因而销货单位领用的包装物在随产品出售时总要按客户占用时间收取一定的租金(有的还另外收取押金)。若收取的包装物租金要缴纳增值税,则入账的包装物出租收入不包括向客户收取的增值税。需要说明的是,销货单位收取的押金在包装物到期退还时全部予以退还,不能作收入入账。但是,若客户到期不能全部退回包装物(如损坏、丢失等),则要没收相应的押金,这部分被没收的押金作企业其他业务收入入账,同时应缴纳的增值税作"税金及附加"处理。

例 6-7　某企业在产品销售时出租包装物一批,当时收取押金 2 100 元,收取租金 600 元(含税)。包装物到期,客户仅退还三分之二的包装物。企业相应退回押金 1 400 元,没收押金 700 元,增值税税率为 13%。

① 销货单位取得"其他业务收入"1 150.44 元(600 ÷ 1.13 + 700 ÷ 1.13);

② 记入"应交税费——应交增值税(销项税额)"账户贷方金额 149.56 元(600 ÷ 1.13 × 13% + 700 ÷ 1.13 × 13%)。

(3) 出租固定资产。企业固定资产若闲置不用,可临时对外出租,收取租金。固定资产租金收入作其他业务收入入账,按收入的 13%(有形动产和不动产的租赁服务增值税税率均为 13%)计算应缴纳的增值税,再按应交增值税的 7%、3%、2% 计算应交城建税、应交教育费附加和应交地方教育附加,对于出租固定资产折旧、修理等耗费作"其他业务成本"处理。

例 6-8　杜晋厂出租固定资产,12 月份收到租金 2 200 元,另装卸固定资产取得现金收入 253.10 元(仅开给客户收据,未开发票,不计税),杜晋厂 12 月份对出租固定资产计提折旧 400 元。杜晋厂适用的增值税税率为 13%、城建税税率为 7%、教育费附加率为 3%、地方教育附加率为 2%。计算出租固定资产本月产生的营业利润。

① 收到租金等增加"其他业务收入"2 200 元(2 200÷1.13+253.10);

② 对出租固定资产计提折旧增加"其他业务成本"400 元;

③ 按收入计算应交增值税 253.10 元(2 200 ÷ 1.13 × 13%);

④ 按应交增值税计算"应交城建税"17.72 元(253.10 × 7%);

⑤ 按应交增值税计算"应交教育费附加"7.59 元(253.10 × 3%);

⑥ 按应交增值税计算"应交地方教育附加"5.06 元(253.10 × 2%);

⑦ 出租固定资产增加"税金及附加" = ④ + ⑤ + ⑥ = 17.72 + 7.59 + 5.06 = 30.37 元;

⑧ 出租固定资产获得的营业利润 = 其他业务收入 - 其他业务成本 - 税金及附加 = 2 200 - 400 - 30.37 = 1 769.63 元。

（4）出租无形资产。企业出租专利权、商标权、土地使用权等无形资产使用权取得的收入作"其他业务收入"入账，同时出租土地使用权要交9%的增值税，出租其他无形资产的增值税税率为6%，再分别按应交增值税的7%、3%、2%计算应交城建税、应交教育费附加和地方教育附加。出租无形资产使用权，账面价值的摊销以及本企业派出技术顾问等发生的必要耗费，列作"其他业务成本"处理。需要说明的是，出售无形资产所有权，比照固定资产处理，即将取得的收入大于无形资产账面价值及其应交城建税、应交教育费附加和地方教育附加的部分，转作"资产处置损益"处理。

例 6-9 杜晋厂出租专利权一项，12月收到租金50 000元（含税），12月摊销专利权账面价值31 694.81元。杜晋厂适用的增值税税率为6%、城建税率为7%、教育费附加率为3%、地方教育附加率为2%。计算出租专利权本月产生的营业利润，并进行相应的账务处理。

① 收到租金增加"其他业务收入"50 000元；
② 摊销专利权账面价值增加"其他业务成本"47 169.81元（50 000÷1.06）；
③ 按收入计算应交增值税 2 830.19元（50 000÷1.06×6%）；
④ 按应交增值税计算"应交城建税"198.11元（2 830.19×7%）；
⑤ 按应交增值税计算"应交教育费附加"84.91元（2 830.19×3%）；
⑥ 按应交增值税计算"应交地方教育附加"56.60元（2 830.19×2%）；
⑦ 出租专利增加"税金及附加" = ④+⑤+⑥ = 198.11 + 84.91 + 56.60 = 339.62（元）；
⑧ 出租专利获得的营业利润 = 其他业务收入 - 其他业务成本 - 税金及附加
   = 47 169.81 - 31 694.81 - 339.62 = 15 135.38（元）

上述业务，杜晋厂要做五笔会计分录：
一是收到租金，编制以下会计分录：

借：银行存款	50 000
贷：其他业务收入——出租无形资产（50 000÷1.06）	47 169.81
应交税费——应交增值税（销项税额）（47 169.81×6%）	2 830.19

二是摊销专利权价值，编制以下会计分录：

借：其他业务成本——出租无形资产	31 694.81
贷：累计摊销	31 694.81

三是计算税金及附加（339.62元），编制相应会计分录：

借：税金及附加——出租无形资产	339.62
贷：应交税费——应交城建税	198.11
——应交教育费附加（84.91 + 56.60）	141.51

四是结转"其他业务收入"科目，编制以下会计分录：

借：其他业务收入——出租无形资产	47 169.81
贷：本年利润	47 169.81

五是结转"其他业务成本"和"税金及附加"科目，编制以下会计分录：

借：本年利润　　　　　　　　　　　　　　　　　　　　32 034.43
　　贷：其他业务成本——出租无形资产　　　　　　　31 694.81
　　　　税金及附加——出租无形资产　　　　　　　　　339.62

通过以上会计处理，出租专利权取得的营业利润＝"本年利润"贷方47 169.81元－"本年利润"借方32 034.43元＝15 135.38元。

（5）非工业性劳务。非工业性劳务是指工业企业生产工人从事非产品生产加工的劳务作业，如对外运输、装卸、整理等作业。非工业性劳务收入作"其他业务收入"入账，相应计交的增值税、城建税和教育费附加等作"税金及附加"处理。

（6）其他收入。其他收入包括企业将材料同其他单位进行非货币性资产交换取得的收入（材料交换收入）、用材料清偿债务所确认的收入、出租商品收入、代购代销收入等。

（二）收入的期末结转

企业"主营业务收入"科目、"其他业务收入"科目平时在贷方登记取得的收入。期末，应将科目贷方发生额扣除借方冲销额（如销货退回的冲销额等）后的净额转入"本年利润"科目贷方，结转后"主营业务收入"科目、"其他业务收入"科目期末无余额。

第二节　利　　润

一、营业利润

营业利润是指企业经营业务所取得的利润，包括利润净额、公允价值变动损益和投资净收益。其计算公式为：

营业利润 = 营业总收入 － 营业成本 － 税金及附加 － 销售费用 － 管理费用 － 研发费用 －
　　　　　财务费用 － 资产减值损失 － 信用减值损失 + 其他收益 + 投资收益 +
　　　　　净敞口套期收益 + 公允价值变动损益 + 资产处置损益

其中：
利润净额＝营业总收入－营业成本－税金及附加－销售费用－管理费用－研发费用－财务费用
　　　　＝营业活动利润

国家统计局2013年5月提出"主营活动利润"（主营活动利润＝主营业务收入－主营业务成本－主营业务税金及附加－销售费用－管理费用－财务费用）的概念，由于利润表项目已将主营业务收入等概念改成营业收入等概念，本书据此界定"主营活动利润"为"营业活动利润"。

（一）营业收入

利润表上设置"营业收入"项目，它由下列公式中的两项收入构成：

营业收入 = 主营业务收入 + 其他业务收入

（二）营业成本

营业成本是指企业在一定会计期间为销售商品、提供劳务或从事其他经营活动而发

生的成本。利润表上设置"营业成本"项目,它由下列公式中的两项成本构成:

$$营业成本 = 主营业务成本 + 其他业务成本$$

主营业务成本从"库存商品明细账"中计算得出。"库存商品"账户借方反映本期完工入库产品的生产成本,贷方反映已销产品或发出商品的成本,期末借方余额反映结存库存商品的成本。对于本期已销商品的成本可按先进先出法或加权平均法或个别计价法等计算得出。本期已销商品成本计算出来之后,要从"库存商品"科目贷方转入"主营业务成本"科目借方,反映库存商品减少(发出),即主营业务成本增加;再从"主营业务成本"科目贷方转入"本年利润"科目借方,反映企业用主营业务成本去抵减主营业务收入,求得主营业务毛利。

例 6-10 杜晋厂 12 月份销售甲产品 1 000 件所实现的收入 180 000 元已经入账(见例 6-1 至例 6-3),月末计算出这 1 000 件已销产品的成本为 108 029.40 元。

杜晋厂 12 月 31 日编制会计分录如下:

借:主营业务成本——甲产品　　　　　　　　　　　　108 029.40
　　贷:库存商品——甲产品　　　　　　　　　　　　　　108 029.40
借:本年利润　　　　　　　　　　　　　　　　　　　108 029.40
　　贷:主营业务成本——甲产品　　　　　　　　　　　108 029.40
借:主营业务收入——甲产品　　　　　　　　　　　　180 000
　　贷:本年利润　　　　　　　　　　　　　　　　　　　180 000

通过以上账务处理,杜晋厂 12 月份主营业务毛利计算如下:

$$主营业务毛利 = 主营业务收入 - 主营业务成本$$
$$= 180\ 000 - 108\ 029.40$$
$$= 71\ 970.60(元)$$

同理,期末企业要将材料销售等其他业务从"原材料"等科目的贷方转入"其他业务成本"科目借方,进而再从"其他业务成本"科目贷方转入"本年利润"科目借方,反映企业用其他业务成本去抵减其他业务收入,求得其他业务毛利。

例 6-11 杜晋厂 12 月份其他业务收入共计 49 369.81 元(例 6-8 出租固定资产收入 2 200 元 + 例 6-9 出租专利权收入 47 169.81 元),其他业务成本共计 32 094.81 元(出租固定资产折旧 400 元 + 出租专利权账面价值 31 694.81 元)。

$$其他业务毛利 = 49\ 369.81 - 32\ 094.81 = 17\ 275(元)$$

通过例 6-10、例 6-11,杜晋厂 12 月份进入利润表当月的营业收入、营业成本的数额及其营业毛利分别计算如下:

$$营业收入 = 主营业务收入 + 其他业务收入$$
$$= 180\ 000 + 49\ 369.81 = 229\ 369.81(元)$$
$$营业成本 = 主营业务成本 + 其他业务成本$$
$$= 108\ 029.40 + 32\ 094.81 = 140\ 124.21(元)$$
$$营业毛利 = 营业收入 - 营业成本$$
$$= 229\ 369.81 - 140\ 124.21 = 89\ 245.60(元)$$

会计期末企业在结转营业收入和营业成本后,"主营业务收入""主营业务成本""其他业务收入"和"其他业务成本"科目期末无余额。

(三) 税金及附加

税金及附加是指企业从事生产经营活动按税法规定缴纳的、应从营业收入中抵扣的税金及附加,包括消费税、资源税、土地增值税、城市维护建设税(简称"城建税")、教育费附加、城镇土地使用税、房产税、车船税、印花税、矿产资源补偿费、排污费。

1. 消费税

消费税是指对生产、委托加工和进口应税消费品的单位和个人征收的一种税。应税消费品(2009年1月1日调整实施)包括:烟(税率有30%、36% + 0.003元/支、56% + 0.003元/支)、酒及酒精(白酒税率20% + 0.5元/500克或500毫克、黄酒每吨240元、啤酒每吨220元或225元、其他酒10%、酒精5%)、化妆品(30%)、贵重首饰及珠宝玉石(5%、10%)、鞭炮焰火(15%)、高尔夫球及球具(10%)、高档手表(20%)、游艇(10%)、木制一次性筷子(5%)、实木地板(5%)、成品油(汽油每升0.10元或1.40元、柴油每升0.80元、石脑油每升1.0元、溶剂油每升1.0元、润滑油每升1.0元、燃料油每升0.80元、航空煤油每升0.80元)、汽车轮胎(3%)、摩托车(3%、10%)、小汽车(乘用车1%、3%、5%、9%、12%、25%、40%、中轻型商用客车5%)。消费税的计算公式为:

$$应交消费税 = 销售额 \times 税率$$

或
$$= 销售额 \times 比率税金 + 销售数量 \times 金额税率$$

一般来说,缴纳消费税的消费品还需要缴纳增值税,但两者主要的不同点为:消费税是价内税,记入"税金及附加"科目;增值税是价外税,不记入"税金及附加"科目。征收消费税的目的是调节消费结构,正确引导消费方向。

2. 资源税

资源税是对在我国境内从事开采矿产品及生产盐的单位和个人征收的一种税。2020年9月1日起生效的《中华人民共和国资源税法》规定的资源税税率如下:

(1)能源矿产。原油的资源税税率为6%,以原矿为征收对象;天然气、页岩气、天然气水合物:资源税税率为6%,以原矿为征收对象;煤的资源税税率为2%—10%,以原矿或选矿为征收对象;等等。

(2)金属矿产。黑色金属矿产品的资源税税率为1%—9%,以原矿或选矿为征收对象;有色金属矿产品的资源税税率为2%—20%,以原矿或选矿为征收对象。

(3)非金属矿产。矿物类的资源税税率为1%—12%;岩石类的资源税税率为1%—10%;珠宝石类的资源税税率为4%—20%。

(4)水汽矿产。二氧化碳气、硫化氢气、氦气、氡气的资源税税率为2%—5%;矿泉水的资源税税率为1%—20%,或每立方米1—30元。

(5)盐。盐的资源税税率为2%—15%或每吨(或每立方米)1—10元。

根据以上规定,资源税的计算公式为:

$$应交资源税 = 课税收入 × 资源税率$$

或

$$= 课税数量 × 单位税额$$

企业期末计算出应缴纳的资源税时,借记"税金及附加""生产成本""制造费用"等科目,贷记"应交税费——应交资源税"科目。

3. 土地增值税

土地增值税是指对转让国有土地使用权、地上建筑物及其附着物并取得收入的单位和个人按其所获增值额征收的一种税。开征土地增值税是增强国家对房地产开发和房地产市场调控力度的客观需要,是抑制炒买炒卖土地以投机获取暴利的行为的需求,也是规范国家参与土地增值税收益分配的方式,增加国家财政收入的需要。这里的增值额是指转让房地产取得的收入减去规定扣除项目金额后的余额。收入包括货币收入、实物收入和其他收入。扣除项目包括:取得土地使用权所支付的金额;开发土地的成本、费用;新建房屋及配套设施的成本、费用,或者旧房及建筑物的评估价格;与转让房地产有关的税金;财政部规定的其他扣除项目。土地增值税实行超率累进税率(见表6-1)计税。

表6-1 土地增值税税率

级次	土地增值额	税率	速算扣除公式
1	未超过扣除项目金额50%的部分	30%	增值额 × 30%
2	超过50%、未超过100%的部分	40%	增值额 × 40% - 扣除项目金额 × 5%
3	超过100%、未超过200%的部分	50%	增值额 × 50% - 扣除项目金额 × 15%
4	超过扣除项目200%的部分	60%	增值额 × 60% - 扣除项目金额 × 35%

企业期末计算出应缴纳的土地增值税,借记"税金及附加"科目,贷记"应交税费——应交土地增值税"科目。

4. 城建税

城建税是国家为了加强城市维护和建设,稳定和扩大城市维护和建设的资金来源而征收的一种地方税。城建税的计算公式为:

$$应交城建税 = (实际应交消费税 + 实际应交增值税) × 城建税率$$

$$应交增值税 = 销项税额 - (进项税额 - 进项税额转出)[①]$$

国家对城建税税率的规定为:企业所处市区的,城建税率为7%;企业所处县镇的,城建税率为5%;企业所处其他地区的,城建税率为1%。

期末企业计算出应缴纳的城建税时,借记"税金及附加"科目,贷记"应交税费——应交城建税"科目。企业在缴纳消费税、增值税的同时缴纳城建税。

---

① 对于出口企业,还要考虑出口退税、出口抵减内销产品应纳税额等因素。

5. 教育费附加

教育费附加是国家为了加快我国教育事业的发展,扩大地方教育经费资金来源而在现行主要流转税的基础上征收的一种附加费用。其计算公式为:

应交教育费附加 =(实际应交消费税 + 实际应交增值税)× 教育费附加率

教育费附加率国家规定为3%。一些省市还另外做出规定,比如江苏省规定按实际应交消费税和实际应交增值税的2%计算缴纳地方教育附加。

期末企业计算出应缴纳的教育费附加,借记"税金及附加"科目,贷记"应交税费——应交教育费附加"科目。企业在缴纳消费税、增值税的同时缴纳教育费附加。

6. "四小税"

计入"税金及附加"科目的"四小税"包括城镇土地使用税、房产税、车船税、印花税。这"四小税"已在第四章第一节中予以阐述。

此外,还有两项费用记入"税金及附加"科目:一是矿产资源补偿费,是对开采矿产资源的采矿权人按矿产品收入征收的一项费用;二是排污费,是对环境排出污水、废气、废物的单位按排污量征收的一项费用。

7. 税金及附加核算举例

例6-12 杜晋厂(一般纳税人)12月份主营业务净收入180 000元,向客户收取增值税23 400元(当月购进生产用材料向供货单位支付增值税20 680元,其中部分材料改变用途而由非应税工程项目承担,相应转出进项税额5 100元);杜晋厂12月份主营业务收入中有一种产品41 200元收入应交纳消费税;12月份收到出租固定资产租金2 200元(对应的其他业务收入2 200元,其他业务成本400元,税金及附加30.37元),出租专利权收入47 169.81元(对应的其他业务收入47 169.81元,其他业务成本31 694.81元,税金及附加339.62元)。杜晋厂适用的消费税率为5%、城建税率为7%、教育费附加率为3%、地方教育附加率为2%。试计算杜晋厂12月份销售产品的税金及附加总额和两类其他业务的税金及附加金额。

① 产品业务应交消费税 = 41 200 × 5% = 2 060(元)
② 产品业务应交增值税 = 23 400 −(20 680 − 5 100)= 7 820(元)
③ 产品业务应交城建税 =(2 060 + 7 820)× 7% = 691.60(元)
④ 产品业务应交教育费附加 =(2 060 + 7 820)× 3% = 296.40(元)
⑤ 产品业务应交地方教育附加 =(2 060 + 7 820)× 2% = 197.60(元)
⑥ 产品业务税金及附加 = ① + ③ + ④ + ⑤ = 2 060 + 691.60 + 296.40 + 197.60
   = 3 245.60(元)
⑦ 其他业务税金及附加 = 出租固定资产业务税金及附加30.37元 + 出租专利权业务税金及附加339.62元 = 369.99(元)
⑧ 全部业务税金及附加 = ⑥ + ⑦ = 3 245.60 + 369.99 = 3 615.59(元)

通过以上计算,杜晋厂12月份进入利润表"税金及附加"项目的当月金额填列3 615.59元。

(四)"四费两损"

1. 利润表中的"四费"

我们定义的"四费"是利润表中销售费用、管理费用、研发费用和财务费用

2. 利润表中"两损"

"两损"是资产减值损失和信用减值损失的统称,分别来自《企业会计准则第8号——资产减值》规定的资产减值损失(与资产减值损失对应的会计科目是"资产减值准备")和其他特殊会计准则规定的信用减值损失。

(1)资产减值损失包括存货跌价损失、长期股权投资减值损失、投资性房地产减值损失、固定资产减值损失、工程物资减值损失、在建工程减值损失、生产性生物资产减值损失、油气资产减值损失、无形资产减值损失、商誉减值损失、使用权减值损失、合同取得成本减值损失、合同履约成本减值损失以及其他资产减值损失。

(2)信用减值损失包括应收款项信用损失、应收融资租赁款预期信用损失、债权投资预期信用损失、贷款信用减值损失、合同资产减值损失、贷款承诺及财务担保信用损失以及其他信用损失。

企业对应于"资产减值损失"设置的会计科目是各种资产减值准备。《企业会计准则第8号——资产减值》规定的资产减值准备分别为:"固定资产减值准备""在建工程减值准备""工程物资减值准备""无形资产减值准备""长期股权投资减值准备""商誉减值准备""投资性房地产减值准备"(在投资性房地产按成本计价模式下)以及"生产性生物资产减值准备""油气资产减值准备"科目进行核算。与这些资产减值准备(贷方)确认的资产减值损失(借方)一经确认,在以后会计期间不得转回。

例6-13 杜晋厂12月份发生销售费用4 506.60元、管理费用18 900元、研发费用2 303.41元、财务费用4 400元,其余资料见例6-11、例6-12。

利润净额 = 营业收入 - 营业成本 - 税金及附加 - 销售费用 - 管理费用 - 研发费用 - 财务费用 - 信用减值损失 - 资产减值损失 = 229 369.81 - 140 124.21 - 3 615.59 - 4 506.60 - 18 900 - 2 303.41 - 4 400 - 0 - 0 = 55 520(元)

(五)"四种收益"

本书定义的"四种收益"是利润表中公允价值变动收益、投资收益、资产处置收益和其他收益的统称。利润表中"公允价值变动收益"是指公允价值变动带来的净收益,即公允价值变动收益扣除公允价值变动损失后的余额,由交易性金融资产公允价值变动收益、交易性金融负债公允价值变动收益和投资性房地产公允价值变动收益组成(金融企业还应包括衍生工具、套期保值等业务公允价值变动收益)。利润表中"投资收益"是投资净收益,即指投资收益扣除投资损失后的余额,由交易性金融资产投资净收益、债权投资净收益、其他债权投资净收益、长期股权投资净收益和其他权益工具投资净收益组成。利润表中"其他收益"是指计入其他收益的政府补助,以及其他与日常活动相关且计入其他收益的项目(如企业作为个人所得税的扣缴义务人,根据《中华人民共和国个人所得税法》收到的扣缴税款手续费等)。

例 6-14　杜晋厂 12 月份对外进行长期股权投资取得投资净收益 3 340 元，其余资料见例 6-13。

$$营业利润 = 利润净额 \pm 公允价值变动损益 \pm 投资净收益$$
$$= 55\ 520 + 0 + 3\ 340 = 58\ 860(元)$$

二、利润总额

利润总额是指企业在一定会计期间的经营成果。其计算公式为：

$$利润总额 = 营业利润 + 营业外收入 - 营业外支出$$

1. 营业外收入

营业外收入是指与企业日常经营业务无直接关系、除营业利润以外的各项收入，主要包括政府补助、盘盈利得、捐赠利得、罚款收入等。企业发生营业外收入时，借记"库存现金""银行存款""长期应收款""长期股权投资""递延收益"等科目，贷记"营业外收入"科目；期末结转营业外收入时，借记"营业外收入"科目，贷记"本年利润"科目。结转后，"营业外收入"科目期末无余额。

2. 营业外支出

营业外支出是指与企业日常经营业务无直接关系的、除营业利润以外的各项支出，主要包括公益性捐赠支出、非常损失、盘亏损失、非流动资产毁损报废损失、赔偿金违约金及罚款等。其中，非常损失是指企业出于自然灾害等不可抗拒的原因而发生的损失扣除回收残值和有关赔偿金后的净额。非流动资产毁损报废损失通常包括因自然灾害发生毁损、已丧失使用功能等而报废清理产生的损失。

企业发生营业外支出时，借记"营业外支出"科目，贷记"库存现金""银行存款""待处理财产损溢""固定资产清理"等科目；期末结转营业外支出时，借记"本年利润"科目，贷记"营业外支出"科目。结转后，"营业外支出"科目期末无余额

例 6-15　杜晋厂 12 月份产生营业利润 58 860 元（见例 6-14），取得营业外收入 7 800 元，发生营业外支出 5 160 元。

$$利润总额 = 营业利润 + 营业外收入 - 营业外支出$$
$$= 58\ 860 + 7\ 800 - 5\ 160 = 61\ 500(元)$$

三、净利润

$$净利润 = 利润总额 - 所得税$$

所得税是国家对企业和个人的各种所得额征收的一种税。所得额是指企业或个人在取得的全部收入中扣除为取得这些收入所支付的各项成本费用之后的余额，如企业取得的利润，个人从事劳动或提供劳务所取得的工资、薪金和劳务报酬等。下述内容仅指企业所得税。

$$企业应交所得税 = 应纳税所得额 \times 所得税税率$$

1. 纳税所得的税法规定

纳税所得是应纳税所得额的简称。按税法规定,纳税人应纳税所得额是以收入总额减去与取得收入有关的各项成本、费用和损失计算确定的。其计算公式为:

应纳税所得额 = 收入总额 - 准予扣除项目金额

收入总额是指纳税人在纳税年度内取得的应税收入,包括销售货物收入、提供劳务收入、转让财产收入、股息红利等权益性投资收益、利息收入、租金收入、特许权使用费收入、接受捐赠收入和其他收入。准予扣除项目金额是指税法规定在计算应纳税所得额时准予从收入中扣除的项目金额,包括:①成本,指生产、经营成本,即为生产、经营商品和提供劳务等所发生的各项直接费用和间接费用;②费用,指为生产、经营商品和提供劳务等所发生的销售费用、管理费用和财务费用等;③税金,指按规定缴纳的消费税、城建税、资源税、土地增值税和教育费附加(视同税金);④损失,指生产、经营过程中的各项营业外支出、非常损失、已发生的经营亏损、投资损失以及其他损失;⑤其他支出。

2. 纳税所得的实际计算

在实际工作中,为了简化计算,可按会计确定的利润总额(也称税前会计利润)进行调整,计算出纳税所得。其计算公式为:

应纳税所得额 = 利润总额 ± 纳税调整项目金额

纳税调整项目金额分为永久性差异和暂时性差异两类。

(1) 永久性差异。它是指会计准则和税法对收入、费用等会计项目的确认范围不同所产生的差异。这种差异在某一时期发生,以后时期还可能发生,并且不能在以后的时间内被"转回"或"抵销"。永久性差异的具体内容如下:

① 企业违法经营的罚款和被没收财物的损失。这种罚款和损失,会计记入"营业外支出"科目,在计算利润总额时已予以扣除,然而税收法规规定不得从纳税所得中扣除,应作为应税收益。企业在计算纳税所得时,应以利润总额为基数,加上这种罚款和损失。

② 各项税收的滞纳金、罚金和罚款。这些支出会计已在"营业外支出"中列支,计算利润时已予以扣除,然而按税法的规定不能扣除要作为应税收益的,应增加纳税调整额。

③ 各种非公益救济性捐赠和赞助支出。税法对此规定不作扣除项目,而会计处理时已列作"营业外支出",在计算利润时予以扣除,所以要调增纳税所得。

④ 免征或减征所得税的收益(入)或项目。国家对重点扶持和鼓励发展的产业和项目,给予企业所得税优惠。比如,企业购买国库券和特种国债取得的利息收入,会计已计入利润总额,而税法给予免税,利润总额应扣除这部分收入后作为纳税所得。又如,企业开发新技术、新产品、新工艺发生的研究开发费用,安置残疾人员及国家鼓励安置的其他就业人员所支付的工资等,在计算应纳税所得额时可以加计扣除。再如,创业投资企业从事国家重点扶持和鼓励的创业投资,可以按投资额的一定比例抵扣应纳税所得额;企业综合利用资源,生产符合国家产业政策规定的产品所取得的收入,在计算应纳税所得额时可以减计收入;企业购置用于环境保护、节能节水、安全生产等专用设备的投资额,可以按一

定比例实行税额抵免。此外，从事农、林、牧、渔业项目取得的所入，从事国家重点扶持的公共基础设施项目投资经营取得的所入，从事符合条件的环境保护、节能节水项目取得的所入，符合条件的技术转让所得，可以免征、减征企业所得税。

⑤ 已纳税投资收益。企业通过购买股票对外投资分得的股利和企业对外进行其他投资（投出财产物资等）分得的利润是受资企业在缴纳所得税后的利润分配。为了避免重复征税，税法规定，对于"先税后分"的投资收益，除非投资方所得税税率高于受资方要调整补税外，投资方从受资方获得的已纳税投资收益不再缴纳所得税。而投资方会计已将这部分收益列作"投资收益"处理，构成利润总额的组成内容，要将其作为纳税调减额处理。

⑥ 超标准的利息支出。税法规定企业从收入中准予扣除的利息支出有两部分：一是流动资产借款利息支出；二是为购建固定资产而取得的专门借款所发生的非资本化利息支出。从会计上看，这就是记入"财务费用"科目的利息支出。但税法同时规定，企业向非金融机构（即除银行、保险公司以及经中国人民银行批准从事金融业务的非银行金融机构以外的所有企业、事业单位以及社会团体等组织）借款而支付的利息支出高于金融机构同类、同期贷款利率计算的数额以外的部分不得从收入中扣除，非银行企业内营业机构之间支付的利息不得从收入中扣除。因此，这部分超标准利息支出应作为纳税调增额处理。

⑦ 超标准的工资及附加费。企业所得税法实施条例规定：企业发生的合理的工资薪金，准予扣除。此款所称工资薪金，是指企业每一纳税年度支付给在本企业任职或者受雇的员工的所有现金或者非现金形式的劳动报酬，包括基本工资、奖金、津贴、补贴、年终加薪、加班工资，以及与任职或者受雇有关的其他支出。不合理的工资薪金，不得在税前扣除。企业所得税法实施条例还规定：企业按照国务院有关主管部门或者省级人民政府规定的范围和标准为职工缴纳的基本养老保险费、基本医疗保险费、失业保险费、工伤保险费、生育保险费等基本社会保险费和住房公积金，准予扣除。企业为投资者或者职工支付的补充养老保险费、补充医疗保险费，在国务院财政、税务主管部门规定的范围和标准内，准予扣除；超过范围或标准的部分，不得在税前扣除。税法还规定，企业发生的职工福利费支出，不超过工资薪金总额14%的部分，准予扣除。企业拨缴的职工工会经费支出，不超过工资薪金总额2%的部分，准予扣除。除国务院财政、税务主管部门另有规定外，企业发生的职工教育经费支出，不超过工资薪金总额2.5%的部分，准予扣除；超过部分，准予在以后纳税年度结转扣除。超标准的职工福利和工会经费、职工教育经费，不得在税前扣除。不合理的工资薪金支出和超标准的附加费，不允许在税前扣除，应作纳税调增额处理。

⑧ 非认可的公益性捐赠。一是超标准的公益救济性捐赠。公益救济性捐赠是指通过中国境内非营利性社会团体（如中国青少年发展基金会、希望工程基金会等）、国家机关向教育、民政等公益事业和遭受自然灾害地区、贫困地区的捐赠。税法规定：纳税人直接向受赠人的捐赠不允许扣除……企业发生的公益性捐赠支出，在年度利润总额12%以内的部分，准予在计算应纳税所得额时扣除。二是非公益性捐赠，包括没有通过国家认可的公益部门进行的公益救济性捐赠和赞助支出，如向高校提供赞助等。这些非认可的公益性

捐赠,会计已列作"营业外支出",减少了利润,按规定应作纳税调增额处理。

⑨ 超标准的业务招待费。企业所得税法实施条例规定,企业发生的与经营活动有关的业务招待费,按照发生额的60%扣除,但最高不能超过当年销售(营业)收入的5‰。超过上述标准的部分,纳税时不得从收入中扣除,应作纳税调增额处理。

⑩ 其他超过国家规定的成本费用列支范围和标准的事项。

(2)暂时性差异。它是指企业资产或负债的账面价值与计税基础之间的差额。企业会计未作为资产和负债确认的项目,按照税法规定可以确定计税基础的,该计税基础与账面价值之间的差额也属于暂时性差异。计税基础是指按税法规定计算应纳所得税时归属于资产或负债的金额,分为资产的计税基础和负债的计税基础两类。资产的计税基础是指企业在收回资产账面价值过程中,计算应纳税所得额时按照税法规定可以自应税经济利益中抵扣的金额;负债的计税基础是指负债的账面价值减去未来期间计算应纳税所得额时,按照税法规定可予抵扣的金额。

按照暂时性差异对未来期间应税金额的影响,分为应纳税暂时性差异和可抵扣暂时性差异。应纳税暂时性差异,是指在确定未来收回资产或清偿负债期间的应纳税所得额时,将导致产生应纳税金额的暂时性差异;可抵扣暂时性差异,是指在确定未来收回资产或清偿负债期间的应纳税所得额时,将导致产生可抵扣金额的暂时性差异。

企业存在的暂时性差异对未来应税金额产生影响的应予递延。企业应在资产类设置"递延所得税资产"科目核算企业确认的可抵扣暂时性差异产生的递延所得税资产,在负债类设置"递延所得税负债"科目核算企业确认的应纳税暂时性差异产生的递延所得税负债。暂时性差异的具体内容如下:

① 计提固定资产折旧引起的纳税递延。企业按照会计准则规定可以采用直线法、工作量法、加速折旧法计提固定资产折旧。而税法规定,除经税务机关批准的技术密集型企业和其他特定企业可以采用加速折旧法外,其余一律不准采用加速折旧法计提折旧。按会计准则确认的固定资产账面价值和按税法确定的资产计税基础不一致,从而产生暂时性差异。例如,企业自行变更折旧年限(如由8年改为5年)计提折旧,而税务机关仍按原定年限折旧,这就产生了暂时性差异。企业改变折旧方法和折旧年限,使企业固定资产有可能头几年计提的折旧多、后几年计提的折旧少,导致企业固定资产账面价值减少而影响到应税金额可递延到后期抵补,即前几年产生的递延所得税资产在后几年逐渐转回。

② 无形资产摊销引起的纳税递延。企业按照会计准则规定,对使用寿命确定的无形资产采用直线法摊销其价值,对使用寿命不确定的无形资产不予摊销其价值。而税法规定,对使用寿命不确定的无形资产按不短于10年期限进行摊销。这样,按会计准则确认的无形资产账面价值和按税法确定的资产计税基础不一致,从而产生暂时性差异。例如,丰达企业本年自创一项非专利技术,账面成本为210万元,由于使用寿命不确定未进行摊销,期末账面价值仍为210万元。而税务部门按不少于10年进行摊销,计税基础为189万元(210 - 210 ÷ 10)。该计税基础与其账面价值之间的差额21万元即为应纳税暂时性差异。若所得税税率为25%,则递延所得税负债为5.25万元(21 × 25%)。

③ 内部研发确认的资本化价值的纳税递延。按照会计准则的规定，企业内部研究开发项目的支出分两种情况处理：研究阶段的支出计入当期损益；开发阶段的支出符合资本化确认条件的，确认为无形资产。而税法规定，企业研发支出在实际发生的当期可以从所得税前扣除。这样，企业已于资本化的无形资产账面价值与税法规定的资产计税基础不一致，从而产生暂时性差异。

④ 公允价值变动损益的纳税递延。以交易性金融资产为例。按照会计准则的规定，交易性金融资产期末应以公允价值计量，公允价值的变动计入当期损益。但是，税法规定，交易性金融资产在持有期间的公允价值变动不计入应纳税所得额，即其计税基础仍按初始确认金额保持不变，从而产生交易性金融资产的账面价值与计税基础之间的差异。例如，丰达企业持有一项交易性金融资产，成本为 800 万元，期末公允价值为 1 000 万元，如计税基础仍维持 800 万元不变，该计税基础与其账面价值之间的差额（200 万元）即为应纳税暂时性差异。若所得税税率为 25%，则递延所得税负债为 50 万元（200 × 25%）。

以其他债权投资为例。按照企业会计准则的规定，其他债权投资期末公允价值变动在调整资产价值的同时记入"其他综合收益——其他债权投资公允价值变动"科目，企业售出该金融资产时，再将原记入"其他综合收益——其他债权投资公允价值变动"科目的金额抵减"其他债权投资——公允价值变动"科目余额后转入"投资收益"科目。但是税法规定，其他债权投资计税基础保持初始确认金额不变，处置该项资产时产生的损益计入应纳税所得额。这样，按会计准则确认的其他债权投资账面价值和按税法确定的资产计税基础不一致，从而产生暂时性差异，需要递延处理。

⑤ 长期股权投资计价引起的纳税递延。采用权益法核算长期股权投资的企业，在会计期末，投资方根据被投资企业实现的净利润或调整的净利润及净资产变动调整"长期股权投资"账面价值，并记入"投资收益"科目。而税法仍然保持长期股权投资初始确认成本不变，待被投资企业实际分配利润使投资方取得收益时才确认投资所得的实现。但这部分股利或利润在投资方一般不再纳税，只当投资方所得税税率高于被投资企业所得税税率时才要调整补缴所得税，补税额需要递延。

⑥ 计提资产减值准备的纳税递延。按照会计准则的规定，企业资产负债表日对各项资产减值要计提资产减值准备。而税法规定，企业计提的资产减值准备不予承认，不得在税前扣除。这样，按会计准则确认的资产账面价值和按税法确定的资产计税基础不一致，从而产生暂时性差异。

⑦ 预计负债等项目的纳税递延。以"预计负债——产品质量保证"为例。或有事项会计准则规定，对售出产品承担保修义务的，应确认预计负债。但税法以企业实际发生的保修费作税前扣除。这样，会计确认的预计负债账面价值与税法确定的计税基础不一致，从而产生暂时性差异。例如，丰达企业本年销售商品实行"三包"（包修、包退、包换），确定预计负债 30 万元，本年未发生保修费用。该项负债账面价值为 30 万元，计税基础为 0，产生可抵扣暂时性差异为 30 万元。若所得税税率为 25%，则递延所得税资产为 7.5 万元（30 × 25%）。

⑧ 其他项目的暂时性差异。例如,分期收款销售商品,按会计准则规定一次确认收入,并记入"长期应收款"科目,但税务机关按每期约定的销售款作收入,从而产生暂时性差异。

3. 所得税税率

我国从 2008 年 1 月 1 日起实施的《企业所得税法》规定,我国企业所得税税率定为 25%;符合条件的小型微利企业,减按 20% 的税率征收企业所得税;国家需要重点扶持的高新技术企业,减按 15% 的税率征收企业所得税。

4. 所得税计算举例如下:

(1) 永久性差异计算举例

例 6-16 杜晋厂全年利润总额为 80.1 万元,从联营企业分进利润 2 万元,从股份制企业分进股利 4.5 万元,获得国库券利息收入 2.4 万元,获得企业债券利息收入 3 万元;杜晋厂全年发生计入成本费用的薪酬为 15 万元,按税法规定准予扣除的薪酬为 13.6 万元;列入营业外支出的各种捐赠支出为 2.7 万元,其中公益救济性捐赠 1.5 万元;因违反税法规定被税务部门处以罚款 3.6 万元。试计算杜晋厂全年应交所得税(所得税税率为 25%)和净利润。

① 纳税调整项目金额 = $-2 - 4.5 - 2.4 + (15 - 13.6) + (2.7 - 1.5) + 3.6 = -2.7$(万元)
② 应纳税所得额 = 利润总额 ± 纳税调整项目金额 = $80.1 - 2.7 = 77.4$(万元)
③ 全年应交所得税 = $77.4 \times 25\% = 19.35$(万元)
④ 全年净利润 = 全年利润总额 - 全年应交所得税 = $80.1 - 19.35 = 60.75$(万元)

(2) 暂时性差异计算举例如下:

例 6-17 杜晋厂年末会计账上"交易性金融资产——成本"借方余额为 20 万元,"交易性金融资产——公允价值变动"借方余额为 0.3 万元,进入资产负债表"交易性金融资产"项目金额共计 20.3 万元。而税务机关只承认初始入账"成本"20 万元。

计税基础为 20 万元,和会计账面价值 20.3 万元相差 0.3 万元。这 0.3 万元就是应纳税暂时性差异,乘以所得税税率 25%,产生递延所得税负债 0.075 万元。

例 6-18 杜晋厂年末会计账上固定资产原值为 384 万元,扣除累计折旧 120 万元,固定资产净值为 264 万元,扣除固定资产减值准备 10 万元,固定资产净额为 254 万元。而税务机关只承认固定资产净值 264 万元。

计税基础为 264 万元,和会计账面价值 254 万元相差 10 万元。这 10 万元就是可抵扣暂时性差异,乘以所得税税率 25%,产生递延所得税资产 2.5 万元。

(3) 两种差异综合举例如下:

例 6-19 杜晋厂全年利润总额为 80.1 万元,纳税调减总计 2.7 万元(见例 6-16),发生暂时性差异(例 6-17、例 6-18)如表 6-2 所示。

表 6-2　杜晋厂企业所得税费用的确认和计量　　　　　　　　　　单位:万元

序号	项目	账面价值	计税基础	暂时性差异	
				应纳税暂时性差异	应抵扣暂时性差异
1	交易性金融资产	20.3	200	0.3	
2	固定资产	254.0	264		10
	合计			0.3	10

根据例 6-19 计算确认的递延所得税负债、递延所得税资产、递延所得税费用、所得税费用、净利润以及相关的会计分录如下:

递延所得税负债 = 0.3 × 25% = 0.075(万元)

递延所得税资产 = 10 × 25% = 2.5(万元)

递延所得税费用 = 0.075 − 2.5 = − 2.425(万元)

当期所得税费用 = (80.1 − 2.7) × 25% = 19.35(万元)

所得税费用 = 19.35 − 2.425 = 16.925(万元)

全年净利润 = 80.1 − 16.925 = 63.175(万元)

杜晋厂当年年末做会计分录如下:

① 确认所得税费用的会计分录

借:所得税费用——当期所得税费用　　　　　　　　　　　193 500

　　递延所得税资产　　　　　　　　　　　　　　　　　　25 000

　贷:应交税费——应交所得税　　　　　　　　　　　　　193 500

　　　递延所得税负债　　　　　　　　　　　　　　　　　　750

　　　所得税费用——递延所得税费用　　　　　　　　　　24 250

② 结转所得税费用的会计分录

借:本年利润　　　　　　　　　　　　　　　　　　　　　169 250

　　所得税费用——递延所得税费用　　　　　　　　　　　24 250

　贷:所得税费用——当期所得税费用　　　　　　　　　　193 500

③ 结转净利润的会计分录

借:本年利润　　　　　　　　　　　　　　　　　　　　　631 750

　贷:利润分配——未分配利润　　　　　　　　　　　　　631 750

5. 利润核算科目的设置

为了核算企业当期实现的净利润或发生的净亏损,企业应设置"本年利润"科目。各月末,企业损益类科目的金额转入"本年利润"科目贷方(转入收入、收益)及借方(转入成本、费用、支出、损失等),结转后本科目贷方余额为当期实现的净利润,反之,为当期发生的净亏损。年度终了,企业应将本年收入和支出相抵结出的全年实现的净利润转入"利润分配"科目的贷方(见例 6-19 会计分录③),若为净亏损则转入"利润分配"科目的借方,结转后"本年利润"科目年终无余额。"本年利润"借贷方转入或转出的内容如图 6-1 所示。

借方	本年利润	贷方
转入主营业务成本		转入主营业务收入
转入其他业务成本		转入其他业务收入
转入公允价值变动损失		转入公允价值变动收益
转入投资损失		转入投资收益
转入税金及附加		转入资产处置收益
转入销售费用		转入其他收益
转入管理费用		转入营业外收入
转入研发费用		转出全年亏损总额
转入财务费用		
转入营业外支出		
转入信用减值损失		
转入资产减值损失		
转入所得税费用		
转出全年利润净额		

图 6-1 "本年利润"科目借贷方核算的内容

四、利润分配

利润分配是对实现的净利润进行分配。利润分配的去向为：提取积累公积金（法定盈余公积和任意盈余公积），以便扩大再生产，或以丰补歉等；向投资者分配利润；保留一部分利润留在企业不分配，以便以后年度再分配或以后年度弥补亏损。因此，利润分配包括可供分配额的计算、利润分配额以及未分配额的确定和处理三个方面。

（一）可供分配的利润

可供分配的利润 = 本年实现的净利润 + 前期未分配利润 + 以前年度损益调整

1. 本年实现的净利润

本年实现的净利润在年终从"本年利润"科目的借方结转到"利润分配——未分配利润"科目的贷方；本年发生的净亏损在年终从"本年利润"科目的贷方结转到"利润分配——未分配利润"科目的借方。

2. 前期未分配利润

前期未分配利润是"利润分配"科目年初贷方余额。因为"利润分配"科目借方反映利润分配额和净亏损转入额，贷方反映净利润转入额，分配额小于实现额即为结余的未分配利润额，以贷方余额的形式体现。

3. 以前年度损益调整

以前年度损益调整是指以前年度发生的影响损益的事项在本年度进行调整，以及本年度发现的重要前期差错更正涉及调整以前年度损益的事项。它分为三个方面：一是本年度发生的调整以前年度损益的事项;二是以前年度重大差错调整,比如被审查出来的上年或以前年度多计或少计的利润需要调整;三是年度资产负债表日后事项调整,是指在年度资产负债表日至财务会计报告批准报出日之间发生的需要调整报告年度损益的事项。比如,资产减损需要计提减值准备,销售退回需要调整原有记录及结果,诉讼案件所获赔款或支付赔款需要调整,等等。

企业应设置"以前年度损益调整"科目,调增以前年度损益时,记入"以前年度损益调整"科目贷方;调减以前年度损益时,记入"以前年度损益调整"科目借方。期末,企业应将"以前年度损益调整"科目调增的损益扣除调减的损益后的净额扣除应交所得税后转入"利润分配——未分配利润"科目,结转后"以前年度损益调整"科目期末无余额。记入"利润分配——未分配利润"科目的净损益还要补提盈余公积(通常是法定盈余公积),或冲销多提的盈余公积。对以前年度损益进行调整,涉及"利润分配——未分配利润"科目借贷方金额的变动,将其填入本年度会计报表相关项目,实质上就是对年初数进行的调整,属于"可供分配的利润"的计算范畴。

例 6-20 经审计检查发现,杜晋厂上年度有一项医务人员薪酬 1 493 元本应从已计提的职工福利费中开支,却列入生产成本,致使生产成本上升、利润减少,要求调增上年利润;同时检查还发现,杜晋厂上年度分配材料成本差异时,计入成本、费用的差异少转 500 元,致使上年成本费用少计、利润多计,要求调减上年利润。

调增上年利润 1 493 元抵消调减上年利润 500 元后,净额 993 元应缴纳所得税 248.25 元(993 × 25%),产生净利润 744.75 元(993 − 248.25)。再按净利润 10% 提取法定盈余公积 74.48 元(744.74 × 10%),最终在"利润分配 —— 未分配利润"账户借贷抵销后净增加 670.27 元(744.75 − 74.48)。

例 6-21 杜晋厂本年净利润为 63.175 万元(见例 6-19),"利润分配"账户年初贷方余额为 10.442 万元,以前年度损益调整使"未分配利润"净增 0.067 万元(见例 6-20)。

可供分配的利润 = 63.175 + 10.442 + 0.067 = 73.684(万元)

例 6-22 佳乐公司本年净利润为 50 万元,"利润分配"账户年初借方余额为 8 万元(即年初未弥补的亏损额)。

可供分配的利润 = 50 − 8 = 42(万元)

(二)利润的实际分配

1. 提取盈余公积

提取盈余公积包括提取法定盈余公积和任意盈余公积。法定盈余公积是指按照法律、法规和规章制度规定的比例从税后利润(净利润)中提取的公积金。我国《企业财务通则》规定的法定盈余公积的提取率为 10%。任意盈余公积是指按照公司章程规定或股东会决议提取的公积金,提取率每年由股东会确定。

例 6-23 杜晋厂本年度税前会计利润为 80.1 万元(见例 6-16),全年所得税费用(包括当期所得税费用和递延所得税费用)为 16.925 万元(见例 6-19),全年净利润为 63.175 万元(80.1 − 16.925)。法定盈余公积提取率为 10%,任意盈余公积提取率为 6%。

全年计提法定盈余公积 = 63.175 × 10% = 6.3175（万元）

2. 提取任意盈余公积

全年计提任意盈余公积 = 63.175 × 6% = 3.7905（万元）

3. 向投资者分配利润

例 6-24 杜晋厂本年确定向投资者分配利润 36 万元，其中国家资本、法人资本、个人资本分别占企业实收资本总额的 80%、12%、8%。

分给国家的利润 = 36 × 80% = 28.8（万元）
分给其他单位的利润 = 36 × 12% = 4.32（万元）
分给个人的利润 = 36 × 8% = 2.88（万元）

（三）未分配利润

未分配利润是指企业留待以后会计年度分配的利润，或者留待以后会计年度弥补的亏损。

年末未分配利润 = 本年可供分配的利润 − 本年实际分配的利润

根据以上例 6-21、例 6-23、例 6-24，杜晋厂本年年末未分配利计算如下：

未分配利润 = 73.684 − 6.3175 − 3.7905 − 36 = 27.576（万元）

上述利润分配的内容设置"利润分配"科目予以反映，如图 6-2 所示。

借方		利润分配	贷方	
			年初未分配利润	104 420
对以前年度损益调整补提盈余公积	75		以前年度损益调整转入净利润	745
提取法定盈余公积	63 175		本年净利润转入	631 750
提取任意盈余公积	37 905			
向投资者分出利润	360 000			
本期发生额	461 155		本期发生额	63 2495
			年末未分配利润	275 760

图 6-2 "利润分配"科目核算内容

第三节 利润的分析

一、利润总额的分析

企业利润总额由营业利润、营业外收支净额两部分组成。对利润总额的分析，一般可分以下三个步骤进行：

第一步，将本期实际利润总额与计划和上年同期相比，考察利润总额的计划完成情况和增长速度。

第二步，分析利润结构的变动，求出利润总额各个组成部分占利润总额的比重，将其与计划和上年同期情况对比。一般来说，营业利润的比重加大属于正常情况，若营业外收支净额的比重加大则是不正常的现象,应查明具体原因,重点检查是否按国家规定的正常途径取得收入,按国家规定的开支范围进行支出。

第三步,分析利润总额各个组成部分的变动,将利润总额的各个组成部分与计划和上年同期相比,确定其计划完成情况和增减变动情况,肯定主要成绩,找出主要问题,进一步进行深入分析。

二、营业毛利分析

企业的营业毛利分为主营业务毛利和其他业务毛利两部分。主营业务是企业最基本和最主要的经营活动,应对其进行重点分析。主营业务毛利的计算公式为:

$$主营业务毛利 = 主营业务收入 - 主营业务成本$$

从上述公式中可见,影响主营业务毛利的主要因素有四个:销售数量、销售价格、销售成本和销售产品的品种结构。各因素变动对主营业务毛利的影响分析如下:

1. 销售数量变动对毛利的影响

$$\text{销售数量变动对毛利的影响} = \left(\text{销售收入完成率} - 1\right) \times \text{计划产品销售毛利总额}$$

$$\text{销售收入完成率} = \frac{\sum(\text{各种产品实际销量} \times \text{计划单位售价})}{\sum(\text{各种产品计划销量} \times \text{计划单位售价})}$$

2. 销售价格变动对毛利的影响

工业企业产品销售价格上升或下降能直接增加或减少利润,其计算公式为:

$$\text{销售价格变动对毛利的影响} = \sum \text{各种产品实际销量} \times (\text{实际单位售价} - \text{计划单位售价})$$

3. 销售成本变动对毛利的影响

$$\text{销售成本变动对毛利的影响} = \sum \text{各种产品实际销量} \times (\text{实际单位成本} - \text{计划单位成本})$$

4. 销售产品的品种结构变动对毛利的影响

$$\text{品种结构变动对毛利的影响} = \sum(\text{各种产品实际销量} \times \text{计划单位毛利}) - (\text{计划产品销售毛利总额} \times \text{销售收入完成率})$$

例 6-25 杜晋厂计划主营业务毛利和实际主营业务毛利的资料分别如表 6-3、表 6-4 所示。试对实际毛利超过计划毛利的 3 150 元(72 000 - 68 850)进行因素分析。

表 6-3 杜晋厂主营业务毛利计划情况   单位:元

产品	计量单位	销售数量	主营业务收入		主营业务成本		主营业务毛利	
			单价	总额	单位成本	总额	单位毛利	总额
甲	千克	9 000	4.00	36 000	2.30	20 700	1.70	15 300
乙	台	510	185.00	94 350	110.00	56 100	75.00	38 250
丙	件	180	225.00	40 500	140.00	25 200	85.00	15 300
合计				170 850		102 000		68 850

表 6-4　杜晋厂主营业务毛利实际情况　　　　　　　　　　　　单位:元

产品	计量单位	销售数量	主营业务收入		主营业务成本		主营业务毛利	
			单价	总额	单位成本	总额	单位毛利	总额
甲	千克	10 000	4.12	41 200	2.266	22 660	1.854	18 540
乙	台	500	187.20	93 600	112.320	56 160	74.880	37 440
丙	件	200	226.00	45 200	145.900	29180	80.100	16 020
合计				180 000		108 000		72 000

① 销售数量变动对毛利的影响 $= \left[\dfrac{\sum(\text{各种产品实际销量} \times \text{计划单位售价})}{\sum(\text{各种产品计划销量} \times \text{计划单位售价})} - 1 \right] \times$ 计划主营业务毛利总额

$= \left(\dfrac{10\,000 \times 4 + 500 \times 185 + 200 \times 225}{9\,000 \times 4 + 510 \times 185 + 180 \times 225} - 1 \right) \times 68\,850$

$= (103.8923\% - 1) \times 68\,850 = 2\,679.85(元)$

② 品种结构变动对毛利的影响 $= \sum \left(\text{各种产品实际销量} \times \text{计划单位毛利} \right) - \left(\text{计划产品销售毛利总额} \times \text{销售收入完成率} \right)$

$= (10\,000 \times 1.70 + 500 \times 75.00 + 200 \times 85.00) - (68\,850 \times 103.8923\%)$

$= 71\,500 - 71\,529.85 = -29.85(元)$

③ 销售价格变动对毛利的影响 $= \sum \text{各种产品实际销量} \times \left(\text{实际单位售价} - \text{计划单位售价} \right)$

$= 10\,000 \times (4.12 - 4) + 500 \times (187.20 - 185) + 200 \times (226 - 225)$

$= 1\,200 + 1\,100 + 200 = 2\,500(元)$

④ 销售成本变动对毛利的影响 $= \sum \text{各种产品实际销量} \times \left(\text{实际单位成本} - \text{计划单位成本} \right)$

$= 10\,000 \times (2.266 - 2.30) + 500 \times (112.32 - 110) + 200 \times (145.90 - 140)$

$= -340 + 1\,160 + 1\,180 = 2\,000(元)$

⑤ 综合各因素影响额 = ① + ② + ③ - ④ = 2 679.85 - 29.85 + 2 500 - 2 000

　　　　　　　　　= 3 150(元)

综合上述四项因素影响额(3 150 元)和分析对象(3 150 元)相同。也就是说,销售数量变动使毛利增加 2 679.85 元,品种结构变动使毛利减少 29.85 元,销售价格变动使毛利增加 2 500 元,销售成本变动使毛利减少 2 000 元。

三、利润率分析

上述利润总额和主营业务毛利分析,主要是从绝对数上进行剖析、评价。由于同一企业在不同会计期间或不同企业之间生产经营规模不同,利润额(绝对数)指标往往缺乏可比性,需要进一步分析考核利润率(相对数)指标。利润率指标有多种形式,最常用的有营业收入毛利率、营业收入利润率、营业收入净利率、成本费用利润率和资产利润率五种。

（一）利润率的计算

1. 营业收入毛利率

营业收入毛利率是企业一定时期内营业毛利与营业收入的比率，又称销售毛利率。其计算公式为：

$$营业收入毛利率 = \frac{营业收入 - 营业成本}{营业收入} \times 100\%$$

为了重点分析企业的主营业务毛利情况，还可以单独计算以下指标：

$$主营业务收入毛利率 = \frac{主营业务收入 - 主营业务成本}{主营业务收入} \times 100\%$$

2. 营业收入利润率

营业收入利润率是企业一定时期内利润总额与营业收入的比率，又称销售利润率。其计算公式为：

$$营业收入利润率 = \frac{利润总额}{营业收入} \times 100\%$$

为了重点分析企业利润与主营业务的关系，还可以单独计算以下指标：

$$主营业务收入利润率 = \frac{利润总额}{主营业务收入} \times 100\%$$

国务院国资委考核分配局编制的、经济科学出版社 2022 年出版的《企业绩效评价标准值》附录还对企业实现的营业利润确定以下计算公式：

$$营业利润率 = \frac{营业利润}{营业总收入} \times 100\%$$

营业利润 = 营业总收入 − 营业成本 − 税金及附加 − 销售费用 − 管理费用 − 研发费用 − 财务费用 − 资产减值损失 − 信用减值损失 + 其他收益 + 投资收益 + 净敞口套期收益 + 公允价值变动收益 + 资产处置收益

3. 营业收入净利率

营业收入净利率是企业一定时期内净利润与营业收入的比率，又称销售净利率。其计算公式为：

$$营业收入净利率 = \frac{净利润}{营业收入} \times 100\%$$

为了重点分析企业净利润与主营业务的关系，还可以单独计算以下指标：

$$主营业务收入净利率 = \frac{净利润}{主营业务收入} \times 100\%$$

4. 成本费用利润率

成本费用利润率是一定时期内实现的利润总额与成本费用总额的比率。其计算公式为：

$$成本费用利润率 = \frac{利润总额}{成本费用总额} \times 100\%$$

$$= \frac{利润总额}{营业成本 + 税金及附加 + 销售费用 + 管理费用 + 研发费用 + 财务费用} \times 100\%$$

上述公式引自国务院国资委考核分配局编制、经济科学出版社出版的《企业绩效评价标准值》附录。

5. 资产利润率

资产利润率是企业一定时期内已实现的利润总额与平均资产总额的比率。其计算公式为：

$$资产利润率 = \frac{利润总额}{平均资产总额} \times 100\%$$

6. 利润率指标计算举例

例 6-26 我国 2017—2021 年规模以上工业企业利润率指标相关资料如表 6-5 所示，按累计数计算利润率指标。

表 6-5 2017—2021 年规模以上工业企业利润率相关资料　　　　单位：亿元

项目	2017 年	2018 年	2019 年	2020 年	2021 年	五年累计	年递增率
营业收入	1 133 161	1 049 491	1 057 825	1 083 658	1 279 227	5 603 362	3.1%
营业成本	956 120	880 807	891 095	903 752	1 071 247	4 703 021	2.9%
税金及附加	17 516	16 344	16 500	16 751	19 774	86 885	3.1%
销售费用	31 344	30 924	31 178	30 778	32 525	156 749	0.9%
管理费用	46 718	46 125	52 275	58 275	66 115	269 508	9.1%
财务费用	12 833	11 905	11 443	11 688	11 255	59 124	-3.2%
利润总额	74 916	66 351	61 996	684 656	87 092	975 011	3.8%
资产总计	1 121 910	1 134 382	1 191 375	1 303 499	1 412 880	6 164 046	5.9%
净利润	56 187	49 763	46 497	513 492	65 319	731 258	3.8%

注：税金及附加是推算数，并假定净利润 = 利润总额 × (1 - 所得税税率 25%)。

资料来源：2018—2022 年各年度的《中国统计年鉴》。

① 2017—2021 年营业收入毛利率 = (5 603 362 - 4 703 021) ÷ 5 603 362 × 100% = 16.1%

② 2017—2021 年营业收入利润率 = 975 011 ÷ 5 603 362 × 100% = 17.4%

③ 2017—2021 年主营业务收入净利率 = 731 258 ÷ 5 603 362 × 100% = 13.1%

④ 2017—2021 年成本费用利润率 = 975 011 ÷ (4 703 021 + 86 885 + 156 749 + 269 508 + 0 + 59 124) × 100% = 18.5%

⑤ 2017—2021 年资产利润率 = 975 011 ÷ 6 164 046 × 100% = 15.8%

（二）利润率的分析

1. 比较分析法

比较分析法就是将企业本期实际利润率与计划、上期、行业先进（平均）水平、全国先进（平均）水平进行比较，总括评价企业的利润水平。

2. 因素分析法

因素分析法就是分析影响利润率变动各因素及各种利润率指标间的相互关系，查明利润率指标值变动的原因，提出改进措施。比如，营业收入毛利率与销售数量、销售单价、单位销售成本和销售品种结构有关，可采用因素分析法测定各项因素的影响程度。企业还可以将利润率指标与有关指标结合起来分析，可考虑以下几种类型：

（1）营业收入毛利率与有关指标的关系为：

$$\frac{营业毛利}{营业收入} = \frac{营业成本}{营业收入} \times \frac{营业毛利}{营业成本}$$

即　　　　营业收入毛利率＝营业收入成本率×营业成本毛利率

（2）资产利润率与有关指标的关系为：

$$\frac{利润总额}{资产总额} = \frac{营业收入}{资产总额} \times \frac{利润总额}{营业收入}$$

即　　　　资产利润率＝资产收入率×收入利润率

例 6-27　我国 2019—2021 年规模以上工业企业利润率指标相关资料如表 6-6 所示。以其中 2019 年、2020 年数据为依据，对 2021 年资产利润率比 2020 年资产利润率低 0.237 个百分点（4.016%－4.253%）进行因素分析。

表 6-6　2019—2021 年全国规模以上工业企业资产利润率

项目	2019 年	2020 年	2021 年	三年累计	年递增率（%）
(1) 平均资产总计（亿元）	1 162 879	1 247 437	1 358 190	3 768 505	8.07
(2) 利润总额（亿元）	34 542	53 049	54 544	142 135	25.66
(3) 营业收入（亿元）	1 057 825	1 083 658	1 279 227	3 420 710	9.97
(4) 资产利润率（%）＝2÷1	2.970	4.253	4.016	3.77	16.28
(5) 资产收入率（%）＝3÷1	90.97	86.87	94.19	90.77	1.75
(6) 收入利润率（%）＝2÷3	3.265	4.895	4.264	4.16	14.27

注：2018 年资产总计 1 134 382 亿元。

资料来源：2022 年度的《中国统计年鉴》。

① 资产收入率变动影响资产利润率 ＝（2021 年资产收入率 － 2020 年资产收入率）× 2020 年收入利润率
　　＝（94.19% － 86.87%）× 4.895%
　　＝ 0.358%

② $\dfrac{\text{收入利润率变动}}{\text{影响资产利润率}} = \dfrac{2021\text{年资}}{\text{产收入率}} \times \left(\dfrac{2021\text{年收}}{\text{入利润率}} - \dfrac{2020\text{年收}}{\text{入利润率}} \right)$

$= 94.19\% \times (4.264\% - 4.895\%)$

$= -0.595\%$（含小数进位误差 -0.001%）

③ 综合影响 = ① + ② = $0.358\% - 0.595\% = -0.237\%$

计算结果表明：2021年资产收入率高于2020年资产收入率，导致资产利润率升高0.358%；2021年收入利润率低于2020年收入利润率，致使资产利润率降低0.595%。两因素共同作用，使2021年资产利润率比2020年资产利润率降低0.237个百分点（$0.358\% - 0.595\%$），与所要求的分析对象0.237个百分点（$4.016\% - 4.253\%$）（含小数进位误差0.001%）相同。

习题十三

目的：练习收入和利润业务处理。

1. 企业某月主营业务收入为10万元，向客户计收增值税为13万元，主营业务成本为6.5万元，当月购买材料等支付增值税0.3万元，城建税率为7%，教育费附加率为3%，地方教育附加率为2%。要求计算：

① 本月应交增值税 =

② 本月应交城建税 =

③ 本月应交教育费附加 =

④ 本月税金及附加 =

2. 凤洋工厂年度主营业务收入为170万元，主营业务成本为103万元，主营业务税金及附加为12万元；其他业务收入为10万元，其他业务成本为6万元，其他业务税金及附加为1万元，发生销售费用7万元、管理费用12万元、财务费用6万元；债券投资净收益为2万元，营业外收入为1万元，营业外支出为9万元，所得税费用按利润总额的25%计算。要求计算：

① 全年取得的营业利润 =

② 全年利润总额 =

③ 全年净利润 =

④ 计提的法定盈余公积 =

⑤ 企业年初未分配利润为2万元，本年向投资者分红12.09万元，则：

年末未分配利润 =

⑥ 营业收入毛利率 =

⑦ 营业收入利润率 =

⑧ 营业收入净利率 =

⑨ 对营业收入毛利率进行因素分析：

营业收入成本率变动影响营业收入毛利率 =

营业成本毛利率变动影响营业收入毛利率 =

案例二

目的：对上市公司销售获利情况进行分析和评价。

要求：登陆"证券之星"（www.stockstar.com）网站，收集神火股份上市公司（代码：000933）下列情况：

（1）公司概况及股票发行情况；

（2）近三年主要财务指标；

（3）下载最近三年利润表；

（4）下载与盈利能力有关的资产负债表近三年数据；

（5）近三年每股收益及分红配股方案；

（6）对神火股份盈利能力相关指标进行分析和评价（要与全国平均水平、国内外先进行业水平进行比较），并结合分析结果预测未来一年获利情况，撰写神火股份盈利能力分析及预测报告。

第七章　所有者权益

所有者权益是指企业资产扣除负债后由所有者享有的剩余权益。股份公司的所有者权益又称股东权益。企业的所有者权益和负债（债主权益）都是形成企业资产的来源，都是企业的权益，但两者有许多区别：①负债是债权人对企业资产的索偿权；而所有者权益是企业投资人对企业净资产的要求权。②债权人与企业只有债权债务关系，无权参与企业管理；而投资人拥有参与管理企业或委托他人管理企业的法定权利。③负债有规定的偿还期限；而所有者权益在企业经营期间无需偿还，除非终止经营，不得退回资本。④债权人不能参与企业利润分配，但可以按约定取得利息，风险小；投资人可以按投入资本金比例享有利润分配权，但不能取得固定利息，风险大。⑤企业清算时，投资者的索偿权位于债权人之后。

所有者权益或股东权益，在西方企业，亦称业主权益。所有者权益从内容看，分为实收资本、其他权益工具、资本公积、盈余公积、其他综合收益和未分配利润等。

第一节　实 收 资 本

一、实收资本的种类

实收资本是指企业实际收到投资者投入的资本额，亦称"投入资本"，包括国家资本、法人资本、外商资本和个人资本四部分。

1. 国家资本

国家资本是指有权代表国家投资的政府部门或机构以国有资产投入企业形成的资本金。按照企业财务通则的规定，属于国家直接投资、资本注入的，按照国家有关规定增加国家资本或者国有资本公积；属于投资补助的，增加资本公积或者实收资本。企业取得国家财政资金要区分以下情况确定归属：

（1）属于国家直接投资、资本注入的，增加国家资本，超过注册资本的增加国有资本公积。

（2）属于投资补助的，增加资本公积或者实收资本，由全体投资者享有；拨款时规定权属的，则按规定执行。

（3）属于贷款贴息、专项经费补助形成资产的，作递延收益；没有形成资产的，作本期收益（营业外收入）。

（4）属于政府转贷、偿还性资助的，作负债。

（5）属于弥补亏损、救助损失或者其他用途的，作本期收益或者递延收益。

2. 法人资本

法人资本是指企业接受具有法人资格的企业、事业单位和社会团体的投资而形成的资本。

3. 外商资本

外商资本是指国外和我国香港、澳门及台湾地区投资者以各种形式的财产对本企业进行投资而形成的资本。

4. 个人资本

个人资本是指社会上自然人以个人合法财产投入企业而形成的资本。

投资者向企业投入资本，企业设置"实收资本"科目进行核算；若为股份制企业，则设置"股本"科目代替"实收资本"科目进行核算。

二、资本金制度

资本金是企业在工商行政管理部门登记的注册资金总额。

（一）资本金注册

企业筹集资本金时，我国原先颁布的《公司法》规定实行最低注册资本制度。2013年10月25日，国务院总理李克强主持召开国务院常务会议，部署推进公司注册资本登记制度改革时提出，改革注册资本登记制度，取消有限责任公司最低注册资本的规定，放宽市场主体准入，创新政府监管方式，建立高效透明公正的现代公司登记制度。企业在工商管理部门注册登记的资本（注册资本）是设立企业的法定资本金，是企业的实收资本，它与借入资本的主要不同就是无需偿还。作为所有者，不能从企业任意抽走资本。企业注册资本应与企业实有资本一致，若两者相差20%以上，就必须办理变更注册资本的手续。

（二）资本金的管理

1. 股东不得抽逃出资

我国2018年10月26日修订的《公司法》规定：公司成立后，股东不得抽逃出资。这一规定是指企业的资本金未经严格的法律程序、手续，不得任意增减变动，不得以任何方式抽走。这样的规定重在考虑企业生产经营的正常进行。当然，这不包括法律另有规定的条款。例如，按《公司法》规定减少公司注册资本，与持有本公司股份的其他公司合并等。

2. 加强资本营运，实现资本增值

资本营运，从管理形式看，就是对资本的经营管理和运用；从实质内容看，就是资本在生产经营等运作过程中的价值增值。资本是商品经济高度发达的产物，是企业从事生产经营活动的基本条件。资本的保值不是目的，资本的运用和增值才是目的。根据马克思价值运动学说，资本是带来剩余价值的价值。日本《新版会计学大辞典》也认为，资本是"用来生产剩余价值或作他用"。投资者投入资本，经过生产、流通过程，其收入量大于投入量，就使资本产生增值。会计上所有者投入资本的增值，是指企业净资产的增加，即期末所有者权益金额大于期初所有者权益金额。实收资本基本不变，所有者权益增值就是资本公积、盈余公积和未分配利润这三种"附加资本"的增加。企业创造利润才能进行提取和积累，才能有新的未分配利润。因此，企业只有经营获利，才能使资本增值；如果经营亏损，资本不但得不到保值，反而已要减值。这是因为亏损额转入未分配利润，使未分配利润成为负数，以此抵减实收资本，使所有者权益合计额减少，少到低于实收资本额。例如，某企业资本金合计 20 457 万元，而所有者权益只有 16 090 万元，则资本减值 4 367 万元，即资本减值率为 21.35%（4 367 ÷ 20 457）。

3. 按投资者的出资比例分配剩余利润

在企业的注册资本总额中，各投资者投入资本的比例（出资比例）称为资本结构。企业缴纳所得税后的利润，在弥补亏损、提取盈余公积后，可以确定红利分配额。资本结构是红利分配的依据，投资者将按出资比例分享利润。当然，企业出现风险，投资者也要按出资比例承担风险。

三、实收资本的形式

投资者投入资本可采用货币资金、实物资产和无形资产等不同形式。

1. 投入货币资金

投资者以货币资金出资的，可以是人民币，也可以是外币。企业一般以收到或存入企业开户银行的日期和金额作为登记实收资本的依据。对于合同规定允许投入外币的，在以人民币作为记账本位币时，企业应按收到投资或存入银行当天的外汇市场汇价或当月1日的外汇市场汇价折合为人民币入账。

投资者以外币投资时，一般在投资合同中约定汇率。若企业实际收到投资入账时的汇率和合同约定登记实收资本的汇率不一致，则一律按被投资企业实际收到外币当日的汇率记账。

需要说明的是，国家向企业投资和国家向企业下拨专款并不是一回事。企业创建或扩大规模时，国家作为投资者向企业投资，企业作为"实收资本"入账。企业步入生产经营阶段收到国家专项拨款，专门用于新产品试制等方面，企业作为"长期应付款"入账。企业动用专项拨款若用于收益性支出（如支付新产品设计费等），则待拨款项目完成后可予以核销；若用于资本性支出（如购置固定资产等），则作为企业"资本公积——资本溢价"入账。例如，国家向某企业拨入专款15万元用于高新技术产品开发。该企业支付有关费用

花费 3 万元,购置先进设备 10 万元;新产品开发获得成功,上交多余拨款 2 万元。该企业准予核销的专项拨款为 3 万元,作为"资本公积——资本溢价"入账的金额为 10 万元。待未来变更注册资本时,再将"资本公积"10 万元转入或分配转入"实收资本——国家资本"科目。

值得注意的是,企业"实收资本"账户反映的投资比例有时和合同规定的出资比例不一致。这要求说明原因,并明确合同出资比例是多少(通过附注方式说明投资各方的合同出资比例分别是多少),以后进行的利润分配和企业清算仍以合同出资比例为依据。

2. 投入实物资产

投资者投入实物资产包括投入材料物资等流动资产和投入房屋、建筑物、机器设备等固定资产,企业应按评估确认的价值入账。尤其是企业收到外商投入的设备,要经我国商检部门评估鉴定价值,以防外商高报价格。企业收到外商投入设备时,按收到设备时的外汇汇率将评估确认的公允价值折合成人民币入账。

3. 投入无形资产

投资者以知识产权(专利权、非专利技术、商标权、著作权等)、土地使用权等无形资产向企业投资的,企业应按评估确认的公允价值入账。

第二节 其他权益工具

其他权益工具是企业发行在外的除普通股以外分类为权益工具的金融工具。与"实收资本""股本"的投资身份不同,其他权益工具不是普通股股东(普通投资者)的权益,而是优先股股东、持券待转股东的权益。

其他权益工具的主要来源有两个方面:一是发行优先股形成的其他权益工具;二是发行可转换债券形成的其他权益工具。

其他权益工具在资产负债表上的列示要求为:对于资产负债表日企业发行的金融工具分类为权益工具的,企业应在"其他权益工具"项目填列;对于优先股和永续债,还应在"其他权益工具"项目下的"优先股"项目和"永续债"项目分别填列。对于资产负债表日企业发行的金融工具分类为金融负债的,企业应在"应付债券"项目填列;对于优先股和永续债,还应在"应付债券"项目下的"优先股"项目和"永续债"项目分别填列。

第三节 资本公积

资本公积是投资者出资额超出其在注册资本或股本中所占份额的部分以及其他直接归属于所有者权益的利得和损失。资本公积从形成来源上看,它不是由企业实现的利润转化而来的,本质上应属于投入资本范畴,是资本的储备形式,是一种准资本。

尽管资本公积属于投入资本范畴,但它与实收资本又有所不同。一是来源不同。实收资本来自投资者的资本金;资本公积既可以来自投资者的额外投入(资本溢价),又可以来自除投资者以外的其他交易或事项,比如可供出售金融资产公允价值变动,企业确定的以权益工具结算应支付的股份等。二是限制不同。实收资本有严格的限制,比如要有最低的法定资本,要和注册资本一致,投资者一般不得抽走资本金等,而资本公积无论是在金额上还是在来源上,都没有严格的限制。

"资本公积"科目下设置"资本溢价"或"股本溢价"和"其他资本公积"明细科目进行明细核算。

一、资本溢价

资本溢价是指投资者投入的资本金超过其在注册资本中所占份额的部分。其主要原因有两方面:

1. 补偿企业未确认的自创商誉

企业从创立、筹建、生产运营,到打开市场、拥有竞争优势,这无形之中增加了企业的商誉。企业初创时投入的资本与几年后再投入的等额资本的质量是不同的。在企业初创时投入资本的报酬或收益很低,甚至没有,但这种资本在企业生存、发展中起了极大的作用;在企业兴旺发达时再投入资本,这种投资的收益比初创时大得多,可所起的作用比初创时小得多。这就是说,不同时期的等额投资,其质量是不同的。原有投资者自创了商誉,应归属于原有投资者。当新投资者加入企业时,应该付出更多的资本,用来补偿原投资者在自创商誉未来收益分享方面的损失。新投资者投入的较多资本中,按协商确定的资本额记入"实收资本"科目,超过核定部分形成"资本溢价"。

例 7-1 某企业某年创建,创建时有三个投资者各自投入 40 万元。企业开业三年,这三个投资者没有分到利润,但第四年企业开始转机。这一年,又有一个投资者投入资金。

如果四个投资者要均等分配税后利润时,那么第四个投资者不仅要投入 40 万元作企业"实收资本",还要考虑补偿企业创建发展中的自创商誉而增加投资 12 万元(投资者之间协议确定,此处"投资本金系数"为 1.30(52÷40),即现时投入 1.30 元相当于原来的 1 元),这 12 万元作"资本公积"处理,属于四个投资者的共同权益。

2. 补偿原投资者资本增值中享有的权益

承例 7-1,第四个投资者向企业投资时,企业"实收资本"账户余额为 120 万元,而"资本公积""盈余公积"和"未分配利润"账户余额为 30 万元。这 30 万元是原投资者投入资本的增值,属于原投资者的权益。第四个投资者在新注入资金时,不仅要多拿出 12 万元作企业自创商誉价值的补偿,还要再拿出 10 万元(30 万元÷3)作"资本公积",补偿原投资者资本增值中享有的权益。

综合上述两种资本溢价,第四个投资者共投入货币资金 62 万元,其中确认"实收资本"40 万元,列作"资本公积"22 万元,其"投资本金系数"为 1.55(62÷40),这样才能和原投资者获得均等分享资本增值收益的权利。

二、股本溢价

股本溢价是指股份制企业发行股票时,股票价格超过股票面值而产生的溢价。我国《公司法》第128条规定:股票发行价格可以按票面金额,也可以超过票面金额,但不得低于票面金额。

例7-2 某股份公司发行面值100元的股票20万股,实际发行价格为110元,实际收款2 200万元存入银行。

该股份公司将2 000万元(100×20)作为"股本"入账,将200万元[(110-100)×20]作"资本公积"入账。

三、其他资本公积

1. 股权投资调整

采用权益法核算长期股权投资时,被投资单位除净损益以外所有者权益的其他变动,企业按持股比例计算应享有的份额,在调整"长期股权投资——其他权益变动"金额的同时,调整"资本公积——其他资本公积"金额;在处置长期股权投资时,还应转销原记入"资本公积——其他资本公积"账户的相关金额。

2. 权益性股份激励

企业以权益结算的股份支付换取职工或其他方提供服务的,在等待期间应按确定的金额,记入"管理费用"等账户,同时形成"资本公积——其他资本公积"。在行权日再将其中确认股权的部分转入"实收资本"或"股本"账户,将其超过股权的差额,作为"资本公积——资本溢价或股本溢价"处理。

3. 房地产转换利得

采用公允价值模式计量投资性房地产下,当企业自用房地产或存货转换为投资性房地产时,企业应在转换日按其公允价值与账面余额的差额,作"资本公积——其他资本公积"的增加或作"公允价值变动损益"的减少;当企业处置投资性房地产时,再转销"资本公积——其他资本公积"账户的余额。

4. 其他计入所有者权益的利得或损失

企业集团内部在无偿调拨固定资产时,调出单位要相应减少"资本公积——其他资本公积",调入单位要相应增加"资本公积——其他资本公积"。

四、资本公积的用途

1. 企业的资本公积可以转增实收资本

企业的资本公积报同级财政部门审批后可以转增实收资本。企业资本公积转增实收资本时要区分三种情况进行处理:一是直接转增。对于那些在资本公积形成时就确定了归属性质的资本公积可直接转增实收资本。比如,国家财政拨款形成的资本公积,可直接转为"国家资本"。又如,企业在接受资本投入时产生的资本(股本)溢价,一般能确定归属性质,在变更注册资本时可直接转入各有关所有者的实收资本。二是分配转增。对于各类资本共同形成的资本公积,在转增实收资本时,可按资本结构比例分配转增各所有者的实收资本。三是挂账待转。有些资本公积需要经一段时间才能确定归属性质的,必须在法定期满后才能转增实收资本。例如,企业接受固定资产捐赠,如果金额较大,按纳税规定,可在未来五年内将其价值分配计入各年纳税所得额计算交纳所得税,那么企业在其所得税未全部缴纳完毕之前,由此形成的资本公积不得转增实收资本。

2. 核销资本性损失

财政部颁布的《企业资产损失财务处理暂行办法》(财企〔2003〕235号文)规定,企业在特定情形下清查出的资产损失,经批准可以核销资本公积。

第四节 盈余公积

一、盈余公积的种类

盈余公积是企业从税后利润中提取的资本积累。

1. 法定盈余公积

法定盈余公积也称法定公积金,是按照国家规定比例从企业净利润中提取的有某种特定目的或用途的公积金,又称指用盈余或特别盈余公积。

根据我国《公司法》的规定,公司分配当年税后利润时,应当提取利润的百分之十列入公司法定公积金。公司法定公积金累计额为公司注册资本的百分之五十以上的,可以不再提取。

2. 任意盈余公积

任意盈余公积也称任意公积金,是按照股东会或股东大会决议从税后利润中提取的公积金。

企业设置"盈余公积"科目反映盈余公积的计提和使用。在"盈余公积"科目下,企业分设"法定盈余公积"和"任意盈余公积"明细科目进行明细分类核算。外商投资企业还应分别设置"储备基金"和"企业发展基金"进行明细核算。中外合作经营企业在合作期间归还投资者的投资,应设置"利润归还投资"明细科目进行明细核算。

二、盈余公积的使用

我国《公司法》规定:公司的公积金用于弥补公司的亏损、扩大公司生产经营或者转为增加公司资本。但是,资本公积金不得用于弥补公司的亏损。

1. 盈余公积用于弥补企业亏损

企业发生亏损挂账后,可用以后实现的利润在税前弥补或税后弥补。税后利润还不足以弥补的,可用盈余公积弥补。由于盈余公积是所有者的权益,弥补亏损时应由董事会提出具体方案,报经股东大会或类似权力机构批准后才可操作。

用盈余公积补亏,导致"盈余公积"金额减少。这一方面是对已计提"盈余公积"的抵减,另一方面相应增加了利润分配的来源。因此,用盈余公积补亏的会计分录为:

借:盈余公积——法定盈余公积或任意盈余公积
　　贷:利润分配——盈余公积补亏
借:利润分配——盈余公积补亏
　　贷:利润分配——未分配利润

2. 盈余公积转增实收资本

企业盈余公积转增实收资本时,公司制企业由董事会决定,按投资者原有持股比例转增并经股东大会审议通过;国有企业由经理办公会决定,报主管财政机关备案。我国《公司法》还规定:法定公积金转为资本时,所留存的该项公积金不得少于转增前公司注册资本的百分之二十五。

第五节　其他综合收益

其他综合收益是指企业根据会计准则规定未在当期损益中确认的各项利得和损失。在企业利润表中,有两大项目额度可转换为所有者权益:一是由净利润转换为所有者权益,如计提盈余公积、保留未分配利润等;二是由其他综合收益(税后净额)转换为所有者权益。

企业在处理其他综合收益业务时,要进行两种分类:一是不能重分类进损益的其他综合收益的处理;二是将重分类进损益的其他综合收益的处理。

一、不能重分类进损益的其他综合收益的项目

(1) 重新计量设定受益计划变动额。
(2) 权益法下不能转损益的其他综合收益。
(3) 其他权益工具投资公允价值变动。
(4) 企业自身信用风险公允价值变动。

二、将重分类进损益的其他综合收益的项目

(1) 权益法下可转损益的其他综合收益。
(2) 其他债权投资公允价值变动。
(3) 金融资产重分类计入其他综合收益的金额。
(4) 其他债权投资信用减值准备。
(5) 现金流量套期储备。
(6) 外币财务报表折算差额。

三、综合收益总额的计算

企业期末编制的利润表,综合收益总额=净利润+其他综合收益,其他综合收益=不能重分类进损益的其他综合收益+将重分类进损益的其他综合收益。

企业期末编制资产负债表,在所有者权益类下专门设置"其他综合收益"项目反映未计入当期损益的、与所有者以其所有者身份进行的交易之外的其他交易或事项引起的所有者权益变动。

如果是母公司汇总合并报表,还要在利润表"净利润"项目下分别设置"归属于母公司所有者的净利润"和"少数股东权益"两个项目反映净利润的归属;同时在"综合收益总额"项目下分别设置"归属于母公司所有者的综合收益总额"和"归属于少数股东的综合收益总额"两个项目反映综合收益的归属。

第六节 未分配利润

一、未分配利润的形成

1. 以前年度滚动留存未作分配的利润

企业为了稳健起见,以前年度实现的净利润并未全部分配。这部分滚动留存未作分配的利润表现为"利润分配"账户的年初余额。"利润分配"账户年初贷方余额,表示结余未分配的利润;"利润分配"账户年初借方余额,表示尚未弥补的亏损。对于"以前年度损益调整"最终转入"利润分配——未分配利润"科目的金额,其实质是对年初未分配利润的调整。

2. 本年度实现的未作分配的利润

企业本年度实现的净利润在弥补以前年度亏损(超过五年的未弥补亏损,即税后补亏)、提取法定盈余公积、提取任意盈余公积后,即可向投资者分配利润。分配时可将以前年度未分配的利润并入本年度一起向投资者分配,同时还要保留部分利润留待以后年度分配。

企业本年度实现的净利润的分配顺序是:弥补以前年度亏损;提取法定盈余公积;提取任意盈余公积;向投资者分配股利或利润。现举例予以说明。

例7-3 某股份有限公司年初未分配利润结余150万元,本年度处理"以前年度损益调整"转入"利润分配——未分配利润"科目贷方金额3万元。公司本年实现净利润400万元,提取法定盈余公积40万元,提取任意盈余公积20万元,公司决定向普通股股东分配股利145万元。试计算公司年末未分配利润。

① 可供分配的利润=年初未分配利润+以前年度损益调整转入额+本年实现的净利润=150+3+400=553(万元)

② 实际分配的利润 = 提取的法定盈余公积 + 提取的任意盈余公积 + 向投资者分配的股利 = 40 + 20 + 145 = 205(万元)

③ 年末未分配利润 = ① − ② = 553 − 250 = 303(万元)

说明:如有盈余公积补亏,则在上述公式②中抵减提取的盈余公积。

二、未分配利润的用途

1. 留待以后年度弥补亏损

企业发生的亏损,可以用下一年度的税前利润弥补。下一年度所得税前利润弥补亏损后有剩余的,剩余部分应依法缴纳所得税;下一年度所得税前利润仍不足以弥补亏损的,可连续弥补,但用税前利润连续弥补期限不得超过5年。

目前,我国规定的弥补亏损,概括起来有四条途径:①税前利润弥补;②税后利润弥补,企业连续税前补亏5年还不足以弥补的,从第6年起,应当用税后利润弥补;③盈余公积补亏;④资本公积补亏。虽然《公司法》规定不得用资本公积弥补亏损,但在具体工作中因现实需要,经过国家批准,国有企业的资本公积可以用来弥补政策性重大亏损。例如,企业重组过程中清查出来的价值减损,企业依照国家规定分离办社会职能以及主辅分离过程中经批准核销的特定损失。

2. 留待以后年度向投资者分配

"未分配利润"有三层含义:一是指企业本年度缴纳所得税后的待分配利润;二是指企业本年度税后利润经过提取公积金和分出利润后的剩余利润;三是指以前年度滚动留存未作分配的利润。会计上的"未分配利润"是"利润分配"科目下的一个明细科目,它以贷方余额体现未分配的剩余利润,以借方余额体现未弥补的亏损。由于这种剩余利润是对利润经各项分配扣除后的余额,因此它转入下年度直接向投资者分配,而不再构成下年度计提公积金的基数。

习题十四

目的:练习所有者权益业务处理。

丙企业接受甲公司投入固定资产一批,对方账面原值为26万元,已提折旧为8万元,该设备公允价值为19.8万元,双方协议确认的投资本金系数为1.10;同时,丙企业接受乙公司投入货币资金50万元,双方确认的投资额为40万元。要求计算:

① 接受甲公司固定资产投资反映的实收资本 =

② 接受乙公司货币资金投资反映的实收资本 =

③ 丙企业接受投资后所有者权益增加总额 =

第八章 会计报表

第一节 会计报表概述

一、会计报表的意义和作用

会计核算通常由记账、算账和报账三部分组成。记账指会计核算中填制和审核会计凭证,登记账簿以及结出各账户本期发生额和期末余额,并进行试算核对等工作。算账指会计核算中为求得某些指标而根据账簿记录所进行的计算工作。报账指会计核算中根据记账和算账所提供的资料,定期或不定期地编制各种会计报表的工作。一般认为,会计核算系统包括复式簿记(记账和算账)和会计报表编报两个分系统。复式簿记属于日常核算,是一种大量的、经常的、连续的工作,产生的会计信息分散在多种会计凭证和账簿中,不能集中地揭示和反映会计期间经营活动和财务收支的全貌。为了进一步发挥会计的职能作用,还必须对日常核算资料进行整理、分类、计算和汇总,编制出会计报表,以便更集中概括地向有关方面提供总体会计信息。因此,会计报表是以日常核算资料为依据,总括地反映会计主体在一定时期的财务状况、经营成果和财务管理过程的报告文件,是会计核算的最终产品。

企业编制会计报表的目的是为企业现在和潜在的投资者、信贷者、经营管理者和其他信息使用者提供能使他们做出合理的投资、贷款、经营管理和其他经济决策有用的信息,提供能帮助他们估量企业期望的净现金流量的数额、时间和不确定性的信息,提供企业的经济资产、企业对其他实体的债务和所有者权益变动的各种业务、事项和情况的信息。由此可见,会计报表的作用主要有以下三方面:

(1) 会计报表提供的经济信息是企业内部加强和改善经营管理的重要依据。

(2) 会计报表提供的经济信息是企业外部有关信息使用者做出经济决策的重要依据。

(3) 会计报表提供的经济信息是国家国民经济管理部门进行宏观调控和管理的重要依据。

二、会计报表的种类

（一）按反映的经济内容分

会计报表按反映的经济内容分为三类：一是反映财务状况及其变化情况的报表，如资产负债表、现金流量表、所有制者权益变动表；二是反映经营成果的报表，如利润表；三是反映企业生产经营过程中生产耗费及其产品成本形成情况的报表，如产品生产成本表、主要产品单位成本表、制造费用明细表、各种期间费用明细表等。

（二）按报送对象分

会计报表按照报送对象分为对外报表和对内报表。对外会计报表又称财务会计报表，简称财务报表，是指企业向外部报表使用者编报的有通用格式的会计报表，包括资产负债表、利润表、现金流量表、所有者权益变动表和财务报表附注。对内报表又称管理会计报表或内部管理报表，是指为了企业内部经济管理需要而编制的会计报表，对内报表主要是成本报表，包括产品生产成本表、主要产品单位成本表、制造费用明细表、各种期间费用明细表等。对内报表的名称、格式、编制方法等不要求像财务报表那样通用，而由企业自行确定。

企业对外报送年度财务报表时，应附送财务报表附注。财务报表附注是财务报表的重要组成部分，是对财务报表中列示项目的文字描述或明细资料，以及对未能在财务报表中列示项目的说明等。附注披露会计信息的一般顺序是：企业基本情况，包括企业注册地、组织形式和总部地址，企业的业务性质和主要经营活动，母公司以及集团最终母公司的名称，财务报告的批准报出者和财务报告批准报出日；财务报表的编制基础；遵循企业会计准则的声明；重要会计政策的说明，包括财务报表项目的计量基础和会计政策的确定依据等；重要会计估计的说明，包括下一会计期间内很可能导致资产和负债账面价值重大调整的会计估计的确定依据等；会计政策和会计估计变更以及差错更正的说明；对已在资产负债表、利润表、所有者权益变动表和现金流量表中列示的重要项目的进一步说明，包括终止经营税后利润的金额及其构成情况等；或有和承诺事项、资产负债表日后非调整事项、关联方关系及其交易等需要说明的事项。财务报表和财务报表附注共同组成对外报送的财务会计报告。

企业编制财务会计报告的目标是向财务会计报告使用者提供与企业财务状况、经营成果和现金流量等有关的会计信息，反映企业管理层受托责任履行情况，有助于财务会计报告使用者做出经济决策。

（三）按编报时间分

会计报表按编报时间分为月报、季报和年报。月报是按月编制的会计报表，如资产负债表、利润表等。季报是按季编制的会计报表，如主要产品单位成本表等。年报是按年编制的会计报表，也称年度结算报告，如现金流量表等。

（四）按编制单位分

会计报表按编制单位分为单位报表和汇总报表或合并会计报表。单位报表是由独立核算的基层单位编制的反映本单位情况的报表；汇总报表是指上级主管部门本身的会计报表与所属单位的会计报表合并汇总编制的会计报表。合并会计报表是指总公司或集团性公司将公司本身的会计报表与所属独立公司会计报表合并汇总编制的会计报表。

第二节 财 务 报 表

财务报表是以货币形式总括反映企业财务状况、经营成果和资金流转信息的书面文件，包括财务报表、财务报表附注两大内容。财务报表包括资产负债表、利润表、现金流量表、所有者权益变动表。财务报表附注是对财务报表中列示项目的文字描述或明细资料，以及对未能在这些报表中列示项目的说明等。财务报表附注的表现形式有两种：一是文字性的阐述；二是采用附表的格式提供明细资料。

一、资产负债表

资产负债表是反映企业在某一特定日期（如月末、季末、年末）财务状况的会计报表。

（一）资产负债表的作用及局限性

资产负债表的作用主要有以下三方面：

（1）通过资产负债表可以了解企业所掌握的经济资源以及这些资源的分布与结构情况。

（2）通过资产负债表可以了解企业资金来源的构成，分析企业的资金结构，了解企业面临的财务风险。

（3）通过对资产负债表进行分析，可以了解企业的偿债实力、投资实力和支付能力。把前后各期的资产负债表加以对照分析，还可以看出企业资金结构的变化情况及财务状况的发展趋势。

资产负债表的局限性主要有三方面：第一，它不能直接反映管理当局受托责任的履行情况。资产负债表提供的数值也仅仅是企业经营成果与财务成果的简单混合。资产负债表的资产方项目描述的只是企业某一时点所持有的经济资源，它们的账面价值并不能完全反映企业资产的公允市价；资产负债表的负债和所有者权益方项目只能说明假如企业在资产负债表日时间破产解散，不同的权利人（债权人和投资者）按账面价值所能分得的资产。第二，它不能说明企业经营者在企业经营过程中是如何筹集资金，在企业经营过程中付出了哪些努力，对所筹集的资金又是如何运用的，在经营方面究竟取得了什么样的成果。第三，资产负债表的使用者无法从表中看出管理当局是否有效地获得生产资料、是否及时地偿还贷款，据以保持企业良好的资信水平。

(二)资产负债表的格式和内容

资产负债表的基本结构是以"资产 = 负债 + 所有者权益"这一会计平衡公式为基础的。把资产放在报表的左侧,把负债和所有者权益放在报表的右侧,把报表制成横式,类似于 T 形账户而左右分列,并使左右两侧的数值总额平衡相等,这种格式称为账户式;如果把资产放在报表的上端,把负债和所有者权益放在报表的下端,把报表制成竖式,并使上下两端的数值总额平衡相等,这种格式称为报告式。我国《企业会计准则》考虑了资产负债表的直观明晰和广大财会人员的习惯,规定采用账户式。

资产负债表左侧的资产按照流动资产、非流动资产两大类别排列。其中,非流动资产又按非流动资产投资、固定资产、无形资产、其他各项长期资产的顺序分类排列;右侧的负债和所有者权益按照流动负债、非流动负债和所有者权益的顺序分类排列。资产负债表的具体格式和内容如表 8-1 所示。

表 8-1 资产负债表

编制单位:夏宇工厂　　　　20××年 12 月 31 日　　　　　　　　　单位:元

资产	年初余额	期末余额	负债和所有者权益	年初余额	期末余额
流动资产:			流动负债:		
货币资金	256 500	690 445	短期借款	384 400	495 000
交易性金融资产	535 000	203 000	交易性金融负债		
应收票据	20 500	103 662	应付票据		175 500
应收账款	558 320	262 730	应付账款	489 000	293 100
应收款项融资			预收款项		
预付款项		598	合同负债		
其他应收款	1 800	6 309	应付职工薪酬	86 200	93 653
存货	1 200 600	1 456 488	应交税费	95 900	83 648
合同资产			其他应付款	262 100	156 800
持有待售资产			持有待售负债		
一年内到期的非流动资产			一年内到期的非流动负债	369 641	30 000
其他流动资产	10 480	10 912	其他流动负债		
流动资产合计	2 583 200	2 734 144	流动负债合计	1 687 241	1 327 701
非流动资产:			非流动负债:		
债权投资		107 970	长期借款	627 031	693 031
其他债权投资			应付债券	120 328	128 166
长期应收款			其中:优先股		
长期股权投资	154 600	154 600	永续债		
其他权益工具投资			租赁负债		
其他非流动金融资产			长期应付款		
投资性房地产			预计负债		
固定资产	2 474 000	2 551 263	递延收益		

（续表）

资产	年初余额	期末余额	负债和所有者权益	年初余额	期末余额
在建工程	135 000	143 791	递延所得税负债		13 200
生产性生物资产			其他非流动负债		
油气资产			非流动负债合计	747 359	834 397
使用权资产			负债合计	2 434 600	2 162 098
无形资产	135 400	126 855	所有者权益：		
开发支出			实收资本	2 814 000	2 814 000
商誉			其他权益工具		
长期待摊费用	87 500	74 240	其中：优先股		
递延所得税资产			永续债		
其他非流动资产			资本公积	23 000	67 600
非流动资产合计	2 986 500	3 158 719	减：库存股		
			其他综合收益		
			专项储备		
			盈余公积	98 910	205 090
			未分配利润	199 190	644 075
			所有者权益合计	3 135 100	3 730 765
资产总计	5 569 700	5 892 863	负债和所有者权益总计	5 569 700	5 892 863

（三）资产负债表的编制原理

资产负债表各项目的数值应根据企业或会计主体总账或明细账账户期末余额直接填列或进行分析加工处理后填列。对表中"年初余额"栏内各项数值，根据上年年末资产负债表"期末余额"栏内所列数值填列。资产负债表"期末余额"栏的具体填列方法有：①根据总账科目的余额直接填列；②根据总账科目的余额合并计算或分解计算填列；③根据明细科目的余额计算填列；④根据表中有关项目的数值计算填列。资产负债表各项目的具体填列结果如表8-1所示。

二、利润表

利润表是反映企业在一定会计期间的经营成果情况的会计报表。

（一）利润表的作用

（1）通过利润表提供的有关利润方面的信息，可以评价企业的经营效率和经营成果，评价投资的价值和回报，从而衡量企业在经营管理上的成功程度。

（2）根据利润表中企业经营成果方面的信息，可以判定所有者投入企业的资本是否能得到保全。

（3）利用利润表中的信息可以对企业未来的经营状况、获利能力进行预测，了解企业在未来一定时期内的盈利趋势。

(二)利润表的内容和格式

利润表的内容分为三部分：一是反映企业在特定会计期间实现的利润总额（或亏损总额）及其构成，据以分析企业的经济效益及盈利能力；二是反映企业在特定会计期间实现的净利润（或净亏损），据以分析企业投资者投入资本的动态增值情况；三是反映普通股股东的每股收益情况。

利润表可以采用单步式和多步式两种格式。单步式利润表通常采用左右对照的账户式结构，即左侧反映各种收入、收益项目，右侧反映各种费用、支出及损失项目。多步式利润表通常采用上下加减的报告式结构，利润的计算被分解为多个步骤完成。具体来讲，第一步，从营业收入减去营业成本、期间费用等项目后，计算出营业利润；第二步，以营业利润为基础，加减营业外收支净额，计算出利润总额；第三步，以利润总额为基础，减去所得税费用后，计算出净利润；第四步，计算每股收益。多步式利润表格式如表8-2所示。

表8-2 利润表

编制单位：夏宇工厂　　　　　20××年12月　　　　　　　　　　　　　　单位：元

项目	本月金额	本年金额
一、营业总收入	743 600	7 298 385
二、营业总成本		
其中：营业成本	485 988	5 274 893
税金及附加	4 385	41 756
销售费用	2 239	214 663
管理费用	38 870	684 155
研发费用		
财务费用	110 045	150 045
其中：利息费用	110 045	150 045
利息收入		
加：其他收益		
投资收益（损失以"-"号填列）	4 233	51 233
其中：对联营企业和合营企业的投资收益		
以摊余成本计量的金融资产终止确认收益		
净敞口套期收益（损失以"-"号填列）		
公允价值变动收益（损失以"-"号填列）		
信用减值损失（损失以"-"号填列）		
资产减值损失（损失以"-"号填列）		
资产处置收益（损失以"-"号填列）		
三、营业利润（亏损以"-"号填列）	106 306	984 106
加：营业外收入	21 950	39 950
减：营业外支出	11 436	80 236
四、利润总额（亏损总额以"-"号填列）	116 820	943 820
减：所得税费用	29 205	235 955

(续表)

项目	本月金额	本年金额
五、净利润（净亏损以"-"号填列）	87 615	707 865
（一）持续经营净利润（净亏损以"-"号填列）	87 615	707 865
（二）终止经营净利润（净亏损以"-"号填列）		
六、其他综合收益		
（一）不能重分类进损益的其他综合收益		
1. 重新计量设定受益计划变动额		
2. 权益法下不能转损益的其他综合收益		
3. 其他权益工具投资公允价值变动		
4. 企业自身信用风险公允价值变动		
（二）将重分类进损益的其他综合收益		
1. 权益法下可转损益的其他综合收益		
2. 其他债权投资公允价值变动		
3. 金融资产重分类计入其他综合收益的金额		
4. 其他债权投资信用减值准备		
5. 现金流量套期储备		
6. 外币财务报表折算差额		
7. 其他		
七、综合收益总额	87 615	707 865
八、每股收益		
（一）基本每股收益（元/股）		
（二）稀释每股收益（元/股）		

需要说明的是，2006年以前，财政部专门设置了"利润分配表"内容和格式。从2007年1月1日起，随着新《企业会计准则》的实施，"利润分配表"内容和格式并入了"所有者权益变动表"。

（三）利润表的编制原理

利润表中构成营业利润、利润总额和净利润的各项目，根据会计损益类账户的发生额填列。利润表中"基本每股收益"项目，反映归属于普通股股东的当期净利润与发行在外普通股的加权平均数之比，根据本表"本期金额"栏"净利润"除以发行在外普通股的加权平均数得出；"稀释每股收益"项目，反映归属于普通股股东的当期净利润调整额与发行在外普通股及潜在普通股转换为已发行普通股的加权平均数之比，根据本表"本期金额"栏"净利润"调整额除以发行在外普通股的加权平均数与潜在普通股转换为已发行普通股的加权平均数之和得出。"其他综合收益的税后净额"项目，反映企业根据企业会计准则规定未在损益中确认的各项利得和损失扣除所得税影响后的净额。"综合收益总额"项目，反映企业净利润与其他综合收益的合计金额。利润表的编制结果如表8-2所示。

三、所有者权益变动表

（一）所有者权益变动表的基本内容

所有者权益变动表是反映构成所有者权益各组成部分当期增减变动情况的报表。当期损益、直接计入所有者权益的利得和损失、与所有者或股东的资本交易导致的所有者权益的变动，应当分别列示。

所有者权益变动表反映的基本内容有：净利润；直接计入所有者权益的利得和损失项目及其总额；会计政策变更和差错更正的累积影响金额；所有者投入资本和向所有者分配利润等；按规定提取的盈余公积；实收资本（或股本）、资本公积、盈余公积、未分配利润的期初和期末余额及其调节情况。所有者权益变动表的内容和格式如表8-3所示。

（二）所有者权益变动表的编制

1. 所有者权益变动表"本年金额"栏的填制原理

所有者权益变动表"本年金额"栏，根据本年度"利润分配"科目及其所属明细科目的记录和所有者权益类科目的发生额及余额分析填列。

2. 所有者权益变动表"上年金额"栏的填制原理

所有者权益变动表"上年金额"栏，根据上年度"所有者权益变动表"填列。若上年度所有者权益变动表与本年度所有者权益变动表的项目名称和内容不一致，则应对上年度报表项目的名称和数值按本年度的规定进行调整，填入本表"上年金额"栏内。企业本年度发生的调整以前年度损益的事项，其中转入"利润分配——未分配利润""盈余公积"等科目的数额填入所有者权益变动表"会计政策变更""前期差错更正"项目（另填入"资产负债表"中年初有关项目）。

3. 所有者权益变动表的编制结果

所有者权益变动表的编制结果如表8-3所示。

四、现金流量表

（一）现金流量表的作用及编制目的

现金流量表是反映企业一定会计时期现金和现金等价物流入与流出情况的报表。它的主要作用：一是更好地帮助投资者、债权人和其他人士评估在未来创造有利的净现金流量的能力；二是评估企业偿还债务、分配股利或利润的能力，并对企业资金筹措情况做出评价；三是确定净利润与相关的现金收支产生差异的原因；四是评估当期的现金与非现金投资和理财事项对企业财务状况的影响。编制现金流量表的主要目的是为报表使用者提供企业一定时期内现金和现金等价物流入与流出的信息，便于会计报表使用者了解和评价企业获取现金和现金等价物的能力，并据以预测企业未来现金流量。

（二）现金流量表的编制基础

现金流量表的编制基础是企业拥有的现金和现金等价物。现金是指企业库存现金以及可以随时用于支付的存款，包括"库存现金"账户核算的库存现金，"银行存款"账户核算的存入金融企业并可以随时用于支付的存款,"其他货币资金"账户核算的外埠存款、银行汇票存款、银行本票存款、信用卡存款、信用证保证存款和存出投资款等。现金等价物是指企业持有的期限短、流动性强、易于转换为已知金额现金、价值变动风险很小的投资。其中,"期限短"一般指从购买日起三个月内到期。现金等价物通常包括三个月内到期的债券投资等。权益性投资变现的金额通常不确定,因而不属于现金等价物。由此可见,现金流量表中的现金是一种广义的现金,现金流量也是相对于广义现金(现金及现金等价物)的流入和流出数量,但不包括购置和处理附属企业及其他营业单位产生的现金流动、非持续经营企业的现金流动和接受其他企业委托业务发生的不属于本企业所有的现金收支。

(三)现金流量表中的收支内容

1. 经营活动产生的现金流入和现金流出

(1) 销售商品、提供劳务收到的现金。这是指企业销售商品、提供劳务实际收到的现金,包括销售收入和应向购买者收取的增值税销项税额。具体包括:本期销售商品、提供劳务收到的现金,以及前期销售商品、提供劳务本期收到的现金和本期预收的款项,减去本期销售本期退回的商品和前期销售本期退回的商品支付的现金。需要注意的是,企业销售材料和代购代销业务收到的现金,也在本项目反映。

(2) 收到的税费返还。这是指企业收到返还的各种税费,如收到的增值税、所得税、消费税、关税和教育费附加的返还款等。

(3) 收到其他与经营活动有关的现金。这是指企业除上述各项目外,收到的其他与经营活动有关的现金,如罚款收入、流动资产损失中由个人赔偿的现金收入等。其他与经营活动有关的现金,价值较大的,应单列项目反映。

(4) 购买商品、接受劳务支付的现金。这是指企业购买材料、商品、接受劳务实际支付的现金,包括支付的货款以及与货款一并支付的增值税进项税额。具体包括:本期购买商品、接受劳务支付的现金,以及本期支付前期购买商品、接受劳务的未付款项和本期预付款项,减去本期发生的购货退回收到的现金。

(5) 支付给职工以及为职工支付的现金。这是指企业实际支付给职工的现金以及为职工支付的现金,包括本期实际支付给职工的工资、奖金、各种津贴和补贴等薪酬以及为职工支付的其他费用,不包括支付的离退休人员的各项费用和支付给在建工程人员的薪酬等。支付的离退休人员的各项费用,包括支付的统筹退休金以及未参加统筹的退休人员的费用,在"支付其他与经营活动有关的现金"项目中反映;支付的由在建工程、无形资产负担的职工薪酬,在"购建固定资产、无形资产和其他长期资产支付的现金"项目中反映。

(6) 支付的各项税费。这是指企业按规定支付的各项税费,包括本期发生并支付的税费,以及本期支付以前各期发生的税费和预交的税金,如支付的教育费附加、矿产资源补偿费、印花税、房产税、土地增值税、车船使用税等,不包括计入固定资产价值、实际支付的耕地占用税等,也不包括本期退回的增值税、所得税。本期退回的增值税、所得税,在"收到的税费返还"项目中反映。

(7) 支付其他与经营活动有关的现金。这是指企业除上述各项目外,支付其他与经营活动有关的现金,如罚款、差旅费、业务招待费、保险费等的支出。其他与经营活动有关

表 8-3 所有者权益变动表

编制单位：夏宇工厂　　20××年度　　单位：元

项目	本年金额										上年金额									
	实收资本	其他权益工具			资本公积	减：库存股	其他综合收益	专项储备	盈余公积	未分配利润	所有者权益合计	实收资本	其他权益工具			资本公积	减：库存股	其他综合收益	专项储备	盈余公积	未分配利润	所有者权益合计
		优先股	永续债	其他									优先股	永续债	其他							
一、上年年末余额	2 814 000				23 000				98 910	199 190	3 135 100											
加：会计政策变更																						
前期差错更正																						
其他																						
二、本年年初余额	2 814 000				23 000				98 910	199 190	3 135 100											
三、本年增减变动金额（减少以"-"号填列）					26 800					707 865	707 865											
（一）综合收益总额																						
（二）所有者投入和减少资本																						
1. 所有者投入的普通股																						
2. 其他权益工具持有者投入资本																						
3. 股份支付计入所有者权益的金额					17 800						17 800											
4. 其他																						
（三）利润分配										106 180	-106 180	0											
1. 提取盈余公积																						

(续表)

项目	本年金额											上年金额										
	实收资本	其他权益工具			资本公积	减:库存股	其他综合收益	专项储备	盈余公积	未分配利润	所有者权益合计	实收资本	其他权益工具			资本公积	减:库存股	其他综合收益	专项储备	盈余公积	未分配利润	所有者权益合计
		优先股	永续债	其他									优先股	永续债	其他							
2. 对所有者(或股东)的分配										-156 800	-156 800											
3. 其他																						
(四) 所有者权益内部结转																						
1. 资本公积转增资本(或股本)																						
2. 盈余公积转增资本(或股本)																						
3. 盈余公积弥补亏损																						
4. 设定受益计划变动额结转留存收益																						
5. 其他综合收益结转留存收益																						
6. 其他																						
四、本年年末余额	2 814 000				67 600				205 090	644 075	3 730 765											

的现金,价值较大的,应单列项目反映。

2. 投资活动产生的现金流入和现金流出

(1) 收回投资收到的现金。这是指企业出售、转让或到期收回除现金等价物以外的交易性金融资产、可供出售金融资产、债权投资、委托贷款、长期股权投资而收到的现金,但不包括其中收回的利息以及收回的非现金资产。收回的利息在"取得投资收益收到的现金"项目中反映。

(2) 取得投资收益收到的现金。这是指企业因股权性投资而分得的现金股利,从子公司、联营企业或合营企业分回利润而收到的现金,以及因债权性投资而取得的现金利息收入。股票股利不在本项目中反映;包括在现金等价物范围内的债券性投资,其利息收入在本项目中反映。

(3) 处置固定资产、无形资产和其他长期资产收回的现金净额。这是指企业出售固定资产、无形资产和其他长期资产取得的现金,减去为处置这些资产而支付的有关费用后的净额。处置固定资产、无形资产和其他长期资产收到的现金,与处置活动支付的现金,两者在时间上比较接近且金额不大,其净额更能反映处置活动对现金流量的影响。由于自然灾害等所造成的固定资产等长期资产的报废、毁损而收到的保险赔偿收入,也在本项目中反映。

需要注意的是,固定资产报废、毁损的变卖收益以及遭受灾害而收到的保险赔偿收入等,也在本项目中反映。若处置固定资产、无形资产和其他长期资产收回的现金净额为负数,则应作为投资活动产生的现金流量,在"支付其他与投资活动有关的现金"项目中反映。

(4) 处置子公司及其他营业单位收到的现金净额。这是指企业处置子公司和其他营业单位实际收到的现金净额。

(5) 收到其他与投资活动有关的现金。这是指除上述各项目外,企业收到其他与投资活动有关的现金。其他与投资活动有关的现金,价值较大的,应单列项目反映。

(6) 购建固定资产、无形资产和其他长期资产支付的现金。这是指企业购买、建造固定资产,取得无形资产和其他长期资产所支付的现金,包括购买机器设备所支付的现金及增值税款、建造工程支付的现金、支付由在建工程和无形资产负担的薪酬等现金支出,不包括为购建固定资产而发生的借款利息资本化部分,以及融资租入固定资产所支付的租赁费。为购建固定资产而发生的借款利息资本化部分,以及融资租入固定资产所支付的租赁费,应在"筹资活动产生的现金流量——支付其他与筹资活动有关的现金"项目中反映。企业以分期付款方式购建的固定资产,其首次付款支付的现金在本项目中反映,以后各期支付的现金在"筹资活动产生的现金流量——支付其他与筹资活动有关的现金"项目中反映。

(7) 投资支付的现金。这是指企业进行权益性投资和债权性投资支付的现金,包括企业取得的除现金等价物以外的交易性股票投资、交易性债券投资、长期股权投资、债权投资支付的现金,以及支付的佣金、手续费等附加费用。企业购买债券的价款中含有债券利息的,以及溢价或折价购入的,均按实际支付的金额反映。

需要注意的是,企业购买股票和债券时,实际支付的价款中包含的已宣告但尚未领取的现金股利或已到付息期但尚未领取的债券利息,应在"支付其他与投资活动有关的现金"项目中反映；收回购买股票和债券时支付的已宣告但尚未领取的现金股利或已到付息期但尚未领取的债券利息，应在"收到其他与投资活动有关的现金"项目中反映。

（8）取得子公司及其他营业单位支付的现金净额。这是指企业购买子公司和处置其他营业单位实际支付的现金净额。整体购买一个单位，结算方式是多种多样的，比如购买方全部以现金支付或一部分以现金支付而另一部分以实物清偿。同时，企业购买子公司及其他营业单位是整体交易，子公司和其他营业单位除有固定资产和存货外，还可能持有现金及现金等价物。这样，整体购买子公司或其他营业单位的现金流量，就应以购买出价中以现金支付的部分减去子公司或其他营业单位持有的现金及现金等价物后的净额反映。

（9）支付其他与投资活动有关的现金。这是指除上述各项目外，企业支付其他与投资活动有关的现金。其他与投资活动有关的现金，价值较大的，应单列项目反映。

3. 筹资活动产生的现金流入和现金流出

（1）吸收投资收到的现金。这是指企业以发行股票、债券等方式筹集资金实际收到的款项净额，即发行收入减去支付的佣金等发行费用后的净额。

需要注意的是，以发行股票、债券等方式筹集资金而由企业直接支付的审计、咨询等费用，不在本项目中反映，而在"支付其他与筹资活动有关的现金"项目中反映；由金融企业直接支付的手续费、宣传费、咨询费、印刷费等费用，从发行股票、债券取得的现金收入中扣除，以净额列示。

（2）取得借款收到的现金。这是指企业举借各种短期、长期借款而收到的现金。

（3）收到其他与筹资活动有关的现金。这是指除上述各项目外，企业收到其他与筹资活动有关的现金。其他与筹资活动有关的现金，价值较大的，应单列项目反映。

（4）偿还债务支付的现金。这是指企业以现金偿还债务的本金，包括归还金融企业的借款本金、偿付企业到期的债券本金等。

需要注意的是，企业偿还的借款利息、债券利息，在"分配股利、利润或偿付利息支付的现金"项目中反映，不在本项目中反映。

（5）分配股利、利润或偿付利息支付的现金。这是指企业实际支付的现金股利、支付给其他投资单位的利润或用现金支付的借款利息、债券利息等现金。

（6）支付其他与筹资活动有关的现金。这是指除上述各项目外，企业支付其他与筹资活动有关的现金。其他与筹资活动有关的现金，价值较大的，应单列项目反映。

4. 汇率变动对现金及现金等价物的影响

企业在编制现金流量表时，应当将外币现金流量以及境外子公司的现金流量折算成记账本位币。《企业会计准则第31号——现金流量表》规定：企业外币现金流量以及境外子公司的现金流量，应当以现金流量发生日的即期汇率或按照系统合理的方法确定的、与现金流量发生日即期汇率近似的汇率折算。汇率变动对现金的影响额应当作为调节项目，在现金流量表中单独列报。

汇率变动对现金及现金等价物的影响，是指企业外币现金流量及境外子公司的现金流量折算成记账本位币时所采用的是现金流量发生日的即期汇率或即期汇率近似的汇率，而现金流量表中"现金及现金等价物净增加额"中外币现金净增加额是按期末汇率折算的,两者的差额即为汇率变动对现金的影响。

根据以上现金流量表收支内容列示的现金流量表如表 8-4 所示。

(四)现金流量表的编制方法

1. 经营活动现金流量的编制方法

经营活动现金流量采用直接法和间接法两种方法编制。

(1) 直接法。直接法是指按现金收入和现金支出的主要类别直接反映企业经营活动产生的现金流量,如销售商品、提供劳务收到的现金,购买商品、接受劳务支付的现金等就是按现金收入和现金支出的来源直接反映的。在直接法下,一般是以利润表中的营业收入为起算点,调整与经营活动有关项目的增减变动,据此计算出经营活动产生的现金流量。

在采用直接法时,有关经营活动现金流量的信息一般通过以下途径之一取得:①企业的会计记录。②根据下列项目对利润表中的营业收入、营业成本以及其他项目进行调整,比如当期存货及经营性应收和应付项目的变动,固定资产折旧,无形资产摊销等其他非现金项目,其现金影响属于投资或筹资活动现金流量的其他项目。

(2) 间接法。间接法是指以净利润为起算点,调整不涉及现金的收入、费用、营业外收支等有关项目,据此计算出经营活动产生的现金流量。

我国《企业会计准则第 31 号——现金流量表》及其应用指南规定采用直接法编制现金流量表,同时要求在现金流量表附注中采用间接法将净利润调节为经营活动产生的现金流量。

2. 投资活动、筹资活动现金流量的编制方法

投资活动、筹资活动现金流量采用直接法编制,即直接根据投资活动、筹资活动有关账户的现金收入和现金支出的主要类别及其金额填列。

(五)现金流量表的编制程序

1. 工作底稿法编制程序

采用工作底稿法编制现金流量表,就是以工作底稿为手段,以利润表和资产负债表数据为基础,对每一项目进行分析并编制调整分录,从而编制出现金流量表。

2. T 形账户法编制程序

采用 T 形账户法,就是以 T 形账户为手段,以利润表和资产负债表数据为基础,对每一项目进行分析并编制调整分录,从而编制出现金流量表。

3. 随时确认法编制程序

所谓随时确认法,是会计人员在平时处理经济业务编制记账凭证时应确定现金流量表的具体项目,对其进行编号,然后定期或不定期汇总记账凭证中已编号的项目金额,于期末正式编制出现金流量表的编制方法。[1]

现金流量表的编制结果如表 8-4 所示。

---

[1] 该方法由中国矿业大学朱学义教授提出并推广运用。朱学义:《论现金流量表的随时确认法》,《四川会计》1999 年第 6 期;朱学义:《中级财务会计(第 3 版)》,机械工业出版社 2007 年版。

五、财务报表附注

财务报表附注有两种表现形式：一是对相关列示项目的文字描述；二是采用附表的格式提供明细资料。

1. 财务报表附注的文字性说明

财务报表附注通过文字形式披露的内容和一般顺序为：企业基本情况，包括企业注册地、组织形式和总部地址，企业的业务性质和主要经营活动，母公司以及集团最终母公司的名称，财务报告的批准报出者和财务报告批准报出日；财务报表的编制基础；遵循企业会计准则的声明；重要会计政策的说明，包括财务报表项目的计量基础和会计政策的确定依据等；重要会计估计的说明，包括下一会计期间内很可能导致资产和负债账面价值重大调整的会计估计的确定依据等；会计政策和会计估计变更以及差错更正的说明；对已在资产负债表、利润表、所有者权益变动表和现金流量表中列示的重要项目的进一步说明，包括终止经营税后利润的金额及其构成情况等；或有和承诺事项、资产负债表日后非调整事项、关联方关系及其交易等需要说明的事项。此外，企业还应当在附注中披露在资产负债表日后、财务报表批准报出日前提议或宣布发放的股利总额和每股股利金额（或分配给投资者的利润总额）。

2. 财务报表附表的内容

财务报表附表通常有分部报告、营业收入附表、应收款项附表、存货附表、存货跌价准备附表、短期借款和长期借款附表、应交税费附表、资产减值准备附表、资产减值损失附表、应付职工薪酬附表、固定资产附表、无形资产附表、营业外收支附表、递延所得税资产和递延所得税负债附表、现金及现金等价物附表、取得或处置子公司及其他营业单位附表等。下面以营业收入附表为例，列示其编制结果（见表8-5）。

表8-5　营业收入附表　　　　　　　　　　　　　　　　　　　　单位：元

项目	本期发生额	上期发生额
一、主营业务		
1. A 产品	1 962 670	
2. B 产品	1 401 280	
3. C 产品	1 657 620	
4. D 产品	1 368 400	
5. E 产品	297 650	
6. F 产品	563 965	
小计	7 251 585	
二、其他业务		
1. 材料销售	43 200	
2. 固定资产出租	3 600	
小计	46 800	
合计	7 298 385	

注：如果企业对外披露"营业收入附表"，可以仅披露"主营业务收入"总额和"其他业务收入"总额。

表 8-4　现金流量表

编制单位：夏宇工厂　　20××年度　　单位：元

项目	上年金额	本年金额	项目	上年金额	本年金额
一、经营活动产生的现金流量					
销售商品、提供劳务收到的现金	8 737 294		投资支付的现金		438 077
收到的税费返还			取得子公司及其他营业单位支付的现金		
收到其他与经营活动有关的现金	96 890		支付其他与投资活动有关的现金		856 651
经营活动现金流入小计	8 834 184		投资活动现金流出小计		
购买商品、接受劳务支付的现金	5 919 307		投资活动产生的现金流量净额		5 539
支付给职工以及为职工支付的现金	611 370		三、筹资活动产生的现金流量		
支付的各项税费	672 052		吸收投资收到的现金		310 600
支付其他与经营活动有关的现金	637 511		取得借款收到的现金		20 000
经营活动现金流出小计	7 840 240		收到其他与筹资活动有关的现金		
经营活动产生的现金流量净额	993 944		筹资活动现金流入小计		330 600
二、投资活动产生的现金流量			偿还债务支付的现金		569 641
收回投资收到的现金	704 800		分配股利、利润或偿付利息支付的现金		310 257
取得投资收益收到的现金	6 040		支付其他与筹资活动有关的现金		16 240
处置固定资产、无形资产和其他长期资产收回的现金净额	149 200		筹资活动现金流出小计		896 138
			筹资活动产生的现金流量净额		−565 538
处置子公司及其他营业单位收到的现金	2 150		四、汇率变动对现金及现金等价物影响		
收到其他与投资活动有关的现金	862 190		五、现金及现金等价物净增加额		433 945
投资活动现金流入小计			加：期初现金及现金等价物余额		256 500
购建固定资产、无形资产和其他长期资产支付的现金	418 574		六、期末现金及现金等价物余额		690 445

(续表)

补充资料	上年金额	本年金额	补充资料	上年金额	本年金额
1. 将净利润调节为经营活动现金流量：			经营性应收项目减少（增加用"-"号）		210 510
净利润		707 865	经营性应付项目的增加（减少用"-"号）		-34 790
加：资产减值准备		4 783	其他		11 568
固定资产折旧,油气资产折耗,生产性生物资产折旧		276 417	经营活动产生的现金流量净额		993 944
无形资产摊销		12 545	2. 不涉及现金收支的重大投资和筹资活动：		
长期待摊费用摊销		31 520	债务转为资本		
处置固定资产、无形资产和其他长期资产的损失（收益用"-"号）		-19 300	一年内到期的可转换公司债券		
固定资产报废损失（收益用"-"号）		6 400	3. 现金及现金等价物净变动情况：		
公允价值变动损失（收益用"-"号）			融资租入固定资产		
财务费用		150 045	现金的期末余额		690 445
投资损失（收益用"-"号）		-51 233	减：现金的期初余额		
递延所得税资产减少（增加用"-"号）			加：现金等价物的期末余额		256 500
递延所得税负债增加（减少用"-"号）			减：现金等价物的期初余额		
存货的减少（增加用"-"号）		-312 386	现金及现金等价物净增加额		433 945

第三节　成本报表

一、成本报表的种类

成本报表是反映企业生产经营过程中生产耗费和产品成本形成情况的报表,是企业内部成本费用管理方面的报表。成本报表的种类、名称、内容、格式由企业自行确定。一般来说,企业成本报表有产品生产成本表,主要产品单位成本表,产品生产、销售成本表,制造费用明细表,销售费用明细表,管理费用明细表,财务费用明细表,营业外收支明细表等。

二、产品生产成本表

产品生产成本表是按成本项目反映企业一定时期在产品生产过程中生产费用的发生和制造成本的形成情况的报表(见表 8-6)。其内容由三部分组成:一是本期全部产品发生的生产费用,包括直接材料、直接工资和制造费用;二是在制品(在产品和自制半成品)期初、期末余额;三是产品生产成本合计。产品生产成本表按月根据"生产成本——基本生产成本"明细账的数额汇总填列。

表 8-6　产品生产成本表

编制单位:夏宇工厂　　　　　　　　20××年 12 月　　　　　　　　　　　单位:元

项目	上年实际	本月实际	本年累计实际
生产费用:			
直接材料	3 538 700	356 090	3 679 655
其中:原材料	3 361 800	345 400	3 615 450
直接工资	447 900	24 765	541 511
制造费用	972 200	118 049	1 056 206
生产费用合计	4 958 800	498 904	5 277 372
加:在产品、自制半成品期初余额	388 100	427 288	413 000
减:在产品、自制半成品期末余额	413 000	462 424	462 424
产品生产成本合计	4 933 900	463 768	5 227 948

三、主要产品单位成本表

主要产品单位成本表是反映企业月份、年度内生产的各种主要产品单位成本构成情况的报表。编制主要产品单位成本表是为了考核各种主要产品单位成本计划的执行结果,分析各成本项目的变化及其原因,评价企业主要产品单位成本升降情况,以找出差距、挖掘潜力、降低成本。

主要产品单位成本表按成本项目反映主要产品本月和本年累计实际单位成本、本年计划和上年实际平均单位成本以及历史上最低单位成本的情况。它按每种主要产品分别编制，一般是一季编制一次，其格式如表 8-7 所示。

表 8-7 主要产品单位成本表

编制单位：夏宇工厂　　　　　　　　　　20××年12月　　　　　　　　　　　　　　　单位：元

产品名称	A	规格		计量单位	台	单位售价	500
本年计划产量	4 800	本月实际产量		500	本年累计产量		4 900

项目	本年累计实际总成本	上年累计实际平均单位成本	本年计划单位成本	本月实际单位成本	本年累计实际平均单位成本
直接材料	1 100 868	238.00	226.00	224.38	224.67
直接工资	64 251	15.00	14.00	13.22	13.11
制造费用	282 444	61.00	59.00	59.77	57.64
产品生产成本合计	1 447 563	314.00	299.00	297.37	295.42

主要产品单位成本表还可以增加"历史先进水平"栏，其往年数据根据历史成本资料及上年度本表资料填列；本年计划单位成本根据本年成本计划资料填列；本月实际单位成本根据本月完工该种产品的成本计算单列或根据"生产成本——基本生产成本"明细账填列；本年累计实际平均单位成本是指本年年初至本月末止该种产品的实际平均单位成本，用该产品累计总成本除以累计产量得出。

需要说明的是，有的企业或集团可以统一规定适合本行业特征的、便于汇总的内部单位成本表。如煤炭行业矿业集团可以统一编制原选煤成本计算表，按材料、工资、职工薪酬、电费、折旧费、维简费、修理费、地面塌陷补偿费和其他支出等项目反映原选煤的单位成本和总成本，统一规定洗煤成本计算表的内容、格式、编制要求，按入洗原料煤、材料、薪酬、电费、折旧费、修理费和其他等项目反映洗煤分离前的总成本和单位成本，同时按产品名称（洗精煤、洗块煤、其他洗煤）反映洗煤分离后的总成本和单位成本。

四、产品生产、销售成本表

产品生产、销售成本表是反映企业全部产品（各种主要产品和各种非主要产品）生产、销售和结存情况的报表。产品生产、销售成本表可以反映企业产品生产和销售的衔接情况、产品结存的变动情况以及产品生产成本的升降情况。本表根据库存商品明细账、主营业务成本明细账等资料填列，其中累计单位成本用累计总成本除以累计生产量得出。产品生产、销售成本表的内容、格式及编制结果如表 8-8 所示。

表 8-8　产品生产、销售成本表

编制单位：夏宇工厂　　20××年12月　　　　　金额单位：元

产品名称	计量单位	生产量 本月	生产量 本年累计	销售量 本月	销售量 本年累计	其中：销售退回	单位生产成本 上年实际平均	单位生产成本 本月实际	单位生产成本 本年累计实际平均	生产总成本 上年实际总成本	生产总成本 本月实际	生产总成本 本年累计实际总成本	销售成本 本月实际	销售成本 本年累计实际	期初结存 数量	期初结存 成本	期末结存 数量	期末结存 成本
主要产品合计	×	×	×	×	×	×	×	×	×	×	428 968	4 948 348	443 890	4 952 690	×	210 020	×	205 678
1. A	台	500	4 900	600	4 975		314	297	295	1 538 600	148 683	1 447 563	177 888	1 473 518	275	85 250	200	59 295
2. B	台	1 000	10 900	1 100	10 950		90	87	88	981 000	87 155	962 355	95 084	967 384	450	39 600	400	34 571
3. C	件	2 000	26 200	1 900	25 980		45	42	40	1 179 000	83 046	1 153 246	77 938	1 145 978	880	37 840	1 100	45 108
4. D	件	1 500	19 100	1 300	18 772		52	51	51	993 200	75 747	967 547	64 519	951 569	672	33 650	1 000	49 628
5. E	吨	30	260	25	357		1 188	1 146	1 160	427 680	34 337	417 637	28 461	414 241	12	13 680	15	17 076
非主要产品合计	×	×	×	×	×	×	×	×	×	×	34 800	279 600	33 533	278 333	×		×	
6. F	斤	10	76	10	76			3 353	3 662		33 533	278 333	33 533	278 333				
7. G	台	1	1					1 267	1 267		1 267	1 267						1 067
全部产品生产成本	×	×	×	×	×	×	×	×	×	×	463 768	5 227 948	477 423	5 231 023	×		×	206 745

五、费用及损益项目明细表

(一) 制造费用明细表

制造费用明细表反映年度内基本生产车间发生的各种制造费用。辅助生产车间发生的制造费用,因已分配计入基本生产车间制造费用和管理费用有关项目,不包括在本表内,以免重复反映;但企业在日常核算中,对辅助生产车间的制造费用也应分别车间编制计划并进行考核。

制造费用明细表按费用项目反映本年计划数、上年(同期累计)实际数、本月实际数、本年累计实际数,一般按月或季编制。

制造费用明细表根据基本生产车间制造费用明细账、本年成本计划、上年本表填列,具体格式、内容如表 8-9 所示。

表 8-9　制造费用明细表

编制单位:夏宇工厂　　　　　　　　20××年 12 月　　　　　　　　单位:元

项目	上年实际	本年计划	本月实际	本年累计实际
1. 工资薪酬	54 300	48 900	5 600.00	47 400.00
2. 其他薪酬	7 602	6 846	784.00	6 636.00
3. 折旧费	209 000	221 000	19 034.00	236 694.00
4. 修理费	91 000	89 600	9 457.09	80 517.09
5. 办公费	18 000	16 500	2 300.00	15 940.00
6. 水电费	189 000	188 260	22 995.00	181 395.00
7. 机物料消耗	478 000	480 000	48 744.00	179 180.00
8. 低值易耗品摊销	298 000	290 000	7 147.60	292 147.60
9. 劳动保护费	6 400	6 600	868.00	6 148.00
10. 差旅费	4 200	4 000		4 100.00
11. 保险费	4 870	5 210	180.5.00	4 950.50
12. 运输费				
13. 租赁费				
14. 其他	1 628	1 084	1 008.00	1 008.00
制造费用合计	1 362 000	1 358 000	118 118.19	1 056 116.19

(二) 销售费用明细表

销售费用明细表反映年度内企业在销售过程中发生的各项业务费用和专设销售机构的各项经费。它按月或季分费用项目分别反映销售费用的本年计划数、上年实际数(同期累计)、本月实际数和本年累计实际数。销售费用明细表根据销售费用明细账、本年费用计划、上年本表资料填列,具体内容、格式如表 8-10 所示。

表 8-10 销售费用明细表

编制单位:夏宇工厂　　　　　　　20××年12月　　　　　　　　　　　　　　　单位:元

项目	上年实际	本年计划	本月实际	本年累计实际
1. 运输费	2 100		1 500	22 900
2. 包装费	3 000		239	3 439
3. 广告费	110 000		500	108 324
4. 装卸费				
5. 保险费				
6. 委托代销手续费				
7. 广告费				
8. 展览费				
9. 租赁费				
10. 销售服务费用				
11. 职工薪酬				
12. 差旅费				
13. 办公费				
14. 折旧费				
15. 修理费				
16. 物料消耗				
17. 低值易耗品摊销				
18. 其他费用	80 000			80 000
销售费用合计	195 100		2 239	214 663

(三)管理费用明细表

管理费用明细表反映年度内企业行政管理部门为组织和管理经营活动而发生的各项费用。它按月或季分费用项目根据管理费用明细账等资料填列,其内容、格式如表 8-11 所示。

表 8-11 管理费用明细表

编制单位:夏宇工厂　　　　　　　20××年12月　　　　　　　　　　　　　　　单位:元

项目	上年实际	本年计划	本月实际	本年累计实际
1. 工资薪酬	66 000	67 000	6 000	67 600
2. 职工福利薪酬	9 240	9 380	910	10 026
3. 折旧费	18 760	27 100	1 528	27 896
4. 办公费	24 000	21 800	875	20 775
5. 差旅费	8 700	8 300	300	8 300

(续表)

项目	上年实际	本年计划	本月实际	本年累计实际
6. 运输费	25 900	25 700	2 000	22 680
7. 保险费	480	510	200	651
8. 修理费	27 900	27 000	1 703	23 263
9. 水电费	12 000	11 800	1 008	11 348
10. 物料消耗	26 400	24 000	6 905	28 505
11. 低值易耗品摊销	5 400	5 240	400	4 580
12. 无形资产摊销	12 550	12 550	1 045	12 545
13. 咨询费	1 680	1 600	1 400	1 400
14. 诉讼费			3 382	3 382
15. 存货盘亏毁损	8 000	5 000	1 198	8 198
16. 研究开发费	132 000	132 300		116 800
17. 工会经费	8 000	8 180	710	13 210
18. 待业保险费	3 850	3 900	630	4 230
19. 职工教育经费	6 300	6 100	533	9 908
20. 养老保险费	285 000	290 000	6 850	273 050
21. 其他	10 000	10 600	1 293	15 808
…	…	…	…	…
管理费用合计	692 160	698 060	38 870	684 155

(四) 财务费用明细表

财务费用明细表反映年度内企业为筹集资金而发生的各项费用。它一般根据财务费用明细账等资料按年编制,其内容、格式如表8-12所示。

表 8-12 财务费用明细表

编制单位:夏宇工厂　　　　　　　20××年12月　　　　　　　　　单位:元

项目	上年实际	本年计划	本月实际	本年累计实际
1. 利息支出	39 500		112 195	151 995
减:利息收入			2 150	2 150
2. 汇兑净损失				
3. 调剂外汇手续费				
4. 金融机构手续费	180			200
5. 其他财务费用				
财务费用合计	39 680		110 045	150 045

(五) 营业外收支明细表

营业外收支明细表反映企业年度内发生的与企业生产经营无直接关系的各项收入和支出。它一般根据营业外收入明细账、营业外支出明细账等资料按月编制,其内容、格式如表 8-13 所示。

表 8-13　营业外收支明细表

编制单位:夏宇工厂　　　　　20××年 12 月　　　　　　　　　　　　　　单位:元

项目	上年实际	本年实际
一、营业外收入		
1. 政府补助	13 000	27 500
2. 盘盈利得		12 450
3. 捐赠利得		
4. 其他		
营业外收入合计	13 000	39 950
二、营业外支出		
1. 非流动资产毁损报废损失合计		
其中:固定资产毁损损失	8 800	11 600
固定资产报废损失	2 000	21 000
2. 捐赠支出	40 000	30 300
3. 非常损失		
4. 盘亏损失		
5. 赔偿金违约金及罚款		
6. 其他	13 000	17 336
营业外支出合计	63 800	80 236

第四节　财务指标分析

企业编制的财务成本报表,对企业各个部门、各个方面、各种因素的变化产生的大量经济业务数据,已按照一定的规则加以分类、汇总,从而在整体上反映企业的财务成本状况。以企业财务成本报表为主要分析对象,从不同的角度将报表整体资料分解为各个部分进行专门研究,揭示其内在联系,据此计算筹资能力、偿债能力、盈利能力、营运能力、发展能力等指标进行客观的评价和分析,这种分析方法即称为财务指标分析。

一、筹资分析

企业要进行生产经营就必须拥有一定的资金,资金需要量主要根据企业生产经营规模确定。企业生产经营规模及资金用量一旦明确后,就要筹集各种资金。企业筹集资金的渠道主要有投资者投入(包括投资者直接投入货币、实物等,以及通过发行股票间接取得资金)、向银行借款、发行债券,等等。企业取得资金的途径不同,付出的代价也不同。比如,向银行借款和发行债券要支付利息,使用投资者资金要分配利润或股利。究竟哪种资金可以使企业付出的代价最小呢?这需要对多种方案进行分析比较加以确认。因此,筹资分析主要包括资金需要量的测定、资金结构(来源)分析和资金成本分析三部分。

(一)资金需要量的测定

企业的资金从占用形态上按流动性,分为流动资产和非流动资产(或称长期资产)两类。长期资产包括非流动资产投资、固定资产、无形资产、长期待摊费用和其他长期资产,其中主要是固定资产。企业资金需要量的测定,主要是测定流动资产和固定资产的资金需要量。

1. 流动资产资金需要量的测定

流动资产包括货币资金、交易性金融资产、应收款项、存货等。其中,购买债券、股票等有价证券进行的交易性金融资产投资的主要目的是保持资金的流动性,即交易性金融资产投资是调节流动资金的"缓冲阀"。当货币资金宽裕时,企业可购买有价证券,获取投资收益;当货币资金紧张时,企业可随时变卖有价证券以获取现款。因此,交易性金融资产投资不必确定资金需要量。流动资产资金需要量的确定有分项核定法和总额匡算法两种。

(1)分项核定法。它是按货币资金、应收款项、存货逐项进行核定的方法。

货币资金需要量根据年度内货币资金收入预算、支出预算和年初结存加以计算。在确定货币资金需要量的同时,还要考虑货币资金成本最低。货币资金成本主要包括三方面:一是企业留存货币资金将失去利用货币资金(如购买证券)所获得的收益(即为机会成本,也称投资成本),或者企业因借款而留存货币资金需付出的利息,这种收益(实为损失)或利息统称为留存成本;二是管理货币资金发生的管理成本,如管理人员工资、安全措施费等;三是企业因缺乏必要的货币资金,不能应付业务开支所需使企业蒙受损失或为此付出代价而形成的短缺成本。在货币资金留存量和货币资金成本坐标图上,总成本最低点的货币资金留存量即为货币资金合理的需要量。

应收账款需要量根据赊销数额和应收账款平均收账期确定。赊销数额取决于企业的信用政策。一般情况下,企业均偏好现款交易,然而,为了扩大销售、提高竞争力,企业又不得不进行信用销售(赊销)。赊销额越大,企业被客户占用的应收账款越多,企业为此垫付的资金成本(利息支出、收账费用等)越多,而且发生坏账损失的可能性也越大。只有当赊销获利超过应收账款的成本时,企业才采用信用销售政策,反之则得不偿失。因此,企业要在赊销带来的好处和付出的代价之间权衡轻重,选择赊销获利最大同时成本最低的应收账款占用额为应收账款最合理的需要量。

存货资金需要量可分别材料存货、在产品存货和库存商品存货,采用周转期计算法、因素分析法、余额计算法等确定。以周转期计算法为例。材料存货资金需要量是企业从支付材料货款开始直到材料投入生产为止的整个过程(周转期间)所占用的资金,根据各种主要材料的平均日消耗量、材料单价及材料周转天数计算;在产品存货资金需要量是从材料投入生产开始到产品完工为止整个过程所占用的资金数额,根据各种产品平均日产量、各种在产品单位制造成本及其生产周期等因素确定;库存商品存货资金需要量是从产成品制成入库到销售取得货款为止整个过程中所占用的资金数额,根据各种产品每日平均产量、产品单位制造成本和产成品周转天数确定。存货资金需要量的核定,在传统的财务管理模式下被称为"定额流动资金需要量(也称流动资金定额)的核定",包括储备资金定额、生产资金定额和成品资金定额的核定,有时也称计划占用额的核定。

(2)总额匡算法。它是根据流动资产与某指标之间存在的一定比例关系来匡算流动资产资金需要量的一种方法,又称比例(率)计算法。常用的比率有产值流动资金率(简称"产值资金率")、销售收入流动资金率(简称"销资率")等。

例 8-1 夏宇工厂上年工业总产值为 750 万元,上年流动资产平均余额为 250 万元,本年度计划工业总产值为 780 万元,并要求流动资金占用比上年降低 2%。

$$\begin{matrix} 计划年度流动资 \\ 产资金需要量 \end{matrix} = \begin{matrix} 计划年度 \\ 工业总产值 \end{matrix} \times \begin{matrix} 上年产值 \\ 流动资金率 \end{matrix} \times \left(1 - \begin{matrix} 计划年度资金 \\ 占用降低率 \end{matrix}\right)$$

$$= 780 \times \frac{250}{750} \times (1 - 2\%) = 254.8(万元)$$

为了衡量计划年度流动资产资金需要量是否先进、合理,可按全国或行业产值流动资金率进行测算、评价。

例 8-2 我国规模以上工业企业 2017—2021 年累计营业收入流动资金率的计算如表 8-14 所示。

表 8-14 我国规模以上工业企业营业收入流动资金率

项目	2017 年	2018 年	2019 年	2020 年	2021 年	五年累计	年递增率
(1)流动资产合计(亿元)	534 081	554 165	587 317	648 818	723 909	3 048 290	7.9%
(2)营业收入(亿元)	1 133 161	1 057 327	1 067 397	1 083 658	1 279 227	5 620 770	3.1%
(3)营业收入流动资金率(%)=(1)/(2)	45.7	51.5	53.5	57.0	53.7	54.2	—

注:计算"营业收入流动资金率"时要用"流动资产平均数",2016 年流动资产合计 500 853 亿元。
资料来源:2016—2022 年各年度的《中国统计年鉴》。

从表 8-14 可知,我国规模以上工业企业 2017—2021 年营业收入流动资金率累计平均为 54.2%,即我国规模以上工业企业每创造百元营业收入要占用流动资金 54.20 元,合适的营业收入流动资金率为 40%—65%。

2. 固定资产资金需要量的测定

固定资产实物需要量的测定主要是确定生产设备需要量。各种生产设备需要量根据该生产设备年度生产能力和年度计划生产任务确定。其中,单台设备年度生产能力根据每台班产量(或每班工作台时数)、每日开工班数和全年计划生产日数确定。每种生产设备数量确定后,再按市场价格或账面原价计算出固定资产资金需要量。

(二)资金结构分析

资金结构的分析主要是从资金来源上分析、评价企业的筹资政策及其资金构成,还包括资产结构率的分析。

1. 企业筹资政策的评价

前面确定的维持企业生产经营正常进行的最低限度资金需要量是企业的永久性资金,从占用形态看,是企业的"永久性资产",包括固定资产和永久性流动资产。企业实际资金用量会受到生产季节、供求变化及其他经济环境因素的影响而波动。企业实际资产超过永久性资产的部分为"波动性流动资产",或称"临时性流动资产"。一般的筹资政策(即稳健型筹资政策,见图8-1)为:永久性资产由长期资金来源解决,即靠所有者投资(包括积累)和举借长期债务解决;波动性流动资产靠短期资金来源解决。

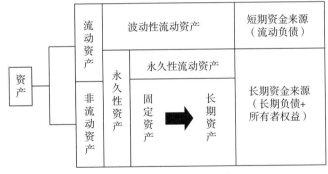

图 8-1　稳健型筹资政策

如果企业的永久性流动资产和部分波动性流动资产由长期资金来源解决,企业短期内就可以减轻偿还债务的压力,同时也可以抵御短期债务利率波动风险,这种筹资政策显得比较保守,因而被称为保守型筹资政策或中庸型筹资政策。保守型筹资政策的缺陷是:当企业生产经营处于淡季,资金需要量降到最低(即降到永久性资产水平点),多余的长期资金仍要偿付固定利息。企业的部分永久性流动资产和波动性流动资产由短期资金来源解决,企业的固定资产和部分永久性流动资产由长期资金来源解决,显然这是一种激进行为,被称为激进型筹资政策。这种筹资政策如能成功,则企业赚得的利润会高于一般水平,但企业要冒短期偿债的风险,还要冒短期债务利率可能大幅度上浮的风险。

例8-3　根据表8-1资产负债表,夏宇工厂全年平均资产为5 731 282元(5 569 700 + 5 892 863)÷2,采用简单平均法计算,下同],其中平均流动资产为2 658 672元[(2 583 200 + 2 734 144)÷2],平均长期资产为3 072 610元[(2 986 500 + 3 158 719)÷

2];全年平均长期负债为 790 878 元[(747 359 + 834 397)÷2],平均所有者权益为 3 432 933 元[(3 135 100 + 3 730 765)÷2],全年长期资金来源共计为 4 223 811 元 (790 878 + 3 432 933),全年短期资金来源(平均流动负债)为 1 507 471 元[(1 687 241 + 1 327 701)÷2];全年确定的永久性资产为 5 609 454 元,其中永久性流动资产为 2 548 000 元(见例 8-1),长期资产为 3 072 610 元(暂用实际数代替)(数值保留至个位)。夏宇工厂筹资政策类型如图 8-2 所示。

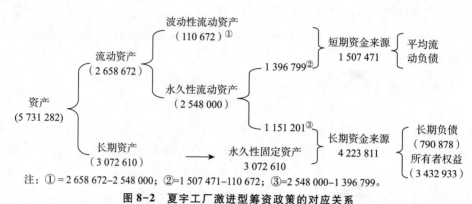

注:① = 2 658 672 − 2 548 000;② = 1 507 471 − 110 672;③ = 2 548 000 − 1 396 799。

图 8-2 夏宇工厂激进型筹资政策的对应关系

从图 8-2 可见,夏宇工厂有 1 396 799 元永久性流动资产和 110 672 元波动性流动资产依靠短期资金来源 1 507 471 元解决,说明工厂采用了激进型筹资政策。分析者需要进一步了解企业的生产经营状况。如果企业产销旺盛、发展很有前途,那么激进型筹资政策对企业很有利;如果企业不景气,那么激进型筹资政策将使企业面临很大的风险。

2. 资金来源构成分析

资金来源构成分析通过计算下列指标并与企业往年合理的比率值、行业或全国平均水平进行对比,做出评价。

$$资产流动负债率 = \frac{流动负债合计}{资产(金)总额} \times 100\%$$

$$资产长期负债率 = \frac{长期负债合计}{资产(金)总额} \times 100\%$$

$$资产自有率 = \frac{自有资产合计}{资产(金)总额} \times 100\% = \frac{所有者权益}{资产(金)总额} \times 100\%$$

① $$资本金自有率 = \frac{实收资本(或股本)}{资产(金)总额} \times 100\%$$

② $$附加资本自有率 = \frac{附加资本}{资产(金)总额} \times 100\%$$

$$= \frac{资本公积 + 盈余公积 + 未分配利润}{资产(金)总额} \times 100\%$$

③ $$本金安全率 = \frac{附加资本}{实收资本(或股本)} \times 100\%$$

例 8-4 根据表 8-1 资产负债表,夏宇工厂年末流动负债为 1 327 701 元、长期负债为 834 397 元、所有者权益为 3 730 765(其中,实收资本为 2 814 000 元、附加资本为 916 765 元),资产总计为 5 892 863 元。

① 资产流动负债率 = 1 327 701 ÷ 5 892 863 × 100% = 22.5%
② 资产长期负债率 = 834 397 ÷ 5 892 863 × 100% = 14.2%
③ 资产自有率 = 3 730 765 ÷ 5 892 863 × 100% = 63.3%
其中,资本金自有率 = 2 814 000 ÷ 5 892 863 × 100% = 47.8%
附加资本自有率 = 916 765 ÷ 5 892 863 × 100% = 15.6%
本金安全率 = 916 765 ÷ 2 814 000 × 100% = 32.6%

例 8-5 我国规模以上工业企业 2017—2021 年资金来源构成情况如表 8-15 所示。

表 8-15 我国规模以上工业企业资金来源

项目	2017 年	2018 年	2019 年	2020 年	2021 年	五年累计	年递增率
(1) 流动负债(亿元)	479 115	513 878	519 110	563 306	606 894	1 170 200	6.1%
(2) 长期负债(亿元)	148 901	114 138	122 164	110 644	128 492	239 136	-4.8%
(3) 所有者权益(亿元)	493 893	493 108	517 426	568 114	620 590	1 188 704	7.9%
(4) 资产总计(亿元)	1 121 910	1 134 382	1 191 375	1 303 499	1 412 880	2 716 379	8.0%
(5) 资产流动负债率(%)=(1)/(4)	42.7	45.3	43.6	43.2	43.0	43.1	—
(6) 资产长期负债率(%)=(2)/(4)	13.3	10.1	10.3	8.5	9.1	8.8	—
(7) 资产自有率(%)=(3)/(4)	44.0	43.5	43.4	43.6	43.9	43.8	—
(8) 实收资本(亿元)	235 030	250 718	261 100	283 257	298 407	581 664	6.2%
(9) 附加资本(亿元)=(3)-(8)	258 863	242 390	256 326	284 857	322 183	607 040	5.6%
(10) 本金安全率(%)=(9)/(8)	110.1	96.7	98.2	100.6	108.0	104.4	—
(11) 资本金自有率(%)=(8)/(4)	20.9	22.1	21.9	21.7	21.1	21.4	—
(12) 附加资本自有率(%)=(9)/(4)	23.1	21.4	21.5	21.9	22.8	22.3	—

资料来源:2018—2022 年各年度的《中国统计年鉴》。其中,2017—2019 年流动负债、实收资本数据来自国家统计局网站,2020—2021 年流动负债数据根据 2011—2019 年流动负债占负债总额的 76.6% 推算(下同),2020—2021 年实收资本数据根据 2011—2019 年实收资本趋势方程($y = 131\ 757 + 15\ 150x$)预测(下同)。

从例 8-3、例 8-4 的计算结果可以看出,夏宇工厂资产流动负债率为 22.5%,比全国规模以上工业企业 2017—2021 年累计值(43.1%)低 20.6 个百分点,短期偿债风险相对要小得多;夏宇工厂资产长期负债率为 14.2%,比全国规模以上工业企业 2017—2021 年累计值(8.8%)高 5.4 个百分点;夏宇工厂资产自有率为 63.3%,比全国规模以上工业企业 2017—2021 年累计值(43.8%)高 19.5 个百分点;夏宇工厂资本金自有率为 47.8%,比全国规模以上工业企业 2017—2021 年累计值(21.4%)高 26.4 个百分点,说明夏宇工厂自身资金实力比全国工业企业强。

但是,夏宇工厂本金安全率为32.6%,比全国规模以上工业企业2017—2021年累计值(104.4%)低71.8个百分点;夏宇工厂附加资本自有率为15.6%,比全国规模以上工业企业2017—2021年累计值(22.3%)低6.7个百分点,说明夏宇工厂的资本金积累能力没有全国规模以上工业企业好。

3. 资产结构比率分析

资产结构比率,也称资产构成比率,通过计算下列指标和企业往年合理的比率值、行业或全国平均水平进行对比并做出评价。

$$流动资产占用率 = \frac{流动资产合计}{资产总额} \times 100\%$$

$$非流动资产投资占用率 = \frac{非流动资产投资合计}{资产总额} \times 100\%$$

$$固定资产占用率 = \frac{固定资产合计}{资产总额} \times 100\% = \frac{固定资产 + 在建工程}{资产总额} \times 100\%$$

$$其他长期资产占用率 = \frac{其他长期资产合计}{资产总额} \times 100\% = \frac{非流动资产合计 - 非流动资产投资合计 - 固定资产合计}{资产总额} \times 100\%$$

$$流动资产与固定资产比率 = \frac{流动资产合计}{固定资产合计} \times 100\%$$

例 8-6 根据表 8-1 资产负债表和 2017—2022 年各年度的《中国统计年鉴》指标数据,夏宇工厂年末资产结构比率和规模以上工业企业资产结构比率如表 8-16 所示。

表 8-16 夏宇工厂和规模以上工业企业年末资产结构比率

资产	夏宇工厂		全国规模以上工业企业	
	期末余额(元)	结构比率(%)	2017—2021年累计(亿元)	结构比率(%)
1. 流动资产合计	2 734 144	46.4	3 048 290	49.5
2. 非流动资产投资合计	262 570	4.5		
债权投资	107 970			
长期股权投资	154 600			
投资性房地产				
3. 固定资产净值	2 551 263	43.3	2 013 352	32.7
4. 其他长期资产合计	344 886	5.9	1 102 404	17.9
在建工程	129 500			
工程物资	14 291			
无形资产	126 855			
长期待摊费用	74 240			
5. 流动资产与固定资产比率		107.2		151.4
资产总计	5 892 863	100.0	6 164 046	100.0

计算结果表明,夏宇工厂流动资产占用率为46.4%、非流动资产投资占用率为4.5%、固定资产净值占用率为43.3%、其他长期资产占用率为5.9%、流动资产与固定资产比率为107.2%;而我国规模以上工业企业2017—2021年流动资产占用率为49.5%、固定资产净值占用率为32.7%、流动资产与固定资产比率为151.4%。

(三) 资金成本分析

1. 资金成本的含义及作用

资金成本是企业取得和使用资金而发生的各种费用,包括资金占用费和资金筹集费两类。资金占用费是资金时间价值和投资风险所带来的费用,如支付利息、分配股利等。对于投资风险大的项目,资金占用费率较高,如长期贷款利率高于短期贷款利率。资金占用费与资金占用额和占用期限有关,一般可看作资金成本的变动费用。资金筹集费是筹集资金所发生的费用,如发行股票、债券而支付的注册费和代办费,向银行借款支付的手续费等,这些费用与资金筹集额和占用期限一般无直接联系,可看作资金成本的固定费用。

资金成本具有产品成本的基本属性,但又不同于一般的账面成本,它通常是一种预测成本,而且往往要计算因使用资金而减少资金投放所带来的收入(益)——机会成本。

资金成本的作用有:它是选择资金来源、拟定筹资方案的依据;它是评价投资项目可行性的主要经济标准;它还可作为评价企业经营成果的依据。

2. 资金成本率的计算

资金成本率的基本计算公式为:

$$\text{资金成本率} = \frac{\text{资金占用费}}{\text{筹集资金总额} - \text{资金筹集费}}$$

$$= \frac{\text{筹集资金总额} \times \text{资金占用费率}}{\text{筹集资金总额} \times (1 - \text{筹资费率})} \times 100\%$$

$$= \frac{\text{资金占用费率}}{1 - \text{筹资费率}} \times 100\%$$

资金成本率要根据各种资金来源产生的不同资金成本采用不同的方式分别计算和综合计算。

(1) 长期债券成本率的计算。企业发行超过一年期的长期债券,其资金成本包括支付的代理发行费、债券利息等。资金成本率按当年资金成本计算。企业支付的债券利息是不是都当作资金成本处理呢?不是。因为企业支付的债券利息在企业缴纳所得税前扣除,从而少纳了所得税,债券利息扣除少纳所得税后的净额才是资金成本净额,即税后资金成本额。例如,某企业本年度获得息税前利润10万元,支付债券利息2万元(已作"财务费用"),假定其他业务均未发生,所得税税率25%,则企业应交所得税为2万元[(10 − 2) × 25%]。若纳税时不扣除债券利息,则企业应交所得税为2.5万元(10 × 25%)。可见,在税前扣除债券利息,企业可以少纳0.5万元所得税(2.5 − 2)。企业当年债券成本为1.5万元(2 − 0.5),而不是2万元,即债券(税后)成本 = 债券利息 × (1 − 所得税税率) = 2 × (1 − 25%) = 1.5万元。因此,长期债券成本率的计算公式为:

$$\frac{长期债券}{成本率} = \frac{债券发行总额 \times 债券利息率 \times (1-所得税税率)}{债券发行总额 \times (1-筹资费率)} \times 100\%$$

例 8-7 夏宇工厂年初发行面值为 8 万元、票面利率为 6% 的五年期甲种债券和面值为 3.38 万元、票面利率为 5% 的二年期乙种债券,筹资费率为 2%,所得税税率为 25%。

$$\frac{长期债券}{成本率} = \frac{(8 \times 6\% + 3.38 \times 5\%) \times (1-25\%)}{(8+3.38) \times (1-2\%)} \times 100\% = 4.36\%$$

(2) 银行长期借款成本率的计算。银行长期借款成本率的计算公式为:

$$\frac{银行长期借}{款成本率} = \frac{长期借款总额 \times 借款利息率 \times (1-所得税税率)}{长期借款总额 \times (1-筹资费率)} \times 100\%$$

例 8-8 夏宇工厂从银行取得长期借款 99.7 万元,年利率为 6.12%,筹资费率为 1‰,所得税税率为 25%。

$$\frac{银行长期借}{款成本率} = \frac{99.7 \times 6.12\% \times (1-25\%)}{99.7 \times (1-1‰)} \times 100\% = 4.59\%$$

(3) 实收资本成本率的计算。投资者投入的资本是企业的实收资本。实收资本成本是企业在所得税后向投资者分配的利润。分利率(分出利润与实收资本的比率)或分红率一般不固定,往往根据企业每年盈利情况决定。企业在进行财务预测时,应根据预测期内预计的各年资本金利润率水平预计各年分利(红)率,然后计算实收资本成本率。其计算公式为:

$$\frac{实收资本}{成本率} = \frac{实收资本总额 \times 预计的年分利率}{实收资本总额 \times (1-筹资费率)} \times 100\%$$

例 8-9 夏宇工厂筹集实收资本总额 281.4 万元,预计年分利率为 9%,筹资费率为 1‰。

$$\frac{实收资本}{成本率} = \frac{281.4 \times 9\%}{281.4 \times (1-1‰)} \times 100\% = 9.01\%$$

对于股份制企业,股本成本是以股利率为基础计算的,其计算公式为:

$$\frac{优先股}{成本率} = \frac{优先股发行总额 \times 优先股年股利率}{优先股发行总额 \times (1-筹资费率)} \times 100\%$$

$$\frac{普通股}{成本率} = \frac{普通股发行总额 \times 预计普通股年股利率}{普通股发行总额 \times (1-筹资费率)} \times 100\%$$

(4) 附加资本成本率的计算。附加资本是所有者权益中除实收资本以外的资本,包括资本公积、盈余公积和未分配利润。附加资本主要依靠企业税后利润留用而形成,所以又称留用利润。留用利润是企业内部形成的资金来源,从表面上看,企业使用留用利润似乎不花费什么成本,其实不然。留用利润是投资者留在企业内的资金,投资者之所以愿意把资金留在企业,是为了使企业能更好地发展以获取更大的回报,否则投资者会将资金投到别处以获取收益。因此,留用利润的成本是投资者放弃其他投资机会而应得的回报,是一种机会成本。企业的附加资本可以看作投资者的追加投资,它与实收资本一样,应得到相同比率的回报。附加资本成本率(也称留用利润成本率)的计算方法与实收资本成本率基本相同,只是不必考虑筹资费用因素,而且分利率外还可以用核定的资金收益率代替。附加资本成本率的计算公式为:

$$\text{附加资本成本率} = \frac{\text{附加资本总额} \times \text{预计的年分利率或核定的资金收益率}}{\text{附加资本总额}} \times 100\%$$

例 8-10 夏宇工厂的附加资本为 32.11 万元,预计年分利率为 9%。则:

$$\text{附加资本成本率} = \frac{32.11 \times 9\%}{32.11} \times 100\% = 9\%$$

(5) 银行短期借款成本率的计算。短期借款是指期限不超过一年的借款。我国目前的短期借款一般计单利,且季末付息。短期借款成本率的计算分两步进行:

第一步,计算短期借款有效利率。有效利率是考虑计息方式和计息期次将年度中间支付的利息折算成年终利息而计算的利率。例如,企业取得一年期借款 10 万元,假如按银行名义利率 5.58% 计息,到期一次还本付息,则有效利率为 5.58%(年末付息 0.58 万元 ÷ 本金 10 万元)。假如企业取得 3 个月期借款 10 万元,年利率为 5%,则 3 个月到期付息 0.125 万元($10 \times 5\% \div 12 \times 3$)。假定这笔借款全年连续发生 4 次,全年共付息 0.5 万元。由于付息期提前,借款成本(有效利息)会超过 0.5 万元,它等于各期付息按利率折算为年末终值的合计额。

① 3 月末付息 0.125 万元,折算成年末终值为 0.1297 万元 [$0.125 \times (1 + 5\% \div 12 \times 9)$];
② 6 月末付息 0.125 万元,折算成年末终值为 0.1281 万元 [$0.125 \times (1 + 5\% \div 12 \times 6)$];
③ 9 月末付息 0.125 万元,折算成年末终值为 0.1266 万元 [$0.125 \times (1 + 5\% \div 12 \times 3)$];
④ 12 月末付息 0.125 万元,折算成年末终值为 0.125 万元;
⑤ 折算后有效利息合计 0.5094 万元($0.1297 + 0.1281 + 0.1266 + 0.125$)。

有效利率 = $0.5094 \div 10 = 5.094\%$

或 $= \left(1 + \dfrac{5\%}{4}\right)^4 - 1 = 1.05094 - 1 = 5.094\%$

单利方式下有效利率的计算公式归纳如下:

$$\text{单利方式下不足一年期借款的有效利率} = \frac{\sum\left\{\begin{matrix}\text{当期}\\\text{付息额}\end{matrix} \times \left[1 + \frac{\text{年利率}}{12} \times \left(12 - \begin{matrix}\text{付息}\\\text{月份}\end{matrix}\right)\right]\right\}}{\text{短期借款年平均余额}}$$

$$= \frac{\text{有效利息}}{\text{短期借款年平均余额}} \quad \text{(公式一)}$$

或 $= \left(1 + \dfrac{\text{年息率}}{\text{全年付息次数}}\right)^{\text{全年付息次数}} - 1 \quad \text{(公式二)}$

公式一适用于各种不同利率和不规则的付息期限的有效利率的计算,公式(二)适用于各种借款利率相等和付息期限相等的有效利率的计算。

第二步,计算短期借款成本率。短期借款利息在所得税前支付,由此少纳的所得税应从借款利息中扣除。短期借款成本率的计算公式为:

短期借款成本率 = 有效利率 × (1 - 所得税税率)

例 8-11 夏宇工厂短期借款年平均余额为 43.97 万元,借款年利率为 5.58%,每季度末付息一次,所得税税率为 25%。

$$\text{有效利率} = \left(1 + \frac{5.58\%}{4}\right)^4 - 1 = 1.05698 - 1 = 5.698\%$$

$$\text{短期借款成本率} = 5.698\% \times (1 - 25\%) = 4.27\%$$

企业带息应付票据成本率的计算与此相同。

(6) 商业信用成本率的计算。企业购买材料物资等未付款,形成应付账款。应付账款是企业临时占用的其他单位的资金。若对方(销货方或债权人)不提供现金折扣,则占用其他单位资金不发生资金成本;若有现金折扣,企业在折扣期内付款,已享受现金折扣的,也不发生资金成本;若有现金折扣,企业没有利用而未在折扣期内付款,这虽然增加了商业信用资金(超过折扣期可多占用应付账款),却使企业付出了机会成本。例如,某企业每年向供应商购买材料 551 020 元,供应商提供的信用条件是"2/10,n/30"。该企业扣除 2% 的现金折扣后,平均每天的进货额为 1 500 元(551 020 × 98% ÷ 360)。

① 第 10 天付款获得的商业信用资金 = 10 × 1 500 = 15 000(元)
② 第 30 天付款获得的商业信用资金 = 30 × 1 500 = 45 000(元)
③ 未享受现金折扣增加的商业信用资金 = 45 000 - 15 000 = 30 000(元)
④ 未享受现金折扣的隐含利率 = 551 020 × 2% ÷ 30 000 = 36.73%

计算结果表明,该企业不享受现金折扣可多获得 30 000 元商业信用资金来源,然而企业为此失去了应得到的 11 020.40 元(551 020×2%)现金折扣。失去的优惠是可利用资金的 36.73%,比银行借款利率高得多。也就是说,企业放弃现金折扣得到的资金占用要比获得借款的代价高得多。因此,凡有现金折扣,一般都应利用。商业信用成本率的计算分为三步。

第一步,计算放弃现金折扣的税前隐含利率,计算公式为:

$$\frac{\text{放弃现金折扣的}}{\text{税前隐含利率}} = \frac{\text{折扣率}}{1 - \text{折扣率}} \times \frac{360}{\text{信用期限} - \text{折扣期限}}$$

[承上例]
$$= \frac{2\%}{1 - 2\%} \times \frac{360}{30 - 10} = 36.73\%$$

第二步,计算放弃现金折扣的税后隐含利率,计算公式为:

$$\frac{\text{放弃现金折扣的}}{\text{税后隐含利率}} = \frac{\text{折扣率} \times (1 - \text{所得税税率})}{1 - \text{折扣率} \times (1 - \text{所得税税率})} \times \frac{360}{\text{信用期限} - \text{折扣期限}}$$

[承上例]
$$= \frac{2\% \times (1 - 25\%)}{1 - 2\% \times (1 - 25\%)} \times \frac{360}{30 - 10} = 27.41\%$$

上述公式为什么用"折扣率×(1-所得税税率)"而不用"放弃现金折扣的税前隐含利率×(1-所得税税率)"?由于付现折扣收入是应纳税所得,故应减去所节省的租税才是损失付现折扣的净显性成本(net explicit cost)。[①]

第三步,计算放弃现金折扣的税后有效利率。假定企业常年有连续不断可利用的现金折扣但均未被利用,按复利计息,就能求出不享受折扣的商业信用有效利率——商业信用成本率,计算公式为:

[①] 陈石进:《财务分析技巧》,香港财经管理研究社 1986 年版。

$$\begin{aligned}\text{放弃现金折扣的税后有效利率}\\\text{（商业信用成本率）}\end{aligned} = \left(1 + \frac{\text{税后隐含利率}}{\text{复利次数}}\right)^{\text{复利次数}} - 1$$

[承上例]
$$= \left[1 + \frac{27.41\%}{360 \div (30-10)}\right]^{18} - 1 = 31.26\%$$

（7）综合资金成本率的计算。综合资金成本率的计算公式为：

$$\begin{aligned}\text{综合资金}\\\text{成本率}\end{aligned} = \sum \left(\begin{aligned}\text{某种资金来源占}\\\text{全部资金的比重}\end{aligned} \times \begin{aligned}\text{该种资金来源}\\\text{的资金成本率}\end{aligned}\right)$$

例 8-12 根据例 8-7 至例 8-11，夏宇工厂综合资金成本率的计算如表 8-17 所示。

表 8-17 夏宇工厂综合资金成本率的计算

各种来源的资金	金额（元）①	比重(%) ② = ① ÷ 总计	各种来源资金成本率(%) ③	加权平均资金成本率(%) ④ = ② × ③
应付债券	113 800	2.43	4.36	0.1059
长期借款	997 000	21.28	4.59	0.9767
实收资本	2 814 000	60.06	9.01	5.4111
附加资本	321 100	6.85	9.00	0.6168
长期资金来源	4 245 900	90.62	—	7.1104
短期借款	439 700	9.38	4.27	0.4007
总计	4 685 600	100.00	—	7.51

注：成本率的计算有进位误差。

3. 新拟筹资方案的决策分析

企业在扩大生产经营规模需要增加资金时，可考虑各种不同资金来源的方案。由于不同的资金来源有不同的资金成本，企业进行筹资决策时应比较资金结构变动前后的综合资金成本率和不同筹资方案的综合资金成本率，选择综合资金成本率最低的最优方案。

例 8-13 夏宇工厂拟增资 70 万元，有两个方案可供选择。

方案 A：发行长期债券 50 万元，年利率为 6%，筹资费率为 2%；投资者投入资本 20 万元，预计年分利率仍为 9%，筹资费率为 1‰；其余资料见例 8-7、例 8-9。

方案 B：发行长期债券 70 万元，年利率为 6%，筹资费率为 2%，其余资料见例 8-7。

$$\text{A 方案下长期债券成本率} = \frac{(8 \times 6\% + 3.38 \times 5\% + 50 \times 6\%) \times (1-25\%)}{(8 + 3.38 + 50) \times (1 - 2\%)} \times 100\% = 4.5497\%$$

$$\text{A 方案下实收资本成本率} = \frac{(281.4 + 20) \times 9\%}{(281.4 + 20) \times (1 - 1‰)} \times 100\% = 9.0090\%$$

$$\text{B 方案下长期债券成本率} = \frac{(8 \times 6\% + 3.38 \times 5\% + 70 \times 6\%) \times (1-25\%)}{(8 + 3.38 + 70) \times (1 - 2\%)} \times 100\% = 4.5601\%$$

根据以上资料，夏宇工厂增资扩股后综合资金成本率的计算如表 8-18 和表 8-19 所示。

表 8-18　夏宇工厂增资扩股后综合资金成本率（A 方案）

各种来源的资金	金额（元）①	比重（%）② = ① ÷ 总计	各种来源资金成本率（%）③	加权平均资金成本率（%）④ = ② × ③
应付债券	613 800①	11.40	4.5497	0.5185
长期借款	997 000	18.51	4.59	0.8497
实收资本	3 014 000②	55.96	9.0090	5.0418
附加资本	321 100	5.96	9.00	0.5366
长期资金来源	4 945 900	91.84	—	6.9466
短期借款	439 700	8.16	4.27	0.3486
总计	5 385 600	100.00		7.30

注：① = 增资前 113 800 + 增加债券 500 000 = 613 800；② = 增资前 2 814 000 + 扩充股本 200 000。

表 8-19　夏宇工厂增资扩股后综合资金成本率（B 方案）

各种来源的资金	金额（元）①	比重（%）② = ① ÷ 总计	各种来源资金成本率（%）③	加权平均资金成本率（%）④ = ② × ③
应付债券	813 800①	15.11	4.5601	0.6891
长期借款	997 000	18.51	4.59	0.8497
实收资本	2 814 000	52.25	9.01	4.7078
附加资本	321 100	5.96	9.00	0.5366
长期资金来源	4 945 900	91.84	—	6.7831
短期借款	439 700	8.16	4.27	0.3486
总计	5 385 600	100.00		7.13

注：① = 增资前 113 800 + 增加债券 700 000 = 813 800。

从表 8-18、表 8-19 的计算结果可知，B 方案的综合资金成本率（7.13%）低于 A 方案的综合资金或本章（7.30%），同时又低于资金结构变动前的综合资金成本率（7.51%），故 B 方案为最优方案。

二、短期偿债能力分析

企业的短期债务需要用企业的流动资产来偿还；同样，企业的长期债务在到期前转化为短期债务，一般也要用流动资产来偿还。因此，对短期偿债能力的分析，主要是研究流动资产和流动负债之间的关系及有关项目的变动情况。所有财务报表使用者都关心企业的短期偿债能力。如果企业的短期偿债能力较弱，也就意味着企业偿还长期债务会存在问题。有时，一家盈利不错的企业也会由于资金调度不灵，偿还不了短期债务而导致破产。

评价企业短期偿债能力的财务指标有营运资金（营运资金比率）、流动比率、速动比率、现金比率和现金流动负债比率等。

1. 营运资金

营运资金,也称营运资本,是企业持有的在生产经营周转过程中可自主支配的流动资金数额,在数量上等于流动资产减去流动负债后的净额。其计算公式为:

$$营运资金 = 流动资产 - 流动负债$$

从以上公式中可知,营运资金存在两种可能:一是正数,二是负数,当营运资金为正数时,说明企业有营运资金。一般来说,企业有一定的营运资金,表明企业有能力偿还短期负债,营运资金越多,短期偿债能力越强。因此,短期债权人希望企业的营运资金越多越好,这样可以减少借债的风险。然而,从企业的角度看,营运资金过多,说明企业利用外来资金扩大经营规模的潜力没有充分发挥,失去扩大经营以获取更多利润的机会。究竟营运资金保持多少才算合理?目前还没有一个统一的标准。企业在分析营运资金状况时,往往将当期营运资金与往期营运资金、同行业规模相近企业的营运资金水平进行比较,进而做出客观的评价。

当营运资金为负数时,说明企业营运资金短缺。企业的流动负债超过流动资产,表明企业发生亏损,或者举借短期债务用于购买固定资产、进行非流动资产投资等,企业资产流动性差。此时,企业处于极为不利的境地,不但正常的生产经营活动难以维持,各种短期债务难以偿还,而且重新举借债务会受到种种限制。从这点来看,企业营运资金状况分析也称短期信用分析,它是短期债权人、长期债权人以及投资者非常关心的一个很敏感的问题。

例 8-14 根据表 8-1 资产负债表,夏宇工厂年初流动资产为 2 583 200 元、流动负债为 1 687 241 元,年末流动资产为 2 734 144 元、流动负债为 1 327 701 元、资产总额为 5 892 863 元。

① 年初营运资金 = 2 583 200 - 1 687 241 = 895 959(元)
② 年末营运资金 = 2 734 144 - 1 327 701 = 1 406 443(元)
③ 全年平均营运资金 = (895 959 + 1 406 443) ÷ 2 = 1 151 201(元)

说明:会计人员利用各月资料计算全年平均营运资金。报表的外部使用者,因得不到每月资料,只能采用年初数与年末数简单平均的方法计算,大多数情况下利用年末数计算。下述其他指标也有类似情况,不再赘述。

计算结果表明,夏宇工厂年末营运资金比年初增加 510 484 元(1 406 443-895 959),表明企业日常经营资金有保障,短期偿债能力增强。

仅仅计算营运资金,不足以进行不同企业之间的比较和评价。为了对不同行业、不同企业营运资金状况进行客观的分析、比较,还要计算营运资金比率[①],其计算公式为:

$$营运资金比率 = \frac{营运资金}{资产总额} \times 100\% = \frac{流动资产 - 流动负债}{资产总额} \times 100\%$$

[承例 8-14]
$$营运资金比率 = \frac{1\ 406\ 443}{5\ 892\ 863} \times 100\% = 23.9\%$$

---

① 此概念及计算公式引自美国定期发布的行业财务指标,参见罗飞主编的《企业财务报表阅读与分析》(中国经济出版社 1993 年版)。另外,我国经贸委综合评价企业竞争力 12 大指标的第 10 个指标是"营运资金比率",它等于期末营运资金除以期末流动资产余额,载于《中国财经报》(1996 年 12 月 25 日)。

例 8-15 我国规模以上工业企业 2017—2021 年营运资金比率的计算如表 8-20 所示。

表 8-20 我国规模以上工业企业营运资金比率

项目	2017 年	2018 年	2019 年	2020 年	2021 年	五年累计	年递增率
(1) 年末流动资产(亿元)	534 081	554 165	587 317	648 818	723 909	3 048 290	7.9%
(2) 年末流动负债(亿元)	479 115	513 878	519 110	563 306	606 894	2 682 303	5.9%
(3) 年末资产合计(亿元)	1 121 910	1 134 382	1 191 375	1 303 499	1 412 880	6 164 046	5.9%
(4) 营运资金(亿元)=(1)-(2)	54 966	40 287	68 207	85 512	117 015	365 987	—
(5) 营运资金比率(%)=(4)/(3)	4.9	3.6	5.7	6.6	8.3	5.9	—
(6) 流动比率=(1)/(2)	1.11	1.08	1.13	1.15	1.19	1.14	—

资料来源:2018—2022 年各年度的《中国统计年鉴》;2017—2019 年流动负债数据来自国家统计局网站,2020—2021 年流动负债数据根据 2011—2019 年流动负债占负债总额的比例 76.6% 推算(下同)。

计算结果表明,我国规模以上工业企业 2017—2021 年累计营运资金比率为 5.9%,反映了我国规模以上工业企业在每百元资产中企业能自主支配的流动资金仅有 5.90 元。20×0 年至 20×2 年,我国沪深 1 304 家上市公司三年累计营运资金比率为 6.8%[①],2021 年我国 4 448 家上市公司营运资金比率为 10.5%[②]。

2. 流动比率

流动比率是流动资产总额与流动负债总额的比率。其计算公式为:

$$流动比率 = \frac{流动资产}{流动负债}$$

[承例 8-14]

$$流动比率 = \frac{2\ 734\ 144}{1\ 327\ 701} = 2.06$$

流动比率反映企业短期债务由可变现流动资产来偿还的能力,表示每 1 元流动负债有多少流动资产作保证。流动比率值越大,说明企业偿债能力越强。按照西方企业的经验,一般认为该比率维持 2∶1 才足以表明企业财务状况稳妥可靠。当然,这只是一个经验数据,理论上还未得到证明。因此,要将企业的流动比率与企业历史水平、同行业平均水平进行比较,分析其合理性。

夏宇工厂本年流动比率高于上年流动比率,表明工厂的财务状况是可靠的。流动比率高,虽能总体说明企业财务状况的稳定性,但不一定就合理。在工业企业流动资产中,占用额最高的是存货,其次是应收账款,这就有可能由于存货积压或滞销、客户拖欠货款等导致流动资产占比增大。因此,企业在分析流动比率的同时要分析存货和应收账款的资金占用情况和周转情况,这两者的周转速度是影响流动比率的主要因素。从表 8-1 资料看,夏宇工厂本年年末存货 1 456 488 元比上年年末 1 200 600 元增加 255 888 元(上升 21.3%),应收账款减少 295 590 元(262 730 - 558 320),应进一步检查分析存货是否积压。

从表 8-20 可知,规模以上工业企业 2017—2021 年累计流动比率仅为 1.14,反映了工

---

① 数据取自中国矿业大学朱学义教授上市公司数据库。
② 数据取自 CCER 经济金融研究数据库。

业企业每1元流动负债只有1.14元流动资产作保证,短期偿债能力不足。20×0年至20×2年,我国沪深1 304家上市公司三年累计流动比率为1.15[①],2021年我国4 448家上市公司流动比率为1.25[②]。

3. 速动比率

企业在用流动比率评价流动资产总体变现能力时,假定企业全部流动资产都用作偿还流动负债。但其实,并不是全部流动资产都可以立即变现来偿还流动负债的,如存货的变现时间就较长,因此企业还需要计算速动比率。速动比率是速动资产与流动负债的比率。速动资产是指企业货币资金和其他能快速变现的流动资产,包括货币资金、交易性金融资产投资、应收票据、应收账款、其他应收款等。在会计实际工作中,财务制度规定采用简化的办法计算速动资产,即速动资产等于流动资产扣除存货后的余额。速动比率的计算公式为:

$$速动比率 = \frac{速动资产}{流动负债} = \frac{流动资产 - 存货}{流动负债}$$

[表8-1] $速动比率 = \frac{2\ 734\ 144 - 1\ 456\ 488}{1\ 327\ 701} = 0.96$

速动比率表示每1元流动负债有多少可立即变现的流动资产作保证。比率值越大,说明企业近期偿债能力越强。在西方国家,一般认为速动比率应大于1。当然,这只是一般看法,没有一个准确的统一标准。这种看法是出于这样的认识:流动资产中变现能力最差的存货额通常占流动资产的一半,剩下的流动性大的资产至少要等于流动负债,企业短期偿债能力才有保证。然而,不同行业的速动比率是有很大的差别的。比如,大量现金销售的商店几乎没有应收账款,速动资产数额小,速动比率低于1是正常的;相反,一些应收账款较多的企业,其速动比率可能大于1。夏宇工厂本年速动比率为0.96,表明工厂近期偿债能力基本接近理想水平。

由于速动资产与流动负债之比表现出来的是流动性的纯度,因而速动比率又称酸性试验比率。

正确评价速动比率的高低,要与全国同行业平均水平和先进水平进行比较。

例8-16 我国国有工业企业2017—2021年速动比率情况如表8-21所示。

表8-21 2017—2021年全国国有工业企业速动比率

项目	2017年	2018年	2019年	2020年	2021年	五年简单平均
全行业速动比率优秀值	1.329	1.332	1.335	1.374	1.404	1.355
全行业速动比率良好值	1.073	1.076	1.079	1.118	1.148	1.099
全行业速动比率平均值	0.726	0.729	0.732	0.771	0.801	0.752

资料来源:2018—2022年国务院国资委考核分配局编制的各年度《企业绩效评价标准值》,经济科学出版社出版。

---

① 数据取自中国矿业大学朱学义教授上市公司数据库。
② 数据取自CCER经济金融研究数据库。

从表 8-21 的计算结果可知,我国国有工业企业 2017—2021 年速动比率全行业优秀值为 1.355、良好值为 1.099、平均值为 0.752。全国规模以上工业企业 2017—2021 年速动比率五年累计平均值为 0.91。朱学义教授提出,我国工业企业速动比率的合适标准为 1.07。[①] 20×0 年至 20×2 年,我国沪深 1 304 家上市公司三年累计速动比率为 0.92[②],2021 年我国 4 448 家上市公司速动比率为 0.84[③]。

在分析速动比率时,还可以计算两个补充指标,即保守速动比率与速动资产够用天数。

① 保守速动比率。其计算公式为:

$$保守速动比率 = \frac{货币资金 + 交易性金融资产 + 应收账款净额}{流动负债}$$

$$[表8-1]保守速动比率 = \frac{690\ 445 + 203\ 000 + 262\ 730}{1\ 327\ 701} = 0.87$$

保守速动比率不同于速动比率之点在于:为了简化,《企业财务通则》要求在流动资产中扣除存货作速动资产处理;但其实,流动资产中预付账款等是无法立即变现的,因而不应计入速动资产。保守速动比率排除了这些不恰当因素,体现了近期变现能力的现实性。

② 速动资产够用天数。会计人员在安排财务收支时,往往要根据预计的营业开支来测算现有速动资产足以应付日常开支的天数。相关指标的计算公式为:

$$速动资产够用天数 = \frac{速动资产}{预计每天营业开支}$$

$$预计每天营业开支 = \frac{预计年度营业开支 - 非现金开支}{365}$$

例如,夏宇工厂本年年末速动资产为 1 277 656 元(2 734 144 - 1 456 488)。根据近年来的开支记录,预计下年营业总开支为 1 000 万元,其中非现金开支为 100 万元。

$$速动资产够用天数 = \frac{1\ 277\ 656}{(10\ 000\ 000 - 1\ 000\ 000) \div 365} = 51.8(天)$$

计算结果表明,夏宇工厂现有速动资产预计可供来年近 52 天的营业开支之用;超过 52 天,若无新的速动资产,企业势必要动用其他资产,或举借新的债务。

以上两个补充指标,仅作企业内部分析参考之用,不作外部评价之用。

4. 现金比率

现金比率是货币资金与交易性金融资产(亦称短期证券)之和与流动负债的比率。其计算公式为:

$$现金比率 = \frac{货币资金 + 交易性金融资产}{流动负债}$$

$$[表8-1]现金比率 = \frac{690\ 445 + 203\ 000}{1\ 327\ 701} = 0.67$$

---

① 朱学义:《论我国工业企业速动比率的合适标准》,《会计之友》2012 年第 10 期。
② 数据取自中国矿业大学朱学义教授上市公司数据库。
③ 数据取自 CCER 经济金融研究数据库。

现金比率表示每1元流动负债有多少现款可即刻支付,表明企业在最坏的情况下的即刻偿债能力。它适用于那些应收账款和存货变现都存在问题的企业。在美国,一般认为现金比率大于20%为好。

现金比率值越大,说明企业即刻变现能力越强。但现金比率很高,也不一定是好事,可能反映企业不善于充分利用现金资源,没有把现金投入经营以赚取更多的利润。

夏宇工厂本年年末现金比率为0.67,如果工厂并不需要立即投放扩大生产能力的资金,那么这个比率值偏大,表明工厂没有充分利用现金去创造更大的效益。20×0年至20×2年,我国沪深1 304家上市公司三年累计现金比率为0.29[①],2021年我国4 448家上市公司现金比率为0.34[②]。

5. 现金流动负债比率

现金流动负债比率是企业全年经营活动产生的现金净流量与流动负债的比率。计算公式为:

$$现金流动负债比率 = \frac{经营现金净流量}{年末流动负债} \times 100\%$$

[表8-1、表8-4] 现金流动负债比率 $= \frac{993\ 944}{1\ 327\ 701} \times 100\% = 74.86\%$

计算结果表明,夏宇工厂每百元流动负债在本年度有74.86元经营活动现金净流量作保证。

正确评价现金流动负债比率的高低,要与全国同行业平均水平和先进水平进行比较。

例 8-17 我国国有工业企业2017—2021年现金流动负债比率情况如表8-22所示。

表8-22 2017—2021年全国国有工业企业现金流动负债比率

项目	2017年	2018年	2019年	2020年	2021年	五年简单平均
全行业现金流动负债比率优秀值	22.3%	26.4%	27.8%	30.3%	33.5%	28.1%
全行业现金流动负债比率良好值	13.9%	18.0%	19.4%	21.9%	17.3%	18.1%
全行业现金流动负债比率平均值	4.8%	8.9%	10.3%	12.8%	13.3%	10.0%

资料来源:2017—2021年国务院国资委考核分配局编制出版的各年度《企业绩效评价标准值》,经济科学出版社出版。

从表8-22计算结果可知,我国国有工业企业2017—2021年现金流动负债比率全行业优秀值为28.1%、良好值为18.1%、平均值为10.0%,表明我国国有工业企业偿还流动负债的现金实力较强。20×0年至20×2年,我国沪深市1 304家上市公司三年累计现金流动负债比率为15.99%[③],2021年2 342家上市公司现金流动负债比率为13.64%[④]。

---

① 数据取自中国矿业大学朱学义教授上市公司数据库。
② 数据取自CCER经济金融研究数据库。
③ 数据取自中国矿业大学朱学义教授上市公司数据库。
④ 数据取自CCER经济金融研究数据库。

三、长期偿债能力分析

分析企业的长期偿债能力,主要是确定企业偿还长期债务本金和利息的能力。企业的资产是偿债的物质保证,而企业经营所得的利润才是企业偿债的资金源泉。在正常生产经营情况下,企业不应期望依靠变卖资产来偿债,只能依靠经营获利来偿还长期债务。因此,企业要利用资产负债表、利润表资料,计算资产负债率、已获利息倍数、产权比率、有形净值债务率及其他长期资金比率,分析资产与权益之间的关系、不同权益之间的关系、权益与收益之间的关系,评价企业资金结构是否合理,判断企业长期偿债能力的强弱。

1. 资产负债率

资产负债率也称举债经营比率或负债比率,是负债总额与资产总额的比率。其计算公式为:

$$资产负债率 = \frac{负债总额}{资产总额} \times 100\%$$

$$[表8-1] 资产负债率 = \frac{2\,162\,098}{5\,892\,863} \times 100\% = 36.7\%$$

资产负债率表示企业每百元资产中有多少来自负债融资,以上计算结果表明夏宇工厂每百元资产中有36.7元来自负债融资。评价资产负债率高低有以下三种观点:

(1) 债权人评价观。从债权人角度看,资产负债率反映企业利用债权人提供资金的程度。此比率值越小越好,因为资产负债率的倒数表示企业每元负债有多少资产作保障。当企业破产清算时,企业资产变现价值很难达到账面价值,资产相对负债的数值越大,债权人权益被保障程度越高。据夏宇工厂实例计算结果,本年年末每元负债有2.72元(5 892 863 ÷ 2 162 098)资产作保证,债权人放款的安全程度高。

(2) 投资者评价观。从投资者角度看,企业用举债筹措的资金和用投资者投入的资金在经营中发挥的作用相同。当企业全部资金的收益率超过借入款项的利率时,资产负债率越高越好,因为此时投资者得到超过借款利率的利润会加大。反之,当全部资金收益率低于借入款项的利率时,资产负债率越低越好,因为此时支付超过全部资金收益率以上的利息,要用投资者所得的利润份额来弥补。

以夏宇工厂为例。夏宇工厂全部资金(产)为589万元,假定全部资金(产)收益率为21.2%,则企业获得收益125万元(利润总额95万元+利息支出30万元=息税前利润)。其中,借入资金(负债)为216万元,占36.7%,利息率为10%,则应付利息21.6万元;投资者资金(所有者权益)为373万元,占63.3%,获利103.4万元(125-21.6),投资者资金(本)利润率为27.7%(103.4÷373),扣除25%的所得税后,投资者净资产收益率(净利润÷所有者权益)为20.8%[27.7%×(1-25%)]。由此可见,投资者在付出有限代价的条件下,获利率达到20.8%。如果将夏宇工厂的资产负债率由36.7%提高到70%,即借入资金412万元(589×70%),按10%付息41.2万元,其他条件不变,则投资者获利83.8万元(125-41.2),投资者资金利润率为47.3%[83.8÷(589-412)],扣除25%的所得税后,投资者净资产收益率为35.5%[47.3%×(1-25%)],比原来(20.8%)升高14.7个百分点。

由此可见,当企业全部资金利润率21.2%大于借入资金利息率10%时,资产负债率提高(由36.7%提高到70%),投资者净资产收益率也升高(20.8%提高到35.5%),即提高资产负债率对投资者有利。

若夏宇工厂资金收益率为8%,低于借款利息率10%,则企业获得收益47.1万元,扣除利息支出21.6万元,投资者获利25.9万元,投资者资金利润率仅有6.9%,扣除25%的所得税后,投资者净资产收益率为5.2%[$6.9\% \times (1-25\%)$]。若将夏宇工厂的资产负债率由36.7%提高到70%,即借入资金412万元,则按10%的利息率付息41.2万元后,投资者获利5.9万元(47.1-41.2),投资者资金利润率为3.3%[$5.9 \div (589-412)$],扣除25%的所得税后,投资者净资产收益率为2.5%[$3.3\% \times (1-25\%)$],比原来5.2%下降2.7个百分点。

(3)国家纳税观。从国家角度看,企业债务利息允许在所得税前扣除,企业负债占比越大,所得税前扣除的利息越多,国家收取的所得税就越少。所以,国家要限制企业的资产负债率。世界上许多国家对自有资本(所有者权益)与负债的比率作了限定:美国规定,自有资本与负债的比率不得超过1∶3,投资者投入1元,借债不得超过3元,即资产负债率不得超过75%[$3 \div (1+3)$];法国不得超过1∶1,即资产负债率不得超过50%;荷兰不得超过1∶6,即资产负债率不得超过86%;德国不得超过1∶7,即资产负债率不得超过88%;日本不得超过1∶9,即资产负债率不得超过90%;其他多数国家规定资产负债率不得超过75%。超过限定比率的,称为资本弱化,即自有资本不足,在计算所得税时,其超额利息不得在所得税前扣除。我国目前尚未对资产负债率做出限定,只是规定企业创立时必须保证最低注册资金,其实质也是对资本弱化比率的最低限定。

综上所述,由于对资产负债率有不同的评价观,会计理论界认为企业也确实存在最优资本结构,但必须满足许多假设条件,而这些假设条件又很难与企业的实际情况相符,即实际工作中较难找到一个最佳的资本负债率。因此,评价资产负债率的好坏要依靠国内外经验数据得出较恰当的标准。

例8-18 我国规模以上工业企业2017—2021年资产负债率如表8-23所示,我国国有工业企业2017—2021年资产负债率如表8-24所示。

表8-23 我国规模以上工业企业资产负债率

项目	2017年	2018年	2019年	2020年	2021年	五年累计	年递增率
(1)年末负债合计(亿元)	628 016	641 274	673 950	735 386	792 290	3 470 916	5.98%
(2)年末资产合计(亿元)	1 121 910	1 134 382	1 191 375	1 303 499	1 412 880	6 164 046	5.93%
(3)资产负债率(%)=(1)/(2)	56.0	56.5	56.6	56.4	56.1	56.3	—

资料来源:2022年度的《中国统计年鉴》。

表8-24 我国国有工业企业资产负债率

项目	2017年	2018年	2019年	2020年	2021年	五年简单平均
全行业资产负债率优秀值	49.5%	49.0%	48.6%	48.3%	48.0%	48.7%
全行业资产负债率良好值	54.5%	54.0%	53.6%	53.3%	53.0%	53.7%
全行业资产负债率平均值	59.5%	59.0%	58.6%	58.3%	58.0%	58.7%

资料来源:2018—2022年国务院国资委考核分配局编制的各年度《企业绩效评价标准值》,经济科学出版社出版。

计算结果表明，我国规模以上工业企业 2017—2021 年累计资产负债率为 56.3%，全国国有工业企业同期累计资产负债率优秀值为 48.7%、良好值为 53.7%、平均值为 58.7%。20×0 年至 20×2 年，我国沪深 1 304 家上市公司三年累计资产负债率为 57.9%[1]，2021 年 4 448 家上市公司资产负债率为 59.98%[2]。朱学义教授 1996 年确定的资产负债率的标准值为 60%。[3] 我国国有资产管理局 1998 年考核国有资本绩效时认为，关于资产负债率，比较保守的经验判断一般不高于 50%，国际上一般公认 60% 比较好。

2. 已获利息倍数

已获利息倍数是指企业收益（息税前利润）与利息支出的比率。其计算公式为：

$$已获利息倍数 = \frac{利润总额 + 利息支出}{利息支出} = \frac{息税前利润总额}{利息支出}$$

公式中"利润总额"包括净利润和所得税，"利息支出"是指支付给债权人的全部利息，包括记入"财务费用"账户中的利息支出和计入固定资产价值的利息支出。根据表 8-2 和有关账簿资料，夏宇工厂全年利润总额为 943 820 元，全年利息费用为 301 000 元，其中，记入"财务费用"账户的利息支出为 150 045 元，计入固定资产价值的利息支出为 150 955 元，则

$$已获利息倍数 = \frac{943\ 820 + 301\ 000}{301\ 000} = 4.14$$

已获利息倍数表明企业获得的利润是债务利息的多少倍。已获息倍数越大，企业偿付利息的能力越强。从长远看，已获利息倍数至少要大于 1，否则企业便不能举债经营。当然，在短期内，有些企业已获利息倍数低于 1 仍能支付利息，因为当期有些不支付现金的费用（如折旧费等）在计算利润总额时予以了扣除。评价企业已获利息倍数，应与本企业不同年度之间、不同企业之间、企业与同行业平均水平之间进行对比。对一个企业而言，往往要计算连续五个会计年度的已获利息倍数，才能确定其偿债能力的稳定性。而在估计企业的长期偿债能力时，通常要选择指标值最小年度的数据为标准，因为不论年景好坏，企业总要偿付大约等量的债务，指标值最小年份的情况可以保证最低的偿债能力。这是最保守却也最靠得住的评价方法。

国际上通常认为已获利息倍数只有在 3 以上，才能表明企业具有可靠的付息能力。

需要说明的是，国务院国资委考核分配局 2019 年编制的《企业绩效评价标准值》将已获利息倍数指标的分母由原先的"利息支出"改为"财务费用下的利息费用"，主要原因是企业外部人员或利益相关者不太容易获得企业"资本化利息"数据，故简化使用记入"财务费用"账户的利息费用数据。

例 8-19 我国规模以上工业企业 2017—2021 年已获利息倍数如表 8-25 所示，全国国有工业企业 2017—2021 年已获利息倍数如表 8-26 所示。

---

[1] 数据取自中国矿业大学朱学义教授上市公司数据库。
[2] 数据取自 CCER 经济金融研究数据库。
[3] 朱学义：《建立新经济效益指标全国标准值的探讨》，《财务与会计》1996 年第 4 期。

表 8-25 我国规模以上工业企业已获利息倍数

项目	2017 年	2018 年	2019 年	2020 年	2021 年	五年累计	年递增率
(1) 利润总额(亿元)	74 916	66 351	61 996	68 465	87 092	358 820	3.84%
(2) 财务费用下的利息支出(亿元)	12 189	12 303	12 062	11 961	11 840	60 355	-0.72%
(3) 已获利息倍数=[(1)+(2)/(2)]	7.1	6.4	6.1	6.7	8.4	6.9	—

资料来源:"利润总额"来自 2018—2022 年各年度的《中国统计年鉴》,"财务费用下的利息支出"不包括计入固定资产等非流动资产的资本化利息;2017—2019 年数据来自国家统计局网站,2020—2022 年"财务费用下的利息支出"按 2016—2019 年趋势方程($y=12569-121.52x$)预测。

表 8-26 2017—2021 年全国国有工业企业已获利息倍数

项目	2017 年	2018 年	2019 年	2020 年	2021 年	五年简单平均
全行业已获利息倍数优秀值	4.9	5.1	5.6	8.3	10	6.8
全行业已获利息倍数良好值	3.4	3.6	4.1	5.3	5.4	4.4
全行业已获利息倍数平均值	2.2	2.4	2.9	2.3	2.7	2.5

资料来源:2018—2022 年国务院国资委考核分配局编制的各年度《企业绩效评价标准值》,经济科学出版社出版。

计算结果表明,我国国有工业企业 2017—2021 年累计已获利息倍数优秀值为 6.8、良好值为 4.4、平均值为 2.5。企业与各行业比较时可用表 8-25 中的累计值(6.9)作为评价标准。20×0 年至 20×2 年,我国沪深 1 304 家上市公司三年累计已获利息倍数(用财务费用代替利息支出)为 5.24[①],2021 年全国 4 448 家上市公司已获利息倍数为 5.76(用财务费用下的利息支出代替利息支出)[②]。

3. 产权比率

产权比率是负债总额与所有者权益的比率。其计算公式为:

$$产权比率 = \frac{负债总额}{所有者权益} \times 100\%$$

$$[表 8-1] 产权比率 = \frac{2\ 162\ 098}{3\ 730\ 765} \times 100\% = 58.0\%$$

产权比率反映债权人提供的资本与投资者提供的资本的相对关系。它可以从以下两个方面揭示相关的含义:

其一,从分子对分母看,它表明债权人提供的资本是投资者提供的资本的多少倍。夏宇工厂本年年末借债资金是投资者资金的 0.58 倍。就一般情况而言,产权比率小于 1,表明企业的财务结构较稳定,但不能一概而论。从投资者角度看,在经济繁荣时期,多借债,投资者可以获得额外的利润,遇上通货膨胀加剧时,多借债可以把损失和风险转嫁给债权人;在经济萎缩时期,少借债可以减少利息负担和财务风险。产权比率高,是高风险、高回

---

① 数据取自中国矿业大学朱学义教授上市公司数据库。
② 数据取自 CCER 经济金融研究数据库。

报的财务结构;产权比率低,是低风险、低回报的财务结构。

其二,从分母对分子看,它表明投资者投入100元资金,债权人提供多少资金,反映了债权人资金得到所有者权益的保障程度,或者说企业清算时债权人利益的受保障程度。因为国家规定企业破产清算时偿债的顺序为:①支付清算费用;②支付未付的职工工资、劳动保险费用;③支付未缴国家的税金;④偿付尚未支付的其他债务;⑤投资者按出资比例分配偿债后的剩余财产。由此可见,企业清算时债权人的索偿权排在投资者前面。如果产权比率过高,那么清算财产不一定能使债权人足额收回其债权。例如,企业有100万元资产,其中负债为80万元,产权(所有者权益)为20万元,产权比率为400%(80÷20)。当企业破产清算时,100万元资产变现价值只有70万元(假定),支付清理费6万元后还剩64万元还债,致使16万元(80 - 64)债务不能得到偿付。由此可见,产权比率过高,债权人利益难以保障。因此,从企业长期偿债能力看,产权比率越低越好,一般认为产权比率小于1时财务结构较为稳妥。

产权比率和资产负债率具有相同的经济意义,分析时应注意两个指标的互补作用。

根据表8-23,我国规模以上工业企业2017—2021年累计负债总额为3 470 916亿元,累计资产总额为6 164 046亿元,累计所有者权益总额为2 693 130亿元(6 164 046-3 470 916),产权比率为1.29(3 470 916÷2 693 130)。

4. 有形净值债务率

有形净值债务率是负债总额与有形净值的比率。资产减去负债后的余额为净资产数额,也就是所有者权益;资产减去无形资产等于有形资产,有形资产减去负债后的余额即为有形净值。由此,有形净值是所有者权益减去无形资产后的余额。有形净值债务率的计算公式为:

$$\text{有形净值债务率} = \frac{\text{负债总额}}{\text{所有者权益} - \text{无形资产}} \times 100\%$$

$$[\text{表8-1}]\text{有形净值债务率} = \frac{2\ 162\ 098}{3\ 730\ 765 - 126\ 855} \times 100\% = 60.0\%$$

有形净值债务率实质上是产权比率的延伸,其不同点在于分母扣除了会计账上结余的无形资产价值。这是因为无形资产不能用来抵偿债务,企业清算时真正用于还债的只能是有形资产的变现价值。因此,有形净值债务率比产权比率更谨慎、更保守地反映了债权人利益受到所有者权益的有效保障程度。从长期偿债能力来说,有形净值债务率越低越好。

5. 或有负债比率

或有负债是指过去的交易或者事项形成的潜在义务,其存在需通过未来不确定事项的发生或不发生予以证实;或者过去的交易或者事项形成的现时义务,履行该义务不是很可能导致经济利益流出企业或该义务的金额不能可靠计量。企业在分析偿债能力时,不仅要分析现实债务能否偿还,还要对未来潜在的债务进行充分估计,为抵御各种可能出现的风险留有资金准备。或有负债比率是或有负债与所有者权益的比率。其计算公式为:

$$或有负债比率 = \frac{或有负债总额}{所有者权益总额} \times 100\%$$

$$或有负债总额 = 已贴现商业承兑汇票金额 + 对外担保金额 + \frac{未决诉讼、未决仲裁金额}{(除贴现与担保引起的诉讼仲裁)} + 其他或有负债金额$$

例 8-20 我国国有工业企业 2017—2021 年或有负债比率如表 8-27 所示。

表 8-27 2017—2021 年我国国有工业企业或有负债比率

项目	2017 年	2018 年	2019 年	2020 年	2021 年	五年简单平均
全行业或有负债比率优秀值	0.20%	0.20%	0.20%	0.20%	0.20%	0.20%
全行业或有负债比率良好值	1.00%	1.00%	1.00%	1.00%	1.00%	1.00%
全行业或有负债比率平均值	5.00%	5.00%	5.00%	5.00%	5.00%	5.00%

资料来源：2018—2022 年国务院国资委考核分配局编制的各年度《企业绩效评价标准值》，经济科学出版社出版。

6. 带息负债比率

在企业的负债总额中，不是全部负债都要支付利息，如应付账款、应付职工薪酬、应交税费等不需要支付利息。企业在分析偿债能力时，应分析带息负债总额占全部负债的比例，也就是带息负债比率，其计算公式为：

$$带息负债比率 = \frac{带息负债总额}{负债总额} \times 100\%$$

$$带息负债总额 = 短期借款 + 一年内到期的非流动负债 + 交易性金融负债 + 其他带息流动负债 + 长期借款 + 应付债券 + 其他带息非流动负债$$

例 8-21 我国国有工业企业 2017—2021 年带息负债比率如表 8-28 所示。

表 8-28 2017—2021 年我国国有工业企业带息负债比率计算表

项目	2017 年	2018 年	2019 年	2020 年	2021 年	五年简单平均
全行业带息负债比率优秀值	34.7%	34.2%	33.2%	32.6%	30.6%	33.1%
全行业带息负债比率良好值	44.5%	44.0%	43.0%	42.4%	40.4%	42.9%
全行业带息负债比率平均值	57.5%	57.0%	56.0%	55.4%	53.4%	55.9%

资料来源：2018—2022 年国务院国资委考核分配局编制的各年度《企业绩效评价标准值》，经济科学出版社出版。

7. 固定资产与所有者权益比率

固定资产与所有者权益比率也称自有资本固定率，是指固定资产净值与所有者权益的比率。其计算公式为：

$$自有资本固定率 = \frac{固定资产净值}{所有者权益} \times 100\%$$

[表 8-1] $自有资本固定率 = \frac{2\,551\,263}{3\,730\,765} \times 100\% = 68.4\%$

自有资本固定率表明投资者资本中有多少投入了固定资产。夏宇工厂投资者每百元资本中有 68.40 元投入了固定资产。这是较好的现象,它表明企业全部固定资产的资金由投资者提供,同时投资者还将其余 31.6% 的资金投放到流动资产上。企业在清算时,流动资产变现比固定资产变现更容易。若企业固定资产没有占用债权人资金,则清算时处置流动资产以还债,债权人利益得到较好的保障。若自有资本固定率超过 1,则意味着企业固定资产的一部分和全部流动资产都靠举债获得,债权人的风险大,企业财务状况不良。在计算自有资本固定率时,分母改用有形净值更能体现会计稳健性原则。

8. 固定资产与长期债务比率

固定资产与长期债务比率是指固定资产净值与长期负债的比率。其计算公式为:

$$固定资产与长期债务比率 = \frac{固定资产净值}{长期负债}$$

[表 8-1] 固定资产与长期债务比率 $= \frac{2\ 551\ 263}{834\ 397} = 3.06$

固定资产与长期债务比率是假定企业长期负债都是用来购置固定资产的。当该指标值小于 1 时,表明企业每 1 元长期负债中有多少用于购置固定资产;当该指标值大于 1 时,表明企业用于固定资产的资金是长期负债的多少倍。夏宇工厂固定资产与长期债务比率为 3.06,结合自有资本固定率分析,说明夏宇工厂固定资产大部分用投资者投入资本购买。当企业固定资产超过长期负债时,表明企业还有用固定资产作抵押取得借款的潜力。

9. 长期债务与营运资金比率

长期债务与营运资金比率是指长期负债与营运资金的比率。其计算公式为:

$$长期负债与营运资金比率 = \frac{长期负债}{流动资产 - 流动负债}$$

[表 8-1] 长期负债与营运资金比率 $= \frac{834\ 397}{2\ 734\ 144 - 1\ 327\ 701} = 0.59$

计算结果表明,夏宇工厂每 1 元营运资金要承受 0.59 元的长期债务,表明工厂偿债能力强,债权人贷款安全可靠。一般情况下,长期债务不应超过营运资金。因为长期债务会随时间推移而不断转化为流动负债,并需动用流动资产来还债。保持长期债务不超过营运资金,就不会因这种转化而造成流动资产少于流动负债,从而使长期债权人和短期债权人感到贷款安全有保障。如果企业的营运资金大大超过长期负债,说明借钱给企业存在较大的风险。

以上第 7—9 项指标可用全国规模以上工业企业 2017—2021 年的平均数据作为评价的基准(见表 8-29)。

表 8-29　全国规模以上工业企业 2017—2021 年长期资金情况

项目	2017 年	2018 年	2019 年	2020 年	2021 年	五年累计	年递增率
(1) 流动资产(亿元)	534 081	554 165	587 317	648 818	723 909	3 048 290	7.90%
(2) 流动负债(亿元)	479 115	513 878	519 110	563 306	606 894	2 682 303	6.09%

(续表)

项目	2017年	2018年	2019年	2020年	2021年	五年累计	年递增率
（3）营运资金（亿元）=（1）-（2）	54 966	40 287	68 207	85 512	117 015	365 987	20.79%
（4）固定资产净值（亿元）	358 959	342 673	353 886	476 863	480 971	2 013 352	7.59%
（5）长期负债（亿元）	148 901	127 396	154 840	172 080	185 396	788 613	5.63%
（6）所有者权益（亿元）	493 893	493 108	517 426	568 113	620 590	2 693 130	17.10%
（7）固定资产与所有者权益比率(%)=（4）/（6）	72.68	69.49	68.39	83.94	77.50	74.76	—
（8）固定资产与长期债务比率(%)=（4）/（5）	241.07	268.98	228.55	277.12	259.43	255.30	—
（9）长期债务与营运资金比率=（5）/（3）	2.71	3.16	2.27	2.01	1.58	2.15	—

资料来源：各年度的《中国统计年鉴》和国家统计局网站。

四、盈利能力的分析

反映企业盈利能力的指标很多，主要有下列几种：

1. 资产利润率

资产利润率是企业利润总额与平均资产总额的比率。其计算公式为：

$$资产利润率 = \frac{利润总额}{平均资产总额} \times 100\%$$

$$= \frac{利润总额}{(期初资产总额 + 期末资产总额) \div 2} \times 100\%$$

[表8-1、表8-2] $资产利润率 = \frac{943\,820}{(5\,569\,700 + 5\,892\,863) \div 2} \times 100\% = 16.47\%$

计算表明，夏宇工厂每百元资产提供16.47元利润。在评价企业资产利润率时，应与全国规模以上工业企业的平均水平进行比较（见表8-30）。

表8-30　全国规模以上工业企业2017—2021年资产利润率

项目	2017年	2018年	2019年	2020年	2021年	五年累计	年递增率
（1）利润总额（亿元）	74 916	66 351	61 996	68 465	87 092	358 820	3.84%
（2）资产总额（亿元）	1 121 910	1 134 382	1 191 375	1 303 499	1 412 880	6 164 046	5.93%
（3）资产利润率(%)=（1）/（2）	4.50	5.88	5.33	5.49	6.41	5.82	—

注：2016年年末资产总额为1 085 866亿元。
资料来源：2022年度的《中国统计年鉴》。

2. 资产净利率

为了揭示企业全部资产获取净利润的情况，还要计算资产净利率。其计算公式为：

$$资产净利率 = \frac{净利润}{平均资产总额} \times 100\%$$

[表8-1、表8-2] 资产净利率 $= \dfrac{707\,865}{5\,731\,281.5} \times 100\% = 12.35\%$

计算结果表明,夏宇工厂每百元资产提供12.35元的净利润。

3. 资本金利润率

资本金利润率是指企业的利润总额与资本金总额的比率。其计算公式为:

$$资本金利润率 = \frac{利润总额}{平均实收资本} \times 100\%$$

[表8-1、表8-2] 资本金利润率 $= \dfrac{943\,820}{2\,814\,000} \times 100\% = 33.54\%$

计算结果表明,夏宇工厂每百元资本金提供33.54元的利润总额。

4. 资本收益率

资本收益率是指企业的净利润与平均实收资本的比率,反映企业运用投资者投入资本获得收益的能力。其计算公式为:

$$资本收益率 = \frac{净利润}{平均实收资本} \times 100\%$$

$$= \frac{净利润}{平均实收资本 + 平均资(股)本溢价} \times 100\%$$

[表8-1、表8-2] 资本收益率 $= \dfrac{707\,865}{2\,814\,000} \times 100\% = 25.16\%$

公式中,平均实收资本 =(期初实收资本 + 期末实收资本)÷2;平均资本溢价或平均股本溢价根据"资本公积——资本溢价或股本溢价"明细账户期初与期末余额之和平均。

计算结果表明,夏宇工厂每百元资本("资本公积——资本溢价"账户无余额)提供25.16元的净利润。

5. 净资产收益率

净资产收益率又称自有资本利润率,是企业净利润与平均净资产的比率。其计算公式为:

$$净资产收益率 = \frac{净利润}{平均净资产} \times 100\%$$

$$= \frac{净利润}{(期初所有者权益 + 期末所有者权益) \div 2} \times 100\%$$

[表8-1、表8-2] 净资产收益率 $= \dfrac{707\,865}{(3\,135\,100 + 3\,730\,765) \div 2} \times 100\% = 20.62\%$

计算结果表明,夏宇工厂每百元净资产获得净利润20.62元。若将净资产收益率公式中分子改成"利润总额",则称为净值报酬率。

6. 总资产报酬率

总资产报酬率是企业息税前利润与平均资产总额的比率。其计算公式为:

$$总资产报酬率 = \frac{息税前利润}{平均资产总额} \times 100\% = \frac{利润总额 + 利息支出}{(期初资产总额 + 期末资产总额) \div 2} \times 100\%$$

[表8-1、表8-2] $总资产报酬率 = \frac{943\ 820 + 301\ 000}{(5\ 569\ 700 + 5\ 892\ 863) \div 2} \times 100\% = 21.72\%$

公式中"利息支出"包括记入"财务费用"账户的利息支出 150 045 元和计入固定资产价值的利息支出 150 955 元。

计算结果表明,夏宇工厂每百元资产总额创造收益 21.72 元。

7. 营业收入利润率

营业收入利润率也称销售利润率,是利润总额与营业收入的比率。其计算公式为:

$$营业收入利润率 = \frac{利润总额}{营业收入} \times 100\%$$

[表8-2] $营业收入利润率 = \frac{943\ 820}{7\ 298\ 385} \times 100\% = 12.93\%$

计算结果表明,夏宇工厂每百元营业收入能够获得 12.93 元的利润。

为了重点分析企业利润与主营业务的关系,还可以单独计算以下指标:

$$主营业务收入利润率 = \frac{利润总额}{主营业务收入} \times 100\%$$

国务院国资委考核分配局编制的《企业绩效评价标准值》附录中单独确定的"营业利润率"计算公式为:

$$营业利润率 = \frac{营业利润}{营业总收入} \times 100\%$$

营业利润 = 营业总收入 − 营业成本 − 税金及附加 − 销售费用 − 管理费用 − 研发费用 −
　　　　　财务费用 − 资产减值损失 − 信用减值损失 + 其他收益 + 投资收益 +
　　　　　净敞口套期收益 + 公允价值变动收益 + 资产处置收益

营业总收入 = 主营业务收入 + 其他业务收入 + 金融保险等行业利息收入
　　　　　　（保险业务收入、其他营业收入等）

8. 成本费用利润率

成本费用利润率是企业一定时期内实现的利润总额与成本费用总额的比率。按国务院国资委考核分配局编制的《企业绩效评价标准值》附录规定计算的"成本费用利润率"公式为:

$$成本费用利润率 = \frac{利润总额}{成本费用总额} \times 100\%$$

$$= \frac{利润总额}{营业成本 + 税金及附加 + 销售费用 + 管理费用 + 研发费用 + 财务费用} \times 100\%$$

[表8-2] $成本费用利润率 = \frac{943\ 820}{5\ 274\ 893 + 41\ 756 + 214\ 663 + 684\ 155 + 0 + 150\ 045} \times 100\%$

　　　　　　　　　　　$= 14.83\%$

计算结果表明,夏宇工厂每百元耗费创造利润 14.83 元。

9. 盈余现金保障倍数

盈余现金保障倍数是企业一定时期内盈余净额(净利润)含有的经营现金净流量,即净利含"金"量。此指标值越大,说明企业净利润现金保障力度越强;此指标值越小,说明企业净利润很少或没有多少现金作保障,企业大量赊销款未能收回。其计算公式为:

$$盈余现金保障倍数 = \frac{经营现金净流量}{净利润}$$

[表 8-2、表 8-4] $盈余现金保障倍数 = \frac{993\ 944}{707\ 865} \times 100\% = 1.40$

计算结果表明,夏宇工厂每一元净利润有 1.40 元的经营现金净流量作保障。

需要说明的是,母公司(控股公司)在计算盈余现金保障倍数时,由于合并利润表中的"净利润"包括"归属于母公司所有者的净利润"和"少数股东权益"两部分,同时在编制合并现金流量表工作底稿时,"将母公司和所有子公司的个别现金流量表各项目的数据全部过入同一合并工作底稿"①,即母公司合并现金流量表中"经营活动产生的现金流量净额"也包括少数股东的现金流量在内。因此,母公司盈余现金保障倍数的计算公式为:

$$盈余现金保障倍数 = \frac{经营现金净流量}{净利润 + 少数股东权益}$$

10. 基本每股收益

基本每股收益是上市公司专门计算的指标之一,是归属于普通股股东的当期净利润与当期发行在外普通股股数的比值。当期发行在外普通股股数是公司发行在外普通股的加权平均数。基本每股收益的计算公式为:

$$基本每股收益 = \frac{归属于普通股股东的当期净利润}{当期发行在外普通股的加权平均数}$$

$$当期发行在外普通股的加权平均数 = 期初发行在外普通股股数 + 当期新发行普通股股数 \times \frac{已发行时间}{报告期时间} - 当期回购普通股股数 \times \frac{已回购时间}{报告期时间}$$

公式中"时间"一般按天数计算,但在不影响计算结果的前提下,也可简化按月数计算。

11. 每股股利

每股股利是上市公司普通股现金股利总额与年末普通股总数的比率。其计算公式为:

$$每股股利 = \frac{普通股现金股利总额}{年末普通股总数}$$

---

① 财政部会计司编写组:《企业会计准则讲解 2006》,人民出版社 2007 年版。

12. 每股净资产

每股净资产是上市公司年末股东权益与年末普通股总数的比率。其计算公式为：

$$每股净资产 = \frac{年末股东权益}{年末普通股总数}$$

13. 市盈率

市盈率是上市公司普通股每股市价与普通股每股收益的比率。其计算公式为：

$$市盈率 = \frac{普通股每股市价}{普通股每股收益}$$

公式中"普通股每股收益"就是上述"基本每股收益"。市盈率反映了投资者为获取企业利润的要求权所愿付出的代价，发展前景较好企业的市盈率较高，发展前景不良企业的市盈率较低。

14. 市净率

市净率是上市公司普通股每股市价与普通股每股净资产的比率。其计算公式为：

$$市净率 = \frac{普通股每股市价}{普通股每股净资产}$$

市净率用来评价企业资产质量，反映企业潜在的发展能力。

15. 股利收益率

股利收益率是普通股每股股利与普通股每股市价的比率。其计算公式为：

$$股利收益率 = \frac{普通股每股股利}{普通股每股市价}$$

以上各项指标的评价标准可参考表8-31中的数值。

例 8-22 我国国有工业企业2017—2011年盈利能力指标如表8-31所示。

表 8-31　2017—2011年全国国有工业企业盈利能力指标

项目	2017年	2018年	2019年	2020年	2021年	五年简单平均
（一）净资产收益率（%）						
优秀值	10.5	11.0	11.4	11.6	12.7	11.4
良好值	7.1	7.6	8.0	8.2	9.3	8.0
平均值	4.4	4.9	5.3	5.5	6.6	5.3
（二）总资产收益率（%）						
优秀值	7.6	7.6	7.8	7.7	8.0	7.7
良好值	5.4	5.3	5.5	5.3	5.5	5.4
平均值	3.7	3.7	3.9	3.9	4.5	3.9
（三）营业利润率（%）						
优秀值	18.8	17.2	17.4	16.9	17.4	17.5
良好值	12.4	10.8	11.0	10.5	11.0	11.1
平均值	7.4	5.8	6.0	5.5	6.0	6.1

(续表)

项目	2017年	2018年	2019年	2020年	2021年	五年简单平均
（四）盈余现金保障倍数						
优秀值	10.3	11.4	10.9	2.9	5.5	8.2
良好值	4.9	6.0	5.5	1.6	2.9	4.2
平均值	0.9	2.0	1.5	1.4	1.4	1.4
（五）成本费用利润率(%)						
优秀值	13.3	13.1	13.4	19.1	28.5	17.5
良好值	9.7	9.6	9.8	11.5	14.8	11.1
平均值	6.2	6.1	6.3	4.7	5.4	5.7
（六）资本收益率(%)						
优秀值	13.2	13.1	13.3	15.4	15.7	14.1
良好值	9.8	9.7	9.9	9.9	11.6	10.2
平均值	6.4	6.4	6.5	6.9	8.4	6.9

资料来源：2018—2022年国务院国资委考核分配局编制的各年度《企业绩效评价标准值》，经济科学出版社出版。

五、营运能力的分析

营运能力是指企业生产经营资金周转速度反映出来的资金利用效率，以及人力资源科学管理反映出来的劳动效率。企业生产经营资金周转速度越快，表明企业资金利用的效果越好，企业管理人员的经营能力越强。反映营运能力的指标主要有两类：一是生产资料运营效率，通过各项资产周转能力指标来体现，包括应收账款周转率、存货周转率、流动资产周转率、固定资产周转率、总资产周转率等；二是人力资源运营能力，通过劳动效率指标来体现。

1. 应收账款周转率

根据国务院国资委考核分配局编制的《企业绩效评价标准值》口径计算应收账款周转率的计算公式为：

$$\frac{应收账款}{周转率} = \frac{营业总收入}{应收账款平均余额}$$

$$应收账款平均余额 = \left[\left(\frac{年初应收}{账款净额} + \frac{年初应收}{账款坏账准备}\right) + \left(\frac{年末应收}{账款净额} + \frac{年末应收账}{款坏账准备}\right)\right] \div 2$$

[表8-1、表8-2] 应收账款周转率 $= \frac{7\,298\,385}{(558\,320 + 262\,730) \div 2} = 17.78(次)$

应收账款周转天数的计算公式为：

$$\frac{应收账款}{周转天数} = \frac{应收账款平均余额 \times 计算期天数}{计算期营业总收入}$$

或 $= \dfrac{\text{计算期天数}}{\text{应收账款周转率}}$

$$[夏宇工厂]\text{应收账款周转天数} = \dfrac{360}{17.78} = 20.2(天)$$

计算结果表明,夏宇工厂的应收账款周转率为 17.78 次,应收账款周转天数为 20.2 天,而 2017—2021 年我国规模以上工业企业应收账款周转率五年累计平均为 11.94 次,周转天数为 30.2 天。

2. 存货周转率

存货周转率是企业一定时期内营业成本与平均存货余额之间的比例。计算公式如下:

$$\text{存货周转率} = \dfrac{\text{营业成本}}{\text{平均存货余额}}$$

$$\text{平均存货余额} = (\text{期初存货余额} + \text{期末存货余额}) \div 2$$

$$[表8-1、表8-2]\text{存货周转率} = \dfrac{5\,274\,893}{(1\,200\,600 + 1\,456\,488) \div 2} = 3.97(次)$$

计算结果表明,夏宇工厂年度内拥有的存货周转了 3.97 次。存货周转速度越快,反映企业存货转换为现金或应收账款的速度越快,存货占用资金越少,企业资产变现能力越强,资金流动性越好。

企业相关人员还可以采用下列公式计算存货周转天数:

$$\text{存货周转天数} = \dfrac{\text{平均存货余额} \times \text{计算期天数}}{\text{计算期营业成本}}$$

或 $= \dfrac{\text{计算期天数}}{\text{存货周转率}}$

$$[夏宇工厂]\text{存货周转天数} = \dfrac{360}{3.97} = 90.7(天)$$

存货周转速度除了用周转次数表示,还可以用周转天数表示。存货周转天数越少,表明周转速度越快。夏宇工厂存货周转天数为 90.7 天,它表明工厂从购入材料到售出存货,收回垫支在存货上的资金平均花费 90.7 天。2017—2021 年全国规模以上工业企业存货周转率五年累计平均为 8.79 次,存货周转天数为 41.0 天。

3. 流动资产周转率

流动资产周转率是指企业一定时期内营业总收入与流动资产平均余额的比率。国务院国资委考核分配局编制的《企业绩效评价标准值》规定的计算公式为:

$$\text{流动资产周转率} = \dfrac{\text{营业总收入}}{\text{流动资产平均余额}}$$

$$\text{流动资产平均余额} = (\text{期初流动资产余额} + \text{期末流动资产余额}) \div 2$$

$$[表8-1、表8-2]\text{流动资产周转率} = \dfrac{7\,298\,385}{(2\,583\,200 + 2\,734\,144) \div 2} = 2.75(次)$$

流动资产周转天数的计算公式为：

$$\text{流动资产周转天数} = \frac{\text{流动资产平均余额} \times \text{计算期天数}}{\text{营业总收入}}$$

或

$$= \frac{\text{计算期天数}}{\text{流动资产周转率}}$$

［夏宇工厂］流动资产周转天数 $= \frac{360}{2.75} = 130.9$（天）

计算结果表明，夏宇工厂流动资产周转率为 2.75 次，流动资产周转天数为 130.9 天，表明工厂垫支在流动资产的资金平均 130.9 天收回一次。2017—2021 年我国规模以上工业企业流动资产周转率五年累计平均为 1.84 次，流动资产周转天数为 195.7 天。

4. 固定资产周转率

固定资产周转率是指企业一定时期内营业收入与固定资产平均余额的比率。其计算公式为：

$$\text{固定资产周转率} = \frac{\text{营业收入}}{\text{固定资产平均余额}}$$

固定资产平均余额 =（期初固定资产余额 + 期末固定资产余额）÷ 2

［表 8-1、表 8-2］固定资产周转率 $= \frac{7\,298\,385}{(2\,474\,000 + 2\,551\,263) \div 2} = 2.90$（次）

如果企业要突出固定资产在主营业务方面做出的贡献，还可以采用以下公式计算固定资产周转率：

$$\text{固定资产周转率} = \frac{\text{主营业务收入}}{\text{固定资产平均余额}}$$

2017—2021 年全国规模以上工业企业固定资产周转率五年累计平均为 1.87 次，固定资产周转天数为 192.5 天。

5. 总资产周转率

总资产周转率是指企业一定时期内营业收入与平均资产总额的比率。按照国务院国资委考核分配局编制的《企业绩效评价标准值》的规定，总资产周转率的计算公式为：

$$\text{总资产周转率} = \frac{\text{营业收入}}{\text{平均资产总额}}$$

［表 8-1、表 8-2］总资产周转率 $= \frac{7\,298\,385}{(5\,569\,700 + 5\,892\,863) \div 2} = 1.27$（次）

计算结果表明，夏宇工厂全部资产占用的资金当年周转了 1.27 次，或每 1 元资产在一年内创造了 1.27 元的营业收入。

2017—2021 年我国规模以上工业企业总资产周转率五年累计平均为 0.91 次，总资产周转天数为 394.8 天。

6. 不良资产比率

不良资产是指企业按会计准则规定计提的资产减值准备、应提未提和应摊未摊的潜亏(资金)挂账、尚未处理的资产损失。潜亏挂账是指不确认可能发生的损失,导致账面资本价值的虚计和本期利润的虚增,例如低转产品成本、高估存货、投资损失不冲销、不良债权长期挂账、少提不提折旧、少计负债、重大或有负债及有关损失挂账等。尚未处理的资产损失是指企业各项待处理或尚未处理的资产损失净额,如待处理固定资产损失、长期投资损失、无形资产损失、在建工程损失、委托贷款损失、存货损失(包括企业购进或生产的呆滞积压物资等)。

银行的不良资产主要指不良贷款,俗称呆坏账。也就是说,银行发放的贷款不能按预先约定的期限、利率收回本金和利息。不良资产主要指不良贷款,包括逾期贷款(贷款到期未还的贷款)、呆滞贷款(逾期两年以上的贷款)和呆账贷款(需要核销的收不回的贷款)三种情况,以及房地产等不动产组合。

不良资产是不能参与企业正常资金周转的资产。分析企业的不良资产,主要考察不良资产占全部资产的比率,即不良资产率。其计算公式为:

$$不良资产率 = \frac{年末不良资产总额}{资产总额 + 资产减值准备余额} \times 100\%$$

$$年末不良资产总额 = 资产减值准备余额 + 应提未提和应摊未摊的潜亏挂账 + 未处理资产损失$$

7. 资产现金回收率

资产现金回收率是经营活动产生的现金流量净额与平均资产总额的比率,表明企业一定时期内每百元资产回收了多少经营活动现金净流量。计算公式如下:

$$资产现金回收率 = \frac{经营现金流量净额}{平均资产总额} \times 100\%$$

[表8-1、表8-4] 资产现金回收率 = $\frac{993\,944}{(5\,569\,700 + 5\,892\,863) \div 2} \times 100\% = 17.34\%$

计算结果表明,夏宇工厂每百元资产总额在一年内回收了经营活动现金净流量17.34元。

8. 劳动效率

劳动效率是指企业一定时期内平均每个职工创造的营业收入或净产值。其计算公式为:

$$劳动效率 = \frac{营业收入或净产值}{平均职工人数}$$

以上营运能力指标的评价标准可参考表8-32的数值。

例8-23 我国国有工业企业2017—2021年营运能力指标如表8-32所示。

表8-32　2017—2021年全国国有工业企业营运能力指标

项目	2017年	2018年	2019年	2020年	2021年	五年简单平均
(一)应收账款周转率						
优秀值	16.1	18.6	18.3	19.6	21.0	18.7
良好值	9.2	11.7	11.4	10.7	11.3	10.9
平均值	5.2	7.7	7.4	6.5	6.8	6.7

(续表)

项目	2017年	2018年	2019年	2020年	2021年	五年简单平均
（二）存货周转率						
优秀值	17.0	16.9	17.0	18.1	18.8	17.6
良好值	9.6	9.5	9.6	10.7	11.4	10.2
平均值	4.8	4.7	4.8	5.9	6.6	5.4
（三）流动资产周转率						
优秀值	3.5	3.4	3.5	1.9	2.0	2.9
良好值	2.2	2.1	2.2	1.6	1.7	2.0
平均值	1.2	1.1	1.2	1.3	1.4	1.2
（四）总资产周转率						
优秀值	1.4	1.5	1.5	0.8	0.9	1.2
良好值	0.9	1.0	1.0	0.6	0.6	0.8
平均值	0.4	0.5	0.5	0.5	0.5	0.5
（五）资产现金回收率（%）						
优秀值	13.0	13.5	13.6	9.2	9.4	11.7
良好值	8.9	9.4	9.5	5.7	5.8	7.9
平均值	3.3	3.8	3.9	5.2	3.3	3.9
（六）不良资产比率（%）						
优秀值	0.1	0.1	0.1	0.1	0.1	0.1
良好值	0.8	0.8	0.8	0.8	0.8	0.8
平均值	2.4	2.4	2.4	2.4	2.4	2.4

资料来源：2018—2022年国务院国资委考核分配局编制的各年度《企业绩效评价标准值》，经济科学出版社出版。

六、发展能力分析

发展能力是指企业未来年度的发展前景及潜力。反映企业发展能力的指标主要有：营业收入增长率、总资产增长率、资本积累率、资本保值增值率、营业利润增长率、研发经费投入力度、三年营业收入平均增长率、三年利润平均增长率和三年资本平均增长率等。

1. 营业收入增长率

营业收入增长率是本年营业收入增长额与上年营业收入总额的比率。其计算公式为：

$$营业收入增长率 = \frac{本年营业收入增长额}{上年营业收入总额} \times 100\%$$

2. 总资产增长率

总资产增长率是本年总资产增长额与年初资产总额的比率。其计算公式为：

$$总资产增长率 = \frac{本年总资产增长额}{年初资产总额} \times 100\%$$

$$= \frac{年末资产总额 - 年初资产总额}{年初资产总额} \times 100\%$$

3. 资本积累率

资本积累率是本年所有者权益增长额与年初所有者权益的比率。其计算公式为：

$$资本积累率 = \frac{本年所有者权益增长额}{年初所有者权益} \times 100\%$$

4. 资本保值增值率

资本保值增值率是指企业本年主观因素努力增加的所有者权益与年初所有者权益总额的比率。其计算公式为：

$$资本保值增值率 = \frac{扣除客观因素的年末所有者权益}{年初所有者权益总额} \times 100\%$$

5. 营业利润增长率

营业利润增长率是本年营业利润增长额与上年营业利润总额的比率。其计算公式为：

$$营业收入利润率 = \frac{本年营业利润增长额}{上年营业利润总额} \times 100\%$$

6. 研发经费投入力度

研发经费投入力度，是本年研发经费投入合计与本年营业收入的比率。国务院国资委考核分配局2022年编制的《企业绩效评价标准值》将以前的"技术投入比率"改为"研发经费投入力度"，其计算公式为：

$$研发经费投入力度 = \frac{本年研发经费投入合计}{本年营业收入} \times 100\%$$

7. 三年营业收入平均增长率

三年营业收入平均增长率的计算公式为：

$$三年营业收入平均增长率 = \left(\sqrt[3]{\frac{本年营业收入}{三年前营业收入}} - 1 \right) \times 100\%$$

8. 三年利润平均增长率

三年利润平均增长率的计算公式为：

$$三年利润平均增长率 = \left(\sqrt[3]{\frac{本年利润总额}{三年前利润总额}} - 1 \right) \times 100\%$$

9. 三年资本平均增长率

三年资本平均增长率的计算公式为：

$$三年资本平均增长率 = \left(\sqrt[3]{\frac{年末所有者权益}{三年前年末所有者权益}} - 1\right) \times 100\%$$

以上发展能力指标的评价标准可参考表 8-33 的数值。

例 8-24 我国国有工业企业 2017—2021 年发展能力指标如表 8-33 所示。

表 8-33 2017—2021 年全国国有工业发展能力指标

项目	2017 年	2018 年	2019 年	2020 年	2021 年	四年或五年简单平均
(一) 营业收入增长率(%)						
优秀值	27.2	22.2	19.7	19.3	31.0	23.9
良好值	21.2	16.4	13.6	14.4	25.5	18.2
平均值	13.9	8.8	6.3	-2.9	14.7	8.2
(二) 总资产增长率(%)						
优秀值	13.3	13.2	13.5	13.2	21.5	14.9
良好值	7.8	8.1	9.0	9.8	11.4	9.2
平均值	3.7	4.0	4.8	4.1	6.2	4.6
(三) 资本积累率(%)						
优秀值	33.9	33.1	33.0	19.9	20.3	30.0
良好值	18.1	17.4	17.4	11.0	11.5	16.0
平均值	8.6	7.6	7.8	4.0	6.1	7.0
(四) 资本保值增值率(%)						
优秀值	112.7	109.9	111.5	111.5	111.2	111.4
良好值	107.4	106.5	106.8	107.0	107.0	106.9
平均值	104.8	103.9	104.2	104.2	104.4	104.3
(五) 营业利润增长率(%)						
优秀值	29.5	21.6	21.5	21.1	33.6	25.5
良好值	26.4	18.2	18.1	18.9	30.6	22.4
平均值	17.6	9.6	9.6	-5.8	16.7	9.5
(六) 研发经营投入力度或技术投入比率(%)						
优秀值	3.6	3.6	3.7	3.7	3.7	3.7
良好值	2.5	2.5	2.6	2.6	2.6	2.6
平均值	2.0	2.0	2.1	2.1	1.9	2.0

资料来源：2018—2022 年国务院国资委考核分配局编制的各年度《企业绩效评价标准值》，经济科学出版社出版。

习题十五

目的:练习利润表编制和财务指标分析。

凤洋工厂20××年12月31日资产负债表中有关项目的余额如下:

单位:万元

资产项目	年初数	年末数	权益项目	年初数	年末数
货币资金	5	7	流动负债合计	30	32
交易性金融资产——证券	2	1	长期负债合计	20	22
应收账款	14	16	实收资本	40	40
存货	30	34	所有者权益合计	60	66
流动资产合计	65	70			
无形资产	7	5			
资产总计	110	120	负债及所有者权益合计	110	120

凤洋工厂本年度编制利润表的有关资料如下:

主营业务和其他业务收入、成本、税金及附加及其他有关资料见习题十三第2题;另外,本年度凤洋工厂计入固定资产成本的利息费用为0.7万元,主营业务收入中赊销收入占比为65%。

凤洋工厂确定的永久性资产为84万元,其中永久性流动资产为36.5万元。

凤洋工厂本年度流动负债中短期借款平均余额为20万元,每季末按年利率12.06%付息一次(其余流动负债均不付息),工厂长期负债资金成本率为8.10%,年股利率为0%(实收资本没有筹资费),附加资本成本率为16%。

凤洋工厂本年度现金流量表上"经营活动产生的现金净流量"为48万元。

要求:(1) 根据上述资料计算短期偿债能力指标(除营运资金外均用年末数)。

① 营运资金 $\begin{cases} 年初营运资金= \\ 年末营运资金= \\ 平均营运资金= \end{cases}$

年末营运资金比率=

② 流动比率=

③ 速动比率=

④ 现金比率=

⑤ 现金流动负债比率=

(2) 根据上述资料编制利润表。

利润表

编制单位:凤洋工厂　　　　　　　　　　20××年12月　　　　　　　　　　单位:万元

项目	上年数	本年累计数
一、营业收入		
减:营业成本		
税金及附加		

(续表)

项目	上年数	本年累计数
销售费用		
管理费用		
财务费用		
其中：利息费用		
利息收入		
信用减值损失		
资产减值损失		
加：其他收益		
投资收益		
其中：对联营企业和合营企业的投资收益		
以摊余成本计量的金融资产终止确认收益（损失以"—"号填列）		
公允价值变动收益（损失以"—"号填列）		
资产处置收益（损失以"—"号填列）		
二、营业利润（亏损以"—"号填列）		
加：营业外收入		
减：营业外支出		
其中：非流动资产毁损报废损失		
三、利润总额（亏损总额以"—"号填列）		
减：所得税费用		
四、净利润（净亏损以"—"号填列）		
五、其他综合收益税后净额		
六、综合收益总额		
七、每股收益：		
（一）基本每股收益		
（二）稀释每股收益		

(3) 根据上述资料计算长期偿债能力指标（均用年末数）。

⑥ 资产负债率＝

⑦ 已获利息倍数＝

⑧ 产权比率＝

⑨ 有形净值负债率＝

⑩ 盈余现金保障倍数＝

(4) 计算盈利能力指标（第⑯项指标用"营业成本""税金及附加"等计算）。

⑪ 资产利润率＝

⑫ 总资产报酬率＝

⑬ 资本金利润率 =

⑭ 资本收益率 =

⑮ 营业收入利润率 =

⑯ 成本费用利润率 =

(5) 计算营运能力指标(用"营业收入"或"营业成本"计算)。

⑰ 应收账款周转率 =

⑱ 存货周转率 =

⑲ 流动资产周转率 =

⑳ 总资产周转率 =

㉑ 资产现金回收率 =

(6) 凤洋工厂采用的筹资政策类型是什么？

这是因为 _____。

㉒ 凤洋工厂本金安全率 =

(7) 计算资金成本(精确到0.01%)。

㉓ 短期借款成本率 =

㉔ 综合资金成本率 =

案例三

目的：对上市公司举债经营情况进行评价。

要求：登陆"证券之星"(www.stockstar.com)网站，收集通宝能源上市公司(代码：600780)下列情况：

(1) 公司概况；

(2) 股票发行情况；

(3) 股份构成；

(4) 公司主要股东；

(5) 近三年每股收益及分红配股方案；

(6) 近三年主要财务指标；

(7) 下载最近三年资产负债表；

(8) 下载与偿债能力有关的利润表近三年数据；

(9) 下载与偿债能力有关的现金流量表近三年数据；

(10) 对通宝能源偿债能力相关指标进行分析和评价(要与全国平均水平、国内外先进行水平进行比较)，并结合分析结果撰写通宝能源偿债能力分析评价报告。

第二篇
财务分析中级教程

第九章　流动资产专题分析
第十章　非流动资产专题分析
第十一章　负债专题分析
第十二章　经营业绩专题分析
第十三章　所有者权益专题分析
第十四章　财务综合分析

Chapter Nine

第九章 流动资产专题分析

第一节 货币资金专题分析

在进行货币资金专题分析前,我们先看一个案例。我国一家 Y 上市公司,注册资本为 1 亿元(股),第一大股东投资 5 520 万元(股),持股比例为 55.2%。20×2 年 5 月 22 日,该上市公司进行现金股利分配,分红政策是"10 派 6",即每 10 股分配 6 元股利,每股分红 0.6 元。第一大股东分得现金红利 3 312 万元(5 520×0.6)。20×3 年,该上市公司分红 10 派 6,第一大股东又分得现金红利 3 312 万元。这致使第一大股东两年共分得现金红利 6 624 万元,不仅收回了全部投资 5 520 万元,还额外得到 1 104 万元的利得。一时网上喧嚷:高额分红派现——回报太高!

如何看待上述上市公司的高额分红现象呢?我们认为,关键是在现金分红后,公司货币资金能否维持正常经营,能否使公司进一步扩张。本节旨在研究确定企业合理的货币资金占用率、较恰当的经营现金留存率、必要的现金再投资率、现金分红率以及对现金结构、现金支付能力和现金效率指标进行专门分析。

一、合理的货币资金占用率的经验确定方法[1]

所谓货币资金占用率,是指货币资金在流动资产中的占比。要确定合理的货币资金占用率,就必须考虑"合理的现金占用率"和"合理的短期证券投资占用率"两个比率。这两个比率的分母都是"流动资产",第一个比率中的分子为"现金",包括货币资金和短期证券投资两项内容。

合理的货币资金占用率 = 合理的现金占用率 − 合理的短期证券投资占用率

---

[1] 部分参考戴新颖:《上市公司如何合理确定现金股利分红比例》,《财会通讯》2002 年第 11 期。

(一) 合理的现金占用率

所谓现金占用率,是指货币资金和交易性金融资产(也称短期证券投资)在流动资产中的占比。现金占用率的计算公式为:

$$现金占用率 = \frac{货币资金 + 交易性金融资产}{流动资产}$$

现金占用率的含义是:企业流动资产中应保持多少现金才能使企业的生产经营正常地进行下去。企业合理的现金占用率的确定方法如下:

1. 用西方公认的数据推算合理的现金占用率

西方企业常用"现金比率"衡量企业短期偿债能力,并认为现金比率大于20%为好。

$$现金比率 = \frac{货币资金 + 交易性金融资产}{流动负债} \geqslant 20\% \qquad (暂取20\%)$$

$$流动负债 = (货币资金 + 交易性金融资产) \div 20\% \qquad (公式一)$$

此外,西方企业常用"流动比率"衡量企业短期偿债能力,并认为流动比率大于2为好。

$$流动比率 = \frac{流动资产}{流动负债} \geqslant 2 \qquad (暂取2)$$

$$流动负债 = 流动资产 \div 2 \qquad (公式二)$$

将公式二代入公式一,得到:

$$流动资产 \div 2 = (货币资金 + 交易性金融资产) \div 20\%$$

方程两边同时除以"流动资产"并自乘以20%,得到:

$$\frac{货币资金 + 交易性金融资产}{流动资产} \geqslant \frac{20\%}{2}$$

以上方程式表明,现金占用率≥10%较为合理。

2. 用我国实际研究成果推算合理的现金占用率

朱学义教授1995年结合我国实际情况,揭示了我国流动比率的合理标准为1.6[①]。

$$流动比率 = \frac{流动资产}{流动负债} \geqslant 1.6 \qquad (暂取1.6)$$

$$流动负债 = 流动资产 \div 1.6 \qquad (公式三)$$

将公式三代入公式一,得到:

$$流动资产 \div 1.6 = (货币资金 + 交易性金融资产) \div 20\%$$

方程两边同时除以"流动资产",并自乘以20%,得到:

$$\frac{货币资金 + 交易性金融资产}{流动资产} \geqslant \frac{20\%}{1.6}$$

以上方程式表明,现金占用率 ≥ 12.5%为好。

从上述分析可知,中西方合理的现金占用率在10%或12.5%以上较为合理。

---

① 朱学义:《论我国流动比率的合适标准》,《财务与会计》1995年第9期。

（二）合理的短期证券投资占用率

所谓短期证券投资占用率，是指短期证券投资在流动资产中的占比。在2006年及以前，我国《企业会计制度》规定设置"短期投资"科目核算短期证券投资，但自2007年1月1日实施新《企业会计准则》后，我国规定设置"交易性金融资产"科目核算短期证券投资，则短期证券投资占用率可改称为交易性金融资产投资占用率。

20×0年至20×2年，我国1 304家上市公司累计三年短期投资占流动资产的比例为1.55%。考虑到企业短期投资以保证企业正常生产经营资金的流动性为基准和资本市场上的投资风险，短期证券投资占用率取1.5%较为合理。

（三）合理的货币资金占用率

综合以上分析，我国企业"合理的现金比率"在12.5%以上较为合理，扣除"合理的短期证券投资占用率"1.5%后，我国合理的货币资金占用率应大于11%。

实际上，20×0年至20×2年，我国1 304家上市公司累计三年货币资金占流动资产的比例为23.4%。日本1988—1991年累计现金比率为29.9%，其中货币资金占用率为24.5%。由此可见，我国上市公司[①]的货币资金占用率的经验数据维持在24%左右较为合理，不得低于11%。

二、恰当的经营现金留存率的确定

企业的生产经营是一个循环不断的过程。企业投入货币G用于生产经营过程，收回的货币正好等于G，企业只能进行简单再生产；企业投入货币G用于生产经营过程，收回的货币为G'（$G'>G$），企业就能进行扩大再生产。马克思说："$G' = G + \Delta G$，即等于原预付货币额加上一个增值额。我把这个增值额或超过原价值的余额叫作剩余价值。可见，原预付价值不仅在流通中保存下来，而且在流通中改变了自己的价值量，加上了一个剩余价值，或者说增值了。正是这种运动使价值转化为资本。"资本家的"目的也不是取得一次利润，而只是谋取利润的无休止的运动……以谋求价值的无休止的增值，而精明的资本家不断地把货币重新投入流通，却达到了这一目的"。[②] 根据马克思这一原理，企业在生产经营过程中投入货币G用于各种耗费，通过会计编制的现金流量表上的"经营活动现金流出"项目反映，企业在生产经营过程中收回货币G'存于银行，通过会计编制的现金流量表上的"经营活动现金流入"项目反映，"经营活动现金流入小计"G'>"经营活动现金流出小计"G，得出"经营活动产生的现金流量净额"$\Delta G(G'-G)$。ΔG是企业经过一定生产经营周期的货币增值。企业为了扩大再生产，将这一部分货币增值留在企业作为资金储备，从而产生"经营现金留存额"。

$$\frac{\Delta G}{G} = \frac{经营现金净流量}{经营活动现金流出小计} = 经营现金留存率$$

[①] 我国上市公司在20×0年至20×2年属于健康发展的阶段，此阶段的财务指标具有一定的典型性。
[②] 马克思：《资本论》第一卷，人民出版社1975年版。

20×0 年至 20×2 年,我国 1 304 家上市公司累计三年经营活动产生的现金流量净额占经营活动现金流出的比例为 11.67%。这说明,我国上市公司在经营活动中每流出 100 元,留存 11.67 元作为扩大再生产的资金准备。我们认为,恰当的经营现金留存率应在 12%以上。

三、必要的现金再投资率的确定

所谓现金再投资率,是指经营活动现金净流量扣除发放现金股利后的余额与资本化额的比率。其计算公式为:

$$\begin{aligned}\text{现金再投资率} &= \frac{\text{经营活动现金净流量} - \text{现金股利}}{\text{固定资产} + \text{长期投资} + \text{其他资产} + \text{营运资金}} \\ &= \frac{\text{经营活动现金净流量} - \text{现金股利}}{\text{非流动资产} + (\text{流动资产} - \text{流动负债})} \\ &= \frac{\text{经营活动现金净流量} - \text{现金股利}}{\text{资产} - \text{流动负债}} = \frac{\text{经营活动现金净流量} - \text{现金股利}}{\text{资本化额}}\end{aligned}$$

现金再投资率反映了企业产生的经营活动现金净流量在扣除发放的现金股利之后所余现金量和企业的资本性支出的配置情况,揭示了企业为资产重置及经营成长所保留与再投资相适应的资金百分比。企业经营活动产生的现金流量在扣除发放的现金股利之后可用于企业的再投资,比如购买固定资产以扩大企业的再生产规模、进行长期投资以及维持生产经营周转等。企业如果进行过多的现金分红,必然导致再投资现金的不足,影响企业未来的盈利能力。西方会计界认为,企业现金再投资率达到 8%—10% 为理想的水平。

四、现金分红率的确定

现金分红率的确定有多种方案。有的从长期战略发展眼光考虑企业要有稳定增长的现金分红率,则刚开始几年的现金分红率不宜定得过高;有的根据自由现金流量(指企业产生的为保持持续发展所需的再投资额后剩余的现金流量,也是企业资本供给者应享有的可供分配的最大现金额)的应用模型确定现金分红率;有的根据未来几年的现金预算确定现金分红率;等等。确定现金分红率的基本要求如下:

(1) 保持最低限度的货币资金预付量,货币资金占用率不得低于 11%;
(2) 保持企业生产经营所必需的现金流量,不仅各种现金预算支出要留足,还要争取更多的现金流入,使经营现金留存率保持在 12% 以上;
(3) 保持现金再投资率达到 8%—10%;
(4) 测定自由现金流量,保持企业在未来现金分红率稳定增长;
(5) 做到分配的现金股利不要超过已实现的利润。

根据以上要求,结合本节开头的案例,认真检查 Y 上市公司有没有不符合现金分红的这几项基本要求,若没有,则其现金分红方案是可行的。我们不要把眼光盯住第一大股东分红得到多少现金,而要把眼光放在企业未来发展需要多少现金。

五、现金流量结构分析

现金流量结构分析是指以现金流量表为依据,分析各类现金流量在现金总流量中的比重。它通过编制现金流量结构分析表(见表9-1)予以反映。

表9-1 夏宇工厂现金流量结构分析表

项目	现金流入量 金额(元) ①	现金流入量 比重(%) ②=①/流入量总计	现金流出量 金额(元) ③	现金流出量 比重(%) ④=③/流出量总计	净流量 金额(元) ⑤=①-③	净流量 比重(%) ⑥=⑤/净流量总计
(1) 经营活动现金流量	8 834 184	88.1	7 840 240	81.7	993 944	229.0
(2) 投资活动现金流量	862 190	8.6	856 651	8.9	5 539	1.3
(3) 筹资活动现金流量	330 600	3.3	896 138	9.3	-565 538	-130.3
现金流量总计	10 026 974	100.0	9 593 029	100.0	433 945	100.0

注:百分比数据有进位误差。

从表9-1可知,夏宇工厂经营活动的现金流入量和现金流出量分别占总流量的88.1%、81.7%,反映了工厂的现金流量主要依靠经营活动,这是企业财务状况良好的标志。本年度,夏宇工厂偿还债务付出现金569 641元,分配股利、利润或偿付利息付出现金310 257元,而取得借款收到的现金仅有310 600元,致使筹资活动产生的现金净流量为-565 538元(包括其他与筹资活动有关的净现金3 760元),表明夏宇工厂存在巨大的偿债压力。幸好夏宇工厂本年度经营活动产生现金净流量为993 944元,有能力承担到期债务。一旦夏宇工厂经营活动产生的现金流量不足,企业偿债就会存在很大的风险。

六、现金支付能力分析

1. 每股经营现金流量分析

每股经营现金流量是指企业每股所拥有的经营现金净流量。对非股份制企业而言,每股经营现金流量是指企业每元资本金所拥有的经营现金净流量。其计算公式为:

$$每股(每元资本金)经营现金流量 = \frac{经营现金净流量}{发行在外的普通股股数(或实收资本)}$$

[表8-1、表8-4] 每元资本金经营现金流量 $= \frac{993\ 944}{2\ 814\ 000} = 0.35$(元)

计算结果表明,夏宇工厂每元资本金本年度拥有的经营现金净流量为0.35元。20×0年至20×2年,我国1 304家上市公司累计三年每元股本拥有的经营活动现金流量净额为0.46元。这说明夏宇工厂的现金实力没有全国上市公司的平均水平高。

2. 到期债务本息偿付比率分析

到期债务本息偿付比率也称现金到期债务比,是指企业本期取得的经营现金净流量是本期偿还到期债务本息的倍率。其计算公式为：

$$到期债务本息偿付比率 = \frac{经营现金净流量}{本期偿还债务本金 + 本期偿还债务利息}$$

公式分母中的"本期偿还债务本金"取自现金流量表中"偿还债务支付的现金"数额（表8-4为569 641元），"本期偿还债务利息"取自现金流量表中"分配股利、利润或偿付利息支付的现金"数额（表8-4为310 257元）扣除"应付股利"账户借方支付的现金股利或利润262 100元，得出48 157元即为"本期偿还债务利息"数额。

$$[表8-4]\ 到期债务本息偿付比率 = \frac{993\,944}{569\,641 + 48\,157} = 1.61（倍）$$

计算结果表明，夏宇工厂本期取得的经营现金净流量是本期偿还到期债务本息的1.61倍。

3. 待还债务本息偿付比率分析

待还债务本息偿付比率是指企业本期取得的经营现金净流量是本期期末已经确定的在未来一年内需要偿还的债务本息的倍率。其计算公式为：

$$待还债务本息偿付比率 = \frac{经营现金净流量}{本期期末确定的流动负债本息额}$$

本期期末确定的流动负债本息额=短期借款+应付票据+一年内到期的非流动负债

$$[表8-1、表8-4]\ 待还债务本息偿付比率 = \frac{993\,944}{495\,000 + 175\,500 + 30\,000} = 1.42（倍）$$

计算结果表明，夏宇工厂本期取得的经营现金净流量是未来一年内待还债务本息的1.42倍。

4. 现金负债比率分析

现金负债比率亦称现金到期债务比，是经营现金净流量与负债总额的比率。其计算公式为：

$$现金负债比率 = \frac{经营现金净流量}{负债总额} \times 100\%$$

$$[表8-1、表8-4]\ 现金负债比率 = \frac{993\,944}{2\,162\,098} \times 100\% = 45.97\%$$

计算结果表明，夏宇工厂本期取得的经营现金净流量是期末负债总额的45.97%。

现金负债比率是从负债总额的角度分析企业拥有的经营活动产生的现金流量净额，还可以从流动负债和长期负债两方面进行补充分析。

$$现金流动负债比率 = \frac{经营现金净流量}{流动负债} \times 100\%$$

$$[表8-1、表8-4]\ 现金流动负债比率 = \frac{993\,944}{1\,327\,701} \times 100\% = 74.86\%$$

$$现金长期负债比率 = \frac{经营现金净流量}{长期负债} \times 100\%$$

[表 8-1、表 8-4] 现金长期负债比率 = $\dfrac{993\,944}{834\,397} \times 100\% = 119.12\%$

20×0 年至 20×2 年,我国 1 304 家上市公司累计三年现金负债比率为 12.62%,其中现金流动负债比率为 15.99%,现金长期负债比率为 59.77%。[①] 2021 年 2 342 家上市公司现金负债比率为 16.36%,其中现金流动负债比率为 11.36%,现金长期负债比率为 29.60%。[②]

夏宇工厂取得经营现金净流量用于偿还债务的实力远远高于上市公司的平均水平,就现金负债比率而言,其相对比率是 1 304 家上市公司的 3.6 倍(45.97% ÷ 12.62%)。

5. 现金股利支付率分析

现金股利支付率是指企业本期支付的现金股利或分配的利润与经营现金净流量的比率。其计算公式为:

$$\text{现金股利支付率} = \dfrac{\text{现金股利或分配的利润}}{\text{经营现金净流量}} \times 100\%$$

[表 8-4] 现金股利支付率 = $\dfrac{262\,100}{993\,944} \times 100\% = 26.37\%$

公式分子中"现金股利或分配的利润"可查找"应付股利"账户借方支付的现金股利或利润得出。

6. 现金股利保障倍数分析

现金股利保障倍数是指企业本期每股经营现金净流量与每股现金股利的比率。其计算公式为:

$$\text{现金股利保障倍数} = \dfrac{\text{每股经营现金净流量}}{\text{每股现金股利}}$$

7. 现金流量适度比率分析

现金流量适度比率是指企业本期经营现金净流量与长期资金支付额的比率。其计算公式为:

$$\text{现金流量适度比率} = \dfrac{\text{经营现金净流量}}{\text{长期负债偿付额} + \text{固定资产购置额} + \text{股利分配额}} \times 100\%$$

七、现金效率比率分析

1. 营业收入现金含量分析

营业收入现金含量是指企业销售商品、提供劳务收到的现金与营业收入的比率。其计算公式为:

$$\text{营业收入现金含量} = \dfrac{\text{销售商品、提供劳务收到的现金}}{\text{营业收入}} \times 100\%$$

---

① 数据取自中国矿业大学朱学义教授上市公司数据库。
② 数据取自 CCER 经济金融研究数据库。

[表8-2、表8-4] 营业收入现金含量 = $\dfrac{8\ 737\ 294}{7\ 298\ 385} \times 100\% = 119.72\%$

计算结果表明，夏宇工厂本期销售商品、提供劳务收到的现金是本期营业收入119.72%。

2. 总资产现金含量分析

总资产现金含量也称资产现金回收率，是指企业经营现金净流量与资产总额的比率。其计算公式为：

$$总资产现金含量 = \dfrac{经营现金净流量}{资产总额} \times 100\%$$

[表8-1、表8-4] 总资产现金含量 = $\dfrac{993\ 944}{5\ 892\ 863} \times 100\% = 16.87\%$

计算结果表明，夏宇工厂每百元资产总额含有经营现金净流量16.87元。

3. 营业收入现金比率分析

营业收入现金比率也称销售现金比率，是指企业经营现金净流量与营业收入的比率。其计算公式为：

$$营业收入现金比率 = \dfrac{经营现金净流量}{营业收入} \times 100\%$$

[表8-1、表8-4] 营业收入现金比率 = $\dfrac{993\ 944}{7\ 298\ 385} \times 100\% = 13.62\%$

计算结果表明，夏宇工厂每百元营业收入含有经营现金净流量13.62元。

4. 货币资金周转率分析

货币资金周转率是指企业销售商品、提供劳务收到的现金与货币资金平均余额的比率。其计算公式为：

$$货币资金周转率 = \dfrac{销售商品、提供劳务收到的现金}{货币资金平均余额}$$

[表8-1、表8-4] 货币资金周转率 = $\dfrac{8\ 737\ 294}{(256\ 500 + 690\ 445) \div 2} = 18.5(次)$

计算结果表明，夏宇工厂本年度货币资金周转了18.5次。

第二节　交易性金融资产专题分析

交易性金融资产是指企业为交易而持有的、准备近期出售的金融资产，分为交易性股票投资、交易性债券投资、交易性基金投资和交易性其他投资四类。对交易性金融资产进行评价，主要是分析交易性金融资产的收益率。

一、交易性股票投资收益率分析

交易性股票投资收益率是交易性股票投资净收益与交易性股票投资余额的比率。由于交易性金融资产投资一般在近期内变现,其余额有三种计算方法。

1. 按初始投资额计算

$$\frac{交易性股票}{投资收益率} = \frac{交易性股票投资净收益}{交易性股票初始投资额} \times \frac{12}{累计月数} \times 100\%$$

例 9-1 华能企业 1 月 10 日购入益侨公司普通股票 3 000 股作为交易性金融资产入账,每股付款 20 元,另付各项交易费用 450 元。3 月 25 日,华能企业又购入益侨公司普通股票 4 000 股仍作为交易性金融资产入账,每股价格 22 元,另付已宣告但尚未发放的现金股利 4 000 元和各项交易费用 660 元。4 月 26 日,华能企业将所拥有的益侨公司 7 000 股股票全部出售,每股 24 元,另付各种交易费用 1 260 元,实际收款 167 872 元,计算应交转让金融产品增值税 1 132 元。要求按交易性金融资产初始投资额计算其投资收益率。

① 益侨股票初始投资额 = (3 000 × 20 + 450) + (4 000 × 22 + 660)
  = 60 450 + 88 660 = 149 110(元)

需要说明的是,初始投资额包括股票买价和支付的交易费用,但不包括支付的已宣告尚未发放的股利。交易费用虽然冲减了"投资收益",但它是企业初始投资时的资金占用;而垫付的"宣告股利"是暂付性债权,不是企业的"股票投资"。

② 益侨股票投资净收益 = 167 872 - 149 110 - 1 132 = 17 630(元)
③ 交易性股票投资收益率 = 17 630 ÷ 149 110 × 12 ÷ 4 × 100% = 35.5%

2. 按简单平均投资额计算

$$\frac{交易性股票}{投资收益率} = \frac{交易性股票投资净收益}{交易性股票投资简单平均余额} \times \frac{12}{累计月数} \times 100\%$$

以上公式有两个假设:一是资金的全年占用,即购买股票所占用的资金在购买股票之前和退出之后,仍以相同的方式购买类似股票而占用同样的资金;二是全年取得的净收益,即将年度内某段时间取得的净收益换算成全年相同阶段都能取得类似的净收益。

承例 9-1,按简单平均投资额计算的交易性股票投资收益率的计算过程如下:
① 益侨股票初始投资额 = (3 000 × 20 + 450) + (4 000 × 22 + 660)
  = 60 450 + 88 660 = 149 110(元)
② 益侨股票投资简单平均余额 = 1—4月各月平均余额之和 ÷ 4
  = [(0 + 60 450) ÷ 2 + (60 450 + 60 450) ÷ 2 + (60 450 + 60 450 + 88 660) ÷ 2 + (60 450 + 88 660 + 0) ÷ 2] ÷ 4
  = (30 225 + 60 450 + 104 780 + 74 555) ÷ 4
  = 67 502.50(元)
③ 益侨股票投资净收益 = (166 740 - 149 110) = 17 630(元)
④ 交易性股票投资收益率 = 17 630 ÷ 67 502.50 × 12 ÷ 4 × 100% = 78.4%

3. 按精确平均投资额计算

$$\frac{交易性股票}{投资收益率} = \frac{交易性股票投资净收益}{交易性股票投资精确平均余额} \times \frac{365}{累计天数} \times 100\%$$

承例 9-1,按精确平均投资额计算的交易性股票投资收益率的计算过程如下:

① 益侨股票初始投资额 = (3 000 × 20 + 450) + (4 000 × 22 + 660)
 = 60 450 + 88 660 = 149 110(元)

② 益侨股票投资精确平均余额 = 每日余额之和 ÷ 实际天数
 = [60 450 × 74 + (60 450 + 88 660) × 32] ÷ 106 = (4 473 300 + 4 771 520) ÷ 106
 = 87 215.28(元)

③ 益侨股票投资净收益 = 167 872 - 149 110 - 1 132 = 17 630(元)

④ 交易性股票投资收益率 = 17 630 ÷ 87 215.28 × 365 ÷ 106 × 100% = 69.6%

以上三种方法的计算结果各不相同:按初始投资额计算的投资收益率为 35.5%,显得偏低,原因在于两次购买股票的时间不相同,却都将其作为 1 月 1 日一次购入;按简单平均投资额和精确平均投资额计算的投资收益率分别为 78.4%、69.6%。三种方法相比较而言,精确平均投资额的计算方法更准确。

交易性基金投资收益率和交易性权证投资收益率的计算方法与交易性股票投资收益率的计算方法相同。

二、交易性债券投资收益率分析

交易性债券投资收益的计算公式为:

$$\frac{交易性债券}{投资收益率} = \frac{交易性债券投资净收益 \times (1 - 所得税税率)}{交易性债券投资初始(平均或精确)余额} \times \frac{12(或365)}{累计月数(或天数)} \times 100\%$$

例 9-2 华能企业 10 月 1 日购入海洋债券作为交易性金融资产入账,付款 50 640 元,其中面值为 48 000 元,溢价 570 元,利息为 1 920 元(按年利率 8% 计算 6 个月的利息),佣金为 150 元。10 月 2 日,华能企业收到债券利息 1 920 元。12 月 31 日,企业计算海洋债券 10 月 1 日至 12 月 31 日的利息为 960 元(48 000 × 8% × 3/12);12 月 31 日,企业持有的海洋债券公允价值变为 47 570 元。次年 2 月 1 日,华能企业将海洋债券全部售出,售价为 49 969 元,另付手续费 140 元,计算应交转让金融产品增值税 79 元。要求按三种方法计算该项交易性债券投资的收益率。

(1) 按交易性债券初始投资额计算收益率:

① 交易性债券初始投资额 = 50 640 - 1 920 = 48 720(元)

② 债券出售净收入 = 49 969 - 140 = 49 829(元)

③ 取得的投资净收益 = 49 829 - 48 720 - 79 = 1 030(元)

④ 交易性债券投资收益率 = $\frac{1\ 030 \times (1 - 25\%)}{48\ 720} \times \frac{12}{4} = 4.76\%$

需要说明的是:一是购买债券时支付的利息 1 920 元是已到付息期但尚未领取的暂付性债权,不作为购买单位债券初始投资额处理,事实上,该债权在 10 月 2 日已收回;二是在处置债券时(出售或到期收回或其他转移所有权的情况)确认收益,其间若收到利息存入银行,还要将利息折算成处置时的终值确认投资收益,因此期间计息不作为投资收益处理;三是会计确认入账的公允价值变动损益在计算投资收益率时不作为投资收益处理,因为它是"未得利润"①,待处置债券时才转化为"实得利润";四是计算投资收益率重在考核投资部门从购买证券到处置债券为止的经营业绩,可以跨年度(但仍以年度投资收益率为计算口径),这与会计人员为了和纳税期吻合必须在年末计息入账不一样。

(2)按交易性债券简单平均余额计算收益率:

① 交易性债券初始投资额 = 50 640 − 1 920 = 48 720(元)

② 交易性债券简单平均余额 = 10月1日至次年1月末各月平均余额之和 ÷ 4
= (48 720 + 48 720 + 48 720 + 48 720) ÷ 4 = 48 720(元)

③ 取得的投资净收益 = 49 969 − 48 720 − 79 = 1 030(元)

④ 交易性债券投资收益率 = $\frac{1\,030 \times (1 - 25\%)}{48\,720} \times \frac{12}{4} = 4.76\%$

(3)按交易性债券精确平均余额计算收益率:

① 交易性债券初始投资额 = 50 640 − 1 920 = 48 720(元)

② 交易性债券精确平均余额 = 10月1日至次年1月31日每天余额之和 ÷ 123
= (48 720 × 123) ÷ 123 = 48 720(元)

③ 取得的投资净收益 = 49 969 − 140 − 48 720 − 79 = 1 030(元)

④ 交易性债券投资收益率 = $\frac{1\,030 \times (1 - 25\%)}{48\,720} \times \frac{365}{123} = 4.71\%$

以上三种方法计算结果相近,原因在于从10月1日购买债券到次年2月1日出售债券,时间正好4个月整,只有按精确法计算4个月时不是120天而是123天,收益率分母多了3天,才使收益率由4.76%降为4.71%。

三、交易性金融资产投资总收益率的计算

交易性金融资产投资总收益率以个别投资收益率为基础,考虑个别投资比重而确定。个别投资额选择精确平均投资额最好,但为了简化,可以初始投资额作为权数。交易性金融资产投资总收益率的计算公式为:

$$\text{交易性金融资产投资总收益率} = \sum \left(\text{个别投资收益率} \times \text{个别投资比重} \right)$$

例 9-3 根据上述例9-1、例9-2的精确法计算结果计算交易性金融资产投资总收益率(以初始投资额作为权数)。

① 初始投资额总计 = (交易性股票初始投资额)149 110 + (交易性债券初始投资额)48 720 = 197 830(元)

---

① 李涵、朱学义:《短期投资的重新划分及会计处理的演变》,《财务与会计》(综合版)2007年第9期。

② 交易性股票投资比重 = 149 110 ÷ 197 830 = 75.37%

③ 交易性债券投资比重 = 48 720 ÷ 197 830 = 24.63%

④ 交易性金融资产投资总收益率 = 69.6% × 75.37% + 4.71% × 24.63% = 53.62%

第三节　应收款项专题分析

一、应收账款回收期精确计算法

应收账款回收期精确计算法是按应收账款实际占用资金的天数计算回收期的方法。会计人员在计算应收账款月平均余额时，往往按会计制度规定采用简化的计算方法，即用月初应收账款余额加上月末应收账款余额再除以 2，得出应收账款月平均余额；应收账款季平均余额用三个月应收账款月平均余额除以 3 得出；应收账款年平均余额用 12 个月的应收账款月平均余额除以 12 得出。这里存在的问题是：各项应收账款的发生与收回并不正好在月初或月末这一天，按简化方法计算得出的应收账款回收期就不太准确。企业给销售人员的薪酬是与应收账款回收期挂钩，势必造成不公平。因此，掌握应收账款回收期精确计算法很有必要。

1. 单个客户一笔交易应收账款精确回收期的计算

例 9-4　甲单位推销员张癸 1 月 1 日向西南地区客户 A 销售产品一批，价款为 10 万元，增值税为 1.30 万元，共计 11.30 万元款未收；1 月 29 日收回 40% 的账款 4.52 万元（价 4 万元 + 税 0.52 万元），2 月 21 日收回余款 6.78 万元（价 6 万元 + 税 0.78 万元）。要求：用精确法计算应收账款回收期。

① 1 月 1 日至 1 月 28 日，应收账款每天余额累计之和 = 每天余额 11.30 万元 × 28 天 = 316.40 万元；

② 1 月 29 日至 2 月 20 日，应收账款每天余额累计之和 = 每天余额 6.78 万元 × 23 天 = 155.94 万元；

③ 该项应收账款平均余额 = (316.40 + 155.94) ÷ (28 + 23) = 9.262 万元；

④ $\dfrac{\text{应收账款回收期}}{(\text{或应收账款周转天数})} = \dfrac{\text{按精确法计算的应收账款平均余额} \times \text{实际占用天数}}{\text{当期赊销收入} \times (1 + \text{增值税税率})}$

$= \dfrac{9.262 \times 51}{10 \times (1 + 13\%)} = 41.8 (\text{天})$

上述公式中分子包括增值税的原因是：企业在考核销售人员收回货款时，不仅要考核销售人员收回商品的"价款"，还要收回"增值税"[①]。这样计算评价销售人员的业绩才公正。

2. 单个客户多笔交易应收账款精确回收期的计算

例 9-5　承例 9-4，甲单位有关客户 A 的应收账款发生情况如表 9-2 所示。

[①] 朱学义、耿占明：《应收账款回收期计算公式的改进》，《财会通讯》2005 年第 3 期。

表 9-2　应收账款——客户 A 明细账　　　　　　　　　　　　单位:元

××年		凭证号数	摘要	借方	贷方	借或贷	余额
月	日						
1	1	略	销售应收	113 000		借	113 000
1	29		收回欠款		45 200	借	67 800
2	10		销售应收	226 000		借	293 800
2	21		收回欠款		67 800	借	226 000
8	10		收回欠款		101 700	借	724 300
9	15		销售应收	169 500		借	293 800
11	20		收回欠款		158 200	借	135 600
12	31		全年结存	508 500	372 900	借	135 600

注:本年度共 365 天,2 月份不闰月。

根据表 9-2"应收账款——客户 A"明细账,应收账款精确回收期的计算过程如下:

① 1 月 1 日至 1 月 28 日累计应收账款余额 = 每天余额 113 000 元 × 28 天 = 3 164 000(元)

② 1 月 29 日至 2 月 9 日累计应收账款余额 = 每天余额 67 800 元 × 12 天 = 813 600(元)

③ 2 月 10 日至 2 月 20 日累计应收账款余额 = 每天余额 293 800 元 × 11 天 = 3 231 800(元)

④ 2 月 21 日至 8 月 9 日累计应收账款余额 = 每天余额 226 000 元 × 170 天 = 38 420 000(元)

⑤ 8 月 10 日至 9 月 14 日累计应收账款余额 = 每天余额 124 300 元 × 36 天 = 4 474 800(元)

⑥ 9 月 15 日至 11 月 19 日累计应收账款余额 = 每天余额 293 800 元 × 66 天 = 19 390 800(元)

⑦ 11 月 20 日至 12 月 31 日(含 31 日)累计应收账款余额 = 每天余额 135 600 元 × 42 天 = 5 695 200(元)

⑧ 应收账款平均每天余额 = (① + ② + ③ + ④ + ⑤ + ⑥ + ⑦) ÷ 365 = 206 000.50(元)

⑨ 应收账款借方合计 = 508 500(元)

⑩ 应收账款回收期 = 206 000.50 × 365 ÷ 508 500 = 147.9(天)

需要说明的是,如果某个客户一年中就做了一两笔交易,应收账款余额并未持续 365 天,那么按实际持有时间和相应应收账款数额计算回收期,计算方法见上述例 9-4。

3. 多个客户应收账款精确回收期的计算

多个客户应收账款精确回收期可采用以下公式计算:

$$\text{多个客户应收账款精确回收期} = \sum \left(\text{某个客户应收账款精确回收期} \times \text{该客户应收账款精确平均余额比重} \right)$$

例 9-6　甲单位推销员张癸负责西南地区的产品销售。本年度,张癸负责管理 4 个客户:客户 A 全年应收账款精确平均余额为 213 292.60 元,应收账款精确回收期为 147.9 天;客户 B 全年应收账款精确平均余额为 1 156 400 元,应收账款精确回收期为 84.9 天;客户

C 全年应收账款精确平均余额为 258 000 元,应收账款精确回收期为 38.5 天;客户 D 全年应收账款精确平均余额为 1 863 000 元,应收账款精确回收期为 34.3 天。

要求:按精确法计算推销员张癸全部客户综合的应收账款回收期。

① 应收账款精确平均余额总计 = 213 292.60 + 1 156 400 + 258 000 + 1 863 000 = 3 490 692.60(元)

② 客户 A 应收账款精确平均余额比重 = 213 292.60 ÷ 3 490 692.60 × 100% = 6.11%

③ 客户 B 应收账款精确平均余额比重 = 1 156 400 ÷ 3 490 692.60 × 100% = 33.13%

④ 客户 C 应收账款精确平均余额比重 = 258 000 ÷ 3 490 692.60 × 100% = 7.39%

⑤ 客户 D 应收账款精确平均余额比重 = 1 863 000 ÷ 3 490 692.60 × 100% = 53.37%

⑥ 推销员张癸精确法下全部客户综合的应收账款回收期 = 147.9 × 6.11% + 84.9 × 33.13% + 38.5 × 7.39% + 34.3 × 53.37% = 58.31(天)

4. 提供现金折扣条件下应收账款精确回收期的计算

例 9-7 乙企业 1 月 1 日向 20 个客户销售 W 商品 500 台,每台价款为 4 万元、增值税为 0.52 万元,共计赊销款 2 260 万元(500×4.52),提供的现金折扣条件为"2/10,n/30"。1 月 11 日,收到 70% 的赊销款 1 582 万元存入银行[其中,价款为 1 372 万元(500 × 4 × 70% × 98%),增值税为 182 万元(500 × 0.52 × 70%)],向客户提供现金折扣为 28 万元(500 × 4 × 70% × 2%)。1 月 31 日,收到剩余 30% 的赊销款 678 万元存入银行[其中,价款为 600 万元(500 × 4 × 30%),增值税为 78 万元(500 × 0.52 × 30%)]。

要求:按精确法计算应收账款回收期。

① 1 月 1 日至 1 月 10 日,应收账款每天余额累计之和 = 每天余额 2 260 万元 × 10 天 = 22 600(万元)

② 1 月 11 日至 1 月 30 日,应收账款每天余额累计之和 = 每天余额 2 260 万元 × 30% × 20 天 = 13 560(万元)

③ 该项应收账款平均余额 = (22 600 + 13 560) ÷ (10 + 20) = 1 205.33(万元)

④ $\dfrac{\text{应收账款回收期}}{(\text{或应收账款周转天数})} = \dfrac{\text{按精确法计算的应收账款平均余额} \times \text{实际占用天数}}{\text{当期赊销收入} \times (1 + \text{增值税税率})}$

$= \dfrac{1\ 205.33 \times 30}{2\ 260} = 16(\text{天})$

上述例 9-7 还可以采用简化方式计算:

现金折扣下应收账款精确回收期 = (10 × 70%) + (30 × 30%) = 16(天)

二、应收账款的"流动价值"分析法[①]

(一)流动价值法的基本原理

流动价值法是约翰·克劳沙(John Klausa)最早提出来的。1997 年,英国学者伯

---

① 朱学义:《控制赊销的流动价值法》,《企业管理》2002 年第 3 期。

特·爱德华兹(Burt Edwards)对流动价值法的应用进行了深化。所谓流动价值,是指资本中用于流动资金循环周转的价值,等于营运资金加上净资产的平均数。

营运资金也称营运资本,是流动资产减去流动负债后的余额;净资产也称所有者权益或自有资本,是资产减去负债后的余额。流动价值法的基本原理是:企业的赊销程度由企业的财务状况好坏所决定,财务状况好坏的衡量,既可以利用相对数(如偿债能力比率等),也可以利用绝对数(如现金流量等)。但对特定企业来讲,首先考虑的是有没有充裕的资金,尤其是流动资金。营运资金是企业在生产经营周转过程中实际可以使用的流动资金净额。营运资金充足,表明企业自主支配资金的能力强,让客户占用资金也无关紧要。但当赊销达到一定额度而使正常生产经营难以维持时,企业不得不另外筹措资金,包括向银行贷款而增加新的负债。然而,负债有风险,还有种种条件的限制,企业只能适度把握。企业不能无限制地赊销而不断增大负债规模,这就使企业不得不考虑赊销与自有资本(资产扣除负债后的净资产)之间的关系。约翰·克劳沙以流动价值(营运资本和自有资本)作为赊销的度量因素,充分考虑了资本在提供赊销上的可靠性。

(二) 流动价值法的应用步骤和具体做法

1. 确定财务状况比率系数和综合分值

流动价值法确定了以下四个反映财务状况的比率的系数:
① 流动比率 = 流动资产 ÷ 流动负债
② 速动比率 = 速动资产 ÷ 流动负债 = (流动资产 − 存货) ÷ 流动负债
③ 债权人保证比率 = 净资产 ÷ 流动负债
④ 净资产与负债比率 = 净资产 ÷ 负债总额

将以上四个比率的系数相加,得出财务状况综合分值。为稳妥起见,上述四个指标的计算要用最近三年的数据。

2. 计算流动价值

$$流动价值 = (营运资金 + 净资产) \div 2$$

公式中,营运资金和净资产也应该用近三年的数据为好。

3. 确定流动价值赊销率

流动价值赊销率是赊销额与流动价值的比率,根据企业的赊销政策、财务状况和赊销管理经验确定。企业赊销常有收不回款的现象发生,这就是企业的赊销风险。赊销风险可分为低度风险、中度风险和高度风险三个级别。企业可依据自身的赊销政策和赊销人员的风险承受能力确定风险级别。企业不同的财务状况综合分值应该有不同的赊销额度。一般来说,企业财务状况综合分值高,企业提供的赊销额度就应大些,即流动价值赊销率应该高些;相反,企业财务状况综合分值低甚至很差,企业提供的赊销额度就相对小些,甚至可以不赊销,即流动价值赊销率可以低到 0。这样,在某个赊销风险级别下,企业不同的财务状况综合分值就产生了不同的流动价值赊销率。

4. 确定赊销决策额

$$企业赊销决策额 = 流动价值 \times 流动价值赊销率$$

（三）流动价值法的应用示例

例 9-8 ABC 公司有关财务数据如表 9-3 所示。

表 9-3　ABC 公司有关财务数据　　　　　　　　　　　单位：万元

项目	20×7 年	20×8 年	20×9 年	三年累计
（1）流动资产	600 321	585 910	622 183	1 808 414
（2）存货	151 037	154 772	150 072	455 881
（3）速动资产 =（1）-（2）	449 284	431 138	472 111	1 352 533
（4）流动负债	508 494	626 339	511 664	1 646 497
（5）长期负债	9 807	8 171	2 702	20 680
（6）负债总额 =（4）+（5）	518 301	634 510	514 366	1 667 177
（7）资产总额	718 254	728 263	735 517	2 182 034
（8）净资产 =（7）-（6）	199 953	93 753	221 151	514 857
（9）营运资金 =（1）-（4）	91 827	-40 429	110 519	161 917
（10）流动价值 =［（8）+（9）］÷2	145 890	26 662	165 835	112 796*

注：* =（145 890 + 26 662 + 165 835）÷3。

（1）根据表 9-3 三年累计数据计算有关财务比率系数

① 流动比率 = 1 808 414/1 646 497 = 1.1

② 速动比率 = 1 352 533/1 646 497 = 0.8

③ 债权人保证比率 = 514 857/1 646 497 = 0.3

④ 净资产与负债比率 = 514 857/1 667 177 = 0.3

⑤ 财务状况综合分值 = 1.1 + 0.8 + 0.3 + 0.3 = 2.5

（2）确定 ABC 公司流动价值赊销率（见表 9-4）。

表 9-4　流动价值赊销率表（中度风险级别下）

档次	一	二	三	四	五	六
财务状况综合分值	-4.5 以下	-4.5—-3.2	-3.2—-1.8	-1.8—-0.4	-0.4—+0.3	+0.3 以上
流动价值赊销率	0%	5%	10%	15%	17.5%	20%

（3）确定 ABC 公司赊销决策额。ABC 公司财务状况综合分值为 2.5，大于 0.3，处于第六档次，其流动价值赊销率取 20%。

ABC 公司赊销决策额 = 三年平均的流动价值 × 流动价值赊销率
= 112 796 × 20% = 22 559.2（万元）

（4）分析 ABC 公司当前应收账款余额是否合理

ABC 公司近三年应收账款平均余额均在 24 000 万元左右，比按流动价值法确定的合理赊销额 222 559.2 万元高约 1 441 万元，公司应采取措施降低应收账款的占用水平。

三、赊销标准决策分析法

赊销标准是企业在赊销过程中针对客户赊销额度、赊销期限确定的控制基准。对赊销标准进行重新决策必须考虑的基本原则为:增加赊销额所取得的收益应该超过增加应收账款所支出的成本。

1. 赊销标准对比分析法

例 9-9 W 公司目前向客户提供的赊销量为 24 万件(每件售价为 20 元,每件单位变动成本为 15 元)、赊销额为 480 万元、赊销期为 30 天。现有一个新方案建议:本公司由于有剩余生产能力,应将赊销量增加到 30 万件(每件售价为 20 元,每件单位变动成本为 15 元)、赊销额增加到 600 万元、赊销期扩展为 60 天。增加赊销的资金成本率为 20%。

要求:采用赊销标准对比分析法进行决策。

赊销标准对比分析法的计算过程如表 9-5 所示。

表 9-5 赊销标准对比分析法

序号	项目	目前方案	建议方案	差异
1	售价	24 × 20 = 480(万元)	30 × 20 = 600(万元)	+120 万元
2	边际利润	(20 − 15) × 24 = 120(万元)	(20 − 15) × 30 = 150(万元)	+30 万元
3	应收账款平均余额	480 ÷ (360 ÷ 30) = 40(万元)	600 ÷ (360 ÷ 60) = 100(万元)	+20 万元
4	应收账款机会成本	40 × 20% = 8(万元)	100 × 20% = 20(万元)	+12 万元
5	边际利润与机会成本比较	边际利润差额 − 应收账款机会成本差额 = 30 − 12 = 18(万元)		+18 万元

从表 9-5 的计算结果可知,W 公司扩展赊销标准带来的边际利润超过应收账款边际成本 18 万元,扩展赊销的方案可行。

2. 净现值现金流量法

例 9-10 X 公司现行 A 方案的情况为:日赊销量 200 件(每件售价为 500 元,每件单位成本为 350 元)、赊销期为 30 天、坏账损失率为 2%、平均收账期为 40 天、资金年利率为 18%。现有一个新建议方案——B 方案:日赊销量为 250 件(每件售价为 500 元,每件单位成本为 350 元)、赊销期为 45 天、坏账损失率为 3%、平均收账期为 50 天、资金年利率仍为 18%,但增加赊销会导致现金、存货等营运资本增加,其追加成本为销售收入的 25%。X 公司有剩余生产能力。

要求:采用净现值现金流量法进行决策(资金年利率 18% 换算成日利率为 0.05%)。

① A 方案净现值 $= \dfrac{\text{日赊销量} \times \text{单价} \times (1 - \text{坏账率})}{(1 - \text{日利率})^{\text{收账期}}} - \text{日赊销量} \times \text{单位成本}$

$= \dfrac{200 \times 500 \times (1 - 2\%)}{(1 - 0.05\%)^{40}} - 200 \times 350 = 26\,060(元)$

② B方案净现值 = $\dfrac{250 \times 500 \times (1 - 3\%)}{(1 - 0.05\%)^{50}} - 250 \times 350 = 30\,756$(元)

③ A方案追加成本 = $\left(\text{日赊销量} \times \text{单价} - \dfrac{\text{日赊销量} \times \text{单价}}{(1 - \text{日利率})^{\text{收账期}}}\right) \times \text{追加成本率}$

$= \left(200 \times 500 - \dfrac{200 \times 500}{(1 - 0.05\%)^{40}}\right) \times 25\% = 495$(元)

④ B方案追加成本 = $\left(250 \times 500 - \dfrac{250 \times 500}{(1 - 0.05\%)^{50}}\right) \times 25\% = 771$(元)

⑤ A方案扣除追加成本后的净现值 = $26\,060 - 495 = 25\,565$(元)

⑥ B方案扣除追加成本后的净现值 = $30\,756 - 771 = 29\,987$(元)

计算结果显示,X公司B赊销方案的净现值29 987元高于A方案的净现值25 565元,B赊销方案可行。

第四节 存货专题分析

一、存货资金占用及其周转的行业水平

1. 收入存货率、存货周转率的行业水平

$$\text{收入存货率} = \dfrac{\text{存货}}{\text{营业收入}} = \dfrac{\text{营业成本}}{\text{营业收入}} \times \dfrac{\text{存货}}{\text{营业成本}}$$

$$= \dfrac{\text{营业成本}}{\text{营业收入}} \div \dfrac{\text{营业成本}}{\text{存货}} = \text{收入成本率} \div \text{存货周转率}$$

例 9-11 我国国有工业企业收入存货率指标的计算过程如表9-6所示。

表 9-6 我国国有工业企业收入存货率指标

项目	2017年	2018年	2019年	2020年	2021年	五年累计或平均	年递增率
(1) 营业收入(亿元)	265 393	284 730	287 708	279 607	320 709	1 438 147	4.8%
(2) 营业成本(亿元)	216 186	232 076	235 523	229 114	295 947	1 208 846	8.2%
(3) 存货周转率(次)	4.8	4.7	4.8	5.9	6.6	6.7	—
(4) 收入成本率(%) = (2)÷(1)	81.5	81.5	81.9	81.9	92.3	84.1	—
(5) 收入存货率(%) = (4)÷(3)	17.0	17.3	17.1	13.9	14.0	12.6	—

资料来源:"营业收入""营业成本"为"国有控股工业企业"数据,来源于2018—2022年各年度的《中国统计年鉴》;"存货周转率"为"国有工业企业"平均值,来源于2018—2022年国务院国资委考核分配局编制的各年度《企业绩效评价标准值》,经济科学出版社出版。

从表9-6可知,我国国有工业企业2017—2021年存货周转率累计平均为6.7次,收入存货率累计平均为12.6%,即每百元营业收入中存货占用12.60元的资金。

2. 存货占用率的行业水平

$$存货占用率 = \frac{存货}{流动资产} = \frac{营业收入}{流动资产} \times \frac{存货}{营业收入}$$

$$= 流动资产周转率 \times 收入存货率$$

例 9-12 我国国有工业企业存货占用率指标的计算过程如表 9-7 所示。

表 9-7 我国国有工业企业存货占用率指标

项目	2017 年	2018 年	2019 年	2020 年	2021 年	五年平均
(1) 收入存货率(%)	17.0	17.3	17.1	13.9	14.0	12.6
(2) 流动资产周转率	1.2	1.1	1.2	1.3	1.4	1.2
(3) 存货占用率(%) = (2)×(1)	20.4	19.0	20.5	18.1	19.6	15.6

注:"流动资产周转率"为"国有工业企业"平均值。

资料来源:2018—2022 年国务院国资委考核分配局编制的各年度《企业绩效评价标准值》,经济科学出版社出版。

从表 9-7 可知,我国国有工业企业 2017—2021 年流动资产周转率累计平均为 1.2 次,存货占用率累计平均为 15.6%,即每百元流动资产中存货占用 15.60 元的资金。

二、存货资金占用指标的因素分析

1. 收入存货率指标的因素分析

$$收入存货率 = 收入成本率 \div 存货周转率$$
$$= 收入成本率 \times 存货周转率的倒数$$

从上述公式可知,收入存货率有两个影响因素:一是收入成本率升高会引起收入存货率升高;二是存货周转率加快会导致收入存货率降低。

例 9-13 根据表 9-6 有关指标整理出表 9-8,分析我国国有工业企业 2021 年收入存货率 14.0% 比 2020 年 13.9% 高 0.1 个百分点的原因。

表 9-8 我国国有工业企业收入存货率指标情况

项目	2021 年	2020 年	2021 年相比 2020 年变动
(1) 收入成本率	92.3%	81.9%	+10.4%
(2) 存货周转率的倒数	1÷6.6 = 0.1515	1÷5.9 = 0.1695	−0.018
(3) 收入存货率 = (1)×(2)	14.0%	13.9%	+0.10%

由于收入存货率 = 收入成本率 × 存货周转率的倒数,因素分析如下:
① 收入成本率升高导致收入存货率上升
= (2021 年收入成本率 − 2020 年收入成本率) × 2020 年存货周转率的倒数
= (92.3% − 81.9%) × 0.1695 = 1.7628%

② 存货周转加快导致收入存货率下降

= 2021 年收入成本率 × (2021 年存货周转率倒数 − 2020 年存货周转率倒数)

= 92.3% × (0.1515 − 0.1695) = −1.6614%

计算结果表明：收入成本率上升导致收入存货率上升 1.7628%，存货周转率上升导致收入存货率下降 1.6614%，两者相减为 0.1014% 约等于 0.10%，正好等于 2021 年收入存货率 14.0% 比 2020 年 13.9% 高 0.1 个百分点。

2. 存货占用率指标的因素分析

$$存货占用率 = 流动资产周转率 × 收入存货率$$

从上述公式可知，存货占用率有两个影响因素：一是流动资产周转加快会引起存货占用率升高；二是收入存货率降低会导致存货占用率降低。

例 9-14 根据表 9-7 有关指标整理出表 9-9，分析我国国有工业企业 2021 年存货占用率 19.6% 比 2020 年 18.1% 高 1.5 个百分点的原因。

表 9-9 我国国有工业企业存货占用率指标情况

项目	2021 年	2020 年	2021 年相比 2020 年变动
(1) 流动资产周转率	1.4	1.3	0.1
(2) 收入存货率(%)	14.0	13.9	+0.10
(3) 存货占用率(%) = (1) × (2)	19.6	18.1	+1.5

① 流动资产周转率变动引起存货占用率变动

= (2021 年流动资产周转率 − 2020 年流动资产周转率) × 2020 年收入存货率

= (1.4 − 1.3) × 13.9% = 1.39%

② 收入存货率上升导致存货占用率上升

= 2021 年流动资产周转率 × (2021 年收入存货率 − 2020 年收入存货率)

= 1.4 × (14.0% − 13.9%) = 0.14%

计算结果表明：流动资产周转率 2021 年比 2020 年上升导致存货占用率上升 1.39%，收入存货率上升导致存货占用率上升 0.14%，两者相加为 1.53%，约等于 1.5%，正好等于 2021 年存货占用率 19.6% 比 2020 年 18.1% 高 1.5 个百分点。

三、营业周期的分析

营业周期是指企业从取得存货开始到销售存货并收回贷款为止的这段时间。营业周期的长短取决于存货周转天数和应收账款周转天数。营业周期的计算公式为：

$$营业周期 = 存货周转天数 + 应收账款周转天数$$

把存货周转天数和应收账款周转天数加在一起计算的营业周期，指的是需要多长时间能将期末存货全部转化为货币。一般情况下，营业周期短，说明流动资金周转速度快，因为存货和应收账款构成流动资产的主体，主体资金周转快，整体流动资金周转也快；反之，营业周期长，说明流动资金周转速度慢。

例 9-15 我国国有工业企业营业周期指标的计算过程如表 9-10 所示。

表 9-10 我国国有工业企业营业周期指标

项目	2017 年	2018 年	2019 年	2020 年	2021 年	五年简单平均
(1) 应收账款周转率(次)						
优秀值	16.1	18.6	18.3	19.6	21	18.7
良好值	9.2	11.7	11.4	10.7	11.3	10.9
平均值	5.2	7.7	7.4	6.5	6.8	6.7
(2) 应收账款周转天数 = 360÷(1)						
优秀值	22.4	19.4	19.7	18.4	17.1	19.2
良好值	39.1	30.8	31.6	33.6	31.9	33.1
平均值	69.2	46.8	48.6	55.4	52.9	53.6
(3) 存货周转率(次)						
优秀值	17.0	16.9	17.0	18.1	18.8	17.6
良好值	9.6	9.5	9.6	10.7	11.4	10.2
平均值	4.8	4.7	4.8	5.9	6.6	5.4
(4) 存货周转天数 = 360÷(3)						
优秀值	21.2	21.3	21.2	19.9	19.1	20.5
良好值	37.5	37.9	37.5	33.6	31.6	35.4
平均值	75.0	76.6	75.0	61.0	54.5	67.2
(5) 营业周期(天数) = (2) + (4)						
优秀值	43.6	40.7	40.9	38.3	36.2	39.7
良好值	76.6	68.7	69.1	67.2	63.5	68.6
平均值	144.2	123.4	123.6	116.4	107.4	120.8

注:"五年简单平均"栏数值有进位误差。

资料来源:2018—2022 年国务院国资委考核分配局编制的各年度《企业绩效评价标准值》,经济科学出版社出版。

从表 9-10 可知,我国国有工业企业 2017—2021 年五年累计应收账款周转天数平均值为 53.6 天、五年累计存货周转天数平均值为 67.2 天、五年累计营业周期平均值为 120.8 天。这表明我国国有工业企业从取得存货开始到销售存货并收回货款为止平均要花费 120.8 天,而良好水平是 68.6 天,优秀水平是 39.7 天。

四、存货阶段周转速度分析

存货周转速度是存货资金流动的时间或效率,常用存货周转率和存货周转天数表示。存货周转率是存货周转额与存货平均占用额的比率;存货周转天数是存货资金周转一次所需要的天数。存货周转额分为存货阶段周转额和存货总周转额两部分,与此相对应,存货周转率也分为存货阶段周转率和存货总周转率两大指标。在"初级财务分析"部分,我们重点阐述存货总周转率的分析;在这里,我们重点阐述存货阶段周转速度的分析。

1. 存货阶段周转额概念

存货阶段周转额是指各种存货在其周转历程中从本阶段向下一阶段过渡的数额。存货阶段周转额可以从表9-11中得出。

表9-11 甲企业存货阶段周转额基础数据   单位:万元

项目	年初结存	本年增加	本年减少	年末结存
材料存货	466.22	3 951.320	3 662.820	754.72
在制品存货	102.70	4 820.710	4 812.810	110.60
库存商品存货	238.90	3 947.494	3 885.624	300.77
存货合计	807.82	12 719.524	12 361.254	1 166.09

从表9-11可知,甲企业全年生产消耗材料3 662.82万元,这是供应阶段的储备资金向生产阶段的生产资金转化,材料存货周转额为3 662.82万元。甲企业全年产品制造完工入库的制造成本总额为4 812.81万元,这是生产阶段的生产资金向成品资金过渡的数额,在制品存货周转额为4 812.81万元。甲企业全年主营业务成本为3 885.624万元,这是销售阶段的成品资金向货币资金过渡的数额,产成品存货周转额或库存商品存货周转额为3 885.624万元。从表9-11还可以看出,甲企业本年度存货资金在循环不息的周转过程中所完成的累积数额——存货资金总周转额就是主营业务成本3 885.624万元。

2. 存货阶段周转天数的计算和评价

反映存货周转天数的指标分为阶段周转天数和总周转天数两类。存货阶段周转天数的具体指标包括材料存货周转天数、在制品存货周转天数、产成品存货周转天数等。

(1) 材料存货周转天数,计算公式为:

$$\frac{材料存货}{周转天数} = \frac{材料存货平均余额 \times 计算期天数}{计算期材料耗用总额}$$

材料存货平均余额 = (期初材料存货余额 + 期末材料存货余额) ÷ 2

根据表9-11材料存货周转额资料,甲企业材料存货周转天数计算如下:

材料存货平均余额 = (466.22 + 754.72) ÷ 2 = 610.47(万元)

$$\frac{材料存货}{周转天数} = \frac{610.47 \times 360}{3 662.82} = 60(天)$$

计算结果表明,甲企业材料存货周转一次需要60天,即材料存货周转率为6次(360/60)。

(2) 在制品存货周转天数,计算公式为:

$$\frac{在制品存货}{周转天数} = \frac{在制品存货平均余额 \times 计算期天数}{计算期产品制造成本总额}$$

$$\text{在制品存货平均余额} = \frac{\text{"生产成本"账户期初余额} + \text{"生产成本"账户期末余额}}{2} +$$

$$\frac{\text{"自制半成品"账户期初余额} + \text{"自制半成品"账户期末余额}}{2}$$

根据表 9-11 在制品周转额资料,甲企业在制品存货周转天数计算如下:

$$\text{在制品存货平均余额} = (102.70 + 110.60) \div 2 = 106.65 (\text{万元})$$

$$\frac{\text{在制品存货}}{\text{周转天数}} = \frac{106.65 \times 360}{4\,812.81} = 8 (\text{天})$$

计算结果表明,甲企业在制品周转一次需要 8 天,即在制品存货周转率为 45 次(360/8)。

(3) 产成品存货周转天数,也称产成品可供销售天数或库存商品存货周转天数,计算公式为:

$$\frac{\text{产成品存货}}{\text{周转天数}} = \frac{\text{产成品存货平均余额} \times \text{计算期天数}}{\text{计算期营业成本总额}}$$

产成品存货平均余额 = ("库存商品"账户期初余额 + "库存商品"账户期末余额) ÷ 2

根据表 9-11 库存商品存货周转额资料,甲企业产成品存货周转天数计算如下:

$$\text{产成品存货平均余额} = (238.90 + 300.77) \div 2 = 269.835 (\text{万元})$$

$$\frac{\text{产成品存货}}{\text{周转天数}} = \frac{269.835 \times 360}{3\,885.624} = 25 (\text{天})$$

计算结果表明,甲企业产成品周转一次需要 25 天,即产成品存货周转率为 14.4 次(360/25)。

评价产成品周转快慢有以下两种比较方法:

一是按国家经贸委控制标准评价。1993 年国家经贸委考核规定,企业界产成品可供销售天数不要超过年平均 35 天至 40 天。甲企业产成品可供销售天数为 25 天,没有超过国家经贸委控制标准。

二是按全国工业企业平均水平评价。我国规模以上工业企业产成品周转天数和产成品周转率的计算如表 9-12 所示。

表 9-12 我国规模以上工业企业产成品周转速度

项目	2017 年	2018 年	2019 年	2020 年	2021 年	五年累计	年递增率
(1) 年末产成品(亿元)	42 394	23 114	23 636	24 368	27 818	141 330	-10.0%
(2) 营业成本(亿元)	956 120	880 807	891 095	903 753	1 071 247	4 703 022	2.9%
(3) 产成品周转天数(天) = 平均产成品×360÷(2)	15.6①	13.4	9.4	9.6	8.8	10.8	—
(4) 产成品周转率(次) = 360÷(3)	23.1	26.9	38.1	37.7	41.1	33.3	—

注:2016 年年末产成品为 40 493 亿元;① = (40 493 + 42 394) ÷ 2 × 360 ÷ 956 120 = 15.6(天),其余年度计算类推。

资料来源:2016—2022 年各年度的《中国统计年鉴》。

从表 9-12 的计算结果可知,我国规模以上工业企业产成品周转天数呈下降趋势,由 2017 年的 15.6 天减少到 2021 年的 8.8 天,五年累计平均为 10.8 天(不包括 2016 年数据),即全国规模以上工业企业产成品从入库到售出持续 10.8 天,全年周转 33.3 次。结合甲企业情况进行评价:甲企业产成品可供销售天数为 25 天,超过全国平均水平 14.2 天(25-10.8),说明企业在加速产成品资金周转方面还要继续努力。

五、库存商品资金占用分析

1. 库存商品资金占用率分析

库存商品资金占用率是库存商品资金与流动资产(资金)的比率。其计算公式为:

$$库存商品资金占用率 = \frac{库存商品资金}{流动资产(或流动资金)} \times 100\%$$

例 9-16 我国规模以上工业企业库存商品资金占用率情况如表 9-13 所示。

表 9-13 我国规模以上工业企业库存商品资金占用率情况

项目	2017 年	2018 年	2019 年	2020 年	2021 年	五年累计	年递增率
(1)库存商品(亿元)	42 394	23 114	23 636	24 368	27 818	141 330	-10.0%
(2)流动资产(亿元)	534 081	554 165	587 317	648 818	723 909	3 048 290	7.9%
(3)库存商品占用率(%)=(1)÷(2)	7.9	4.2	4.0	3.8	3.8	4.6	—

资料来源:2018—2022 年各年度的《中国统计年鉴》。

从表 9-13 的计算结果可知,我国规模以上工业企业 2017—2021 年累计库存商品资金与流动资产(资金)的比率为 4.6%。

2. 收入库存商品率分析

收入库存商品率是库存商品资金与营业收入的比率。其计算公式为:

$$收入库存商品率 = \frac{库存商品资金}{营业收入} \times 100\%$$

例 9-17 我国规模以上工业企业收入库存商品率情况如表 9-14 所示。

表 9-14 我国规模以上工业企业收入库存商品率情况表

项目	2017 年	2018 年	2019 年	2020 年	2021 年	五年累计	年递增率
(1)库存商品(亿元)	42 394	23 114	23 636	24 368	27 818	141 330	-10.0%
(2)营业收入(亿元)	1 133 161	1 057 327	1 067 397	1 083 658	1 279 227	5 620 770	3.1%
(3)收入库存商品率(%)=平均产成品÷(2)	3.7①	3.1	2.2	2.2	2.0	2.5%	—

注:2016 年年末库存商品为 40 493 亿元;① =(40 493 + 42 394)÷ 2 ÷ 1 133 161 = 3.7%,其余年度计算类推。

资料来源:2017—2022 年各年度的《中国统计年鉴》。

从表 9-14 的计算结果可知,我国规模以上工业企业 2017—2021 年累计库存商品资金与营业收入的比率为 2.5%。

习题十六

目的:进行流动资产专题分析。

1. 根据习题四第 1 题资料计算下列指标:
   ① 20×8 年账面初始投资收益率=
   ② 20×8 年账面简单平均投资收益率=
   ③ 20×8 年账面精确平均投资收益率=

2. 甲企业 20×8 年度应收兰洋公司款项情况如下表:

明细账户:应收账款——兰洋公司

| 20×8 年 | | 凭证号数 | 摘要 | 借方 | 贷方 | 借或贷 | 余额 |
月	日						
1	5	略	销售应收	140 400		借	140 400
1	23		收回欠款		84 240	借	56 160
2	21		销售应收	210 600		借	266 760
2	21		收回欠款		56 160	借	210 600
8	10		收回欠款		152 100	借	58 500
9	15		销售应收	163 800		借	222 300
11	20		收回欠款		146 250	借	76 050
12	31		全年结存	514 800	438 750	借	76 050

注:本年度共 366 天,2 月份闰月。

要求计算:

　　应收账款精确回收期=

3. 甲企业 20×8 年度存货情况如下表(企业上年存货周转天数为 60 天):

单位:元

项目	年初结存	本年增加	本年减少	年末结存
材料存货	188	1 900	1 850	238
在制品存货	56	2 450	2 460	46
库存商品存货	120	2 460	2 450	130
存货合计	364	6 810	6 760	414

要求计算下列指标:
   ① 材料存货平均余额=
   ② 材料存货周转天数=

③ 在制品存货平均余额 =
④ 在制品存货周转天数 =
⑤ 库存商品存货平均余额 =
⑥ 库存商品存货周转天数 =
⑦ 存货平均余额 =
⑧ 存货周转天数 =
⑨ 存货资金节约额 =

Chapter Ten

第十章 非流动资产专题分析

第一节 固定资产专题分析

一、固定资产扩张的战略思路分析

企业固定资产的扩张有三种思路：一是依靠投资者追加投资或者吸收新投资者引进资金来扩张固定资产的规模；二是依靠企业自身资金的积累进行扩张，即企业通过计提盈余公积、保留未分配利润的方式积累资金来扩张固定资产的规模；三是通过银行贷款来扩张固定资产的规模。这三种思路能反映出企业发展的两种战略思路：一是做强做大。2022年10月党的二十大强调"做强做优做大"，这是一种主要依靠自身力量发展来做强做大的战略思路。二是做大做强。这是一种主要依靠外部力量迅速做大然后再做强的战略思路。两种思路都能使企业成功发展，但后一种思路存在巨大的不容忽视的风险。我们能够利用企业固定资产规模扩张的数据来分析企业的发展战略。

例10-1 我国规模以上工业企业2001—2007年(此期间数据在说明自我积累额购置固定资产方面具有代表性)固定资产扩张相关指标的计算如表10-1所示。

表10-1 全国规模以上工业企业固定资产扩张相关指标计算表　　　单位：亿元

项目	2001年	2002年	2003年	2004年	2005年	2006年	2007年	年递增率
工业总产值	95 448.98	110 776.48	142 271.22	201 722.19	251 619.50	316 588.96	405 177.13	27.2%
主营业务收入	93 733.34	109 485.77	143 171.53	198 908.87	248 544.00	313 592.45	399 717.06	27.3%
利润总额	4 733.43	5 784.48	8 337.24	11 929.30	14 802.54	19 504.44	27 155.18	33.8%
固定资产原价	86 293.10	93 887.95	105 557.09	125 761.85	143 143.63	168 850.20	198 739.27	14.9%

资料来源：2002—2008年各年度的《中国统计年鉴》。

从表 10-1 可知,我国规模以上工业企业 2001—2007 年固定资产原价年递增 14.9%。这 14.9%是靠每年自我积累的资金购置的,还是靠银行贷款购置的?

从利润总额增长情况看,2001—2007 年规模以上工业企业利润总额年递增 33.8%。将各年利润总额乘以"1-所得税税率 25%"后为各年净利润。假定 2001—2007 年净利润也与利润总额一样每年递增 33.8%。企业净利润分配有三条途径:一是提取盈余公积;二是向投资者分配股利或利润;三是保留一部分利润不予分配,留在企业以"未分配利润"的形式出现。其中,提取的盈余公积和未分配利润就是企业留存的积累。根据 20×0 年至 20×2 年我国沪深 1 304 家上市公司三年累计的分红数据看出,上市公司"分配股利或利润所支付的现金"占"净利润"的比例为 55%,即上市公司当年实现的净利润中 55%已经分配给投资者,留在企业的积累资金只占净利润的 45%,据此可以计算出企业净利润增长中的积累资金率为 15.21%(33.8% × 45%)。此比例正好和 2001—2007 年固定资产每年递增 14.9%相当。这说明从宏观上看,规模以上工业企业 2001—2007 年固定资产的扩张完全依靠企业自我积累的资金购置。当然,这并不是说所有企业都这样。相反,如果某些企业净利润年递增率在扣除相应的分红率后小于固定资产的年递增率,那么这些企业部分依靠贷款扩大固定资产规模。

例 10-2 我国规模以上工业企业 2017—2021 年固定资产扩张相关指标计算如表 10-2 所示。

表 10-2 我国规模以上工业企业固定资产扩张相关指标计算表 单位:亿元

项目	2017 年	2018 年	2019 年	2020 年	2021 年	五年累计	年递增率
营业收入	1 133 161	1 057 327	1 067 397	1 083 658	1 279 227	5 620 770	3.1%
利润总额	94 916	66 351	61 996	68 465	87 092	378 820	-2.1%
固定资产原价	643 861	613 522	649 758	648 970	654 560	3 210 671	0.4%

资料来源:"营业收入"和"利润总额"数据来自国家统计局 2018—2022 年的《中国统计年鉴》,2017—2019 年"固定资产原价"数据来自国家统计局 2018—2022 年的《中国统计年鉴》,2020—2021 年"固定资产原价"数据由 2015—2019 年趋势方程($y = 615 432 + 5 589.7x$)推算得出。

从表 10-2 可知,我国规模以上工业企业 2017—2021 年固定资产原价每年递增 0.4%。这 0.4%是用每年自我积累的资金购置的,还是用银行贷款购置的?

从利润总额增长情况看,2017—2021 年我国规模以上工业企业利润总额每年递增 -2.1%,也就是企业各年按净利润提取的"盈余公积"不能比上年增加,企业形成的"未分配利润"也不能比上年增加。在这一背景下,我国规模以上工业企业从整体上没有新增"积累资金"购置固定资产,企业每年新增 0.4%的固定资产只能依靠新增借款来满足。这是一种激进型的固定资产扩张政策,存在一定的经营风险。

二、固定资产与长期资本适应比率分析

上述固定资产扩张的战略思路分析,是从"增量"固定资产的角度进行的。对于"存量"固定资产,还要从长期资本的适配程度进行分析,其指标是"固定资产与长期资本适应

比率",计算公式为:

$$固定资产与长期资本适应比率 = \frac{固定资产}{所有者权益 + 长期负债} \times 100\%$$

例 10-3　夏宇工厂 20×× 年年末资产负债表(见表 8-1)中,固定资产为 2 551 263 元,所有者权益为 3 730 765 元,长期负债为 834 397 元。

$$固定资产与长期资本适应比率 = \frac{2\ 551\ 263}{3\ 730\ 765 + 834\ 397} \times 100\% = 55.9\%$$

计算结果表明,夏宇工厂每百元长期资本中有 55.90 元用于固定资产,其余 45.10 元用于其他非流动资产和流动资产,反映夏宇工厂长期资本较充足。企业固定资产与长期资本适应比率超过 100%,说明企业用短期资金购置固定资产,存在很大的财务风险。评价该指标是否合适,要与行业平均水平、全国平均水平及国际先进水平进行比较,才能得出恰当的结论。

日本中小企业厅 1985 年公布的数据显示,日本中小企业固定资产与长期资本适应比率的平均值为制造业 75%、批发企业 63.4%、零售业 64.8%。这表明夏宇工厂 55.9% 的比率值处于国际上较为先进的水平。

例 10-4　我国规模以上工业企业 2017—2021 年固定资产与长期资本适应比率的计算如表 10-3 所示。

表 10-3　我国规模以上工业企业固定资产与长期资本适应比率

项目	2017 年	2018 年	2019 年	2020 年	2021 年	五年累计	年递增率
(1) 固定资产原价	643 861	613 522	649 758	648 970	654 560	3 210 671	0.4%
(2) 长期负债合计	148 901	127 396	154 840	172 080	185 396	788 613	5.6%
(3) 所有者权益合计	493 893	493 108	517 426	568 113	620 590	2 693 130	5.9%
(4) 长期资本合计 = (2)+(3)	642 794	620 504	672 266	740 193	805 986	3 481 743	5.8%
(5) 固定资产与长期资本适应比率 = (1)/(4)	100.2%	98.9%	96.7%	87.7%	81.2%	92.2%	—

资料来源:2018—2022 年各年度的《中国统计年鉴》。

从表 10-3 可知,我国规模以上工业企业 2017—2021 年固定资产与长期资本适应比率累计为 92.2%。这表企业购置固定资产只动用长期资金的 92.2%,没有动用短期资金,也就是没有固定资产扩张风险。如果固定资产与长期资本适应比率累计超过 100%,比如 105%,这 5%(105%-100%)就是动用短期资金购置固定资产,存在扩张风险。企业的短期资金来源(如短期借款、应付账款等)是企业一年内(含一年)必须偿还的资金,如果企业将这部分本应用于生产经营周转的流动资金去购买固定资产,由于固定资产使用期限一般在一年以上,各期累积的折旧资金有限,没有资金实力偿还一年内到期的债务。此时,如果短期放贷的债主上门逼债或告上法庭,企业就有可能陷入破产危机。这种财务风险是显而易见的。

三、固定资产成新率分析

固定资产成新率是指固定资产经过一段时间使用、磨损之后的价值与固定资产最初使用之时的价值之比所反映的新旧程度。它通过以下两个指标加以反映：

1. 固定资产账面成新率

固定资产账面成新率又称账面固定资产有用系数或账面固定资产老化程度，是利用会计账面价值来反映固定资产新旧程度的指标，即会计账面上特定时点固定资产净值与固定资产原值之比。其计算公式为：

$$\text{固定资产账面成新率} = \frac{\text{固定资产账面净值}}{\text{固定资产原值}} \times 100\%$$

2. 固定资产实体成新率

固定资产实体成新率是指固定资产使用一定时期后实体剩余效能价值与固定资产实体重置效能价值之比。

$$\text{固定资产实体成新率} = \frac{\text{固定资产实体剩余效能价值}}{\text{固定资产实体重置效能价值}} \times 100\%$$

例10-5[①] 2008年5月，M企业欲以其拥有的一台机床进行债务重组。该机床原价10万元，已提折旧3.3万元。根据《企业会计准则第12号——债务重组》的要求，需对机床按照公允价值计价。该机床不存在活跃市场，也不存在熟悉情况并自愿交易的各方最近进行的市场交易，而且与机床相同或类似的资产也不存在活跃市场上的交易价格。同时，由于企业难以预估未来销售情况，故而也难以预测该机床的未来现金流量。该机床于1998年5月购进，在正常使用条件下每天使用8小时，但是从购进后，实际平均每天运行7小时，经测定，该机床尚可使用5年。该类机床的成新率与其使用程度密切相关。经调查，当日重新购置该机床的价格为8万元。

要求：按两种成新率计算方法计算机床的成新率；确定机床进行债务重组的公允价值。

（1）计算固定资产账面成新率如下：

$$\text{固定资产账面成新率} = \frac{\text{固定资产账面净值}}{\text{固定资产原值}} \times 100\%$$

$$= \frac{10 - 3.3}{10} \times 100\% = 67\%$$

计算结果表明，该机床从账面上看为六成七新。

（2）计算固定资产实体成新率如下：

$$\text{固定资产实体成新率} = \frac{\text{固定资产实体剩余效能价值}}{\text{固定资产实体重置效能价值}} \times 100\%$$

[①] 中国会计学会：《高级会计实务科目考试辅导用书》，大连出版社2008年版。

① 固定资产利用率 = $\dfrac{\text{已使用}10\text{年} \times \text{每年使用}360\text{天} \times \text{每天实际使用}7\text{小时}}{\text{已使用}10\text{年} \times \text{每年使用}360\text{天} \times \text{每天应该使用}8\text{小时}} \times 100\%$

= 87.5%

② 固定资产实体已使用年限 = 已使用 10 年 × 固定资产利用率 87.5% = 8.75(年)

③ 固定资产实体成新率 = $\dfrac{\text{尚可使用}5\text{年}}{\text{已使用}8.75\text{年} + \text{尚可使用}5\text{年}} \times 100\% = 36.36\%$

计算结果表明,该机床从实体上看为三成六新。

(3) 确定固定资产公允价值如下:

成本法下确定的机床公允价值 = 机床重置成本 × 机床实体成新率

= 80 000 × 36.36% = 29 088(元)

计算结果表明,按照成本法确定该机床的公允价值为 29 088 元。

在运用公允价值时,应当考虑公允价值估值的三个级次:第一,资产存在活跃市场的,应当使用在活跃市场上的报价;第二,不存在活跃市场的,参考熟悉情况并自愿交易的各方最近进行的市场交易中使用的价格,或参照实质上相同或类似其他资产的市场价格;第三,不存在活跃市场且不满足上述两个条件的,应当采用估值技术等确定公允价值。显然,根据上述例 10-5 资料,该机床应当采用估值技术确定公允价值。

对公允价值进行估值的技术主要包括三类:市场法、成本法和收益法。在运用估值技术对公允价值进行估值时,估值方法的选择也有先后顺序。具体来讲,应优先考虑市场法,参考相同或类似资产在活跃市场上的交易价格;其次考虑收益法,基于资产未来的现金流量计算确定资产的公允价值;当市场法和收益法均不适用时,最后考虑成本法。由于市场法是基于相同或可比资产或负债的市场交易而产生的价格以及利用其他相关的市场信息来计量公允价值,收益法要用未来现金流量来估值,而本例中的机床无法运用市场法进行估值,也无法预计该机床的未来净现金流量,因此无法采用市场法和收益法,只能采用成本法评估机床的公允价值。

在运用成本法确定资产的公允价值时,必须首先确定资产的重置成本。重置成本是指按照当前市场条件,重新取得同一项资产所需支付的现金或现金等价物金额,如上述例 10-5 资料中描述的"经调查,当日重新购置该机床的价格为 8 万元"就是机床的重置成本。此外,应当考虑各项损耗因素以确定成新率,主要包括有形损耗、功能性损耗以及经济性损耗。本例中,由于该机床的成新率与其使用程度密切相关,因此通过资产利用率计算成新率是恰当的。

四、固定资产投资率分析

固定资产投资率是固定资产投资额与支出法下国内生产总值的比率。其计算公式为:

$$\text{固定资产投资率} = \dfrac{\text{固定资本形成额}}{\text{国内生产总值}} \times 100\%$$

国内生产总值有三种计算方法:生产法、收入法、支出法。支出法下国内生产总值是从最终使用的角度反映一个国家或地区一定时期生产活动最终成果的一种方法,包括最终消费支出、资本形成总额、货物和服务净出口三部分。其计算公式为:

支出法下国内生产总值 = 最终消费支出 + 资本形成总额 + 货物和服务净出口

资本形成总额指常住单位在一定时期内获得减去处置的固定资产和存货的净额,包括固定资本形成总额和存货增加两部分。固定资本形成总额指常住单位在一定时期内获得的固定资产减去处置的固定资产的价值总额。固定资本形成总额与支出法下国内生产总值的比率为固定资产投资率,简称投资率。最终消费支出与支出法下国内生产总值的比率为消费率。

例 10-6 我国全社会 2011—2021 年固定资产投资率的计算如表 10-4 所示。

表 10-4 我国全社会 2011—2021 年固定资产投资率

年份	支出法下国内生产总值(亿元)	资本形成额(亿元)			固定资本形成率(固定资产投资率)
		形成总额	其中:		
			固定资本形成额	存货增加	
	(1)	(2)	(3)	(4)	(5)=(3)÷(1)
2011	484 109	227 673	214 017	13 656	44.2%
2012	539 040	248 960	238 321	10 639	44.2%
2013	596 344	275 129	263 980	11 149	44.3%
2014	646 548	294 906	282 242	12 664	43.7%
2015	692 094	297 827	289 970	7 856	41.9%
五年合计	2 958 135	1 344 495	1 288 530	55 965	43.6%
2016	745 981	318 198	310 145	8 054	41.6%
2017	828 983	357 886	348 300	9 586	42.0%
2018	915 774	402 585	393 848	8 737	43.0%
2019	990 708	426 679	422 451	4 227	42.6%
2020	1 025 628	439 550	430 625	8 925	42.0%
2021	1 140 340	489 897	478 901	10 996	42.0%
六年合计	5 647 414	2 434 795	2 384 270	50 525	42.2%
十一年合计	8 605 549	3 779 290	3 672 800	106 490	42.7%

资料来源:2022 年度《中国统计年鉴》。

从表 10-4 可知,2011—2021 年,我国全社会固定资产投资率十一年累计平均为 42.7%。我国关于国民经济和社会发展"九五"(1996—2000 年)计划提出,国家宏观调控目标之一是固定资产投资率按 30% 来把握。而事实上,1996—2000 年五年累计平均为 35.06%,2001—2005 年五年累计平均为 38.4%,2006—2011 年六年累计平均为 43.2%,2011—2015 年五年累计平均为 43.6%,2016—2021 年六年累计平均为 42.2%,总体看显得偏快。2009—2011 年均在 45% 左右,其客观原因是面对美国次贷危机、世界金融危机的不利局面,中国依靠扩大内需(包括加大投资力度)来拉动国内经济发展。这是正确的,也是必要的。统计数据显示,2017—2021年我国国内生产总值分别比上年增长6.9%、6.7%、6.0%、2.3%、8.1%,其中资本形成总额(包括固定资本形成总额和存货增加额)对国内生产总值的拉动率分别为2.7%、2.9%、1.7%、1.8%、1.1%。[①]

企业如何分析固定资产投资率？企业的增加值构成国内生产总值的主要组成部分,分析企业固定资产投资率可用固定资产增加额与增加值之比进行衡量。其计算公式为:

$$企业某年度固定资产投资率 = \frac{企业某年度固定资产增加额}{工业增加值} \times 100\%$$

例 10-7 我国规模以上工业企业2011—2021年固定资产投资率有关指标的计算如表10-5所示。

表10-5 我国规模以上工业企业(2011—2021年)固定资产投资率有关指标　　单位:亿元

年份	固定资产增加额 (1)	工业增加值 (2)	固定资产投资率 (3)=(1)÷(2)
2011	51 247.31	193 303.3966	26.5%
2012	48 387.55	212 633.7362	22.8%
2013	64 929.82	233 259.2087	27.8%
2014	64 455.85	252 619.7230	25.5%
2015	39 413.82	268 029.5261	14.7%
五年合计	268 434.35	1 159 845.5910	23.1%
2016	47 318.97	284 111.2976	16.7%
2017	-6 731.63	302 862.6400	-2.2%
2018	-30 339.26	321 640.1300	-9.4%
2019	36 235.81	339 973.6100	10.7%
2020	-787.45	349 492.8800	-0.2%
2021	5 589.80	383 044.1900	1.5%
六年合计	51 286.24	1 981 124.7500	2.6%
十一年累计	319 720.59	3 140 970.3400	10.2%

资料来源:工业增加值数据来自2018年和2022年的《中国统计摘要》,其余数据来自各年度的《中国统计年鉴》。

从表10-5的计算结果可知,我国规模以上工业企业2011—2015年固定资产投资率五年累计平均为23.1%,2016—2021年固定资产投资率六年累计平均为2.6%,2011—2021年固定资产投资率累计平均为10.2%。从十一年累计数据看,我国规模以上工业企业每年增加的固定资产价值累计数与工业增加值累计数的比率为10%左右。

---

① 2022年度《中国统计年鉴》。

如何评价工业企业的固定资产投资率呢？这要与国外水平比较才能得出合理的结论。国外工业企业固定资产投资率都比我国低得多。就制造业而言，1990年，日本为11.43%，联邦德国为10.93%，英国为10.63%，法国为17.55%；美国1991年为7.52%，印度1988年为35.31%。[①] 由此可见，发达国家由于技术先进，制造业固定资产投资率在8%和18%之间，而发展中国家由于技术相对落后，工业企业要不断增加固定资产投入，固定资产投资率在30%和38%之间。随着世界经济环境的改善，尤其是金融危机的消除，发展中国家生产力的飞跃发展，经济增长方式转向以内涵发展为主后，我国工业企业固定资产投资率也降到合理水平。

五、固定资产增长弹性系数分析

固定资产增长弹性系数是固定资产增长速度与国内生产总值（或总产值或销售收入）增长速度之比，反映固定资产增长是否带来相应的经济效益的增长。它可以从宏观和微观两个层面进行分析。

1. 从全社会固定资产投资情况进行分析

我国关于国民经济和社会发展"九五"（1996—2000年）计划提出，"九五"期间，国民生产总值年均增长8%（比"八五"期间实际年均增长12%低4个百分点），全社会固定资产投资年均增长10%，两者之比为0.8，即固定资产增长弹性系数为0.8。它表明了国家宏观调控的要求：固定资产投资年均每增长1%，国民生产总值应增长0.8%。事实上，1996—2000年，按当年价格计算，我国全社会固定资产投资额年均增长10.5%，国内生产总值年均增长10.3%，固定资产增长弹性系数为0.98；2001—2007年，按当年价格计算，我国全社会固定资产投资额年均增长22.6%，国内生产总值年均增长14.1%，固定资产增长弹性系数为0.62；2008—2011年，按当年价格计算，我国全社会固定资产投资额年均增长22.7%，国内生产总值年均增长15.5%，固定资产增长弹性系数为0.68；2011—2021年，按当年价格计算，我国全社会固定资产投资额年均增长8.76%，国内生产总值年均增长6.68%，固定资产增长弹性系数为0.76。

2. 从企业固定资产价值增长情况进行分析

我国规模以上工业企业2011—2021年固定资产原价年均增长5.42%，同期营业收入年均增长4.27%，固定资产增长弹性系数为0.78，即我国规模以上工业企业2011—2021年固定资产原价每增长1%，营业收入增长0.78%。而我国规模以上工业企业2008—2011年固定资产原价每增长1%，主营业务收入增长1.13%。从2011—2021年的数据来看，我国规模以上工业企业固定资产增长弹性系数后11年比前4年下降更大，表明我国规模以上工业企业固定资产的扩张效益在下降。

---

① 朱学义：《煤炭工业企业财务现状及其改进对策》，《煤炭经济研究》1997年第7期。

第二节 智力投资专题分析[①]

一提到投资分析,人们总认为它包括短期投资分析、长期投资分析两部分内容;或许再从广义的投资分析看,它还包括固定资产投资分析、无形资产投资分析等,但均未包括智力投资分析。我们认为,在知识经济社会,智力投资分析显得格外重要。

一、智力投资分析的内容

所谓智力投资,是指家庭及社会在培养具有智慧和能力的创新人才的过程中所付出的代价。对于整个社会来讲,智力投资就是教育投资,不包括人才培养过程中的生活消费支出。教育投资是指用于提高人的知识技术能力和素质水平而发生的用于人的教育方面的各项开支。从国内外情况看,用于人的教育方面的各项开支包括以下六个方面:①中央和地方各级政府以及学校支付的教育费用;②学生或学生家庭支付的教育费用;③学生因就学而放弃的劳动收入;④学校固定资产折旧;⑤教育部门享有的免税的价值;⑥学校放弃的出租资产而获得的租金。

在以上六大项目中,我国较注重第①项、第②项和第⑤项,第①、②两项是教育的直接成本,也称教育实际支出成本,是货币的耗费,第⑤项是间接性教育投资;我国尚未考虑第③项和第⑥项的教育机会成本,也未考虑第④项资本性支出的转移价值。

根据以上智力投资含义,结合我国现实,智力投资分析的内容主要包括三大类。

(一) 国家和社会用于学校的教育投资

国家和社会用于学校的教育投资,是指国家和社会用于学校的教育经费总支出,共有九项内容:①国家财政预算内教育事业费(简称"教育事业费"),反映国家财政预算中支出的教育经费;②教育基本建设投资,反映国家财政预算中用于学校教学楼、图书馆等固定资产方面的支出;③各部委事业费中支出的中等专业学校和技工学校经费;④城乡教育费附加,反映由教育行政部门统筹管理、主要用于实施义务教育方面的支出;⑤企业办学校支出;⑥校办产业减免税;⑦社会团体和公民个人办学经费;⑧社会捐资和集资办学经费;⑨其他教育经费。

以上第①至第③项又称"国家财政预算内教育经费"(简称"预算内教育经费"),是指中央、地方各级财政和其他部门或上级主管部门在年度内安排,并计划拨到教育部门和其他部门主办的各级各类学校、教育事业单位,列入国家预算支出科目的教育经费。预算内教育经费加上第④项、第⑤项、第⑥项,又组成"国家财政性教育经费"。

(二) 家庭用于子女的教育投资

家庭用于子女的教育投资是指家庭在子女出生后到走向社会就业之前用于开发子女

[①] 朱学义:《智力投资分析》,《会计之友》2006年第2期。

智力而进行的教育支出,包括给子女购买图书资料、交纳学费和杂费、支付家教辅导费、支付其他特殊(长)培养费等,但不包括子女的各种生活消费。它可按子女成长期的五个阶段计算,即学龄前家庭教育投资支出、入读幼儿园家庭教育投资支出、上小学家庭教育投资支出、上中学家庭教育投资支出、上大学家庭教育投资支出。

(三)受教育者的教育机会成本

教育机会成本是指一个人因上学受教育而失去就业机会所损失的收入,即将放弃的收入看作上学受教育的机会成本。教育机会成本包括学生放弃的收入和该学生学龄前其母亲放弃的收入两部分。现借鉴美国的研究成果来确定教育机会成本的内容。

美国确定的教育机会成本由四项内容组成:①学龄前家庭内母亲放弃的收入;②初、中等教育阶段学生放弃的收入;③高等教育阶段学生放弃的收入;④其他相关的机会成本,包括宗教教育、军事教育、商业培训、联邦(即国家)教育项目和公共图书馆等机构的机会成本。

二、智力投资分析的方法

(一)重置成本分析法

要得到一个受教育者的全部智力投资总额,就要计算该受教育者在走向社会就业之前的全部教育投资总支出。由于国家和社会用于学校的教育投资和家庭用于子女的教育投资是逐年发生的,历年发生的教育投资总支出要按全国"商品零售物价指数"或"居民消费品价格指数"换算到该受教育者就业时的价值水平,这是一种重置成本分析法。现以一个 2000 年出生、2002 年进幼儿园到 2021 年 22 岁大学毕业的学生为例(仅 20 年学龄),说明国家和社会智力投资总额的计算方法。

1.计算国家财政预算内人均教育事业费拨款现值

例 10-8 我国对列入财政预算内的各类学校每年都要按学生人数拨款,各年级学生的拨款额度不同。一个 2002 年进幼儿园到 2021 年大学毕业的学生上幼儿园 4 年、上小学 6 年、上中学 6 年、上大学 4 年,各阶段相应的国家财政预算内人均教育事业费拨款情况及居民消费品价格指数折算的现值如表 10-6 所示。

表 10-6 人均预算内教育事业费支出现值

教育程度	年级	年份	人均预算内教育事业费拨款 (1)	居民消费品价格指数 (1978年为100) (2)	折现系数 (3)=692.7÷(2)	人均预算内教育事业费拨款现值 (4)=(1)×(3)
幼儿园	小1班	2002	195.11	433.5	1.5979	311.77
	小2班	2003	220.17	438.7	1.5790	347.64
	中班	2004	248.73	455.8	1.5197	378.01
	大班	2005	284.91	464.0	1.4929	425.34

(续表)

教育程度	年级	年份	人均预算内教育事业费拨款 (1)	居民消费品价格指数(1978年为100) (2)	折现系数 (3)=692.7÷(2)	人均预算内教育事业费拨款现值 (4)=(1)×(3)
普通小学	一	2006	1 633.51	471.0	1.4707	2 402.40
	二	2007	2 207.04	493.6	1.4034	3 097.28
	三	2008	2 757.53	522.7	1.3252	3 654.37
	四	2009	3 357.92	519.0	1.3347	4 481.76
	五	2010	4 012.51	536.1	1.2921	5 184.60
	六	2011	4 966.04	565.0	1.2260	6 088.45
普通初中	一	2012	8 137.00	579.7	1.1949	9 723.13
	二	2013	9 258.37	594.8	1.1646	10 782.23
	三	2014	10 359.30	606.7	1.1418	11 827.74
普通高中	一	2015	10 820.96	615.2	1.1260	12 184.13
	二	2016	12 315.21	627.5	1.1039	13 594.81
	三	2017	13 768.92	637.5	1.0866	14 961.15
普通高等学校	一	2018	22 245.81	650.9	1.0642	23 674.41
	二	2019	23 501.26	669.8	1.0342	24 304.75
	三	2020	22 407.39	686.5	1.0090	22 609.76
	四	2021	22 718.15	692.7	1.0000	22 718.15
22年合计			175 416.00			192 752.00

资料来源:各年度《中国统计年鉴》,幼儿园人均预算内教育事业费拨款按2002—2005年预算内教育事业费和幼儿园在校人数计算,其余引自教育部财政司编各年度《全国教育经费执行情况统计公告》。

从表10-6可知,一个2000年出生、2021年大学本科毕业的22岁的学生,国家财政对他的20年(从2002年2岁时进幼儿园开始算起)的教育投资拨款总额为175 416元(约17.54万元),将各年预算内人均教育事业费拨款按全国居民消费品价格指数换算到2021年的现值水平是192 752元(约19.28万元)。

2.将国家财政预算内人均教育事业费拨款现值换算为国家和社会人均教育经费现值

以上"国家财政预算内生均教育经费"拨款加上生均"城乡教育费附加""企业办学校支出""校办产业减免税""社会团体和公民个人办学经费""社会捐资和集资办学经费""其他教育经费",就构成"国家和社会生均教育经费支出"总额。因此,还要将国家财政预算内生均教育经费拨款现值换算为国家和社会人均教育经费支出现值。

$$换算系数 = \frac{一定期间全国教育经费(收入) - 学费和杂费(收入)}{一定期间一般公共预算教育经费(收入)}$$

上述公式中扣除"学费和杂费"的原因是:一定期间全国教育经费包括"事业收入",

"事业收入"中74%左右是学生交纳的"学费和杂费"。学生交纳的"学费和杂费"是家庭教育投资,不是国家和社会的教育投资,要予以扣除。

2002—2020年全国教育经费累计为482 509亿元,扣除学生自己交纳的学费和杂费65 474亿元后为417 035亿元,其中一般公共预算教育经费累计为335 198亿元,计算的换算系数K为1.244(417 035÷335 198)。由此,一个2000年出生、2021年大学毕业的22岁的学生,国家及社会对他的教育投资总额为239 783元(192 752×1.244),约23.98万元。

3. 家庭对子女的教育投资现值的计算

应该设置"家庭智力投资调查表",组织每个大学生向父母调查家庭用于本人自出生以来各年度在教育方面的支出,不包括生活消费支出,然后再按居民消费品价格指数换算到大学毕业时的现值水平。

例10-9 根据国家统计局城调总队2000年2月公布的调查结果,家庭培养一个孩子从幼儿园到大学毕业20年共需花费6.5万元(2000年不变价格),而这种花费还不包括生活消费支出。不同阶段的家庭教育支出如表10-7所示。

表10-7 不同阶段的家庭教育支出

教育阶段	年限	学期	每学期每人支出(元)	各教育阶段支出(元)
幼儿园	4	8个学期	758	6 064
小学	6	12个学期	548	6 576
初中	3	6个学期	801	4 806
高中	3	6个学期	1 441	8 646
大学以上	4	8个学期	4 838	38 704
合计	20	40个学期		64 796

资料来源:"每学期每人支出"数据来自《中国信息报》(2000年2月15日)。

2000—2021年居民消费品价格上涨了159.61%(2021年居民消费品价格指数692.7÷2000年居民消费价格指数434.0),则一个2000年出生、2021年大学毕业的22岁的学生,家庭在他教育方面的支出现值约为10.34万元(64 796×159.61%)。

(二)马克卢普信息经济测度法

奥地利经济学家弗里茨·马克卢普(Fritz Machlup)1962年建立了信息经济测度理论和测度体系,1980年前后进行了改进。他对教育机会成本的测定以美国1972年教育成本的数据为例得出如下三大结论[①]:

(1)1972年,美国"学龄前教育"花费为14亿美元,而母亲放弃的收入为93亿美元,计算得出母亲放弃的收入与学龄前教育成本的比率系数为6.64。

(2)1972年,美国初等、中等教育的财政开支为540亿美元,而学生放弃的收入为470

---

① 据此计算出相关项目的比率系数值。——编者注

亿美元,计算得出学生中小学阶段放弃的收入与美国初等、中等教育财政开支的比率系数为 0.87。

(3) 1972 年,美国高等教育的财政开支为 208 亿美元,而学生放弃的收入为 278 亿美元,计算得出学生大学阶段放弃的收入与美国高等教育财政开支的比率系数为 1.34。

例 10-10 结合我国家庭对孩子上幼儿园的教育投资、国家财政对中小学和大学的实际教育投资,借鉴马克卢普的研究成果(即比率系数值)确定教育机会成本的内容(见表 10-8)。

表 10-8 教育机会成本测算

教育项目	美国			中国		
	教育成本(亿美元)	相关比率的计算		阶段投资项目	阶段投资金额(元)	教育机会成本(元)
(1)	(2)	(3)		(4)	(5)	(6)=(3)×(5)
① 家庭内(母亲放弃的收入)	93	①/② = 6.64		幼儿园	6 064.00	40 264.96
② 学龄前教育	14					
③ 初等、中等教育						
a. 财政开支	540					
b. 隐含费用	59					
c. 学生放弃的收入	470	c/a = 0.87		中小学	83 594.31	72 727.05
④ 高等教育						
d. 财政开支	208					
e. 隐含费用	67					
f. 学生放弃的收入	278	f/d = 1.34		大学	90 872.61	121 769.30
⑤ 宗教教育	80					
⑥ 军事教育	43					
⑦ 商业培训	17					
⑧ 联邦教育项目	7					
⑨ 公共图书馆	10					
总计	1 886					234 761.31

资料来源:美国为 1972 年数据,引自陈禹、谢康所著《知识经济的测度理论与方法》;我国幼儿园数据来自表 10-7 和美国学龄前教育成本对应比率;我国中小学及大学数据来自表 10-6 和以国家财政预算内拨款为主体的教育投资对应比率。其中,中小学教育投资 = 1 633.51 + 2 207.04 + 2 757.53 + 3 357.92 + 4 012.51 + 4 966.04 + 8 137.00 + 9 258.37 + 10 359.30 + 10 820.96 + 12 315.21 + 13 768.92 = 83 594.31(元);大学教育投资 = 22 245.81 + 23 501.26 + 22 407.39 + 22 718.15 = 90 872.61(元)。

从表 10-8 的计算结果可知,一个 2000 年出生、2021 年大学毕业的 22 岁学生的教育机会成本为 234 761.31 元,约 23.48 万元。

从以上重置成本分析法和机会成本分析法的分析结果可知,一个 2021 年大学毕业的

22 岁的学生,来自国家和社会的投资和家庭教育投资总额及其放弃的相关收入的现值共计为 57.8 万元(23.98 万元 + 10.34 万元 + 23.48 万元)。

各年取值不同,时期、物价变动不同,计算结果不一样。例如,在大学阶段(2018—2021 年大学期间)的本科生的智力投资总额＝国家拨款按物价调整为 93 307.07 元(表 10-6 中 23 674.41 + 24 304.75 + 22 609.76 + 22 718.15)＋家庭智力投资 61 775.45 元(表 10-7 中 38 704 × 物价变动指数 159.61%)＋大学机会成本 121 769.30(表 10-8)＝ 276 851.80 元,约 27.69 万元。

(三) 投资回报率分析法

人才智力投资和其他物力投资一样,是一种预付价值,应在未来的工作中得到一定回报。智力投资回报包括对国家和社会投资的回报和对个人投资的回报(家庭投资回报加上放弃就业收入的补偿)两个方面。前者通过受教育者就业后以"社会劳动"价值(剩余价值)的形式提供,后者以"必要劳动"价值(劳动工资)的形式获取。

1. 智力投资回报率及投资回报年限的确定

确定人才智力投资回报率和教育投资回报年限至少要考虑以下四大因素:

一是人才智力投资回报率一般要高于物质投资回报率。因为人是生产力发展中最重要、最关键的要素,人的教育投资回报高,更有利于生产力的发展。

二是知识更新的需要。在知识爆炸性增长的时代,据统计,人类知识在 19 世纪 50 年增长 1 倍,20 世纪初 30 年增长 1 倍,20 世纪 50 年代 10 年增长 1 倍,20 世纪 70 年代 5 年增长 1 倍,20 世纪 80 年代 3 年增长 1 倍……增长速度越来越快,知识经济社会的这种状况要求劳动者不断更新知识,因而劳动者在劳动的过程中还需要教育支出,这种花费只能从原有教育投资收益中得到补偿。

三是劳动力再生产、再发展的需要。一个大学毕业生就业后,要不了几年,他也要生孩子,培养下一代,要进行劳动力延伸、发展的教育投资。这种投资只能以他原先的投资收益作为来源。一般地说,一个大学毕业生就业后 6 年收回教育投资较为理想,这时他有一定的实力支持其后代的再教育——学龄教育。

四是教育投资额大,回报率应该高。1999 年的统计数据显示,城镇就业者中,受教育程度在大学及以上的占 11.9%,人均月收入为 980 元;中专学历占 12.6%,人均月收入为 691 元;高中学历占 32.8%,人均月收入为 664 元;小学文化占 1.5%,人均月收入为 530 元。美国 1996 年对 5 000 名工商管理硕士的统计表明,攻读两年期工商管理硕士学校的费用,总投资需要 10 余万美元,学位到手后,年薪较入校前可望增长 63%—100%,每年加薪平均可达 10%。由此可见,教育投资越多、回报越高已成为共识。

2. 智力投资回报率分析法的模型构建及其应用

一个大学毕业生走进人才市场,他的智力投资回报额就是他上学期间国家、社会、家庭及个人等各方面的全部花费的现时价值,而他就业后以月薪或年薪的形式获得回报。每期(每月或每年)收到同等的金额(称为"年金"),未来各期的薪金都要按一定的利率

(也称作"智力投资回报率")折算为现在的价值(称为"现值")。因此,智力投资回报率模型可借用"年金现值"公式确定。

$$V = R \times (1+i)^{-1} + R \times (1+i)^{-2} + \cdots + R \times (1+i)^{-n}$$
$$= R \times [1 - (1+i)^{-n}]/i$$

其中,V 表示年金现值;R 表示每期收款额,即每年工资;i 表示年利率,即人才智力投资回报率;n 表示期数,即收回教育投资的年数。

(1)在人才智力投资回报率一定的条件下计算收回教育投资的年数。上述公式可变形为:

$$(1+i)^{-n} = 1 - V/R \times i$$

例 10-11 一个大学本科毕业生参加工作后,平均月薪为 4 900 元(其中,消费 2 000 元,储蓄 2 900 元),一年积蓄 34 800 元用于补偿家庭教育投资。他毕业后想收回个人的家庭教育投资 103 400 元,同时得到 10% 的年投资回报率,需要多少年收回家庭教育投资。

$$(1+10\%)^{-n} = 1 - 103\,400 \div 34\,800 \times 10\%$$
$$n = 3.699(年)$$

同理,如果这个大学本科生毕业后不吃不喝,将每月 4 900 元薪金(一年 58 800 元)用来回报家庭和社会的投资 34.32 万元(家庭教育投资 10.34 万元+国家和社会 23.98 万元),同时得到 10% 的年投资回报率,那么需要 9.195 年(9 年 71 天)收回投资。

(2)在收回教育投资的年数一定的条件下计算人才智力投资回报率。

例 10-12 这个大学本科生毕业后想在 6 年内收回家庭教育投资 103 400 元,他一年积蓄 34 800 元,他得到的年投资回报率应为多少?

$$103\,400 = 34\,800 \times \{[1-(1+i)^{-6}]/i\}$$
$$i = 24.7088\%$$

三、智力投资分析的意义

(一)完善"财务分析学"课程体系的需要

现有的财务分析学教科书,一般以物质资本运动为基础进行分析,这有其存在的必要性。但当社会发展到以智力劳动为主体的信息社会和高科技社会时,智力资本已成为继资本和劳动之后推动企业不断发展的"第三资源"。资本的运动方式有了根本性的变化;智力资本运营中生产要素组合方式是"科技人员—拥有技术和发明—获得风险投资—组织生产",不再像物质资本运营中"物质资本—劳动力—技术—生产"的组合方式。前者的核心和起点是科技人员及其拥有的技术和发明,智力人才是主体,是智能成果的所有者;后者的核心和起点是物质资本,是物质资本雇佣劳动。因此,企业的发展对人才智力的投资越来越重要,智力投资分析成为"财务分析学"课程的构成内容已是理所当然。

可扫码参阅有关智力投资的理论及其应用的论述

（二）人才市场价值量化的需要

在现代社会，人才要通过市场进行流动。人才流动以人才价值为导向，人才价值受人才市场供求关系影响而波动。西方劳动经济学在阐述劳动力供求关系时认为，劳动力的供给和需求在一定条件下应该平衡。如果劳动力供给大于需求，劳动力就显得过剩；反之，就显得短缺。在完全的市场经济条件下，劳动力的供给和需求受到劳动力价格的调节。当劳动力价格持续上升时，供给量增加但需求量减少，最终会使供给量超过需求量，进而导致劳动力价格下降；当劳动力价格持续下降时，需求量增加，但供给量减少，最终会使需求量超过供给量，进而导致劳动力价格上升。但不论人才市场供求关系如何变化，人才智力投资总额依然构成人才市场价值的基础。因此，进行智力投资分析有助于把握市场人才引进的底线，并对各种人才的薪酬进行合理决策。

（三）向受教育者进行智力投资教育的需要

现在的大学生上学要交学费。一些学生满以为他完全依靠父母供养上学的——这是一种偏见。通过以上智力投资分析可知，一个 2000 年出生、2002 年入幼儿园到 2021 年大学毕业的 22 岁的学生，家庭对他在教育方面的支出现值为 10.34 万元，而国家和社会对他的教育投资现值为 9.33 万元，家庭教育支出占国家、社会和家庭全部智力投资的 53%［10.34 ÷（10.34 + 9.33）］。

第三节　投资性房地产专题分析

投资性房地产是指为赚取租金、使资本增值，或两者兼有而持有的房地产，包括已出租的土地使用权、持有并准备增值后转让的土地使用权、已出租的建筑物，但不包括自用房地产（即为生产商品、提供劳务或者经营管理而持有的房地产）和作为存货的房地产。

投资性房地产按成本进行初始计量，会计上设置"投资性房地产——成本"会计科目进行核算。投资性房地产后续计量可采用成本计量模式，也可以采用公允价值计量模式。在公允价值计量模式下，会计设置"投资性房地产——公允价值变动"会计科目进行核算。因此，对投资性房地产进行分析，重点是投资性房地产购置决策分析、投资性房地产公允价值变动分析。

一、投资性房地产购置决策分析

企业在生产经营正常进行的前提下，可以动用一部分资金进行房地产投资。企业在购买房地产时，房地产商往往给出一些投资优惠条件，如一次付清全部款项可优惠 4% 的价格，等等。当企业资金并不十分充裕又要进行房地产投资时，房地产商允许分期付款。企业还可以选择用贷款方式购买房地产。由此，这就需要进行投资房地产购置决策分析。

1. 不考虑通货膨胀的投资性房地产购置决策分析

例 10-13 W 企业决定在市区康佳园购入一套房屋,房价为 300 万元。房屋开发商提供两种付款方式:一是一次性支付全部房款,可享受房价 4% 的优惠,即只需付款 288 万元;二是采用分期付款方式,购房时必须先付 50% 的房款计 150 万元,其余 150 万元分 5 年支付,但要承担 5.74309% 的利息,1 年计复利一次,5 年中每年等额偿付本息。W 企业预计未来 5 年现金流量的贴现率为 8%。要求采用净现值法对该项投资进行决策分析。

① 未来 5 年每年年末等额还本付息额 $= \dfrac{150}{\dfrac{1-(1+5.74309\%)^{-5}}{5.74309\%}} = \dfrac{150}{4.241968} = 35.360946$(万元)

② 编制未来 5 年等额还本付息计划表(见表 10-9)。

表 10-9　分期付款购买房产未来 5 年等额还本付息计划　　　　　　　单位:元

年数	当年偿付房款本息			当年应偿付本息	当年未偿付本息
	当年付息(利率 5.74309%) (1)=上年(5)×5.74309%	当年偿还本金 (2)=(3)-(1)	偿付本息合计 (3)	(4)=上年(4)-(2)	(5)=上年(5)-(2)
0					1 500 000.00
1	86 146.35	267 463.11	353 609.46	1 590 000.00(年末本利)	1 232 536.89
2	70 785.70	282 823.76	353 609.46	1 307 176.24	949 713.13
3	54 542.88	299 066.58	353 609.46	1 008 109.66	650 646.55
4	37 367.22	316 242.24	353 609.46	691 867.42	334 404.31
5	19 205.14	334 404.31	353 609.45①	357 463.11	0.00
合计	268 047.29	1 500 000.00	1 768 047.29	—	—

注:①小数进位误差 0.01 元列于末年。

③ 分期付款现值 $= 150 + 35.360946 \times \dfrac{1-(1+8\%)^{-5}}{8\%}$
$= 150 + 35.360946 \times 3.99271 = 291.186$(万元)

④ 结论:分期付款现值 291.186 万元大于购房一次性付款 288 万元,因此一次性付款为更优的方案。

2. 考虑通货膨胀的投资性房地产购置决策分析

(1) 利率和通货膨胀率的关系。你现在有 100 元,可以买 100 瓶矿泉水(每瓶 1 元)。如果你不买矿泉水,而是将 100 元存入银行,银行年利率为 9.14%,那么一年后你将得到本金和利息共 109.14 元。此时,你再去买矿泉水,每瓶价格涨到 1.07 元,你花 109.14 元买了 102 瓶矿泉水,比一年前多了 2 瓶矿泉水。这 2 瓶矿泉水就是你的实际利率,按一年前

1元1瓶,实得2元利息,实际利率为2%(2÷100)。这一年内物价上涨了7%(1.07÷1－100%)。实际利率2%和通货膨胀率7%与银行名义利率9.14%形成以下关系:

$$（1＋实际利率）×（1＋通货膨胀率）=（1＋名义利率）$$
$$（1＋2\%）\quad×\quad（1＋7\%）\quad=\quad（1＋9.14\%）$$

假如你不将这100元存入银行,而是向矿泉水工厂投资,矿泉水工厂愿意在一年后给你108瓶矿泉水,你实际的投资回报率为8%(8÷100×100%),这一年物价上涨了7%,则:

$$（1＋8\%）×（1＋7\%）=（1＋X）$$
$$X = 15.56\%$$

上述结果表明银行名义利率为15.56%而不是9.14%。因此,银行将通货膨胀风险转嫁给了你。

(2)考虑通货膨胀的投资性房地产决策。由上述分析可知,通货膨胀是影响货币价值的重要因素。

例10-14 承例10-13,如果W企业考虑以后5年内每年物价平均上涨7%,其他条件不变。那么,W企业是一次付款划算,还是分期付款划算?

① 物价上涨后的贴现因子计算如下:

$$（1＋贴现率）×（1＋通货膨胀率）=（1＋贴现因子）$$
$$贴现因子 =（1＋8\%）×（1＋7\%）－1 = 15.56\%$$

② 分期付款现值 $= 150 + 35.360946 \times \dfrac{1－(1＋15.56\%)^{-5}}{15.56\%}$

$$= 150 + 35.360946 × 3.308185 = 266.98（万元）$$

③ 结论:考虑通货膨胀率的分期付款现值为266.98万元,小于购房一次性付款288万元,因此分期付款为更优的方案。

④ 如果你不能较准确地预测未来通货膨胀率,仅仅知道一个变动范围,那么你可以计算一个无差别点观察通货膨胀率的变动范围。

$$分期付款现值 = 150 + 35.360946 \times \dfrac{1－(1＋r)^{-5}}{r}$$
$$= 150 + 35.360946 × 年金现值系数 = 288（万元）$$
$$35.360946 × 年金现值系数 = 288 － 150 = 138（万元）$$

求得 $r = 9\%$,即贴现因子 $9\% =（1＋8\%）×（1＋通货膨胀率）－1$,则通货膨胀率 $= 0.93\%$。

以上计算结果表明,要使分期付款现值正好等于一次性付款288万元,一年内得到投资回报率为8%,通货膨胀率只能等于0.93%。当通货膨胀率超过0.93%(比如1%)时,分期付款现值为287.26万元,即通货膨胀率超过0.93%选择分期付款方案更好。

⑤ 求年金现值系数中的 r 有以下三种方法:

一是"IRR函数法"。打开Excel工作表,在A列输入一组数据如下:

	A	B	C
1	-1 380 000		
2	353 609.46		
3	353 609.46		
4	353 609.46		
5	353 609.46		
6	353 609.46		
7			

再在 A7 单元格输入公式"= IRR(A1:A6)",点左上方"√",A7 单元格就出现了 9%,即 $r=9\%$。

$$贴现因子 9\% = (1+8\%) \times (1+通货膨胀率) - 1$$
$$通货膨胀率 = 0.93\%$$

二是"插值法"。本例中年金现值系数 = 138 ÷ 35.360946 = 3.90261,先令 $r=8\%$,求得现值系数为 3.99271 > 3.90261;再令 $r=10\%$,求得现值系数为 3.7908 < 3.90261,由此判别 r 在 8% 和 10% 之间。

$$\begin{cases} 8\% —— 3.99271 \\ r —— 3.90261 \\ 10\% —— 3.7908 \end{cases}$$

$$\frac{3.90261 - 3.99271}{3.7908 - 3.99271} = \frac{r - 8\%}{10\% - 8\%}$$

$$r = 9\%$$

三是查"年金现值表"。本例中年金现值系数 = 138 ÷ 35.360946 = 3.90261,查"年金现值表"$n=5$ 行(即行定位于第 5 年),再查到 3.889651(和 3.90261 最接近)对应的列就是 9%。

二、投资性房地产公允价值变动分析

例 10-15 承例 10-13,W 企业 2022 年 5 月花 288 万元购入房屋一套,2022 年 12 月 31 日,该房屋市场价格上涨到 311 万元[上涨率 8% = (311 - 288) ÷ 288 × 100%],即会计账上"投资性房地产——公允价值变动"记入 23 万元(311 - 288),同时"公允价值变动损益"增加 23 万元,促使 W 企业当年利润总额增加 23 万元("未得利润",不必缴纳税费)。现有一位客商愿意出价 320 万元购买该房屋。W 企业对此有两种处理意见:一是现在(2022 年 12 月 31 日)售出,收现款 320 万元,扣除各项税费 22 万元,实得销售款 298 万元,运作该款项,预计税前收益率能达到 8%;二是持有房屋至 2025 年年末售出。已知,我国商品房价格 2018—2021 年分别比上年增长 5%、9%、7.7%、5.8%,平均年递增 6.9% ($\sqrt[4]{1.05 \times 1.09 \times 1.077 \times 1.058} - 1$),W 企业预计未来三年该房屋价格平均每年递增7%。请予决策。

① 现时出售房屋获利 = 320 − 288 − 22 = 10(万元)
② 售出房屋运作资金未来三年税前收益 = 298 × (1 + 8%)³ − 298 = 77.39(万元)
③ 现时出售房屋收益 = 10 + 77.39 = 87.39(万元)
④ 持有房屋至2025年年末房屋增值 = (311−288) + 311 × (1+7%)³ − 311 = 92.99(万元)

计算结果表明,将房屋持有至2025年年末,企业累计"公允价值变动损益"增加92.99万元。如果现在出售房屋并运作所得资金,W企业得到实际收益和未来机会收益共计87.39万元。因此,持有房屋至2025年年末处理为更优的方案。

习题十七

目的:练习非流动资产专题分析。

1. 根据习题八第3题资料,对"徐工科技"固定资产扩张进行评价。
2. 结合本人受教育的实际情况,计算下列指标:
   ① 本(专)科毕业时国家对本人的累计教育投资 =
   ② 本(专)科毕业时家庭对本人的累计教育投资 =
   ③ 本人的教育机会成本 =
   ④ 本人大学毕业时的累计智力投资总额 =
   ⑤ 大学阶段本人的智力投资总额 =
   ⑥ 大学阶段本人每课时的教育成本 =
   ⑦ 年薪24 000元、10年收回国家、社会和家庭全部教育投资的投资回报率 =

第十一章 负债专题分析

第一节 流动负债专题分析

一、分析银行短期信用风险

评估银行短期信用,首先是分析银行信用风险。银行利率往往与借款期限有一定联系。一般来说,借款期限越长,利率愈高,反之越低。从存款者看,存期越长,资金越稳定,银行越能有效地运用存款,赚取的利润越多,银行可能也应该付给存款者更高的利息;从贷款者看,贷款期限越长,风险越大,银行遭受的机会成本损失越大,银行理应收取更高的利息。由此可见,就一般情况而言,短期借款支付的利息相对长期借款更少。

然而,市场利率变动水平受到很多因素的影响,比如资金供求情况、平均利润率水平、借贷资金风险、预期通货膨胀率、银行费用支出、国家经济改革政策的变更、其他国家利率水平等都会影响利率的变动。通常情况是,长期借款利率一般是固定的,而短期借款往往采用浮动利率计息。如果银行浮动利率变动给企业带来的影响超过长期借款固定利率给企业带来的影响,就会产生短期信用风险。

例 11-1 A 企业某年度从银行取得一笔长期借款,借款本金为 10 万元,3 年期,年利率为 5.49%;同时还取得以下两笔短期借款:

① 2 月 1 日取得半年期借款 8 万元,年利率为 5.04%;② 4 月 1 日取得 1 年期借款 12 万元,年利率为 5.85%。

要求:分析 A 企业是否产生短期信用风险。银行短期借款实行浮动利率是否超过长期借款固定利率? 产生的短期信用风险是多少?

① 8 月 1 日,半年期借款到期付息 $= 8 \times 5.04\% \div 2 = 0.2016$(万元)

8 月 1 日,付息折算成年终有效利息 $= 0.2016 \times (1 + 5.04\% \times 5 \div 12) = 0.2058$(万元)

② 12 月 31 日,1 年期借款到期计息 $= 12 \times 5.85\% \times 9 \div 12 = 0.5265$(万元)

③ 短期借款平均余额 = (8 × 6 ÷ 12) + (12 × 9 ÷ 12) = 13(万元)
④ 短期借款有效利率 = (0.2058 + 0.5265) ÷ 13 = 5.63%
结论：短期借款有效利率5.63%＞长期借款利率5.49%，企业产生短期信用风险。
⑤ 短期信用风险 = 13 × (5.63% − 5.49%) = 0.0182(万元)

二、自然筹资资金的分析

(一) 自然筹资的概念

自然筹资是指企业利用商业信用中应计费用而自然取得的资本来源，是短期筹资的一种。[①] 在西方国家，由于商业信用广泛存在，买方在购买货物时无须立即付款，因而购货方无形中占用了卖方资金而形成一种资金来源。这种资金来源易取得，并且无须办理筹资手续，常见的如应付工资和应计税金是企业天然获得的一种无成本资金来源。

西方的"自然筹资"概念就是我国计划经济时期常用的"定额负债"概念。所谓定额负债，是指企业在供、产、销经营活动中，常有一定额度的经常性预收、暂收、应付款项可以参与企业资金周转，作为企业流动资金的一项补充来源，可以核定定额，视同自有资金使用的负债。比如，企业的应交税费，按理应按每笔收入产生时计税并缴税，但税务机关为了简化纳税程序，往往采用当月预缴次月补缴的征税办法，则企业根据每笔收入计算的应缴税费在未到缴税期前被企业无偿占用，这种资金的经常占用能够抵充企业自有资金使用。又如，应付职工薪酬，按理企业应根据职工每天劳动的结果计付薪酬，然而企业往往是次月某日支付薪酬，如次月5日支付薪酬，则企业至少从次月1日至5日共五天占用职工的薪酬，企业据此可按占用天数计算定额负债。

(二) 自然筹资额的计算方法

1. 支付间隔期折半法

支付间隔期折半法是按支付间隔期的一半天数计算自然筹资额的一种方法，适用于对方提供日常劳务企业在以后定期支付的各项应付费用。例如，企业应付水电费等，企业平时每天都用水、用电，而支付水电费在后，而且水电费的支付日期是确定的，间隔期也是明确的。企业可根据一定时期内日平均费用数额及支付费用间隔期的一半天数计算自然筹资额，计算公式为：

$$应付费用自然筹资额 = 日平均占用的应付费用 \times 平均占用天数$$

例11−2 A企业每月7日向供电局支付一次电费。20×2年度，A企业共发生电费6 480万元，预计20×3年度与20×2年度耗电情况一样。

要求：按支付间隔期折半法计算企业20×3年度自然筹资额。

$$应付电费自然筹资额 = \frac{6\ 480}{360} \times \frac{30}{2} = 270(万元)$$

[①] 王世定：《西方会计实用手册》，中国社会科学出版社1993年版。

例 11-3 A 企业每月 20 日向税务局缴纳上半月各项税费,次月 5 日再补缴上月下半月未交税费。20×2 年第四季度,A 企业各项应交税费共计 270 万元,预计 20×3 年度各项税费的计交情况与 20×2 年度第四季度情况一样。

要求:按支付间隔期折半法计算企业 20×3 年度自然筹资额。

$$应交税费自然筹资额 = \frac{270}{90} \times \frac{15}{2} = 22.5(万元)$$

2. 最低占用天数法

最低占用天数法是指企业应计或应付费用按最低占用天数计算自然筹资额的一种方法。

例 11-4 A 企业每月 7 日向职工支付上月薪酬。20×2 年第四季度,A 企业应付职工薪酬共计 1 890 万元,预计 20×3 年度各季度应付职工薪酬比 20×2 年度第四季度上升 1%。

要求:按最低占用天数法计算企业 20×3 年度自然筹资额。

$$应交职工薪酬自然筹资额 = \frac{1\,890 \times (1 + 1\%)}{90} \times 7 = 148.47(万元)$$

3. 平均占用天数法

平均占用天数法是指企业应计或应付费用按平均占用天数计算自然筹资额的一种方法。

$$平均占用天数 = 最低占用天数 + 两次支付的间隔天数 \div 2$$

例 11-5 承例 11-3,要求按平均占用天数法计算企业 20×3 年度自然筹资额。

分析:A 企业每月 1—15 日应交税费于 20 日支付,最低占用天数为 5 天;同理,每月 15—30 日应交税费于次月 5 日支付,最低占用天数也是 5 天。20 日缴纳税费至次月 5 日再缴纳税费,间隔天数为 15 天,则:

$$平均占用天数 = 最低占用天数 + 两次支付的间隔天数 \div 2$$
$$= 5 + (15 \div 2) = 12.5(天)$$

$$应交税费自然筹资额 = \frac{270}{90} \times 12.5 = 37.5(万元)$$

第二节 长期负债专题分析

一、营运资金偿债保障率分析

营运资金又称营运资本,是流动资产扣除流动负债后的余额。营运资金不仅用于流动资金的循环周转,而且是偿还一年内到期的长期负债的资金储备。因为一年内到期的长期负债归为"流动负债"类,这是长期负债的转化额,需要用营运资金来偿还。营运资金与长期负债的关系如表 11-1 所示。

表 11-1 营运资金与长期负债的关系

流动资产	抵销流动负债后部分	流动负债
	营运资金	长期负债（或称非流动负债）
非流动资产		所有者权益

从表 11-1 可知，流动资产大于流动负债的部分为营运资金，它对应于长期负债。企业营运资金的多少有以下三种可能：

一是企业营运资金为负数，即流动资产少于流动负债，这时企业没有资金实力偿还长期负债。

二是营运资金为正数，且大于长期负债，这时企业有足够的资金实力偿还长期负债。

三是营运资金为正数但小于长期负债。这时企业有一定的资金实力偿还长期负债的一部分或大部分，其中一年内到期的非流动负债属于长期负债转化为流动负债的数额，必须用营运资金来偿还。企业的营运资金能否偿还长期负债转化额呢？我们通过营运资金偿债保障倍数指标来反映，计算公式为：

$$\text{营运资金偿债保障倍数} = \frac{\text{营运资金}}{\text{长期负债} \times \text{长期负债转入流动负债的比率}} \times 100\%$$

$$\text{长期负债转入流动负债的比率} = \frac{\text{未来转入"一年内到期的非流动负债"的年平均额}}{\text{长期负债年平均余额}}$$

或

$$= \frac{\text{近几年"一年内到期的非流动负债"年平均额}}{\text{近几年长期负债年平均余额}}$$

例 11-6 据 CCER 数据库资产负债表相关数据，2019—2021 年我国平均 4 117 家上市公司累计流动资产为 1 232 864 亿元，累计流动负债为 998 719 亿元（包括"一年内到期的流动负债"），累计长期负债为 401 115 亿元（不包括"一年内到期的流动负债"），"长期负债转入流动负债的比率"（用三年累计数据计算）为 22.68%。

$$\text{营运资金偿债保障倍数} = \frac{1\ 232\ 864 - 998\ 719}{401\ 115 \times 22.68\%} \times 100\% = 2.57（倍）$$

同时，企业还要计算"营运资金与长期负债的比率"：

$$\text{营运资金与长期负债的比率} = \frac{1\ 232\ 864 - 998\ 719}{401\ 115} \times 100\% = 58.37\%$$

计算结果表明，2019—2021 年我国平均 4 117 家上市公司累计营运资金是累计长期负债的 58.37%，营运资金偿债保障倍数为 2.57，即长期负债每转入流动负债 100 元，有 257 元的营运资金作保障，这表明上市公司有较充足的营运资金偿还待转换的一年内到期的非流动负债。

二、外币长期借款成本率的计算

外币长期借款成本不仅包括外币借款利息，还包括汇兑损益。其计算公式为：

$$外币长期借款成本率 = \frac{(外币借款利息 + 汇兑损益) \times (1 - 所得税税率)}{外币借款折算成人民币总额 \times (1 - 筹资费率)}$$

例 11-7 A 企业年初从中国银行取得 4 万美元借款,当时汇率为 1:7.00,借款期为 2 年,每年按 6% 计息一次,到期还本付息,无筹资费,所得税税率为 25%。第一、二年年末的汇率分别为 1:7.10、1:7.15。

① 第一年年末利息 = 40 000 × 6% × 7.10 = 2 400 × 7.10 = 17 040(元)

第一年末汇兑损益 = 40 000 × (7.10 - 7.00) = 4 000(元)

$$第一年外币借款成本率 = \frac{(17\ 040 + 4\ 000) \times (1 - 25\%)}{40\ 000 \times 7.00 \times (1 - 0)} \times 100\% = 5.6357\%$$

② 第二年年末利息 = (40 000 + 2 400) × 6% × 7.15 = 18 189.60(元)

第二年年末汇兑损益 = 42 400 × (7.15 - 7.10) = 2 120(元)

$$第二年外币借款成本率 = \frac{(18\ 189.60 + 2\ 120) \times (1 - 25\%)}{42\ 400 \times 7.10 \times (1 - 0)} \times 100\%$$

$$= 5.05986\%$$

③ 两年综合成本率 $= \dfrac{(17\ 040 + 4\ 000) + (18\ 189.60 + 2\ 120)}{40\ 000 \times 7 + 42\ 400 \times 7.10} \times (1 - 25\%)$

$= 5.3374\%$

或

$= 5.6357\% \times \dfrac{40\ 000 \times 7.00}{40\ 000 \times 7.00 + 42\ 400 \times 7.10} +$

$\quad 5.05986\% \times \dfrac{42\ 400 \times 7.15}{40\ 000 \times 7.00 + 42\ 400 \times 7.10}$

$= 5.6357\% \times 48.18945\% + 5.05986\% \times 51.8105\%$

$= 5.3374\%$

三、应付债券税后现金流量现值的计算

企业发行债券一般用于筹集流动资金,各期利息记入当期"财务费用"科目。由于应付债券利息允许在所得税前扣除,企业由此会少缴所得税,从而获得税收规避。因此,企业应该计算各期"税后利息成本"的现值。

例 11-8 A 企业发行面值为 100 万元的债券,票面利率为 6%,市场利率为 7%,5 年期,每年付息一次,所得税税率为 25%。

传统发行价格 $= 100 \times (1 + 7\%)^{-5} + (100 \times 6\%) \times \dfrac{1 - (1 + 7\%)^{-5}}{7\%}$

$= 100 \times 0.712986 + 6 \times 4.1001974 = 71.3 + 24.6 = 95.9(万元)$

债券税后现金流量现值 $= 100 \times (1 + 7\%)^{-5} + (100 \times 6\%) \times (1 - 25\%) \times \dfrac{1 - (1 + 7\%)^{-5}}{7\%}$

$= 100 \times 0.712986 + 4.5 \times 4.1001974 = 71.3 + 18.45 = 89.75(万元)$

习题十八

目的：练习负债专题分析。

1. W 企业某年度从银行取得借款情况如下：

① 1 月 1 日取得长期借款 10 万元，3 年期，年利率为 7%；

② 2 月 1 日取得半年期借款 8 万元，年利率为 5.6%；

③ 3 月 1 日取得 1 年期借款 12 万元，年利率为 6.2%。

要求计算：

（1）长期借款有效利率 =

（2）短期借款有效利率 =

（3）通过上述指标比较分析是否产生短期信用风险。

（4）如果产生短期信用风险，那么短期信用风险 =

2. G 企业每月 18 日向税务局缴纳上半月各种税费，次月 3 日再补缴上月下半月未缴税费。20×2 年第四季度，G 企业各种应交税费共计 360 万元，预计 20×3 年度各种税费的应交情况与 20×2 年度第四季度一样。要求计算：

（1）按支付间隔期折半法计算自然筹资额 =

（2）按最低占用天数法计算自然筹资额 =

（3）按平均占用天数法计算自然筹资额 =

第十二章 经营业绩专题分析

第一节 弹性预算法下业绩评价专题

在进行经营业绩评价前,我们先看一个案例。某煤矿综采二队9月份承包采区材料费共计5 830万元,实际发生材料费6 000万元。矿部某领导认为,该采煤队材料费超计划170万元,要处罚采煤队队长。队长找到这位领导说:"你不仅不能处罚我,还要给我奖励。"理由是:承包材料费5 830万元是按照开采原煤计划产量10万吨测算确定的,可实际上开采原煤11万吨,应相应调整计划量。

实际材料费6 000万元÷实际原煤产量11万吨=545(元/吨)

原计划材料费5 830万元÷计划原煤产量10万吨=583(元/吨)

调整计划的材料费=实际原煤产量11万吨×计划583元/吨=6 413(万元)

计算结果表明,实际材料费6 000万元比调整后的材料费6 413万元节约413万元。经过这样的分析,矿部领导认为综采二队队长讲得在理,不仅没有处罚,反而发给队长"材料节约奖"。

上述计算中的"调整计划的材料费"就是"材料的弹性预算额"。

一、弹性预算的概念

弹性预算又称变动预算,与固定预算相对称,是指按照预算期内可能达到的各种经营活动水平,分别确定相应的财务数值的一种预算,也就是随经营活动水平变化而确定的预算数。经营活动水平是指产量、销售量、服务量、直接人工薪酬、机器小时、材料消耗量等的数值。

二、弹性预算的编制

弹性预算的编制方法有两种:一是公式法弹性预算编制法;二是实查法弹性预算编制法。

(一) 公式法弹性预算

公式法弹性预算是利用固定费用和变动费用率公式来编制预算容许额度的方法。其计算公式为:

$$\text{预算总成本} = \text{固定成本} + \text{单位变动成本} \times \text{产量}$$
$$TC = F + V \times X$$

变动成本也称变动费用,是指其总额随着业务量成比例变动的那部分成本,比如构成产品实体的原料及主要材料、工艺过程耗用的燃料动力、生产工人的计件工资等。固定成本也称固定费用,是指在业务量的一定变动幅度内,成本总额不随之变动而保持相对稳定的那部分成本,比如固定资产折旧费、修理费、管理人员工资、广告费等。还有一种半变动成本或称半变动费用或称混合费用,是指成本发生额虽随着业务量的增减而有所变动,但不保持严格的比例关系的那部分成本。半变动成本通过一定方法可以分解为固定成本和变动成本两部分。

例 12-1 A 企业 20×2 年年初编制预算时,确定固定成本为 50 万元,单位变动成本为 20 元,计划产量为 10 万吨。20×2 年年末,实际总成本为 235 万元,实际产量为 8 万吨。

20×2 年预算总成本 = 50 + 20 × 10 = 250(万元)

20×2 年实际总成本 = 235(万元)

20×2 年弹性预算总成本 = 50 + 20 × 8 = 210(万元)

A 企业实际总成本 235 万元与弹性预算总成本 210 万元相比超支 25 万元,用图表示如下(见图 12-1)。

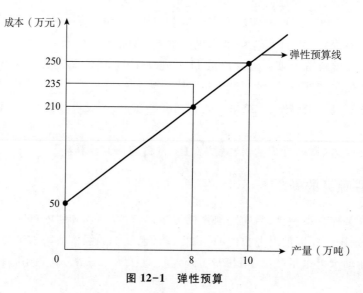

图 12-1 弹性预算

从图 12-1 可知,当计划产量为 10 万吨时,总预算成本为 250 万元。实际成本 235 万元不能与总预算 250 万元相比(比总预算低 15 万元),应与弹性预算 210 万元相比,即超支 25 万元。A 企业弹性预算的计算公式为:

$$TC = 50 + 20X$$

(二)实查法弹性预算

实查法弹性预算是指按各个经营能力利用度分别计算各个费用项目预算容许额度的方法。在编制实查法弹性预算时,要在某企业或某部门的预期作业范围内预先规定若干个等差间隔(如递增10%或递减10%)的经营能力利用度,再分别计算这些经营能力利用度下各个费用项目的预算容许额度,然后把它们依次记入表格。计算预算容许额度的方法有会计账户细查法、工业技术法等。之所以取名为实查法弹性预算,是因为预算容许额度是根据实际调查来测定的。

三、运用弹性预算评价业绩

现行情形下,企业一般采用完全成本法核算成本。企业设置"生产成本"科目、"制造费用"科目、"管理费用"科目和"销售费用"科目等核算产品负担的全部成本费用。其中,记入"生产成本"科目和"制造费用"科目的费用构成产品制造成本,具体成为某种产品的"直接材料""直接人工"和"制造费用";记入"管理费用"科目和"销售费用"科目的费用作为计算营业利润时的期间扣除项。在运用弹性成本评价企业业绩时,应当采用变动成本法,将记入"制造费用""管理费用"和"销售费用"等科目的费用进行分解:与产量成比例变动的费用分别列为"变动制造费用""变动管理(销售)费用"项目;将不随产量变动而变动的费用分别列为"固定制造费用""固定管理(销售)费用"项目;将半变动费用采用高低点法、散布图法、回归分析法等方法分解为"变动制造费用""变动管理(销售)费用"和"固定制造费用""固定管理(销售)费用"。企业在编制总预算、弹性预算时采用变动成本法。

(一)变动成本法下的经营业绩评价

例12-2 K企业20×2年4月底编制5月总预算及5月底实际执行结果(见表12-1)。

表12-1 K企业20×2年5月总预算表(变动成本法)

项目	总预算	实际情况
(1)销售数量(只)	9 000	11 000
(2)销售单价(元/只)	20	20.00
(3)销售收入(元)=(1)×(2)	180 000	220 000
(4)单位变动制造费用(元)	10	10.54
(5)变动制造费用(元)=(1)×(4)	90 000	115 940
(6)单位变动管理销售费用(元)	1	1.10
(7)变动管理销售费用(元)=(1)×(6)	9 000	12 100
(8)固定制造费用(元)	20 000	21 000
(9)固定管理(销售)费用(元)	40 000	44 000
(10)营业利润(元)=(3)-(5)-(7)-(8)-(9)	21 000	26 960

从表 12-1 可知，K 企业 5 月总预算执行情况较好，营业利润实际为 26 960 元，比总预算 21 000 元多 5 960 元。但正确评价经营业绩时不能将实际发生情况直接与总预算相比，应与弹性预算相比，即将表 12-1 中的预算"销售数量"9 000 只改为实际"销售数量"11 000 只，得出弹性预算结果，再进行分析评价。

例 12-3 K 企业实际经营业绩与弹性预算的比较分析如表 10-2 所示。

表 12-2 K 企业 20×2 年 5 月实际经营业绩与弹性预算的比较分析（产销平衡）

项目	弹性预算	实际情况	差异
（1）销售数量（只）	11 000	11 000	
（2）销售单价（元/只）	20.00	20.00	
（3）销售收入（元）=（1）×（2）	220 000	220 000	
（4）单位变动制造费用（元）	10.00	10.54	0.54
（5）变动制造费用（元）=（1）×（4）	110 000	115 940	5 940
（6）单位变动管理（销售）费用（元）	1.00	1.10	0.10
（7）变动管理（销售）费用（元）=（1）×（6）	11 000	12 100	1 100
（8）固定制造费用（元）	20 000	21 000	1 000
（9）固定管理（销售）费用（元）	40 000	44 000	4 000
（10）营业利润（元）=（3）-（5）-（7）-（8）-（9）	39 000	26 960	-12 040

从表 12-2 可知，K 企业 5 月实际经营情况与弹性预算相比，其营业利润实际为 26 960 元，比弹性预算 39 000 元少 12 040 元。造成这一结果的原因有：一是单位变动制造费用实际为 10.54 元，比预算确定的 10.00 元高 0.54 元，致使全部变动制造费用增加 5 940 元；二是单位变动管理（销售）费用实际为 1.10 元，比预算确定的 1.00 元高 0.10 元，致使全部变动管理（销售）费用增加 1 100 元；三是固定制造费用实际为 21 000 元，比预算确定的 20 000 元增加 1 000 元；四是固定管理（销售）费用实际为 44 000 元，比预算确定的 40 000 元增加 4 000 元。这四个因素合计导致营业利润减少 12 040 元（5 940 + 1 100 + 1 000 + 4 000）。

（二）产销不平衡下的经营业绩评价

例 12-4 K 企业 5 月投产 12 000 只并完工 12 000 只，而企业 5 月售出的 11 000 只是 4 月生产的。在产大于销的情况，经营业绩的评价要作相应调整，调整的项目就是本期"变动制造费用"。调整该项目有两点要求：一是 4 月生产 5 月销售的 11 000 只要按 4 月实际单位变动制造费用 10 元计算；二是 5 月实际单位变动制造费用 10.54 元高于预算确定的 10 元的差异要按当月生产产量 12 000 只计算计入 5 月变动制造费用。这样，K 企业 5 月实际"变动制造费用"为 116 480 元［（11 000×10）+（10.54 - 10）×12 000］，由此每销售 1 只产品的制造费用为 10.589 元（116 480÷11 000）。经过调整，K 企业实际经营业绩与弹性预算的比较分析如表 12-3 所示。

表 12-3　K 企业 5 月实际经营业绩与弹性预算的比较分析(产销不平衡)

项目	弹性预算	实际情况	差异
(1) 销售数量(只)	11 000	11 000	
(2) 销售单价(元/只)	20.00	20.00	
(3) 销售收入(元) = (1)×(2)	220 000	220 000	
(4) 单位变动制造费用(元)	10.00	10.589	0.589
(5) 变动制造费用(元) = (1)×(4)	110 000	116 480	6 480
(6) 单位变动管理(销售)费用(元)	1.00	1.10	0.10
(7) 变动管理(销售)费用(元) = (1)×(6)	11 000	12 100	1 100
(8) 固定制造费用(元)	20 000	21 000	1 000
(9) 固定管理(销售)费用(元)	40 000	44 000	4 000
(10) 营业利润(元)=(3)-(5)-(7)-(8)-(9)	39 000	26 420	-12 580

从表 12-3 可知,在产大于销的情况下,K 企业 5 月实际经营情况与弹性预算相比较,其营业利润实际为 26 420 元,比弹性预算 39 000 元低 12 580 元。造成这一结果的原因有:一是单位变动制造费用实际 10.589 元比预算确定的 10.00 元高 0.589 元,致使全部变动制造费用增加 6 480 元;二是单位变动管理(销售)费用实际为 1.10 元,比预算确定的 1.00 元高 0.10 元,致使全部变动管理(销售)费用增加 1 100 元;三是固定制造费用实际为 21 000 元,比预算确定的 20 000 元增加 1 000 元;四是固定管理(销售)费用实际为 44 000 元,比预算确定的 40 000 元增加 4 000 元。这四个因素合计导致营业利润减少 12 580 元(6 480 + 1 100 + 1 000 + 4 000)。

(三) 对完全成本法下营业利润与变动成本法下营业利润的差异分析

会计按完全成本法计算的营业利润与按变动成本法下分析计算的营业利润是不一致的,原因在于两种方法对固定制造费用的处理不同。

变动成本法将"制造费用"分解为"变动制造费用"和"固定制造费用"两部分,将"固定制造费用"计入期间费用在当期予以扣除。例 12-4 中实际"固定制造费用"21 000 元在当期全部进行了期间扣除,致使变动成本法下的营业利润小于会计账面上(完全成本法下)的营业利润。现将变动成本法的结果按完全成本法进行还原。

(1) 按实际产量占比将"固定制造费用"21 000 元分配于本期销售产品负担的固定制造费用和期末结存产品负担的固定制造费用两部分。已知,5 月初无结存产品,5 月投产 12 000 只,5 月售出 11 000 只,5 月末结存产品 1 000 只。其中,5 月售出产品占 91.67% (11 000÷12 000),结存产品占 8.33%(1 000÷12 000)。

本期售出产品负担固定制造费用 = 21 000 × 91.67% = 19 251(元)

本期结存产品负担固定制造费用 = 21 000 × 8.33% = 1 749(元)

（2）正确分析会计账面上营业利润与变动成本法下营业利润的差异。根据上述分配，会计账面上作期间扣除的固定制造费用应该是 19 251 元，而不是变动成本法下将全部固定制造费用 21 000 元都作期间扣除。这样，会计账面上营业利润比变动成本分析法下的营业利润高 1 749 元(21 000－19 251)，这 1 749 元不是生产经营者的业绩，而是会计按完全成本法核算所致。因此，企业在进行经营业绩评价时，应以变动成本法确定的差异作为依据。

第二节　成本差异专题分析

成本差异分为两类：效率差异和价格差异。效率差异是实际数量偏离标准数量或上年数量而产生的差异；价格差异是实际价格偏离标准价格或上年价格而产生的差异。效率差异和价格差异在不同成本项目上又有不同的名称(见表12-4)。

表 12-4　成本差异的类型

统称	直接材料差异	直接人工差异	变动制造费用差异	固定制造费用差异
效率差异	材料量差	人工效率差异	变动制造费用效率差异	固定制造费用效率差异
价格差异	材料价差	人工价格差异	变动制造费用价格差异	固定制造费用价格差异

效率差异 =（实际数量 × 标准价格）－（标准数量 × 标准价格）

　　　　 =（实际数量 － 标准数量）× 标准价格

价格差异 =（实际数量 × 实际价格）－（实际数量 × 标准价格）

　　　　 = 实际数量 ×（实际价格 － 标准价格）

例 12-5　夏宇工厂 20××年 12 月主要产品单位成本表(见表 8-7，为了简化，取整数分析)中有关资料如下：全年计划生产 A 产品 4 800 台，实际生产 A 产品 4 900 台；实际单位成本为 295 元(其中，直接材料为 225 元、直接人工为 12 元、制造费用为 58 元)，计划单位成本为 299 元(其中，直接材料为 226 元、直接人工为 14 元、制造费用为 59 元)。由于实际单位成本(295 元)低于计划单位成本(299 元)，致使全部产品实际成本 1 445 500 元(4 900 台×295 元)比弹性预算的计划成本 1 465 100 元(4 900 台×299 元)低 19 600 元。

夏宇工厂分成本项目的效率差异和价格差异分析，如下：

1. 直接材料差异分析

夏宇工厂 20××年生产 A 产品实际产量为 4 900 台，计划单位直接材料费为 226 元，实际单位材料费为 225 元。产品生产过程中，计划耗用甲材料 10 千克，每千克计划单价为 22.60 元，实际耗用甲材料 9.7 千克，每千克实际单价为 23.20 元。具体对比资料如表 12-5 所示。

表 12-5　直接材料实际数与计划数对比表

项目	计划	实际
（1）全年 A 产品实际产量（台）	4 900	4 900
（2）每台产品耗用甲材料（千克）	10	9.7
（3）每千克甲材料单价（元）	22.60	23.20
（4）每台 A 产品直接材料费（元）＝（2）×（3）	226	225.04
（5）全年 A 产品直接材料费（元）＝（1）×（4）	1 107 400	1 102 696

表 12-5 中分析对象：全年生产 A 产品的实际材料费 11 026 696 元比计划材料费 1 107 400 元低 4 704 元的原因。

① 材料量差 ＝（实际用量 － 计划用量）× 材料计划单价 × 全年实际产量
　　　　　 ＝（9.7 － 10）× 22.60 × 4 900 ＝ － 33 222（元）

② 材料价差 ＝ 实际用量 ×（材料实际单价 － 材料计划单价）× 全年实际产量
　　　　　 ＝ 9.7 ×（23.20 － 22.60）× 4 900 ＝ 28 518（元）

③ 材料总差异 ＝ 材料量差 ＋ 材料价差 ＝ － 33 222 ＋ 28 518 ＝ － 4 704（元）

计算结果表明，夏宇工厂 20×× 年生产的 A 产品由于每台实际耗用甲材料 9.7 千克比计划耗用量 10 千克低 0.3 千克，致使材料费用节约 33 222 元；同时，由于甲材料市场实际单价 23.20 元比计划单价 22.60 元高 0.60 元，致使材料费用增加 28 518 元；两者相抵后，全年 A 产品直接材料费减少 4 704 元，正好等于分析对象 4 704 元。

2. 直接人工差异分析

例 12-6　承例 12-4，夏宇工厂 20×× 年生产 A 产品实际产量为 4 900 台，计划每台人工成本为 14 元，实际每台人工成本为 12 元。产品生产过程中，计划每台产品耗用工时为 1.75 小时，小时工资率为 8 元；实际每台产品耗用工时为 1.6 小时，小时工资率为 7.50 元。具体对比资料如表 12-6 所示。

表 12-6　直接人工实际数与计划数

项目	计划	实际
（1）全年 A 产品实际产量（台）	4 900	4 900
（2）每台产品耗用工时（小时）	1.75	1.6
（3）小时工资率（元）	8.00	7.50
（4）每台 A 产品直接人工费（元）＝（2）×（3）	14	12
（5）全年 A 产品直接人工费（元）＝（1）×（4）	68 600	58 800

表 12-6 中分析对象：全年生产 A 产品的实际人工成本 58 800 元比计划人工成本 68 600 元低 9 800 元的原因。

① 人工效率差异 ＝（实际工时 － 计划工时）× 计划小时工资率 × 全年实际产量
　　　　　　　 ＝（1.6 － 1.75）× 8.00 × 4 900 ＝ － 5 880（元）

② 人工价格差异 = 实际工时 ×（实际小时工资率 − 计划小时工资率）× 全年实际产量
= 1.6 ×（7.50 − 8.00）× 4 900 = − 3 920(元)

③ 人工总差异 = 人工效率差异 + 人工价格差异 = − 5 880 − 3 920 = − 9 800(元)

计算结果表明，夏宇工厂 20××年生产 A 产品每台产品实际工时（1.6 小时）比计划工时（1.75 小时）低 0.15 小时，致使人工成本节约 5 880 元；同时，实际小时工资率（7.50 元）比计划小时工资率（8.00 元）低 0.50 元，致使人工成本降低 3 920 元。两者相加后，全年 A 产品直接人工成本降低 9 800 元，正好等于分析对象 9 800 元。

3. 变动制造费用差异分析

例 12-7 承例 12-5，夏宇工厂 20××年生产 A 产品实际产量为 4 900 台，计划每台制造费用为 59 元（其中，变动制造费用为 34 元），实际制造费用为 58 元（其中，变动制造费用为 35 元）。产品生产过程中，计划每台产品耗用工时为 1.75 小时，小时变动制造费用率为 20 元，实际每台产品耗用工时为 1.6 小时，小时变动制造费用率为 21.25 元。具体对比资料如表 12-7 所示。

表 12-7 变动制造费用实际数与计划数对比表

项目	计划	实际
（1）全年 A 产品实际产量（台）	4 900	4 900
（2）每台产品耗用工时（小时）	1.75	1.6
（3）小时变动制造费用率（元）	20.00	21.25
（4）每台 A 产品变动制造费用（元）=（2）×（3）	35	34
（5）全年 A 产品变动制造费用（元）=（1）×（4）	171 500	166 600

表 12-7 中分析对象：全年生产 A 产品的实际变动制造费用 166 600 元比计划变动制造费用 171 500 元低 4 900 元的原因。

① 变动制造费用效率差异 =（实际工时 − 计划工时）× 计划小时变动制造费用率 × 全年实际产量
= (1.6 − 1.75) × 20.00 × 4 900 = − 14 700(元)

② 变动制造费用价格差异 = 实际工时 ×（实际小时变动制造费用率 − 计划小时变动制造费用率）× 全年实际产量
= 1.6 ×（21.25 − 20.00）× 4 900 = 9 800(元)

③ 变动制造费用总差异 = 变动制造费用效率差异 + 变动制造费用价格差异
= − 14 700 + 9 800 = − 4 900(元)

计算结果表明，夏宇工厂 20××年生产 A 产品每台产品实际工时（1.6 小时）比计划工时（1.75 小时）低 0.15 小时，致使人工成本节约 14 700 元；同时，实际小时变动制造费用率（21.25 元）比计划小时变动制造费用率（20.00 元）高 1.25 元，致使变动制造费用增加 9 800 元。两者相抵后，全年 A 产品变动制造费用降低 4 900 元，正好等于分析对象 4 900 元。

4. 固定制造费用差异分析

例 12-8 承例 12-5，夏宇工厂 20×× 年生产 A 产品计划产量为 4 800 台，实际产量为 4 900 台，按弹性预算编制的计划固定制造费用为 122 500 元，实际发生的固定制造费用为 112 700 元。要求计算分析固定制造费用效率差异和固定制造费用价格差异。

① $\dfrac{\text{固定制造费}}{\text{用效率差异}} = \left(\dfrac{\text{计划}}{\text{产量}} - \dfrac{\text{实际}}{\text{产量}}\right) \times \dfrac{\text{计划固定制造费用}}{\text{计划产量}}$

$= (4\,800 - 4\,900) \times 122\,500 \div 4\,800$

$= -2\,552(\text{元})$

② 固定制造费用价格差异 = 实际固定制造费用 − 弹性预算的计划固定制造费用

$= 112\,700 - 122\,500 = -9\,800(\text{元})$

③ 固定制造费用总差异 = 固定制造费用效率差异 + 固定制造费用价格差异

$= -2\,552 - 9\,800 = -12\,352(\text{元})$

计算结果表明，夏宇工厂 20×× 年生产 A 产品实际产量（4 900 台）比计划产量（4 800 台）多 100 台，致使每台产品分摊的固定制造费用降低，全部固定制造费用降低 2 552 元；同时，实际固定制造费用（112 700 元）比计划固定制造费用（122 500 元）低 9 800 元。两者相加后，全年 A 产品固定制造费用总差异共降低 12 352 元。

第三节　市场占有率专题分析

在企业分析经营业绩时，不仅仅要分析企业内部生产经营管理部门的绩效，更重要的是"眼睛要向外看"，考察企业在全国、全行业乃至全世界的市场占有情况。市场占有率专题分析提供了相关的分析方法和技术。

例 12-9 K 企业 20×2 年销售 A 产品的总预算及其执行结果如表 12-8 所示。要求对 K 企业销售 A 产品贡献毛益总额变动 168 720 元（1 248 720 − 1 080 000）及其市场占有率进行分析。

表 12-8　K 企业 20×2 年总预算执行情况

项目	总预算	实际情况
（1）K 企业销售数量（只）	108 000	132 000
（2）K 企业销售单价（元/只）	20	20.00
（3）K 企业单位变动制造费用（元）	10	10.54
（4）K 企业单位贡献毛益（元）=（2）−（3）	10	9.46
（5）K 企业贡献毛益总额（元）=（1）×（4）	1 080 000	1 248 720
（6）同行业销售数量（只）	2 700 000	2 640 000
（7）K 企业市场占有率 =（1）÷（6）	4%	5%

① 销售数量变动影响贡献毛益 = (132 000 − 108 000) × 10 = 240 000(元)

同行业销售量变动影响毛益 = (2 640 000 − 2 700 000) × 4% × 10 = − 24 000(元)

K 企业市场占有率变动影响毛益 = 2 640 000 × (5% − 4%) × 10 = 264 000(元)

② 单位贡献毛益变动影响毛益 = 132 000 × (9.46 − 10) = − 71 280(元)

③ 贡献毛益总额变动 = ① + ② = 240 000 − 71 280 = 168 720(元)

计算结果表明,K 企业 20×2 年度销售 A 产品实际贡献毛益超过预算 168 720 元(1 248 720 − 1 080 000),原因有二:一是 K 企业 20×2 年度销售 A 产品的数量增加 24 000 只(132 000 − 108 000),致使贡献毛益增加 240 000 元;二是 K 企业实际单位贡献毛益比预算低 0.54 元(10 − 9.46),致使贡献毛益减少 71 280 元。

对 K 企业市场占有率进行深入分析可知,K 企业 20×2 年度销售 A 产品数量变动导致贡献毛益增加 240 000 元的主要原因是 K 企业提高了市场占有率,即预算时确定的市场占有率为 4%,实际为 5%,由此使企业的贡献毛益增加 264 000 元;当然,由于全行业不景气,预计全行业 A 产品销售量 270 万只,实际需求仅有 264 万只,K 企业贡献毛益由此减少 24 000 元。两者相抵后,K 企业销售数量变动使企业贡献毛益仅增加 240 000 元(264 000 − 24 000)。

习题十九

目的:练习经营业绩专题分析。

1. A 企业 20×2 年生产 K 产品的实际产量为 5 100 件、计划产量为 5 000 件、计划单位直接材料费为 250 元、实际单位材料费为 244.80 元。在产品生产过程中,计划耗用甲材料 25 千克,每千克计划单价为 10 元,实际耗用甲材料 24 千克,每千克实际单价为 10.20 元。

要求:填列并完成下表有关计算。

直接材料实际数与计划数对比

项目	计划材料费	实际材料费
(1) 全年 K 产品实际产量(件)		
(2) 每件产品耗用甲材料(千克)		
(3) 每千克甲材料单价(元)		
(4) 每件 K 产品直接材料费(元) = (2) × (3)		
(5) 全年 K 产品直接材料费(元) = (1) × (4)		

(1) 材料量差 =

(2) 材料价差 =

(3) 材料总差异 =

2. B 企业 20×2 年销售 A 产品的总预算及执行结果如下表所示。

B 企业 20×2 年总预算执行情况

项目	总预算	实际情况
(1) A 产品销售数量(部)	8 000	10 000.00
(2) A 产品销售单价(元)	30	31.00
(3) A 产品单位变动制造费用(元)	20	19.50
(4) A 产品单位贡献毛益(元) = (2) - (3)	10	11.50
(5) A 产品贡献毛益总额(元) = (1) × (4)	80 000	115 000.00
(6) 同行业销售数量(部)	40 000	41 667.00
(7) 企业市场占有率 = (1) ÷ (6)	20%	24%

要求：对 B 企业销售 A 产品贡献毛益总额变动及其市场占有率进行分析。

(1) 销售数量变动影响贡献毛益 =

　　① 同行业销售量变动影响毛益 =

　　② B 企业市场占有率变动影响毛益 =

(2) 单位贡献毛益变动影响毛益 =

(3) 贡献毛益总额变动 =

(4) 对计算结果加以说明。

第十三章 所有者权益专题分析

第一节 资本保值增值分析

一、两种资本保持观

"资本保值"词源于《国际会计准则》中的"资本保持"。国际会计准则定义的"资本保持"概念是:期末资本与期初资本一样多,企业就保全了自己的资本。"资本保持"又称"资本保全",分为财务资本保全(持)和实物资本保全(持)两个方面。

1. 财务资本保持观

所谓财务资本保持,是把资本视为一种财务现象,以名义货币单位定义资本保持,要求所有者投入或再投入的资本保持完整,即期末净资产要和期初净资产相等,本期增加的净利润表示所有者名义货币资本的增加。大多数企业在编制财务报表时采用财务资本保持概念,反映所有者名义货币的投入资本或投入资本的购买力。

2. 实物资本保持观

所谓实物资本保持,是把资本视为一种实物现象,以生产能力定义资本保持,要求生产经营层面上所有者投入或再投入的资源所代表的实际"生产能力"得到维持,即期末实物生产能力要和期初实物生产能力相同,本期增加的生产能力表示所有者实物资本的增加。

二、资本保值增值的含义

1. 财务视角下的资本保值增值

财务视角下的资本保值增值分为两个方面:一是静态财务资本的保值增值。这是指会计账面上"实收资本"或"股本"得到保持,就是所有者投入资本得到保值,其附加资本

(包括资本公积、盈余公积和未分配利润)的增加就是所有者投入资本的增值。一句话,会计账面上"净资产"(或称"所有者权益")的增加,就是所有者静态财务资本的增值。二是动态财务资本的保值增值。这是指企业一定时期实现的净利润归属于企业所有者,企业所有者对实现的净利润或前期积累未分配的利润进行分配,得到一定的"回报",就是所有者个人资本的增值。一句话,所有者从企业源源不断得到的资本回报是所有者个人财务资本的增值。

2. 实物视角下的资本保值增值

实物视角下的资本保值增值就是企业实际生产能力或经营能力的维持和扩张。它从三个方面予以体现:一是企业拥有的实物资产在消耗或用尽时能得到重置;二是在下一年度能生产出与本年度同等实物数量的物品或服务能力;三是在下一年度能生产出与本年度同等实物价值量的物品或服务能力。

三、国家法规下的资本保值增值

1. 从财务视角考核企业的资本保值增值

1994年12月31日,国家国有资产管理局、财政部、劳动部(国资企发〔1994〕98号)颁布的《国有资产保值增值考核试行办法》规定:"国有资产保值,是指企业在考核期内期末国家所有者权益等于期初国家所有者权益……国有资产增值,是指企业在考核期内期末国家所有者权益大于期初国家所有者权益。""国有资产保值增值考核,以考核期企业财务报告中的所有者权益价值为依据,暂不考虑货币时间价值以及物价变动因素的影响。"国有资产保值增值率的计算公式为:

国有资产保值增值率 = (期末国家所有者权益 ÷ 期初国家所有者权益) × 100%

企业国有资产保值增值率等于100%,为国有资产保值;国有资产保值增值率大于100%,为国有资产增值。

2. 依据主观因素考核企业的资本保值增值

2000年4月26日,财政部、国家经济贸易委员会、劳动和社会保障部颁布的《国有资本保值增值结果计算与确认办法》(财统字〔2000〕2号)规定:"国有资本保值增值率反映了企业国有资本的运营效益与安全状况,其计算公式为:国有资本保值增值率 = (年末国家所有者权益/年初国家所有者权益) × 100%。"

国有资本保值增值率完成值的确定,需剔除考核期内客观及非正常经营因素(包括增值因素和减值因素)对企业年末国家所有者权益的影响。增值因素包括国家直接或追加投资增加的国有资本,政府无偿划入增加的国有资本,按国家规定进行资产重估(评估)增加的国有资本,按国家规定进行清产核资增加的国有资本;住房周转金转入增加的国有资本,接受捐赠增加的国有资本,按照国家规定进行"债权转股权"增加的国有资本,中央和地方政府确定的其他客观因素增加的国有资本;减值因素包括经专项批准减少的国有资本,政府无偿划出或分立减少的国有资本,按国家规定进行资产重估(评估)减少的国有资本,按国家规定进行清产核资减少的国有资本,因自然灾害等不可抗拒因素而减少的国有资本,中央和地方政府确定的其他客观因素减少的国有资本。

根据以上规定,国有资本保值增值率的计算公式可调整为:

$$国有资本保值增值率 = \frac{企业主观因素形成的年末国家所有者权益}{年初国家所有者权益} \times 100\%$$

需要注意的是,以上文件于 2006 年 3 月 30 日被财政部废止。

3. 补充修正和参考指标考核企业的资本保值增值

2004 年 8 月 30 日,国务院国资委颁布的《企业国有资本保值增值结果确认暂行办法》(以下简称"暂行办法")提出,企业国有资本保值增值结果主要通过国有资本保值增值率指标反映,并设置相应修正指标和参考指标,充分考虑各种客观增减因素,以全面、公正、客观地评判经营期内企业国有资本运营效益与安全状况。

暂行办法提出:"企业国有资本,是指国家对企业各种形式的投资和投资所形成的权益,以及依法认定为国家所有的其他权益。对于国有独资企业,其国有资本是指该企业的所有者权益,以及依法认定为国家所有的其他权益;对于国有控股及参股企业,其国有资本是指该企业所有者权益中国家应当享有的份额……本办法所称企业国有资本保值增值结果确认是指国有资产监督管理机构依据经审计的企业年度财务决算报告,在全面分析评判影响经营期内国有资本增减变动因素的基础上,对企业国有资本保值增值结果进行核实确认的工作。"

(1) 国有资本保值增值率指标的确认。暂行办法所称国有资本保值增值率是指企业经营期内扣除客观增减因素后的期末国有资本与期初国有资本的比率。其计算公式为:

$$国有资本保值增值率 = \frac{扣除客观因素影响后的期末国有资本}{期初国有资本} \times 100\%$$

国有资本保值增值率分为年度国有资本保值增值率和任期国有资本保值增值率。

国有资本保值增值率中的"客观"增加因素主要包括下列内容:

① 国家、国有单位直接或追加投资是指代表国家投资的部门(机构)或企业、事业单位投资设立子企业、对子企业追加投入而增加国有资本;

② 无偿划入是指按国家有关规定将其他企业的国有资产全部或部分划入而增加国有资本;

③ 资产评估是指因改制、上市等按国家规定进行资产评估而增加国有资本;

④ 清产核资是指按规定进行清产核资后,经国有资产监督管理机构核准而增加国有资本;

⑤ 产权界定是指按规定进行产权界定而增加国有资本;

⑥ 资本(股票)溢价是指企业整体或以主要资产溢价发行股票或配股而增加国有资本;

⑦ 税收返还是指按国家税收政策返还规定而增加国有资本;

⑧ 会计调整和减值准备转回是指经营期间会计政策和会计估计发生重大变更、企业减值准备转回、企业会计差错调整等导致企业经营成果发生重大变动而增加国有资本;

⑨ 其他客观增加因素是指除上述情形外,经国有资产监督管理机构按规定认定而增

加企业国有资本的因素,如接受捐赠、债权转股权等。

国有资本保值增值率中的"客观"减少因素主要包括下列内容:

① 专项批准核销是指按国家清产核资等有关政策,经国有资产监督管理机构批准核销而减少国有资本;

② 无偿划出是指按有关规定将本企业的国有资产全部或部分划入其他企业而减少国有资本;

③ 资产评估是指因改制、上市等按规定进行资产评估而减少国有资本;

④ 产权界定是指因产权界定而减少国有资本;

⑤ 消化以前年度潜亏和挂账是指经核准经营期内消化以前年度潜亏挂账而减少国有资本;

⑥ 自然灾害等不可抗拒因素是指因自然灾害等不可抗拒因素而减少国有资本;

⑦ 企业按规定上交红利是指企业按照有关政策、制度规定分配给投资者红利而减少企业国有资本;

⑧ 资本(股票)折价是指企业整体或以主要资产折价发行股票或配股而减少国有资本;

⑨ 其他客观减少因素是指除上述情形外,经国有资产监督管理机构按规定认定而减少企业国有资本的因素。

(2)国有资本保值增值率修正指标的确认。企业国有资本保值增值率修正指标为不良资产比率。其计算公式为:

$$不良资产比率 = \frac{期末不良资产}{期末资产总额} \times 100\%$$

公式中"不良资产"是指企业尚未处理的资产净损失和潜亏(资金)挂账,以及按财务会计制度规定应提未提资产减值准备的各类问题资产预计损失金额。

因经营期内不良资产额增加造成企业不良资产比率上升,应当在核算其国有资本保值增值率时进行扣减修正。

$$修正后国有资本保值增值率 = \frac{扣除客观影响因素的期末国有资本 - 问题资产预计损失额}{期初国有资本} \times 100\%$$

$$问题资产预计损失额 = 各类问题资产 \times 相关资产减值准备计提比率$$

国有控股企业修正国有资本保值增值率,应当按股权份额进行核算。

(3)企业国有资本保值增值率参考指标的确认。企业国有资本保值增值率参考指标包括净资产收益率、利润增长率、盈余现金保障倍数、资产负债率。

净资产收益率是指企业经营期内净利润与平均净资产的比率,计算公式为:

$$净资产收益率 = 净利润 \div 平均净资产 \times 100\%$$

$$平均净资产 = (期初所有者权益 + 期末所有者权益) \div 2$$

利润增长率是指企业经营期内利润增长额与上期利润总额的比率,计算公式为:

$$利润增长率 = 利润增长额 \div 上期利润总额 \times 100\%$$

$$利润增长额 = 本期利润总额 - 上期利润总额$$

盈余现金保障倍数是指企业经营期内经营净现金流量与净利润的比率,计算公式为:

$$盈余现金保障倍数 = 经营净现金流量 \div 净利润$$

④ 资产负债率是指企业经营期负债总额与资产总额的比率,计算公式为:

$$资产负债率 = 负债总额 \div 资产总额 \times 100\%$$

(4) 企业国有资本保值增值实际完成指标的核实确认。根据出资人财务监督工作需要,国有资产监督管理机构对企业财务会计资料及保值增值材料进行核查,并对企业国有资本保值增值结果进行核实确认。国有资本保值增值结果核实确认工作,应当根据核批后的企业年度财务决算报表数据,剔除影响国有资本变动的客观增减因素,并在分析核实企业不良资产变动因素的基础上,认定企业国有资本保值增值实际完成状况——国有资本保值增值率。企业国有资本保值增值率大于100%,国有资本实现增值;企业国有资本保值增值率等于100%,国有资本为保值;企业国有资本保值增值率小于100%,国有资本为减值。

国有资产监督管理机构应当以经核实确认的企业国有资本保值增值实际完成指标与全国国有企业国有资本保值增值行业标准进行对比分析,按照"优秀、良好、中等、较低、较差"五个档次,评判企业在行业中所处的相应水平。中央企业国有资产保值增值率未达到全国国有企业保值增值率平均水平的,无论其在行业中处于何种水平,均不予评判"优秀"档次。

四、资本保值增值率的实际评价

(一) 会计账面资本保值增值率的计算与评价

例 13-1 我国规模以上工业企业资本保值增值率的计算如表 13-1 所示。

表 13-1 我国规模以上工业企业资本保值增值率

项目	2016年	2017年	2018年	2019年	2020年	2021年	累计平均
(1) 企业单位数(个)	378 599	372 729	378 440	372 822	399 375	409 000	385 161
(2) 所有者权益(亿元)	506 556	493 893	493 108	517 426	568 114	620 590	533 281
(3) 平均每户所有者权益(亿元)=(2)/(1)	1.3380	1.3251	1.3030	1.3879	1.4225	1.5173	1.3553 (五年)
(4) 每户所有者权益增长额(亿元)	—	-0.0129	-0.0221	0.0849	0.0346	0.0948	0.0359
(5) 资本保值增值率=本年(3)/上年(3)	—	99.0%	98.3%	106.5%	102.5%	106.7%	102.6%①

注:① = 0.0359 ÷ 1.3553 + 1 = 102.6%,或(99.0% + 98.3% + 106.5% + 102.5% + 106.7%) ÷ 5 = 102.6%;
资本保值增值率 = 年末所有者权益 / 年初所有者权益 × 100%。

资料来源:国家统计局各年度的《中国统计年鉴》。

从表 13-1 的计算结果可知,我国规模以上工业企业 2017—2021 年资本保值增值率分别为:99.0%、98.3%、106.5%、102.5%、106.7%,累计平均每年资本保值增值率为 102.6%。

(二) 国有资本保值增值率的计算与评价

我国国有资本的经济实体是国有企业。国有企业包括国有工业企业、国有建筑业企业、国有交通运输仓储及邮政业企业、国有信息技术服务业企业、国有批发和零售贸易业企业、国有住宿和餐饮业企业、国有房地产业企业、国有社会服务业企业、国有传播与文化业企业、国有农林牧渔业企业。

例 13-2 我国国有企业扣除客观因素后的资本保值增值率的计算如表 13-2 所示。

表 13-2 我国国有企业扣除客观因素后的资本保值增值率

项目	2017 年	2018 年	2019 年	2020 年	2021 年	五年简单平均
资本保值增值率优秀值	111.6%	110.9%	111.2%	110.5%	110.6%	111.0%
资本保值增值率良好值	107.1%	107.6%	107.8%	106.8%	107.1%	107.3%
资本保值增值率平均值	104.3%	104.6%	104.9%	103.9%	104.2%	104.4%
资本保值增值率较低值	100.6%	100.3%	101.0%	99.9%	100.1%	100.4%
资本保值增值率较差值	90.5%	89.5%	90.6%	90.1%	89.8%	90.1%

注:资本保值增值率 = 扣除客观因素后的年末所有者权益 / 年初所有者权益 × 100%。

资料来源:2018—2022 年国务院国资委考核分配局编制的各年度《企业绩效评价标准值》,经济科学出版社出版。

从表 13-2 的计算结果可知,我国国有企业 2017—2021 年扣除客观因素后的资本保值增值率的平均值分别为 104.3%、104.6%、104.9%、103.9%、104.2%,五年简单平均为 104.4%。朱学义教授认为,企业依靠主观努力实现的资本保值增值率的标准值(考核基准)为 105%,我国国有企业资本保值增值率的平均水平比考核基准(105%)低 0.6 个百分点。[①]

例 13-3 我国国有工业企业扣除客观因素后的资本保值增值率的计算如表 13-3 所示。

表 13-3 我国国有工业企业扣除客观因素后的资本保值增值率

项目	2017 年	2018 年	2019 年	2020 年	2021 年	五年简单平均
资本保值增值率优秀值	112.7%	109.9%	111.5%	111.5%	111.2%	111.4%
资本保值增值率良好值	107.4%	106.5%	106.8%	107.0%	107.0%	106.9%
资本保值增值率平均值	104.8%	103.9%	104.2%	104.2%	104.4%	104.3%
资本保值增值率较低值	99.1%	97.6%	98.3%	98.4%	98.4%	98.4%
资本保值增值率较差值	91.8%	89.1%	90.6%	90.6%	90.4%	90.5%

注:资本保值增值率 = 扣除客观因素后的年末所有者权益 / 年初所有者权益 × 100%。

资料来源:2018—2022 年国务院国资委考核分配局编制的各年度《企业绩效评价标准值》,经济科学出版社出版。

从表 13-3 的计算结果可知,我国国有工业企业 2017—2021 年扣除客观因素后的资本保值增值率的平均值分别为 104.8%、103.9%、104.2%、104.2%、104.4%,五年简单平均为 104.3%,未达到预定的考核基准(105%)。

---

① 朱学义:《论产权理论与企业收益分配》,《中国劳动科学》1995 年第 11 期。

第二节　上市公司股东权益分析

一、我国上市公司股本情况

1. 我国 1 304 家上市公司股本情况

例 13-4　我国 1 304 家上市公司 20×0 年至 20×2 年股本情况如表 13-4 所示。

表 13-4　我国 1 304 家上市公司 20×0 年至 20×2 年股本情况

项目	20×0 年	20×1 年	20×2 年	三年合计
股本合计（亿元）	5 681	5 977	6 262	17 920

资料来源：中国矿业大学朱学义教授上市公司数据库。

2. 我国上市公司股本情况

例 13-5　2017—2021 年我国上市公司股本情况如表 13-5 所示。

表 13-5　我国上市公司股本情况

项目	2017 年	2018 年	2019 年	2020 年	2021 年	五年平均
上市公司数（家）	3 388	3 474	3 646	4 170	4 536	3 843
股本合计（亿元）	41 240	43 920	46 738	50 235	59 018	48 230

资料来源：中国经济金融数据库（CCER）中的一般上市公司财务数据库。

二、我国上市公司股东权益情况

1. 我国 1 304 家上市公司股东权益情况

例 13-6　我国 1 304 家上市公司 20×0 年至 20×2 年股东权益情况如表 13-6 所示。

表 13-6　我国 1 304 家上市公司 20×0 年至 20×2 年股东权益情况

项目	20×0 年	20×1 年	20×2 年	三年合计
股东权益合计（亿元）	13 515	14 563	15 619	43 697

资料来源：中国矿业大学朱学义教授上市公司数据库。

2. 我国上市公司股东权益情况

例 13-7　2017—2021 年我国上市公司股东权益情况如表 13-7 所示。

表 13-7　我国上市公司股东权益情况

项目	2017 年	2018 年	2019 年	2020 年	2021 年	五年平均
上市公司数（家）	3 388	3 474	3 646	4 170	4 536	3 843
股东权益合计（亿元）	216 447	238 506	264 774	304 138	358 997	276 572

资料来源：中国经济金融数据库（CCER）的一般上市公司财务数据库。

三、我国上市公司股本增值率指标

账面股本增值率又称股本安全率,是附加资本与股本的比率。其计算公式为:

$$账面股本增值率 = \frac{附加资本}{股本} \times 100\% = \frac{资本公积 + 盈余公积 + 未分配利润}{股本} \times 100\%$$

$$= \frac{股东权益 - 股本}{股本} \times 100\%$$

1. 我国 1 304 家上市公司股本增值率指标

例 13-8 根据表 13-4 和表 13-6 的资料,我国 1 304 家上市公司 20×0 年至 20×2 年股本增值率情况如表 13-8 所示。

表 13-8 我国 1 304 家上市公司 20×0 年至 20×2 年股本增值率

项目	20×0 年	20×1 年	20×2 年	三年合计
(1) 股本合计(亿元)	5 681	5 977	6 262	17 920
(2) 股东权益合计(亿元)	13 515	14 563	15 619	43 697
(3) 附加资本(亿元) = (2) - (1)	7 834	8 586	9 357	25 777
(4) 股本安全率(%) = (3)/(1)	137.9	143.6	149.4	143.8

从表 13-8 的计算结果可知,我国 1 304 家上市公司 20×0 年至 20×2 年股本安全率(或股本增值率)分别为 137.9%、143.6%、149.4%,三年累计平均为 143.8%。而同期股票市价总值分别为 48 091 亿元、43 522 亿元、38 329 亿元[①],每元股本市值分别为 8.47 元(48 091÷5 861)、7.28 元(43 522÷5 977)、6.12 元(38 329÷6 262),三年累计平均为 7.25 元[(48 091 + 43 522 + 38 329)÷17 920]。

2. 我国上市公司股本增值率指标

例 13-9 根据表 13-5 和表 13-7 的资料,我国上市公司 2017—2021 年股本增值率指标情况如表 13-9 所示。

表 13-9 我国上市公司股本增值率

项目	2017 年	2018 年	2019 年	2020 年	2021 年	五年平均
(1) 上市公司数(家)	3 388	3 474	3 646	4 170	4 536	3 843
(2) 股本合计(亿元)	41 240	43 920	46 738	50 235	59 018	48 230
(3) 股东权益合计(亿元)	216 447	238 506	264 774	304 138	358 997	276 572
(4) 附加资本(亿元) = (3)-(2)	175 207	194 586	218 036	253 903	299 979	228 342
(5) 股本安全率(%) = (4)/(2)	424.8	443.0	466.5	505.4	508.3	473.4

---

① 股票市价总值数据来自相应年度的《中国统计年鉴》。

从表 13-9 的计算结果可知，2017—2021 年我国上市公司股本安全率（或股本增值率）分别为 424.8%、443.0%、466.5%、505.4%、508.3%，五年累计平均为 473.4%。而 2017—2021 年我国上市公司股票市价总值分别为 567 086 亿元、434 924 亿元、592 935 亿元、797 238 亿元、916 088 亿元，每元股本市值分别为 13.75 元（567 086÷41 240）、9.90 元（434 924÷43 920）、12.69 元（592 935÷46 738）、15.87 元（797 238÷50 235）、15.52 元（916 088÷59 018），五年累计平均为 13.72 元［（567 086+434 924+592 935+797 238+916 088）÷（48 230×5）］。

四、我国上市公司资本保值增值率指标

例 13-10 2016—2021 年我国上市公司资本保值增值率指标情况如表 13-10 所示。

表 13-10　我国上市公司资本保值增值率指标

项目	2016年	2017年	2018年	2019年	2020年	2021年	六年平均
（1）上市公司数（家）	2 956	3 388	3 474	3 646	4 170	4 536	3 695
（2）股东权益合计（亿元）	185 126	216 447	238 506	264 774	304 138	358 997	261 331
（3）平均每家股东权益（亿元）=（2）/（1）	62.6272	63.8864	68.6546	72.6204	72.9348	79.1140	68.1447（5年）
（4）资本保值增值率=本年（3）/上年（3）	—	102.0%	107.5%	105.8%	100.4%	108.5%	—
（5）平均每家股东权益增长额（亿元）		1.2592	4.7682	3.9658	0.3144	6.2092	3.3034（5年）
（6）三年平均资本保值增值率	—	—	—	—	—	—	104.8%①

注：① 3.3034÷68.1447+1=104.8%。
资料来源：中国经济金融数据库（CCER）的一般上市公司财务数据库。

1. 采用增长额法计算资本保值增值率

从表 13-10 的计算结果可知，2017—2021 年我国上市公司资本保值增值率分别为 102.0%、107.5%、105.8%、100.4%、108.5%，使用增长额计算法，五年累计平均为 104.8%（3.3034÷68.1447+1=104.8%）。

2. 采用加权平均法计算资本保值增值率

表 13-10 中资本保值增值率五年累计平均（104.8%）的另一种计算方法是加权平均法，但要以上年平均每家股东权益作为权数（比重）。其计算过程如下：

（1）2016—2020 年平均每家股东权益累计=62.6272+63.8864+68.6546+72.6204+72.9348=340.7233（亿元）；

（2）2016—2020 年平均每家股东权益的权数分别为 18.38%（62.6272÷340.7233）、18.75%（63.8864÷340.7233）、20.15%（68.6546÷340.7233）、21.31%（72.6204÷340.7233）、21.41%（72.9348÷340.7233）；

（3）2017—2021 年资本保值增值率分别为 102.0%、107.5%、105.8%、100.4%、108.5%；

（4）2017—2021 年按加权平均法计算的资本保值增值率 =（102.0% × 18.38% + 107.5% × 18.75% + 105.8% × 20.15% + 100.4% × 21.31% + 108.5% × 21.41% = 104.8%。

习题二十

目的：练习资本保值增值专题分析。

东风企业 20×5 年至 20×8 年的年末所有者权益金额见下表，完成表中各年资本保值增值率的计算并填入表内。

项目	20×5 年	20×6 年	20×7 年	20×8 年	平均或累计
(1) 年末所有者权益（万元）	1 000	1 100	1 210	1 300	1 153
(2) 资本保值增值率(%)	—				
(3) 三年平均资本保值增值率	—	—	—	—	

（1）采用增长额法计算三年平均资本保值增值率。
（2）采用加权平均法计算三年平均资本保值增值率。

Chapter Fourteen

第十四章 财务综合分析

第一节 杜邦财务分析

一、杜邦财务分析体系简介

杜邦财务分析体系,也称杜邦财务分析法,是利用各个主要财务指标间的内在关系,对企业综合经营理财及经济效益进行系统分析评价的方法。它由美国杜邦公司最先开发和使用,故称杜邦财务分析体系。

杜邦财务分析体系的特点是将若干反映企业盈利能力、财务状况和营运状况的比率按其内在联系有机结合起来,形成一个完整的指标体系,并最终通过净资产收益率这一核心指标来体现。净资产收益率指标是反映所有者权益价值的指标,以该指标为核心展开一系列分析,能更好地为所有者权益最大化而服务。杜邦财务分析体系由以下两大层次组成:

1. 第一层次——核心指标展开层次

$$\frac{\text{净资产}}{\text{收益率}} = \frac{\text{净利润}}{\text{净资产}} = \frac{\text{净利润}}{\text{总资产}} \times \frac{\text{总资产}}{\text{净资产}} = \text{总资产净利率} \times \text{权益乘数} \quad (\text{公式一})$$

$$\text{或} = \frac{\text{净利润}}{\text{营业收入}} \times \frac{\text{营业收入}}{\text{总资产}} \times \frac{\text{总资产}}{\text{净资产}} = \frac{\text{营业收入}}{\text{净利率}} \times \frac{\text{总资产}}{\text{周转率}} \times \frac{\text{权益}}{\text{乘数}} \quad (\text{公式二})$$

(1) 公式一的含义。上述公式一从总资产净利率和权益乘数两个方面反映净资产收益率。总资产净利率也称总资产收益率,是反映企业总资产盈利能力的指标。权益乘数也称业主权益乘数或权益系数,它是总资产对净资产的倍数。净资产又称所有者权益,则权益乘数就是总资产对所有者权益的倍数,反映所有者权益与资产、负债之间的关系。这三者关系通过以下公式揭示企业的基本财务状况:

$$\frac{权益}{乘数} = \frac{总资产}{净资产} = 1 \div \frac{净资产}{总资产} = 1 \div \frac{总资产 - 负债}{总资产} = 1 \div (1 - 资产负债率)$$

(2) 公式二的含义。上述公式二从营业收入净利率、总资产周转率和权益乘数三个方面反映净资产收益率。营业收入净利率也称销售净利率,是反映企业收入盈利能力的指标。总资产周转率是反映企业总资产运用能力(状况)的指标。公式二表明,企业的净资产收益率由企业的收入营利能力、资产运用能力和基本财务状况决定。

2. 第二层次——分解指标扩展层次

利用上述公式二对"营业收入净利率"和"总资产周转率"两个指标进行全面分解,充分揭示企业盈利能力、营运能力的深层次成因。

(1) 营业收入净利率的分解。其中,净利润的计算公式为:

净利润 = 利润总额 − 所得税费用

= 营业利润 ± 营业外收支净额 − 所得税费用

= 营业收入 − 营业成本 − 税金及附加 − 销售费用 − 管理费用 − 研发费用 − 财务费用 − 资产减值损失 − 信用减值损失 + 其他收益 + 投资收益 + 净敞口套期收益 + 公允价值变动收益 + 资产处置收益 ± 营业外收支净额 − 所得税费用

对上述公式进行合并归类后简化为以下公式用于分析:

净利润 = 营业收入 − 营业成本 − 税附 − 期间四费 − 期间损益 − 所得税费用

$$\frac{营业收入}{净利率} = \frac{净利润}{营业收入} = \frac{营业收入 - 营业成本 - 营业税附 - 期间四费 - 期间损益 - 所得税费用}{营业收入} \quad (公式三)$$

公式三揭示了营业净利率的影响因素有:营业收入成本率、营业收入税附率、营业收入四费率、营业收入损益率、营业收入所得税费用率。

(2) 总资产周转率的分解。总资产分为流动资产和非流动资产两大类。总资产周转率的分解计算公式为:

$$\frac{总资产}{周转率} = \frac{营业收入}{总资产} = \frac{营业收入}{流动资产 + 非流动资产} \quad (公式四)$$

流动资产 = 广义现金 + 应收款项 + 存货 + 其他

广义现金 = 货币资金 + 交易性金融资产

非流动资产 = 非流动资产投资 + 固定资产 + 无形资产 + 长期待摊费用 + 其他长期资产

公式四揭示了总资产周转率的影响因素有:流动资产的占用水平及其周转速度、非流动资产的占用水平及其周转速度。如果进一步分解,总资产周转率受现金周转率、应收款项(主要指应收账款)周转率、存货周转率、固定资产周转率等因素的影响。

以上杜邦财务分析体系可通过图 14-1 来体现。

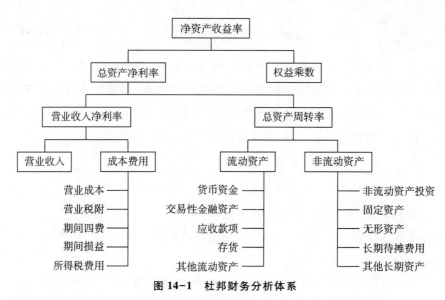

图 14-1 杜邦财务分析体系

注:"期间四费"包括销售费用、管理费用、研发费用和财务费用;"期间损益"包括资产减值损失、信用减值损失、其他收益、投资收益、净敞口套期收益、公允价值变动收益、资产处置收益、营业外收入、营业外支出。

二、杜邦财务分析体系应用实例

例 14-1 夏宇工厂 20×0.12.31 至 20×2.12.31 资产负债表、利润表分别如表 14-1、表 14-2 所示。

表 14-1　夏宇工厂 20×0.12.31 至 20×2.12.31 资产负债表　　　　　单位:元

项目	20×0.12.31 (1)	20×1.12.31 (2)	20×2.12.31 (3)	20×1 年平均余额 (4)=[(1)+(2)]÷2	20×2 年平均余额 (5)=[(2)+(3)]÷2
流动资产:					
货币资金	237 612	256 500	690 445	247 056	473 473
交易性金融资产	214 100	535 000	203 000	374 550	369 000
应收款项	560 350	580 620	373 299	570 485	476 959
存货	1 422 888	1 200 600	1 456 488	1 311 744	1 328 544
其他流动资产	380	10 480	10 912	5 430	10 696
流动资产合计	2 435 330	2 583 200	2 734 144	2 509 265	2 658 672
非流动资产:					
债权投资			107 970		53 985
长期股权投资	154 600	154 600	154 600	154 600	154 600
固定资产	2 519 600	2 474 000	2 551 263	2 496 800	2 512 632

（续表）

项目	20×0.12.31 (1)	20×1.12.31 (2)	20×2.12.31 (3)	20×1年 平均余额 (4)=[(1)+(2)]÷2	20×2年 平均余额 (5)=[(2)+(3)]÷2
在建工程	147 470	135 000	143 791	141 235	139 395
无形资产	123 900	135 400	126 855	129 650	131 128
长期待摊费用	77 500	87 500	74 240	82 500	80 870
非流动资产合计	3 023 070	2 986 500	3 158 719	3 004 785	3 072 610
资产总计	5 458 400	5 569 700	5 892 863	5 514 050	5 731 282
流动负债	—	1 687 241	1 327 701	—	1 507 471
非流动负债	—	747 359	834 397	—	790 878
所有者权益合计	2 913 900	3 135 100	3 730 765	3 024 500	3 432 933

表 14-2　夏宇工厂 20×1 年、20×2 年利润表（部分有数据的项目）　　　　单位：元

项目	20×1年	20×2年
一、营业收入	6 554 600	7 298 385
减：营业成本	4 789 000	5 274 893
税金及附加	37 400	41 756
销售费用	212 000	214 663
管理费用	645 000	684 155
财务费用	39 000	150 045
加：投资收益（亏损以"-"号填列）	47 500	51 233
二、营业利润（亏损以"-"号填列）	879 700	984 106
加：营业外收入	20 000	39 950
减：营业外支出	68 700	80 236
三、利润总额（亏损总额以"-"号填列）	831 000	943 820
减：所得税费用	207 750	235 955
四、净利润（净亏损以"-"号填列）	623 250	707 865

1．杜邦财务分析体系框架剖析

以夏宇工厂 20×2 年资产负债表平均数（20×1 年年底数和 20×2 年年底数平均）、20×2 年利润表数据为例，填列杜邦财务分析体系框架如图 14-2 所示。从夏宇工厂 20×2 年杜邦财务分析体系框架（见图 14-2）可知，夏宇工厂 20×2 年净资产收益率为 20.62%，它由总资产净利率 12.35% 与权益乘数 1.67 相乘得出。其中，总资产净利率 12.35% 由营业收入净利率 9.699% 与总资产周转率 1.2734 相乘得出。

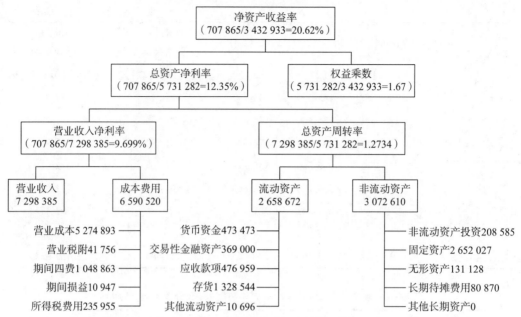

图 14-2 夏宇工厂 20×2 年杜邦财务分析体系框架（单位：元）

再从分解指标看，夏宇工厂 20×2 年净利润 707 865 元等于营业收入 7 298 385 元减去成本费用 6 590 520 元得出，成本费用占营业收入的比例为 90.3%（6 590 520÷7 298 385×100%）。这表明降低成本费用是夏宇工厂会计工作的重点。在成本费用中，营业成本为 5 274 893 元，占成本费用总额的 80%（5 274 893÷6 590 520×100%），是成本管理的重点；期间四项费用（销售费用、管理费用、财务费用，未发生研发费用）为 1 048 863 元，占成本费用总额的 16%（1 048 863÷6 590 520×100%），是成本管理的第二个重点。当然，夏宇工厂期间损益（公允价值变动收益＋投资收益＋营业外收入－营业外支出）10 947 元，增加了企业的利润总额，尤其是取得投资收益 51 233 元，是值得肯定和发扬的成绩。夏宇工厂总资产周转率为 1.27 次（约为 283 天），比我国国有企业 2017—2021 年累计平均优秀值 1.2 次（300 天）（见表 8-32）还要好，应充分肯定夏宇工厂具有良好的营运能力。

2. 净资产收益率因素分析

（1）净资产收益率两因素分析法。由于净资产收益率＝总资产净利率×权益乘数，即影响净资产收益率的因素有两个——总资产净利率和权益乘数，分析这两个因素对净资产收益率的影响程度的方法称为净资产收益率两因素分析法。现根据表 14-1 和表 14-2 整理编制净资产收益率两因素分析表（见表 14-3）。

表 14-3　夏宇工厂净资产收益率两因素分析表

项目	20×1 年	20×2 年
（1）平均所有者权益（元）	3 024 500	3 432 933
（2）平均总资产（元）	5 514 050	5 731 282
（3）营业收入（元）	6 554 600	7 298 385

(续表)

项目	20×1 年	20×2 年
(4) 净利润(元)	623 250	707 865
(5) 净资产收益率(%) = (4)/(1)	20.6067	20.6198
(6) 总资产净利率(%) = (4)/(2)	11.3029	12.3509
(7) 权益乘数 = (2)/(1)	1.82313	1.66950

根据表14-3，采用两因素分析法探究夏宇工厂20×2年净资产收益率20.6198%比20×1年20.6067%高0.0131个百分点的原因。

① 总资产净利率变动对净资产收益率的影响 = (12.3509% - 11.3029%) × 1.82313 = 1.9106%

② 权益乘数变动对净资产收益率的影响 = 12.3509% × (1.66950 - 1.82313) = -1.8975%

通过计算可知，夏宇工厂总资产净利率20×2年比20×1年升高1.048个百分点(12.3509% - 11.3029%)，致使净资产收益率升高1.9106%；夏宇工厂权益乘数20×1年比20×1年降低0.15363(1.66950 - 1.82313)，致使净资产收益率降低1.8975%。两因素影响结果相抵后，净资产收益率升高0.0131个百分点(1.9106% - 1.8975%)，正好等于分析对象0.0131个百分点。

（2）净资产收益率三因素分析法。由于净资产收益率=营业收入净利率×总资产周转率×权益乘数，即影响净资产收益率的因素有三个——营业收入净利率、总资产周转率和权益乘数，分析这三个因素对净资产收益率的影响程度的方法称为净资产收益率三因素分析法。现根据表14-1和表14-2整理编制净资产收益率三因素分析表（见表14-4）。

表14-4 夏宇工厂净资产收益率三因素分析表

项目	20×1 年	20×2 年
(1) 平均所有者权益(元)	3 024 500	3 432 933
(2) 平均总资产(元)	5 514 050	5 731 282
(3) 营业收入(元)	6 554 600	7 298 385
(4) 净利润(元)	623 250	707 865
(5) 净资产收益率(%) = (4)/(1)	20.6067	20.6198
(6) 营业收入净利率(%) = (4)/(3)	9.50859	9.69893
(7) 总资产周转率 = (3)/(2)	1.18871	1.27343
(8) 权益乘数 = (2)/(1)	1.82313	1.66950

根据表14-4，采用三因素分析法探究夏宇工厂20×2年净资产收益率20.6198%比20×1年20.6067%高0.0131个百分点的原因。

① 营业收入净利率变动对净资产收益率的影响 =（9.69893% - 9.50859%）× 1.18871 × 1.82313 = 0.4125%

② 总资产周转率变动对净资产收益率的影响 = 9.69893% ×（1.27343 - 1.18871）× 1.82313 = 1.4981%

③ 权益乘数变动对净资产收益率的影响 = 9.69893% × 1.27343 ×（1.66950 - 1.82313）= -1.8975%

通过计算可知,夏宇工厂营业收入净利率20×2年比20×1年升高0.19034个百分点（9.69893% - 9.50859%）,致使净资产收益率升高0.4125%;总资产周转率20×2年比20×1年升高0.08472（1.27343 - 1.18871）,致使净资产收益率升高1.4981%;夏宇工厂权益乘数20×2年比20×1年降低0.15363（1.66950 - 1.82313）,致使净资产收益率降低1.8975%。三因素影响结果相抵后,净资产收益率升高0.0131个百分点（0.4125% + 1.4981% - 1.8975%）,正好等于分析对象0.0131个百分点。

3. 总资产净利率因素分析

由于总资产净利率 = 营业收入净利率 × 总资产周转率,即影响总资产净利率的因素有两个——营业收入净利率和总资产周转率。现根据表14-1和表14-2整理编制总资产净利率因素分析表(见表14-5)。

表14-5 夏宇工厂总资产净利率分析表

项目	20×1年	20×2年
（1）平均总资产(元)	5 514 050	5 731 282
（2）营业收入(元)	6 554 600	7 298 385
（3）净利润(元)	623 250	707 865
（4）总资产净利率(%) =（3）/（1）	11.3029	12.3509
（5）营业收入净利率(%) =（3）/（2）	9.50859	9.69893
（6）总资产周转率 =（2）/（1）	1.18871	1.27343

根据表14-5的信息,探究夏宇工厂20×2年总资产净利率12.3509%比20×1年11.3029%高1.048个百分点的原因。

① 营业收入净利率变动对总资产净利率的影响 =（9.69893% - 9.50859%）× 1.18871 = 0.2263%

② 总资产周转率变动对总资产净利率的影响 = 9.69893% ×（1.27343 - 1.18871）= 0.8217%

通过计算可知,夏宇工厂营业收入净利率20×2年比20×1年升高0.19034个百分点（9.69893% - 9.50859%）,致使总资产净利率升高0.2263%;夏宇工厂总资产周转率20×2年比20×1年升高0.08472次（1.27343 - 1.18871）,致使总资产净利率升高0.8217%。两因素影响结果相加后,总资产净利率升高1.048个百分点（0.2263%+0.8217%）,正好等于分析对象1.048个百分点。

4. 营业收入净利率多因素分析法

营业收入净利率的影响因素有营业收入成本率、营业收入税附率、营业收入三费率（三项期间费用分开计算，未包括国务院国资委考核分配局从 2018 年起增加的"研发费用"）、营业收入损益率、营业收入所得税费用率。根据表 14-2 整理夏宇工厂 20×1 年和 20×2 年营业收入净利率多因素分析表（见表 14-6 和表 14-7）。

表 14-6　夏宇工厂 20×1 年、20×2 年净利润各项目金额变动表　　　　　　单位：元

指标	20×1 年 （1）	20×2 年 （2）	20×2 年比 20×1 年增减 （3）=（2）-（1）
营业收入	6 554 600	7 298 385	743 785
营业成本	4 789 000	5 274 893	485 893
税金及附加	37 400	41 756	4 356
销售费用	212 000	214 663	2 663
管理费用	645 000	684 155	39 155
财务费用	39 000	150 045	111 045
期间损益	-1 200	10 947	12 147
营业利润	879 700	984 106	104 406
所得税费用	207 750	235 955	28 205
净利润	623 250	707 865	84 615

根据表 14-6 的信息，探究夏宇工厂 20×2 年营业收入净利率 9.6989%（707 865/7 298 385）比 20×1 年 9.5086%（523 250/6 554 600）高 0.1903 个百分点的原因。

营业收入净利率的影响因素有营业收入成本率、营业收入税附率、营业收入三费率、营业收入损益率、营业收入所得税费用率，分别计算这些指标，并比较各具体因素指标 20×1 年和 20×2 年的差异，再进行汇总就得出营业收入净利率的变动差异。根据表 14-6，夏宇工厂营业收入净利率的影响因素计算结果如表 14-7 所示。

表 14-7　夏宇工厂营业收入净利率多因素影响计算表　　　　　　单位：%

指标	20×1 年 （1）	20×2 年 （2）	差异 （3）=（2）-（1）
营业收入成本率	73.0632	72.2748	0.7884
营业收入税附率	0.5706	0.5721	0.0015
营业收入销售费用率	3.2344	2.9412	0.2931
营业收入管理费用率	9.8404	9.3741	0.4664
营业收入财务费用率	0.5950	2.0559	1.4609
营业收入损益率	-0.0183	0.1500	0.1683

(续表)

指标	20×1 年 （1）	20×2 年 （2）	差异 （3）=（2）-（1）
营业收入所得税费用率	3.1695	3.2330	0.0634
营业收入净利率	9.5086	9.6989	0.1903

注："差异"用 20×2 年数值减去 20×1 年数值得出。期间损益为正数,增加了企业利润,而成本、税附等因素都是收入的扣除项目,最终要减少企业利润。

从表 14-7 的信息可知,夏宇工厂 20×2 年营业收入净利率比 20×1 年高 0.1903 个百分点的原因有成本、税附、期间费用和损益及所得税费用共七项,其关系如下:

$$0.7884 - 0.0015 + 0.2931 + 0.4664 - 1.4609 + 0.1683 - 0.0634 = 0.1903$$

这表明:营业收入净利率升高 0.1903 个百分点是由于营业收入成本率降低 0.7884 个百分点、营业收入税附率升高 0.0015 个百分点、营业收入销售费用率降低 0.2931 个百分点、营业收入管理费用率降低 0.4664 个百分点、营业收入财务费用率升高 1.4609 个百分点、营业收入损益率升高 0.1683 个百分点、营业收入所得税费用率升高 0.0634 个百分点所致。其中,财务费用升高是进一步分析的重点。

三、杜邦财务分析体系的变形与发展

杜邦财务分析体系自产生以来在实践中得到了广泛应用,但随着客观经济环境的变化和人们对企业目标认识的深化,许多人对杜邦财务分析体系进行了补充、完善和发展。其中,美国哈佛大学教授帕利普(Palepu)、伯纳德(Bernard)和希利(Healy)合著的《企业分析与评价》(Introduction to Business Analysis & Valuation)中对杜邦财务分析体系进行了变形,有人将其称为"帕利普财务分析体系"[①]。

帕利普财务分析体系的几个关系式如下:

$$可持续增长比率 = 净资产收益率 \times \left(1 - \frac{支付现金股利}{净利润}\right)$$

$$净资产收益率 = \frac{净利润}{净资产} = \frac{净利润}{营业收入} \times \frac{营业收入}{总资产} \times \frac{总资产}{净资产}$$

$$= 营业收入净利率 \times 总资产周转率 \times 权益乘数$$

与营业收入净利率相关的指标有营业收入成本率、营业收入税附率、营业收入四费率、营业收入损益率、营业收入所得税费用率;与总资产周转率相关的指标有应收账款周转率、应付账款周转率、存货周转率、流动资产周转率、营运资金周转率、固定资产周转率等;与权益乘数相关的指标有流动比率、速动比率、现金比率、产权比率、负债与资产比、以收入为基础的获息倍数、以现金流量为基础的获息倍数等。

帕利普财务分析体系如图 14-3 所示。

---

① 张先治等:《财务分析》,东北财经大学出版社 2004 年版。

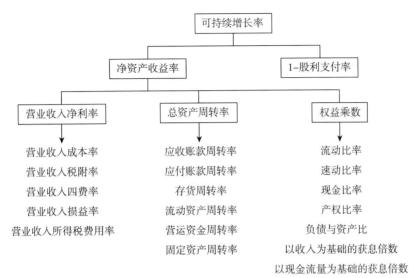

图 14-3 帕利普财务分析体系

第二节 沃尔评分分析

一、沃尔评分法的概念与原理

美国财务学家亚历山大·沃尔(Alexander Wole)1928 年出版的《信用晴雨表研究》(*Study of Credit Barometrics*)和《财务报表比率分析》(*Ratio Analysis of Financial Statements*)中提出了信用能力指数的概念,他选择了七个财务比率(即流动比率、产权比率、固定资产比率、存货周转率、应收账款周转率、固定资产周转率和自有资金周转率),分别给定各指标的比重,然后确定标准比率值(以行业平均值为基数),将实际比率值与标准比率值相比较,得出相对比率值,再将相对比率值与各指标比重相乘得出总评分,据此评价企业的财务状况。因此,沃尔评分法是指将选定的财务比率通过线性关系结合起来,并分别给定各自的分数比重,然后与标准比率进行比较,确定各项指标的得分及总体指标的累计分数,从而对企业的信用水平做出评价的方法。它的原理就是把若干个财务比率通过线性关系结合起来,对选中的财务比率给定其在总评分中的比重(比重总和为 100),然后确定标准比率值,并与实际比率值相比较,确定每项指标的得分,最后得出总评分。

二、运用沃尔评分法的基本步骤

(1)选择评价指标并分配指标权重。沃尔评分法选择的七个财务比率及其权重分别为:流动比率,权重为 25%;产权比率,权重为 25%;固定资产比率,权重为 15%;存货周转率,权重为 10%;应收账款周转率,权重为 10%;固定资产周转率,权重为 10%;自有资金周转率,权重为 5%。

（2）确定各比率的标准值，即各项指标在企业现时条件下的最优值。流动比率的标准比率值为 2.00，产权比率的标准比率值为 1.50，固定资产比率的标准比率值为 2.50，存货周转率的标准比率值为 8，应收账款周转率的标准比率值为 6，固定资产周转率的标准比率值为 4，自有资金周转率的标准比率值为 3。

（3）计算企业一定时期各比率的实际值，具体指标的计算公式如下：

$$流动比率 = 流动资产 \div 流动负债$$
$$产权比率 = 净资产 \div 负债$$
$$固定资产比率 = 资产 \div 固定资产$$
$$存货周转率 = 销售成本或营业成本 \div 存货$$
$$应收账款周转率 = 销售额或营业收入 \div 应收账款$$
$$固定资产周转率 = 销售额或营业收入 \div 固定资产$$
$$自有资金周转率 = 销售额或营业收入 \div 净资产$$

（4）计算实际得分。实际评分的计算公式为：

$$实际评分 = \sum（某指标实际比率值 \div 该指标标准比率值 \times 该指标权重分数）$$

三、沃尔评分法的实际应用

例 14-2 根据夏宇工厂 20×1 年、20×2 年资产负债表的平均数据（见表 14-1）和 20×2 年利润表数据（见表 14-2）计算下列各项指标：

① 流动比率 = 流动资产 ÷ 流动负债 = 2 658 672 ÷ 1 507 471 = 1.76

② 产权比率 = 净资产 ÷ 负债 = 3 432 933 ÷（1 507 471 + 790 878）= 1.49

③ 固定资产比率 = 资产 ÷ 固定资产 = 5 731 282 ÷ 2 512 632 = 2.28

④ 存货周转率 = 营业成本 ÷ 平均存货 = 5 274 893 ÷ 1 328 544 = 3.97

⑤ 应收账款周转率 = 营业收入 ÷ 平均应收账款 = 7 298 385 ÷ 410 525 = 17.78

⑥ 固定资产周转率 = 营业收入 ÷ 平均固定资产 = 7 298 385 ÷ 2 512 632 = 2.90

⑦ 自有资金周转率 = 营业收入 ÷ 平均净资产 = 7 298 385 ÷ 3 432 933 = 2.13

⑧ 计算实际分值。沃尔评分法的实际分值的计算公式为：实际分值 = 实际比率值 ÷ 标准比率值 × 权重。将上述计算结果填入表 14-8。

表 14-8 夏宇工厂 20×2 年采用沃尔评分法计算的实际分数

财务比率	比重 （1）	标准比率值 （2）	实际比率值 （3）	相对比率值 （4）=（3）÷（2）	评分 （5）=（1）×（4）
流动比率	25	2.00	1.76	0.88	22.00
产权比率	25	1.50	1.49	0.99	24.83
固定资产比率	15	2.50	2.28	0.91	13.68
存货周转率	10	8	3.97	0.50	4.96
应收账款周转率	10	6	17.78	2.96	29.63

（续表）

财务比率	比重 （1）	标准比率值 （2）	实际比率值 （3）	相对比率值 （4）=（3）÷（2）	评分 （5）=（1）×（4）
固定资产周转率	10	4	2.9	0.73	7.25
自有资金周转率	5	3	2.13	0.71	3.55
合计	100				105.91

计算结果表明，夏宇工厂20×2年采用沃尔评分法计算的实际分值为105.91，超过标准分值（100）5.91分，财务绩效较好。

第三节 能力指标综合分析

一、综合能力评价法[①]

（一）综合能力评价法是对沃尔评分法的改进

沃尔评分法从理论上看存在明显的问题：为什么要选择这七个指标而不是更多或更少，或者选择别的财务比率？每个指标所占比重的合理性是什么？问题至今仍然没有从理论上得到解决。

沃尔评分法从技术上看也存在问题：当某一个指标严重异常时，会对总评分产生不合逻辑的重大影响。这个弊病是由财务比率与其比重相"乘"引起的。财务比率提高1倍，评分增加100%；而财务比率缩小1倍，其评分只减少50%。

尽管沃尔评分法在理论上还有待证明，在技术上也不完善，但在实践中还是被加以应用。耐人寻味的是，很多理论上相当完善的经济计量模型在实践中往往难以应用，而企业实际使用并行之有效的模型在理论上却又无法证明，这可能源于人类对经济变量之间数量关系的认识还相当肤浅。

针对以上问题，人们对沃尔评分法做了以下改进：

（1）评价指标和权数（即权重）反映了现代社会的变化。人们将沃尔评分法的七大财务指标改为三大能力十大指标。一是盈利能力指标，包括资产净利率、销售净利率、净值回报率；二是偿债能力指标，包括自有资本比率、流动比率、应收账款周转率、存货周转率；三是发展能力指标，包括销售增长率、净利增长率、资产增长率。三大能力指标确定后，按重要程度确定各项比率的评分值，评分值之和为100。盈利能力、偿债能力和发展能力三类指标评分值重要性权数约为5∶3∶2，其中盈利能力指标三者之间的比例关系

---

① 财政部注册会计师考试委员会办公室编《财务成本管理》（经济科学出版社2002年版）确定为"综合评价方法"，本章在此界定为"综合能力评价法"。

约为 2∶2∶1,偿债能力指标和发展能力指标中各项具体指标的重要性大体相当。具体而言,资产净利率的权数 20 分,销售净利率的权数为 20 分,净值回报率的权数为 10 分,自有资本比率的权数为 8 分,流动比率的权数为 8 分,应收账款周转率的权数为 8 分,存货周转率的权数为 8 分,销售增长率的权数为 6 分,净利增长率的权数为 6 分,资产增长率的权数为 6 分。

(2)计算方法及技术的相应调整。沃尔评分法的一个重要问题是:当某项指标严重异常时,会对总评分产生不合逻辑的重大影响。原因在于:综合得分 = 评分值 × 关系比率。改进的办法包括:将财务比率的标准值由企业最优值调整为行业平均值;设定评分值的上限(正常值的 1.5 倍)和下限(正常值的 0.5 倍)。具体如下:

综合得分 = 标准分值 + 调整分值

调整分值 = (实际比率值 − 标准比率值) ÷ 每分比率值

每分比率值 = (行业最高比率值 − 标准比率值) ÷ (最高分值 − 标准分值)

例如,夏宇工厂 20×2 年资产净利率的实际值为 12.35%,资产净利率的标准值为 10%,标准分值为 20;行业最高比率值为 20%,最高分为值 30。则:

每分比率值 = (20% − 10%) ÷ (30 − 20) = 1%

调整分值 = (12.35% − 10%) ÷ 1% = 2.35(分)

综合得分 = 20 + 2.35 = 22.35(分)

(二)综合能力评价法应用举例

例 14-3 根据夏宇工厂 20×1 年、20×2 年资产负债表计算的平均数据(见表 14-1)和 20×2 年利润表数据(见表 14-6)计算下列各项指标:

① 资产净利率 = 净利润 ÷ 资产总额 × 100% = 707 865 ÷ 5 731 282 × 100% = 12.35%

② 销售净利率 = 净利润 ÷ 销售收入 × 100% = 707 865 ÷ 7 298 385 × 100% = 9.70%

③ 净值回报率(或称净资产收益率)= 净利润 ÷ 净资产 × 100% = 707 865 ÷ 3 432 933 × 100% = 20.62%

④ 自有资本比率 = 净资产 ÷ 资产总额 × 100% = 3 432 933 ÷ 5 731 282 × 100% = 59.90%

⑤ 流动比率 = 流动资产 ÷ 流动负债 = 2 658 672 ÷ 1 507 471 = 1.76

⑥ 应收账款周转率 = 营业收入 ÷ 平均应收账款 = 7 298 385 ÷ 410 525 = 17.78

⑦ 存货周转率 = 营业成本 ÷ 平均存货 = 5 274 893 ÷ 1 328 544 = 3.97

⑧ 销售增长率(或营业收入增长率)= 销售收入增长额 ÷ 基期销售收入 × 100% = 743 785 ÷ 6 554 600 × 100% = 11.35%(以 20×1 年为基期,下同)

⑨ 净利增长率 = 净利润增加额 ÷ 基期净利润 × 100% = 84 615 ÷ 623 250 × 100% = 13.58%

⑩ 资产增长率 = 资产增加额 ÷ 基期资产总额 × 100% = (5 892 863 − 5 569 700) ÷ 5 569 700 × 100% = 323 163 ÷ 5 569 700 × 100% = 5.80%

将上述计算结果(其他计算类推)填入表 14-9。

表 14-9 夏宇工厂 20×2 年改进的沃尔评分

指标	标准分值	调整分值中每分比率的计算				实际比率值	实际比率值与标准比率值的差异	调整分值	综合评价得分
		行业最高比率值	标准比率值	最高分值	每分比率值				
	(1)	(2)	(3)	(4)	$(5)=\dfrac{(2)-(3)}{(4)-(1)}$	(6)	(7)=(6)-(3)	(8)=(7)÷(5)	(9)=(1)+(8)
1. 盈利能力									
① 资产净利率	20	20%	10%	30	1.0%	12.35%	2.35%	2.35	22.35
② 销售净利率	20	20%	4%	30	1.6%	9.70%	5.70%	3.56	23.56
③ 净值回报率	10	20%	16%	15	0.8%	20.62%	4.62%	5.78	15.78
2. 偿债能力									
④ 自有资本比率	8	1.0	0.4	12	0.15	0.599	0.199	1.33	9.33
⑤ 流动比率	8	4.5	1.5	12	0.75	1.76	0.26	0.35	8.35
⑥ 应收账款周转率	8	12.0	6.0	12	1.50	17.78	11.78	7.85	15.85
⑦ 存货周转率	8	12.0	8.0	12	1.00	3.97	-4.03	-4.03	3.97
3. 成长能力									
⑧ 销售增长率	6	30%	15%	9	5.0%	11.35%	-3.65%	-0.73	5.27
⑨ 净利增长率	6	20%	10%	9	3.3%	13.58%	3.58%	1.07	7.07
⑩ 资产增长率	6	20%	10%	9	3.3%	5.80%	-4.20%	-1.26	4.74
合计	100			150					116.27

从表 14-9 可知,夏宇工厂 20×2 年采用改进的沃尔评分法计算的财务状况得分为 116.27,比标准分值 100 高 16.27,财务状况较好。

二、企业竞争能力评价法

1995 年,国家经贸委财经司、国家统计局公布了《工业企业综合评价指标体系》,从企业经济实力等六个方面 12 项指标反映了企业的竞争能力①。

1. 反映企业规模经济实力

反映企业规模经济实力主要有以下两项指标:

$$市场占有率 = \frac{营业收入}{行业营业收入} \times 100\%$$

---

① 陈清清、杨雄胜:《财务会计与审计改革的若干新观点》,《中国财经报》1996 年 8 月 24 日。该文认为该指标体系"是以社会形象(企业竞争能力)评价为核心",这里借此称之为"企业竞争能力评价法"。

$$利税占有率 = \frac{利税总额}{行业利税总额} \times 100\%$$

公式中"利税总额"分为利润总额和税收总额两方面,利润总额为税前利润总额,税收总额为产品销售税金及附加与应交增值税之和。

2. 反映投入产出能力

反映投入产出能力主要有以下两项指标:

$$全员劳动生产率 = \frac{工业增加值}{全部职工平均人数}$$

全员劳动生产率指标能较好地反映企业的生产效率和人均产出水平。

$$成本费用利润率 = \frac{利润总额}{成本费用总额} \times 100\%$$

3. 反映营运能力

反映营运能力主要有以下两项指标:

$$流动资产周转率 = \frac{营业收入}{流动资产平均余额}$$

$$产品销售率 = \frac{工业销售产值(现价)}{工业总产值(现价)} \times 100\%$$

产品销售率指标反映企业的产销衔接和市场状况。

4. 反映盈利能力

反映盈利能力主要有以下两项指标:

$$总资产贡献率 = \frac{利润总额 + 税收总额 + 利息支出}{平均资产总额} \times 100\%$$

$$净资产收益率 = \frac{净利润}{平均所有者权益} \times 100\%$$

净资产收益率指标反映企业出资者向企业投入的全部资本金的获利能力。

5. 反映偿还能力

反映偿还能力主要有以下两项指标:

$$资产负债率 = \frac{期末负债总额}{期末资产总额} \times 100\%$$

$$营运资金比率 = \frac{期末流动资产 - 期末流动负债}{期末流动资产} \times 100\%$$

6. 反映发展能力

反映发展能力主要有以下两项指标:

$$资本保值增值率 = \frac{期末所有者权益}{期初所有者权益} \times 100\%$$

资本保值增值率指标反映企业净资产(即所有者权益)的变动状况,是企业发展能力的集中体现。

$$资产增加值率 = \frac{工业增加值}{平均资产总额} \times 100\%$$

第四节　资本绩效综合分析

1999年6月1日,财政部、国家发展计划委员会、国家经济贸易委员会、人事部联合发布《国有资本金效绩评价规则》和《国有资本金效绩评价操作细则》,自发布之日起试行。2006年4月7日,国务院国有资产监督管理委员会公布《中央企业综合绩效评价管理暂行办法》(第14号令),自2006年5月7日起施行。2006年9月12日,国务院国有资产监督管理委员会印发《中央企业综合绩效评价实施细则》,自2006年10月12日起施行。

一、企业综合绩效评价的概念

企业综合绩效评价是指充分体现市场经济原则和资本运营特征,以投入产出分析为核心,运用定量分析与定性分析相结合的方法,以横向对比与纵向对比互为补充,综合评价企业经营绩效和努力程度,促进企业提高市场竞争能力的方法。企业综合绩效评价以行业评价标准为依据,运用科学的评价计分方法,计量企业经营绩效水平,充分体现行业之间的差异性,客观反映企业所在行业的盈利水平和经营环境,准确评判企业的经营成果。企业综合绩效评价工作按照产权管理关系进行组织,国资委负责履行出资人职责开展企业的综合绩效评价工作,企业集团(总)公司负责其控股子企业的综合绩效评价工作。

二、企业综合绩效评价指标与权数

企业综合绩效评价指标由22个财务绩效定量评价指标和8个管理绩效定性评价指标组成(见表14-10)。

表14-10　企业综合绩效评价指标与权数

评价内容	权数	财务绩效(70%)				管理绩效(30%)	
		基本指标	权数	修正指标	权数	评议指标	权数
盈利能力状况	34	净资产收益率 总资产报酬率	20 14	销售(营业)利润率 盈余现金保障倍数 成本费用利润率 资本收益率	10 9 8 7	战略管理 发展创新 经营决策 风险控制 基础管理	18 15 16 13 14
资产质量状况	22	总资产周转率 应收账款周转率	10 12	不良资产比率 流动资产周转率 资产现金回收率	9 7 6	人力资源 行业影响 社会贡献	8 8 8

（续表）

评价内容	权数	财务绩效（70%）				管理绩效（30%）	
		基本指标	权数	修正指标	权数	评议指标	权数
债务风险状况	22	资产负债率	12	速动比率	6		
				现金流动负债比率	6		
		已获利息倍数	10	带息负债比率	5		
				或有负债比率	5		
经营增长状况	22	销售（营业）收入增长率	12	销售（营业）利润增长率	10		
				总资产增长率	7		
		资本保值增值率	10	技术投入比率	5		

三、企业综合绩效评价指标的计算公式和基本内容

（一）基本指标

① 净资产收益率 = 净利润 ÷ 平均净资产 × 100%

　平均净资产 = （年初所有者权益 + 年末所有者权益）÷ 2

② 总资产报酬率 = （利润总额 + 利息支出）÷ 平均资产总额 × 100%

　平均资产总额 = （年初资产总额 + 年末资产总额）÷ 2

③ 总资产周转率（次）= 营业收入 ÷ 平均资产总额

④ 应收账款周转率（次）= 营业收入 ÷ 应收账款平均余额

　应收账款平均余额 = （年初应收账款余额 + 年末应收账款余额）÷ 2

　应收账款余额 = 应收账款净额 + 应收账款坏账准备

⑤ 资产负债率 = 负债总额 ÷ 资产总额 × 100%

⑥ 已获利息倍数 = （利润总额 + 利息支出）÷ 利息支出

⑦ 销售（营业）增长率 = （本年营业收入总额 − 上年营业收入总额）÷ 上年营业收入总额 × 100%

⑧ 资本保值增值率 = 扣除客观增减因素的年末国有资本及权益 ÷ 年初国有资本及权益 × 100%

（二）修正指标

① 销售（营业）利润率 = 营业利润 ÷ 营业收入 × 100%

② 盈余现金保障倍数 = 经营现金净流量 ÷ （净利润 + 少数股东权益）

③ 成本费用利润率 = 利润总额 ÷ 成本费用总额 × 100%

　成本费用总额 = 营业成本 + 税金及附加 + 销售费用 + 管理费用 + 研发费用 + 财务费用

④ 资本收益率 = 净利润 ÷ 平均资本 × 100%

　平均资本 = $\dfrac{(年初实收资本+年初资本公积)+(年末实收资本+年末资本公积)}{2}$

⑤ 不良资产比率 =（资产减值准备余额 + 应提未提和应摊未摊的潜亏挂账 + 未处理资产损失）÷（资产总额 + 资产减值准备余额）× 100%

⑥ 流动资产周转率（次）= 营业收入 ÷ 平均流动资产总额

平均流动资产总额 =（年初流动资产总额 + 年末流动资产总额）÷ 2

⑦ 资产现金回收率 = 经营净现金流量 ÷ 平均资产总额 × 100%

⑧ 速动比率 = 速动资产 ÷ 流动负债 × 100%
　　　　　=（流动资产 - 存货）÷ 流动负债 × 100%

⑨ 现金流动负债比率 = 经营净现金流量 ÷ 流动负债 × 100%

⑩ 带息负债比率 =（短期借款 + 一年内到期的长期负债 + 长期借款 + 应付债券 + 应付利息）÷ 负债总额 × 100%

⑪ 或有负债比率 = 或有负债余额 ÷（所有者权益 + 少数股东权益）× 100%

或有负债余额 = 已贴现承兑汇票 + 担保余额 + 贴现与担保外的被诉事项金额 + 其他或有负债

⑫ 销售（营业）利润增长率 =（本年营业利润总额 - 上年营业利润总额）÷ 上年营业利润总额 × 100%

⑬ 总资产增长率 =（年末资产总额 - 年初资产总额）÷ 年初资产总额 × 100%

⑭ 技术投入比率 = 本年科技支出合计 ÷ 营业收入 × 100%

其中,"科技支出"是指企业当年技术转让费支出与研究开发实际投入数额,包括企业当年研究开发新技术、新工艺等具有创新性质项目的实际支出,以及购买新技术实际支出列入当年管理费用的部分。技术投入比率从企业的技术创新方面反映企业的发展潜力和可持续发展能力。

（三）管理绩效

企业管理绩效定性评价指标包括战略管理、发展创新、经营决策、风险控制、基础管理、人力资源、行业影响、社会贡献等八个方面的指标,主要反映企业在一定经营期间所采取的各项管理措施及其管理成效。

（1）战略管理评价主要反映企业所制定战略规划的科学性、战略规划是否符合企业实际、员工对战略规划的认知程度、战略规划的保障措施及其执行力以及战略规划的实施效果等方面的情况。

（2）发展创新评价主要反映企业在经营管理创新、工艺革新、技术改造、新产品开发、品牌培育、市场拓展、专利申请以及核心技术研发等方面的措施与成效。

（3）经营决策评价主要反映企业在决策管理、决策程序、决策方法、决策执行、决策监督、责任追究等方面采取的措施及实施效果,重点反映企业是否存在重大经营决策失误。

（4）风险控制评价主要反映企业在财务风险、市场风险、技术风险、管理风险、信用风险和道德风险等方面的管理与控制措施及效果,包括风险控制标准、风险评估程序、风险防范与化解措施等。

（5）基础管理评价主要反映企业在制度建设、内部控制、重大事项管理、信息化建设、标准化管理等方面的情况,包括财务管理、对外投资、采购与销售、存货管理、质量管理、安全管理、法律事务等。

（6）人力资源评价主要反映企业人才结构、人才培养、人才引进、人才储备、人事调配、员工绩效管理、分配与激励、企业文化建设、员工工作热情等方面的情况。

（7）行业影响评价主要反映企业主营业务市场占有率、对国民经济及区域经济的影响与带动力、主要产品的市场认可程度、是否具有核心竞争能力及产业引导能力等方面的情况。

（8）社会贡献评价主要反映企业在资源节约、环境保护、吸纳就业、工资福利、安全生产、上缴税收、商业诚信、和谐社会建设等方面的贡献程度以及社会责任的履行情况。

四、企业综合绩效评价计分

企业综合绩效评价计分方法采取功效系数法和综合分析判断法。其中，功效系数法用于财务绩效定量评价指标的计分，综合分析判断法用于管理绩效定性评价指标的计分。

（一）基本指标的评价计分

财务绩效定量评价基本指标计分是按照功效系数法计分原理，将评价指标实际值对照行业评价标准值，按照规定的计分公式计算各项基本指标的得分。

财务绩效基本指标的行业评价标准值由国务院国资委考核分配局每年编制《企业绩效评价标准值》予以发布。不同行业、不同规模（大型、中型、小型）的企业有不同的标准值。例如，小型电机制造业的标准值如表 14-11 所示。

表 14-11 小型电机制造业的标准值

项目	优秀值 （1.0）	良好值 （0.8）	平均值 （0.6）	较低值 （0.4）	较差值 （0.2）
1. 盈利能力状况					
① 净资产收益率	16.5%	12.4%	8.5%	3.6%	-1.5%
② 总资产报酬率	6.0%	4.1%	3.9%	-0.4%	-4.3%
③ 营业利润率	23.0%	17.1%	11.2%	4.7%	-0.2%
④ 盈余现金保障倍数	6.2	2.0	0.4	-1.5	-6.7
⑤ 成本费用利润率	9.0%	4.9%	2.0%	0.4%	-14.7%
⑥ 资本收益率	3.7%	2.9%	1.0%	0.2%	-7.7%
2. 资产质量状况					
⑦ 总资产周转率	1.5	0.7	0.3	0.2	0.1
⑧ 应收账款周转率	10.3	6.6	3.0	1.8	1.2
⑨ 不良资产比率	0.6%	4.1%	9.5%	17.5%	25.6%
⑩ 流动资产周转率	2.3	1.4	0.5	0.2	0.1
⑪ 资产现金回收率	10.4%	3.2%	0.4%	-2.8%	-6.8%

(续表)

项目	优秀值 (1.0)	良好值 (0.8)	平均值 (0.6)	较低值 (0.4)	较差值 (0.2)
3. 债务风险状况					
⑫ 资产负债率	58.5%	73.6%	87.8%	93.3%	98.2%
⑬ 已获利息倍数	2.4	1.2	0.1	-2.0	-5.3
⑭ 速动比率	1.451	0.991	0.621	0.445	0.300
⑮ 现金流动负债比率	16.4%	9.9%	5.0%	2.0%	-7.2%
⑯ 带息负债比率	17.4%	28.6%	39.3%	50.2%	61.2%
⑰ 或有负债比率	0.4%	1.3%	6.0%	14.5%	23.8%
4. 经营增长状况					
⑱ 营业收入增长率	16.0%	9.6%	3.0%	-4.0%	-21.2%
⑲ 资本保值增值率	104.5%	102.6%	100.5%	94.5%	92.1%
⑳ 营业利润增长率	14.7%	7.1%	-8.7%	-17.1%	-22.7%
㉑ 总资产增长率	5.9%	2.0%	-5.3%	-12.8%	-20.0%
㉒ 技术投入比率	0.8%	0.4%	0.2%	0.1%	0.0%

资料来源:国务院国资委考核分配局编制的《企业绩效评价标准值》,经济科学出版社出版。

1. 单项指标得分的计算

$$单项基本指标得分 = 本档基础分值 + 调整分值$$

$$本档基础分值 = 指标权数 \times 本档标准系数$$

$$调整分值 = 功效系数 \times (上档基础分值 - 本档基础分值)$$

$$= \frac{实际值 - 本档标准值}{上档标准值 - 本档标准值} \times \left(指标权数 \times 上档标准系数 - 本档基础分值 \right)$$

说明,"本档标准值"是指上下两档标准值居于较低等级一档。

例 14-4 夏宇工厂是生产电机的一家小型工业企业,属于机械工业大类下电气机械及器材制造业中的电机制造业,因此要选择"小型电机制造业的标准值"作为计算依据。20×2 年夏宇工厂平均净资产为 3 432 933 元,当年净利润为 707 865 元,净资产收益率为 20.6%(707 820÷3 432 933×100%);平均总资产为 5 731 282 元,当年利润总额为 943 820 元、利息支出为 150 045 元(计入财务费用的利息),总资产报酬率为 24.3%[(943 820+150 045)÷5 731 282×100%],已获利息倍数为 7.3[(943 820+150 045)÷150 045];当年营业收入为 7 298 385 元(上年营业收入为 6 554 600 元),总资产周转率为 1.3(7 298 385÷5 731 282),营业收入增长率为 11.3%(7 298 385÷6 554 600-100%);平均应收账款为 410 525 元,应收账款周转率为 17.8(7 298 385÷410 525);平均负债为 2 298 349 元,资产负债率为 40.1%(2 298 349÷5 731 282×100%);当年末国家所有者权益扣除客观因素后为 2 930 532 元,上年末国家所有者权益为 2 489 680 元,资本保值增值率为 117.7%(2 930 532÷2 489 680×100%)。

(1) 夏宇工厂净资产收益率得分的计算。对照表14-11"小型电机制造业的标准值"中"净资产收益率"数值,夏宇工厂净资产收益率20.6%超过"优秀值"(16.5%)水平,可以得到该指标的最高权数分。就一般情况而言,基本指标的实际得分不能超过指标权数分。当基本指标的实际值大于等于优秀值时,该指标的得分是指标权数分;当基本指标的实际值小于较差值时,该指标得分为0。

  本档基础分值 = 指标权数 × 本档标准系数 = 20 × 1.0 = 20(分)

  调整分值 = 0

  夏宇工厂净资产收益率得分 = 本档基础分值 + 调整分值 = 20 + 0 = 20(分)

(2) 夏宇工厂总资产报酬率得分的计算。夏宇工厂总资产报酬率为24.3%,超过"优秀值"(6.0%)水平。

  本档基础分值 = 指标权数 × 本档标准系数 = 14 × 1.0 = 14(分)

  调整分值 = 0

  夏宇工厂总资产报酬率得分 = 本档基础分值 + 调整分值 = 14 + 0 = 14(分)

(3) 夏宇工厂总资产周转率得分的计算。夏宇工厂总资产周转率为1.3,在"优秀值"(1.5)和"良好值"(0.7)之间,需要调整。按公式计算"本档基础分值"(其权数见表14-10,其系数见表14-11)(其他指标计算方法与此相同)。

  本档基础分值 = 指标权数 × 本档标准系数 = 10 × 0.8 = 8(分)

$$调整分值 = \frac{实际值 - 本档标准值}{上档标准值 - 本档标准值} \times \left(\begin{matrix}指标\\权数\end{matrix} \times \begin{matrix}上档标\\准系数\end{matrix} - \begin{matrix}本档\\基础分\end{matrix}\right)$$

$$= \frac{1.3 - 0.7}{1.5 - 0.7} \times (10 \times 1.0 - 10 \times 0.8) = 0.75 \times 2 = 1.50(分)$$

  夏宇工厂总资产周转率得分 = 本档基础分值 + 调整分值 = 8 + 1.50 = 9.50(分)

(4) 夏宇工厂应收账款周转率得分的计算。夏宇工厂应收账款周转率为17.8,超过"优秀值"(10.3)水平。

  本档基础分值 = 指标权数 × 本档标准系数 = 12 × 1.0 = 12(分)

  调整分值 = 0

  夏宇工厂应收账款周转率得分 = 本档基础分值 + 调整分值 = 12 + 0 = 12(分)

(5) 夏宇工厂资产负债率得分的计算。夏宇工厂资产负债率为40.1%,好于"优秀值"(58.5%)水平。

  本档基础分值 = 指标权数 × 本档标准系数 = 12 × 1.0 = 12(分)

  调整分值 = 0

  夏宇工厂应收账款周转率得分 = 本档基础分值 + 调整分值 = 12 + 0 = 12(分)

  上述分析说明,若企业的资产负债率大于等于100%,则其标准系数为0。

(6) 夏宇工厂已获利息倍数得分的计算。夏宇工厂已获利息倍数为7.3,超过"优秀值"(2.4)水平。

  本档基础分值 = 指标权数 × 本档标准系数 = 10 × 1.0 = 10(分)

  调整分值 = 0

  夏宇工厂应收账款周转率得分 = 本档基础分值 + 调整分值 = 10 + 0 = 10(分)

(7) 夏宇工厂营业收入增长率得分的计算。夏宇工厂营业收入增长率为 11.3%,在"优秀值"(16.0%)和"良好值"(9.6%)之间。

本档基础分值 = 指标权数 × 本档标准系数 = 12 × 0.8 = 9.6(分)

$$调整分值 = \frac{实际值 - 本档标准值}{上档标准值 - 本档标准值} \times \left(\begin{matrix}指标\\权数\end{matrix} \times \begin{matrix}上档标\\准系数\end{matrix} - \begin{matrix}本档\\基础分\end{matrix}\right)$$

$$= \frac{11.3\% - 9.6\%}{16.0\% - 9.6\%} \times (12 \times 1.0 - 12 \times 0.8) = 0.2656 \times 2.4 = 0.64(分)$$

夏宇工厂总资产周转得分值 = 本档基础分值 + 调整分值 = 9.6 + 0.64 = 10.24(分)

(8) 夏宇工厂资本保值增值率得分的计算。夏宇工厂资本保值增值率为 117.7%,超过"优秀值"(104.5%)水平。

本档基础分值 = 指标权数 × 本档标准系数 = 10 × 1.0 = 10(分)

调整分值 = 0

夏宇工厂应收账款周转率得分 = 本档基础分值 + 调整分值 = 10 + 0 = 10(分)

2. 基本指标总得分的计算

$$基本指标总得分 = \sum 单项基本指标得分$$

夏宇工厂 20×2 年基本指标总得分 = 20 + 14 + 9.5 + 12 + 12 + 10 + 10.24 + 10
= 97.74(分)

夏宇工厂 20×2 年基本指标得分汇总如表 14-12 所示。

表 14-12 夏宇工厂 20×2 年基本指标得分汇总

类别	基本指标 (1)	权数 (2)	单项指标得分 (3)	分类指标得分 (4)	基本指标分析系数 (5) = (4) ÷ (2)
盈利能力状况	净资产收益率	20	20.00	34.00	34 ÷ (20 + 14) = 1.0
	总资产报酬率	14	14.00		
资产质量状况	总资产周转率	10	9.50	21.50	21.5 ÷ (10 + 12) = 0.977
	应收账款周转率	12	12.00		
债务风险状况	资产负债率	12	12.00	22.00	22 ÷ (10 + 12) = 1.0
	已获利息倍数	10	10.00		
经营增长状况	营业收入增长率	12	10.24	20.24	20.24 ÷ (12 + 10) = 0.92
	资本保值增值率	10	10.00		
基本指标总分		100		97.74	

(二)修正指标系数及总得分的计算

财务绩效定量评价修正指标的计分是在基本指标计分结果的基础上,运用功效系数法原理,分别计算盈利能力、资产质量、债务风险和经营增长四个部分的综合修正系数,再据此计算出修正后的分值。

1. 某部分综合修正系数的计算

第一步,计算某指标单项修正系数,计算公式为:

某指标单项修正系数 = 1.0 + (本档标准系数 + 功效系数 × 0.2 − 该部分基本指标分析系数)

其中,某部分基本指标分析系数 = 该部分基本指标得分/该部分权数,单项修正系数控制修正幅度为 0.7—1.3。

第二步,计算某指标加权修正系数,计算公式为:

某指标加权修正系数 = (修正指标权数 ÷ 该部分权数) × 该指标单项修正系数

其中,修正指标权数、该部分权数见表 14-10。如营业利润率修正指标权数为 10,盈利能力部分总权数为 34(10 + 9 + 8 + 7)。

第三步,计算某部分综合修正系数,计算公式为:

$$\text{某部分综合修正系数} = \sum \text{该部分各修正指标加权修正系数}$$

(1)盈利能力状况修正指标系数的计算。盈利能力部分基本指标分析系数为 1(见表 14-12)。

① 销售(营业)利润率 = 营业利润 ÷ 营业收入 × 100%

夏宇工厂 20×2 年实施新会计准则后营业利润率

= 利润总额 ÷ 营业收入 × 100%

= 943 820 ÷ 7 298 385 × 100% = 13.11%

查表 14-11 中营业利润率(13.11%)在良好值(17.1%)和平均值(11.2%)之间,本档(平均值)标准系数为 0.6。

$$\frac{\text{营业利润率}}{\text{功效系数}} = \frac{\text{实际值} - \text{本档标准值}}{\text{上档标准值} - \text{本档标准值}} = \frac{13.11\% - 11.2\%}{17.1\% - 11.2\%} = 0.32$$

营业利润率指标单项修正系数 = 1.0 + (本档标准系数 + 功效系数 × 0.2 − 该部分基本指标分析系数) = 1.0 + (0.6 + 0.32 × 0.2 − 1) = 0.664。

修正系数取 0.7,因为单项修正系数控制修正幅度为 0.7—1.3。

营业利润率指标加权修正系数 = (修正指标权数 ÷ 该部分权数) × 该指标单项修正系数 = (10 ÷ 34) × 0.7 = 0.2059

② 盈余现金保障倍数 = 经营净现金流量 ÷ (净利润 + 少数股东权益)

夏宇工厂 20×2 年经营净现金流量为 7 840 240 元,净利润为 707 865 元,则:

盈余现金保障倍数 = 7 840 240 ÷ (707 865 + 0) = 11.1

夏宇工厂盈余现金保障倍数(11.1)超过小型电机制造业优秀值 6.2("优秀值"档标准系数为 1.0)。根据《中央企业综合绩效评价实施细则》的规定,若修正指标实际值达到优秀值以上,则其单项修正系数的计算公式为:

单项修正系数 = 1.2 + 本档标准系数 − 该部分基本指标分析系数

夏宇工厂盈余现金保障倍数指标修正系数 = 1.2 + 本档标准系数 − 该部分基本指标分析系数 = 1.2 + 1.0 − 1 = 1.2

《中央企业综合绩效评价实施细则》规定:盈余现金保障倍数的分子为正数、分母为负数,单项修正系数确定为 1.1;分子为负数、分母为正数,单项修正系数确定为 0.9;分子分母同为负数,单项修正系数确定为0.8。

盈余现金保障倍数指标加权修正系数 =(修正指标权数÷该部分权数)×该指标单项修正系数 =(9÷34)×1.2 = 0.3176

③ 成本费用利润率 = 利润总额÷成本费用总额×100%

夏宇工厂20×2年利润总额为943 820元、营业成本为5 274 893元、税金及附加为41 756元、销售费用为214 663元、管理费用为684 155元、财务费用为150 045元,则:

成本费用利润率 = 943 820÷(5 274 893 + 41 756 + 214 663 + 684 155 + 150 045)×100% = 14.8%

夏宇工厂成本费用利润率(14.8%)超过小型电机制造业优秀值9.0%,其修正系数的计算公式为:

夏宇工厂成本费用利润率指标修正系数 = 1.2 + 本档标准系数 - 该部分基本指标分析系数 = 1.2 + 1.0 - 1 = 1.2

成本费用利润率指标加权修正系数 =(修正指标权数÷该部分权数)×该指标单项修正系数 =(8÷34)×1.2 = 0.2824

④ 资本收益率 = 净利润÷平均资本×100%

夏宇工厂20×2年净利润为707 865元、年初实收资本为2 814 000元、年初资本公积为23 000元、年末实收资本为2 814 000元、年末资本公积为67 600元,则:

资本收益率 = 707 865÷[(2 814 000 + 23 000 + 2 814 000 + 67 600)÷2]×100% = 707 865÷2 859 300×100% = 24.8%

夏宇工厂资本收益率(24.8%)超过小型电机制造业优秀值3.7%,其修正系数的计算公式为:

夏宇工厂资本收益率指标修正系数 = 1.2 + 本档标准系数 - 该部分基本指标分析系数 = 1.2 + 1.0 - 1 = 1.2

资本收益率指标加权修正系数 =(修正指标权数÷该部分权数)×该指标单项修正系数 =(7÷34)×1.2 = 0.2470

根据以上四项盈利能力指标加权修正系数的计算结果,即可计算得出盈利能力部分综合修正系数为:

盈利能力部分综合修正系数 = $\sum$ 该部分各修正指标加权修正系数
= 0.2059 + 0.3176 + 0.2824 + 0.2470 = 1.0529

(2)资产质量状况修正指标系数的计算如下:

⑤ 不良资产比率 =(资产减值准备余额 + 应提未提和应摊未摊的潜亏挂账 + 未处理资产损失)÷(资产总额 + 资产减值准备余额)×100%

夏宇工厂20×1年没有不良资产,其不良资产比率为0。超过小型电机制造业优秀值0.6,该指标修正系数为1.2(计算方法同前)。

《中央企业综合绩效评价实施细则》规定:不良资产比率≥100%或分母为负数,单项修正系数确定为0.8。

不良资产比率指标加权修正系数 =（修正指标权数÷该部分权数）× 该指标单项修正系数 =（9÷22）× 1.2 = 0.4909

⑥ 流动资产周转率（次）= 营业收入÷平均流动资产总额
$$= 7\ 298\ 385 ÷ 2\ 658\ 672 = 2.75$$

夏宇工厂流动资产周转率为 2.75，在小型电机制造业优秀值（2.3）以上，本档（优秀值）标准系数为 1.0，资产质量部分基本指标分析系数为 0.977（见表 14-12），则：

$$\frac{流动资产周转率}{功效系数} = \frac{实际值 - 本档标准值}{上档标准值 - 本档标准值} = \frac{2.75 - 2.3}{2.75 - 2.3} = 1.0$$

流动资产周转率指标单项修正系数 = 1.0 +（本档标准系数 + 功效系数 × 0.2 - 该部分基本指标分析系数）= 1.0 +（1.0 + 1.0 × 0.2 - 0.977）= 1.223（在规定的修正幅度 0.7—1.3 之间，取 1.223）

流动资产周转率指标加权修正系数 =（修正指标权数÷该部分权数）× 该指标单项修正系数 =（7÷22）× 1.223 = 0.3891

⑦ 资产现金回收率 = 经营现金净流量÷平均资产总额 × 100%
$$= 7\ 840\ 240 ÷ 5\ 731\ 282 × 100\%$$
$$= 136.8\%（超过行业优秀值 10.4\%）$$

夏宇工厂资产现金回收率指标为 136.8%，超过行业优秀值 10.4%，修正系数为 1.2。

资产现金回收率指标加权修正系数 =（修正指标权数÷该部分权数）× 该指标单项修正系数 =（6÷22）× 1.2 = 0.3273

根据以上三项资产质量指标加权修正系数的计算结果，即可计算得出资产质量部分综合修正系数为：

资产质量部分综合修正系数 = $\sum$ 该部分各修正指标加权修正系数
$$= 0.4909 + 0.3891 + 0.3273 = 1.2073$$

（3）债务风险状况修正指标系数的计算如下：

⑧ 速动比率 = 速动资产÷流动负债 × 100% =（流动资产 - 存货）÷流动负债 × 100%
$$=（2\ 658\ 672 - 1\ 328\ 544）÷ 1\ 507\ 471 × 100\% = 0.882$$

夏宇工厂速动比率为 0.882，在小型电机制造业良好值（0.991）和平均值（0.621）之间，本档（平均值）标准系数为 0.6，债务风险部分基本指标分析系数为 1.0（见表 14-12），则：

$$\frac{速动比率}{功效系数} = \frac{实际值 - 本档标准值}{上档标准值 - 本档标准值} = \frac{0.882 - 0.621}{0.991 - 0.621} = 0.71$$

速动比率指标单项修正系数 = 1.0 +（本档标准系数 + 功效系数 × 0.2 - 该部分基本指标分析系数）= 1.0 +（0.6 + 0.71 × 0.2 - 1.0）= 0.742（在规定的修正幅度 0.7—1.3 之间，取 0.742）

速动比率指标加权修正系数 =（修正指标权数÷该部分权数）× 该指标单项修正系数 =（6÷22）× 0.742 = 0.2024

⑨ 现金流动负债比率 = 经营净现金流量÷流动负债 × 100%
$$= 7\ 840\ 240 ÷ 1\ 507\ 471 × 100\% = 5.2$$

夏宇工厂现金流动负债比率为 5.2,在小型电机制造业良好值(9.9)和平均值(5.0)之间,本档(平均值)标准系数为 0.6,债务风险部分基本指标分析系数为 1.0(见表 14-12),则:

$$\frac{\text{现金流动负债比率}}{\text{功效系数}} = \frac{\text{实际值} - \text{本档标准值}}{\text{上档标准值} - \text{本档标准值}} = \frac{5.2 - 5.0}{9.9 - 5.0} = 0.04$$

现金流动负债比率指标单项修正系数 = 1.0 + (本档标准系数 + 功效系数 × 0.2 - 该部分基本指标分析系数) = 1.0 + (0.6 + 0.04 × 0.2 - 1.0) = 0.608(取 0.7,因为单项修正系数控制修正幅度为 0.7—1.3)

现金流动负债比率指标加权修正系数 = (修正指标权数 ÷ 该部分权数) × 该指标单项修正系数 = (6 ÷ 22) × 0.7 = 0.1909

⑩ 带息负债比率 = (短期借款 + 一年内到期的长期负债 + 长期借款 + 应付债券 + 应付利息) ÷ 负债总额 × 100%
= (439 700 + 199 821 + 660 031 + 124 247 + 0) ÷ 2 298 349 × 100%
= 61.9%

夏宇工厂带息负债比率为 61.9%,低于小型电机制造业较差值(61.2%)。根据《中央企业综合绩效评价实施细则》的规定,若修正指标实际值处于较差值以下,则其单项修正系数的计算公式为:

单项修正系数 = 1.0 - 该部分基本指标分析系数

夏宇工厂带息负债比率指标修正系数 = 1.0 - 该部分基本指标分析系数 = 1.0 - 1.0 = 0
带息负债比率指标加权修正系数 = (修正指标权数 ÷ 该部分权数) × 该指标单项修正系数 = (5 ÷ 22) × 0 = 0

⑪ 或有负债比率 = 或有负债余额 ÷ (所有者权益 + 少数股东权益) × 100%

夏宇工厂没有或有负债,即或有负债比率为 0,高于小型电机制造业优秀值 0.4%,其修正系数为 1.2。

或有负债比率指标加权修正系数 = (修正指标权数 ÷ 该部分权数) × 该指标单项修正系数 = (5 ÷ 22) × 1.2 = 0.2727

根据以上四项债务风险指标加权修正系数的计算结果,即可计算得出债务风险部分综合修正系数为:

债务风险部分综合修正系数 = ∑ 该部分各修正指标加权修正系数
= 0.2024 + 0.1909 + 0 + 0.2727 = 0.6660

(4) 经营增长状况修正指标系数的计算如下:

⑫ 销售(营业)利润增长率 = (本年营业利润总额 - 上年营业利润总额) ÷ 上年营业利润总额 × 100%

夏宇工厂营业利润增长率 = (本年营业利润 - 上年营业利润) ÷ 上年营业利润 × 100% = (984 106 - 879 700) ÷ 879 700 × 100% = 11.9%

夏宇工厂营业利润增长率为 11.9%,在小型电机制造业优秀值(16.0%)和良好值(9.6%)之间,本档(良好值)标准系数为 0.8,经营增长部分基本指标分析系数为 0.92(见表 14-12),则:

$$\frac{营业利润增长率}{功效系数} = \frac{实际值 - 本档标准值}{上档标准值 - 本档标准值} = \frac{11.9\% - 9.6\%}{16.0\% - 9.6\%} = 0.36$$

营业利润增长率指标单项修正系数 = 1.0 + (本档标准系数 + 功效系数 × 0.2 - 该部分基本指标分析系数) = 1.0 + (0.8 + 0.36 × 0.2 - 0.92) = 0.952(在规定的修正幅度 0.7—1.3 之间,取 0.952)

营业利润增长率指标加权修正系数 = (修正指标权数 ÷ 该部分权数) × 该指标单项修正系数 = (10 ÷ 22) × 0.952 = 0.4327

《中央企业综合绩效评价实施细则》规定:对于销售(营业)利润增长率指标,若上年营业利润为负数、本年为正数,则单项修正系数为 1.1;若上年营业利润为零、本年为正数,或者上年为负数、本年为零,则单项修正系数确定为 1.0。

⑬ 总资产增长率 = (年末资产总额 - 年初资产总额) ÷ 年初资产总额 × 100%
= (5 892 863 - 5 569 700) ÷ 5 569 700 × 100% = 5.8%

夏宇工厂总资产增长率为 5.8%,在小型电机制造业优秀值(5.9%)和良好值(2.0%)之间,本档(良好值)标准系数为 0.8,经营增长部分基本指标分析系数为 0.92(见表 14-12),则:

$$\frac{总资产增长率}{功效系数} = \frac{实际值 - 本档标准值}{上档标准值 - 本档标准值} = \frac{5.8\% - 2.0\%}{5.9\% - 2.0\%} = 0.97$$

总资产增长率指标单项修正系数 = 1.0 + (本档标准系数 + 功效系数 × 0.2 - 该部分基本指标分析系数) = 1.0 + (0.8 + 0.97 × 0.2 - 0.92) = 1.074(在规定的修正幅度 0.7—1.3 之间,取 1.074)

总资产增长率指标加权修正系数 = (修正指标权数 ÷ 该部分权数) × 该指标单项修正系数 = (7 ÷ 22) × 1.074 = 0.3417

⑭ 技术投入比率 = 本年科技支出合计 ÷ 营业收入 × 100%

夏宇工厂技术投入比率 = 研发费用 ÷ 营业收入 × 100%
= 116 800 × 7 298 385 × 100% = 1.6%

夏宇工厂技术投入比率指标为 1.6%,超过小型电机制造业优秀值 0.8%,修正系数为 1.2。

技术投入比率指标加权修正系数 = (修正指标权数 ÷ 该部分权数) × 该指标单项修正系数 = (5 ÷ 22) × 1.2 = 0.2727

根据以上三项经营增长指标加权修正系数的计算结果,即可计算得出经营增长部分综合修正系数为:

经营增长部分综合修正系数 = $\sum$ 该部分各修正指标加权修正系数
= 0.4327 + 0.3417 + 0.2727 = 1.0471

2. 修正后总得分的计算

修正后总得分的计算分两个步骤。

第一步,计算各部分修正后得分,计算公式为:

各部分修正后得分 = 各部分基本指标分数 × 该部分综合修正系数

第二步,计算修正后总得分,计算公式为:

$$修正后总得分 = \sum 各部分修正后得分$$

根据表 14-12 夏宇工厂 20×2 年 8 个基本指标得分和上述 14 个修正指标得分编制夏宇工厂 20×2 年综合绩效修正后总得分(见表 14-13)。

表 14-13 夏宇工厂 20×2 年综合绩效修正后总得分

项目	基本指标得分 (1)	修正指标系数 (2)	修正后得分 (3)=(1)×(2)
盈利能力状况	34.00	1.0529	35.7986
资产质量状况	21.50	1.1227	24.1381
债务风险状况	22.00	0.6660	14.6520
经营增长状况	20.24	1.0471	21.1933
定量指标总得分	97.74	—	95.7800

(三)管理绩效定性指标的评价计分

管理绩效定性评价指标的计分一般通过专家评议打分方式完成。聘请的专家应不少于 7 名。评议专家应当在充分了解企业管理绩效状况的基础上,对照评价参考标准,采取综合分析判断法,对企业管理绩效指标做出分析评议,评判各项指标所处的水平档次,并直接给出评价分数。其计分公式为:

$$管理绩效定性评价指标分数 = \sum 单项指标分数$$

$$单项指标分数 = \left(\sum 每位专家给定的单项指标分数 \right) \div 专家人数$$

1. 组织每个专家打分

专家评议打分可设计专家评议指标等级表的形式进行。以下是一位专家的打分情况(见表 14-14)。

表 14-14 专家评议指标等级表

评议指标	权数	等级(参数)				
		优(1.0)	良(0.8)	中(0.6)	低(0.4)	差(0.2)
1. 战略管理	18		√			
2. 发展创新	15			√		
3. 经营决策	16		√			
4. 风险控制	13			√		
5. 基础管理	14	√				
6. 人力资源	8		√			
7. 行业影响	8				√	
8. 社会贡献	8			√		

2. 汇总全部专家得分

$$单项评议指标分数 = \sum \left(单项评议指标权数 \times 各评议专家给定等级参数 \right) \div 评议专家人数$$

例如，夏宇工厂有 7 名评议专家，对管理绩效中"战略管理"指标评议的结果为：优秀 2 人、良好 4 人、中等 1 人，则：

$$战略管理指标专家评议得分 = [(18 \times 1.0 \times 2) + (18 \times 0.8 \times 4) + (18 \times 0.6 \times 1)] \div 7 = 14.9(分)$$

其他各项指标的计算方法与此相同。其他 7 项指标专家评议结果分别为 14、15、12、14、7.6、6、7.5，则：

$$专家评议指标总得分 = 14.9 + 14 + 15 + 12 + 14 + 7.6 + 6 + 7.5 = 91(分)$$

（四）综合评价结果及定级

在得出财务绩效定量评价分数和管理绩效定性评价分数后，应当按照规定的权重，耦合形成综合绩效评价分数。其计算公式为：

企业综合绩效评价分数 = 财务绩效定量评价分数 × 70% + 管理绩效定性评价分数 × 30%

夏宇工厂 20×2 年综合绩效评价分数 = 95.78 × 70% + 91 × 30% = 94.35 ≈ 94(分)

《中央企业综合绩效评价实施细则》规定了优（A）、良（B）、中（C）、低（D）、差（E）五个等级的分值（见表 14-15）。

表 14-15　企业综合绩效评级表

等级	级别	分数
优（A）	A++	95 分以上
	A+	90—94 分
	A	85—89 分
良（B）	B+	80—84 分
	B	75—79 分
	B-	70—74 分
中（C）	C	60—69 分
	C-	50—59 分
低（D）	D	40—49 分
差（E）	E	39 分及以下

对照表 14-15，夏宇工厂 20×2 年综合绩效评价分数为 94 分，属于优秀（A+）级。

（五）各年度评价及比较

在评价企业领导任期财务绩效时，应当运用任期各年度评价标准分别对各年度财务绩效定量指标进行计分，再计算任期平均分数，作为任期财务绩效定量评价分数。其计算公式为：

任期财务绩效定量评价分数 = $\sum$(任期各年度财务绩效定量评价分数)÷任期年数

在得出评价分数以后,应当计算年度之间的绩效改进度,以反映企业各年度之间经营绩效的变化状况。其计算公式为:

绩效改进度 = 本期绩效评价分数 ÷ 基期绩效评价分数

绩效改进度大于1,说明经营绩效上升;绩效改进度小于1,说明经营绩效下滑。

(六)综合评价得分的奖励与惩罚

1. 奖励内容及得分

《中央企业综合绩效评价实施细则》规定,对于经济效益上升幅度显著、经营规模较大、有重大科技创新的企业,应当给予适当加分,以充分反映不同企业努力程度和管理难度,激励企业加强科技创新。具体的加分方法如下:

(1)效益提升加分。企业年度净资产收益率增长率和利润增长率超过行业平均增长水平10%—40%加1—2分,超过40%—100%加3—4分,超过100%加5分。

(2)管理难度加分。企业年度平均资产总额超过全部监管企业年度平均资产总额的给予加分,其中工业企业超过平均资产总额每100亿元加0.5分,非工业企业超过平均资产总额每60亿元加0.5分,最多加5分。

(3)重大科技创新加分。重大科技创新加分包括两个方面:企业承担国家重大科技攻关项目并取得突破的,加3—5分;承担国家科技发展规划纲要目录内的重大科技专项主体研究,虽尚未取得突破但投入较大的,加1—2分。

(4)国资委认定的其他事项。以上加分因素合计不得超过15分,超过15分按15分计算。对加分前评价结果已经达到优秀水平的企业,加分因素按以下公式计算实际加分值:

$$实际加分值 = (1 - X\%) \times 6.6Y$$

其中,X表示评价得分,Y表示以上因素合计加分。

2. 惩罚内容及扣分

《中央企业综合绩效评价实施细则》规定,对被评价企业在评价期间(年度)发生以下不良重大事项,应当予以扣分:

(1)发生属于当期责任的重大资产损失事项,损失金额超过平均资产总额1%的,或者资产损失金额未超过平均资产总额1%但性质严重并造成重大社会影响的,扣5分;正常的资产减值准备计提不在此列。

(2)发生重大安全生产与质量事故,根据事故等级,扣3—5分。

(3)存在巨额表外资产且占合并范围资产总额20%以上的,扣3—5分。

(4)存在巨额逾期债务且逾期负债超过带息负债的10%,甚至发生严重债务危机的,扣2—5分。

(5)国资委认定的其他事项。

第五节 经济效益综合分析

一、财政部颁布的经济效益评价指标体系

1995年1月9日,财政部印发《企业经济效益评价指标体系(试行)》的通知,决定从1995年开始先在全国工业企业试行。尽管这种方法后来被前述"中央企业综合绩效评价"方法替代,但由于这种方法简便易行,各主管部门仍然将其作为评价行业或主管部门内部单位考核使用的方法。

(一) 10项经济效益指标

(1) 营业收入利润率。这是前文所称的销售(营业)利润率,是反映企业营业收入获取利润总额水平的指标。其计算公式为:

$$营业收入利润率 = \frac{利润总额}{营业收入} \times 100\%$$

营业收入利润率不完全同于前述营业利润率,营业利润率是"营业利润"占营业收入的比率。

(2) 总资产报酬率。它是反映企业全部资产获利能力的指标,计算公式为:

$$总资产报酬率 = \frac{利润总额 + 利息支出}{平均资产总额} \times 100\%$$

$$平均资产总额 = (期初资产总额 + 期末资产总额) \div 2$$

(3) 资本收益率。它是反映企业运用投资者投入资本获取收益的能力的指标,计算公式为:

$$资本收益率 = \frac{净利润}{实收资本} \times 100\%$$

(4) 资本保值增值率。它是反映投资者投入企业资本的完整性和保全程度的指标,计算公式为:

$$资本保值增值率 = \frac{期末所有者权益}{期初所有者权益} \times 100\%$$

资本保值增值率等于100%为资本保值,大于100%为资本增值。

(5) 资产负债率。它是反映企业举债经营状况的指标,计算公式为:

$$资产负债率 = \frac{负债总额}{资产总额} \times 100\%$$

(6) 流动比率或速动比率。它是反映企业短期偿债能力的指标,计算公式为:

$$流动比率 = \frac{流动资产}{流动负债}$$

$$速动比率 = \frac{流动资产 - 存货}{流动负债} = \frac{速动资产}{流动负债}$$

（7）应收账款周转率。它是反映企业应收账款回收速度的指标,计算公式为:

$$应收账款周转率 = \frac{营业收入}{平均应收账款余额} \times 100\%$$

$$应收账款平均余额 = \left[\left(年初应收账款净额 + 年初应收账款坏账准备\right) + \left(年末应收账款净额 + 年末应收账款坏账准备\right)\right] \div 2$$

（8）存货周转率。它是反映企业存货周转速度的指标,计算公式为:

$$存货周转率 = \frac{营业成本}{存货平均余额} \times 100\%$$

$$存货平均余额 = (期初存货余额 + 期末存货余额) \div 2$$

（9）社会贡献率。它是衡量企业运用全部资产为国家或社会创造或支付价值的能力的指标,计算公式为:

$$社会贡献率 = \frac{企业社会贡献总额}{平均资产总额} \times 100\%$$

企业社会贡献总额是企业为国家或社会创造或支付的价值总额,包括工资(奖金、津贴等工资性收入)、劳保退休统筹及其他社会福利支出,以及利息支出净额、应交增值税、应交税金及附加、应交所得税、其他税收、净利润等。

（10）社会积累率。它是衡量企业社会贡献总额中多少用于上缴国家财政的指标,计算公式为:

$$社会积累率 = \frac{上缴国家财政总额}{企业社会贡献总额} \times 100\%$$

上缴国家财政总额包括应交增值税、应交税金及附加、应交所得税、其他税收等。

以上第(1)—(4)项是从投资者角度考虑的指标;第(5)—(8)项是从债权人角度考虑的指标;第(9)—(10)项是从国家或社会角度考虑的指标。

（二）指标权数和综合分数

以上10项经济效益评价指标可以分别计分,参考全国行业平均值和国际参考标准确定标准值,计算出综合实际分数。其计算公式为:

$$综合实际分数 = \sum \left(权数分 \times \frac{实际值}{标准值}\right)$$

公式中"权数分"分别为:销售利润率为20分、总资产报酬率为12分、资本收益率为8分、资本保值增值率为10分、资产负债率为10分、流动比率(或速动比率)为10分、应收账款周转率为5分、存货周转率为5分、社会贡献率为12分、社会积累率为8分。

公式中标准值可运用朱学义《建立新经济效益全国标准值的探讨》(《财务与会计》1996年第4期)一文中的数据(见表14-16)。

对资产负债率综合实际分数的计算有特殊规定:若资产负债率小于60%,则权数分为10分;若资产负债率大于60%,则实际分数按下列公式计算:

$$资产负债率大于60\%实际考核得分 = \frac{实际值 - 不允许值100}{60 - 不允许值100} \times 权数分10$$

(三) 10 大经济效益指标应用举例

现以夏宇工厂 20×2 年实际情况为例,说明财政部 10 大经济效益指标考核评价体系的应用。具体计算及评价计分如表 14-16 所示。

表 14-16　夏宇工厂 20×2 年 10 大经济效益指标考核评价计分

指标	权数 (1)	全国标准值 (2)	企业实际值 (3)	加权值 (4) = (3) ÷ (2) × (1)
营业收入利润率	20	5.6%	12.93%	46.185
总资产报酬率	12	7.0%	19.09%	32.719
资本收益率	8	8.0%	25.16%	25.155
资本保值增值率	10	105.0%	119.00%	11.333
资产负债率	10	60.0%	40.10%	10.000
流动比率	10	1.6 次	1.76 次	11.023
应收账款周转率	5	6.0 次	17.78 次	14.815
存货周转率	5	3.5 次	3.97 次	5.672
社会贡献率	12	16.0%	18.0%	13.500
社会积累率	8	40.0%	30.0%	6.000
综合分数	100			176.400

计算结果表明,夏宇工厂 20×2 年综合经济效益得分为 176.40 分,是全国考核标准的 1.76 倍,经济效益很好。

二、国家统计局颁布考核的工业经济效益指标体系

1992 年 2 月,国家统计局制定了工业经济效益评价考核指标(六项指标)实施方案,从 1992 年第一季度开始正式执行。1993 年 5 月,国家统计局又对这六项指标的内容和计算方法进行了修改。1997 年 10 月,国家统计局、国家计划委员会和国家经济贸易委员会联合修订发布了《工业经济效益评价考核指标体系》,确定了评价考核的工业经济效益指标(七项)体系。

(一) 工业经济效益指标体系的内容

(1) 总资产贡献率。总资产贡献率反映企业全部资产的获利能力,是企业经营业绩和管理水平的集中体现,是评价和考核企业盈利能力的核心指标。其计算公式为:

$$总资产贡献率 = \frac{利润总额 + 税金总额 + 利息支出}{平均资产总额} \times \frac{12}{累计月数} \times 100\%$$

公式中,税金总额为税金及附加与应交增值税之和。

(2) 资本保值增值率。资本保值增值率反映所有者投入企业的资本是否得到保值和增值。其计算公式为:

$$资本保值增值率 = \frac{期末所有者权益}{期初所有者权益} \times 100\%$$

(3) 资产负债率。资产负债率既反映企业举债经营风险的大小,也反映企业利用债权人提供的资金从事经营活动的能力。其计算公式为:

$$资产负债率 = \frac{负债总额}{资产总额} \times 100\%$$

(4) 流动资产周转次数。流动资产周转次数指一定时期内流动资产完成的周转次数,反映投入(工业)企业流动资金的周转速度。其计算公式为:

$$流动资产周转次数 = \frac{营业总收入}{平均流动资产余额} \times \frac{12}{累计月数}$$

(5) 成本费用利润率。成本费用利润率反映企业投入产品成本及费用的经济效益,也反映企业降低成本所取得的经济效益。其计算公式为:

$$成本费用利润率 = \frac{报告期累计实现的利润总额}{报告期累计成本费用总额} \times 100\%$$

成本费用总额 = 营业成本 + 税金及附加 + 销售费用 + 管理费用 + 研发费用 + 财务费用

(6) 全员劳动生产率。全员劳动生产率反映企业全部职工平均为社会创造的工业增加值情况。其计算公式为:

$$全员劳动生产率 = \frac{报告期累计工业增加值}{报告期全部职工平均人数} \times \frac{12}{累计月数}$$

(7) 产品销售率。产品销售率反映工业产品已实现销售的程度,是分析工业产销衔接情况、研究工业产品满足社会需求的指标。其计算公式为:

$$产品销售率 = \frac{报告期现价工业销售产值}{报告期现价工业总产值} \times 100\%$$

(8) 工业经济效益综合指数。工业经济效益综合指数的计算公式为:

$$\frac{工业经济效益}{综合指数} = \sum \left(\frac{某项经济效益指标报告期数值}{该项指标全国标准值} \times 权数 \right) \div 总权数$$

公式中总权数为100分,各项指标的全国标准值和权数分别为:总资产贡献率10.7%、20分,资本保值增值率120%、16分;资产负债率60%、12分,流动资产周转次数1.52次、15分,成本费用利润率3.71%、14分,全员劳动生产率16 500元/人、10分,产品销售率96%、13分。

对资产负债率综合实际分数的计算有特殊规定:若小于60%,得满权数分10分;若大于60%,实际分数按下列公式计算:

$$\frac{资产负债率大于60\%}{实际考核得分} = \frac{实际值 - 不允许值100}{60 - 不允许值100} \times 权数分12$$

(二) 工业经济效益指标考核评价体系的应用

现以20×2年夏宇工厂的实际情况为例,说明国家统计局工业经济效益七大指标考核评价体系的应用。具体计算及评价计分如表14-17所示。

表 14-17　夏宇工厂 20×2 年工业经济效益七大指标考核评价体系计分

指标	权数 (1)	全国标准值 (2)	企业实际值 (3)	加权值 (4)=(3)÷(2)×(1)
总资产贡献率	20	10.70%	26.23%	49.022
资本保值增值率	16	120.00%	119.00%	15.867
资产负债率	12	60.00%	40.10%	12.000
流动资产周转次数	15	1.52 次	2.75 次	27.090
成本费用利润率	14	3.71%	14.83%	55.951
全员劳动生产率	10	16 500 元/人	16 129 元/人	9.775
产品销售率	13	96.00%	99.01%	13.408
综合指数	100			183.110

从表 14-17 可知，夏宇工厂 20×2 年七大工业经济效益指标评价得分为 183.11 分，是全国工业企业考核标准 100 分的 1.83 倍，经济效益很好。

习题二十一

目的：练习财务综合分析。

1. 对 A 企业财务数据进行杜邦分析。

A 企业 20×0—20×2 年财务数据　　　　　　　单位：元

项目	20×0 年	20×1 年	20×2 年
所有者权益	321 000	163 000	1 843 800
总资产	747 350	2 210 000	2 532 000
营业收入	882 000	949 000	990 000
净利润	196 800	206 500	225 000

要求：计算下列各项指标。

① 20×1 年净资产收益率 =

② 20×2 年净资产收益率 =

③ 净资产收益率 20×2 年较 20×1 年总差异 =

④ 20×1 年总资产净利率 =

⑤ 20×2 年总资产净利率 =

⑥ 20×1 年权益乘数 =

⑦ 20×2 年权益乘数 =

⑧ 总资产净利率变动对净资产收益率的影响 =

⑨ 权益乘数变动对净资产收益率的影响 =

2. 根据习题十五凤洋工厂资料及其对社会的贡献指标(凤洋工厂当年社会贡献率为76%,社会积累率为54%),计算财政部考核的企业十大经济效益指标综合分数,并进行简要评价。

① 营业收入利润率 =
② 总资产报酬率 =
③ 资本收益率 =
④ 资本保值增值率 =
⑤ 资产负债率 =
⑥ 流动比率 =
⑦ 应收账款周转率 =
⑧ 存货周转率 =
⑨ 社会贡献率 =
⑩ 社会积累率 =

将以上凤洋工厂经济效益指标计算结果填入下表,完成表中计算并评价。

凤洋工厂十大经济效益指标考核评价计分

指标	权数 (1)	全国标准值 (2)	企业实际值 (3)	加权值 (4) = (3) ÷ (2) × (1)
营业收入利润率	20	5.6%		
总资产报酬率	12	7.0%		
资本收益率	8	8.0%		
资本保值增值率	10	105.0%		
资产负债率	10	60.0%		
流动比率	10	160.0%		
应收账款周转率	5	6.0 次		
存货周转率	5	3.5 次		
社会贡献率	12	16.0%		
社会积累率	8	40.0%		
综合分数	100			

计算结果表明:_____。

3. 根据习题十五凤洋工厂资料及其他有关资料(凤洋工厂当年工业销售产值为180万元,工业总产值为186万元,工业增加值为51万元,应交增值税为2万元,全年职工平均人数为30人)计算国家统计局考核的企业七大经济效益指标综合指数,并进行简要评价。

(1) 总资产贡献率 =
(2) 资本保值增值率 =
(3) 资产负债率 =

(4)流动资产周转次数＝

(5)成本费用利润率＝

(6)全员劳动生产率＝

(7)产品销售率＝

将以上凤洋工厂经济效益指标计算结果填入下表,完成表中计算并评价。

凤洋工厂七大指标考核评价体系计分

指标	权数 (1)	全国标准值 (2)	企业实际值 (3)	加权值 (4)=(3)÷(2)×(1)
总资产贡献率	20	10.70%		
资本保值增值率	16	120%		
资产负债率	12	60%		
流动资产周转次数	15	1.52		
成本费用利润率	14	3.71%		
全员劳动生产率	10	16 500		
产品销售率	13	96%		
综合指数	100			

计算结果表明:_____。

案 例 四

目的:对上市公司综合效益进行评价。

登陆"证券之星"(www.stockstar.com)网站,收集郑州煤电上市公司(代码:600121)下列情况:

(1)公司概况;

(2)股票发行情况;

(3)股份构成;

(4)近三年主要财务指标;

(5)近三年每股收益及分红配股方案;

(6)最近一年的资产负债表;

(7)最近一年的利润表;

(8)最近一年的现金流量表;

(9)最近一年的所有者权益变动表。

要求:对郑州煤电综合经济效益相关指标进行分析和评价(要求选杜邦财务分析法、沃尔评分法、能力指标综合分析法、资本绩效综合分析法、经济效益综合评价法中任意一种方法进行深入分析),并结合分析结果撰写应收账款管理问题评价报告。

第三篇
财务分析高级教程

第十五章 资金流动分析
第十六章 企业价值评估分析
第十七章 期权估价
第十八章 会计实证研究与实证分析

第十五章 资金流动分析

第一节 资金流动分析概述

一、资金流动的概念

资金流动是指资金的实物形态随价值的转移而不断地变换。企业的资金流动分为三部分[①]：一是投资，即企业购买存货、厂房、机器设备，发生应收账款等；二是融资，即企业通过各种途径筹集资金，包括所有者投入资本及各种长期、短期负债融资；三是运营，即将资金用于生产经营，产生营业收入，发生营业支出等。资金流动的前两部分通常通过资产负债表项目集中反映，第三部分通常通过利润表项目集中反映。

二、资金流动性概念

资金流动性是指资金的实物形态随价值的转移而不断变换的性质。资金流动性包括三个方面：一是资产的流动性[②]，通常指资产的变现能力，即企业占用在各种形态资产上的资金转变为货币资金的速度和能力，资产的耗用周期短、变现速度快，流动性就强；二是资本的流动性，是指企业持有的投资者投入的资本——自有资本不断地在生产经营过程中循环周转并带来价值增值的特性；三是负债的流动性，是指企业能方便地以较低成本随时获得需要的资金，并能按期还本付息的特性。企业资产负债表项目按流动性程度排列，一般将流动性强的项目（如货币资金、交易性金融资金等流动资产）排在前面，各类非流动资产排在后面；根据负债偿还期的长短，将流动负债排在前面，长期负债排在后面。

---

① 陈石进：《财务分析技巧》，香港财经管理研究社1986年版。
② 侯耀宗：《新制度确定流动资产分类的作用》，《中国乡镇企业会计》1994年第4期。

三、资金流动分析模式

资金流动分析是指以财务报表为主要分析对象,从资金筹集、资金投放、资金运营等方面分析资金形成渠道、资金投放去向、资金运营结果过程中的资金动态变化,为管理决策提供依据。资金流动分析的模式为"融资—投资—运营",具体如图15-1所示。

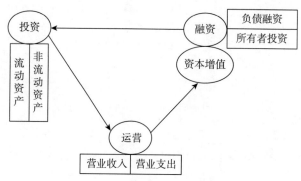

图 15-1 资金流动分析模式

第二节 融资资金流动分析

融资资金流动分析是指分析企业从哪些途径取得资金,又将这些资金运用到哪些领域,从而分析资金来源和资金运用的对应性。例如,某投资者创办甲科技公司,投入资本金 100 万元存入银行。当期,甲科技公司支付 70 万元购买一批科技产品并全部售出,收款 86 万元存入银行。由于公司为新办企业,一切税费免缴,未发生其他费用。期末,甲科技公司编制的资产负债表、利润表如表 15-1、表 15-2 所示。

表 15-1 资产负债表　　　　　　　　　　　　　　　　单位:万元

项目	期初	期末	差额
资产			
银行存款	100	116	+16
权益			
实收资本	100	100	0
未分配利润		16	+16

表 15-2 利润表　　　　　　　　　　　　　　　　单位:万元

项目	金额
营业收入	86
营业成本	70
利润总额	16

根据表 15-1、表 15-2 的信息进行资金流动分析如下：

① 公司创立时：

资金的运用

  银行存款余额　　　　　　100 万元

资金的来源

  实收资本余额　　　　　　100 万元

② 营业一期后：

资金的运用

  增加银行存款　　　　　　16 万元

资金的来源

  增加未分配利润　　　　　16 万元

从以上分析可见，企业融资资金流动分析主要是比较资产、权益项目的期初、期末差额。对于资产类项目来说，期末余额大于期初余额是企业增加资金的运用；期末余额小于期初余额，是企业增加资金的来源。对于权益类项目来说，期末余额大于期初余额，是企业增加资金的来源；期末余额小于期初余额，是企业增加资金的运用。

例 15-1　夏宇工厂 20××年 12 月 31 日资产负债表年初和年末的差额计算如表 15-3 和表 15-4 所示。

表 15-3　夏宇工厂资产负债表——资产项目年初和年末的差额　　　　　单位：元

资产	年初余额	年末余额	差额
流动资产：			
货币资金	256 500	690 445	433 945
交易性金融资产	535 000	203 000	-332 000
应收票据	20 500	103 662	83 162
应收账款	558 320	262 730	-295 590
预付款项		598	598
其他应收款	1 800	6 309	4 509
存货	1 200 600	1 456 488	255 888
其他流动资产	10 480	10 912	432
流动资产合计	2 583 200	2 734 144	150 944
非流动资产：			
债权投资		107 970	107 970
长期股权投资	154 600	154 600	0
固定资产	2 474 000	2 551 263	77 263
在建工程	135 000	143 791	8 791
无形资产	135 400	126 855	-8 545

(续表)

资产	年初余额	年末余额	差额
长期待摊费用	87 500	74 240	-13 260
非流动资产合计	2 986 500	3 158 719	172 219
资产总计	5 569 700	5 892 863	323 163

表15-4 夏宇工厂资产负债表——权益项目年初和年末的差额　　　　单位：元

负债和所有者权益	年初余额	年末余额	差额
流动负债：			
短期借款	384 400	495 000	110 600
应付票据		175 500	175 500
应付账款	489 000	293 100	-195 900
应付职工薪酬	86 200	93 653	7 453
应交税费	95 900	83 648	-12 252
其他应付款	262 100	156 800	-105 300
一年内到期的非流动负债	369 641	30 000	-339 641
流动负债合计	1 687 241	1 327 701	-359 540
非流动负债：			
长期借款	627 031	693 031	66 000
应付债券	120 328	128 166	7 838
递延所得税负债		13 200	13 200
非流动负债合计	747 359	834 397	87 038
负债合计	2 434 600	2 162 098	-272 502
所有者权益：			
实收资本	2 814 000	2 814 000	0
资本公积	23 000	67 600	44 600
盈余公积	98 910	205 090	106 180
未分配利润	199 190	644 075	444 885
所有者权益合计	3 135 100	3 730 765	595 665
负债和所有者权益总计	5 569 700	5 892 863	323 163

根据表15-3和表15-4的资料进行资金流动分析(见表15-5)。

表15-5 夏宇工厂资金流动分析　　　　单位：元

资金运用	金额	资金来源	金额
货币资金增加	433 945	交易性金融资产减少	332 000
应收票据增加	83 162	应收账款减少	295 590

（续表）

资金运用	金额	资金来源	金额
预付款项增加	598	无形资产减少	8 545
其他应收款增加	4 509	长期待摊费用减少	13 260
存货增加	255 888	短期借款增加	110 600
其他流动资产增加	432	应付票据增加	175 500
债权投资增加	107 970	应付职工薪酬增加	7 453
固定资产增加	77 263	长期借款增加	66 000
在建工程增加	8 791	应付债券增加	7 838
应付账款减少	195 900	递延所得税负债增加	13 200
应交税费减少	12 252	资本公积增加	44 600
其他应付款减少	105 300	盈余公积增加	106 180
一年内到期的非流动负债减少	339 641	未分配利润增加	444 885
资金应用总计	1 625 651	资金来源总计	1 625 651

从表15-5可知，夏宇工厂本期"资金来源"为1 625 651元，主要产生于流动资金项目和盈利的增加：①企业盈利使"未分配利润"增加资金444 885元，占全部资金来源的27.4%（444 885÷1 625 651×100%）；②出售交易性金融资产增加资金332 000元，占全部资金来源的20.4%（332 000÷1 625 651×100%）；③收回应收账款增加资金295 590元，占全部资金来源的18.2%（295 590÷1 625 651×100%）；④购货签发应付票据增加资金175 500元，占全部资金来源的10.8%（175 500÷1 625 651×100%）。这四项内容共增加资金1 247 975元，占全部资金来源的76.8%（1 247 975÷1 625 651×100%＝76.8%，或27.4%＋20.4%＋18.2%＋10.8%＝76.8%）。其中，最主要的资金来源是"未分配利润"的增加，它表明夏宇工厂主要依靠增加盈利来扩大资金来源。如果企业主要依靠增加贷款来增加资金来源，就有可能产生财务风险。

从表15-5还可知，夏宇工厂本期"资金运用"为1 625 651元，主要用于流动资金项目的增加：①货币资金增加433 945元，占全部资金运用的26.7%（433 945÷1 625 651×100%）；②一年内到期的非流动负债减少339 641元，相当于动用偿债的流动资产增加20.9%（339 641÷1 625 651×100%）；③企业购买的存货增加，多占用资金255 888元，占全部资金运用的15.7%（255 888÷1 625 651×100%）；④应付账款减少195 900元，相当于动用偿债的流动资产增加12.0%（195 900÷1 625 651×100%）。这四项内容共使资金运用增加1 225 374元，占全部资金运用的75.4%（1 225 374÷1 625 651×100%）。其中，最主要的资金运用是"货币资金"的增加，它表明夏宇工厂主要依靠回流货币来增加资金运用。值得注意的是，企业应收账款过度增加，存货中的库存商品超常规增加，这些都有可能产生经营风险，会对企业的发展造成很大的不利。

再对非流动资产增加的对应性进行分析。夏宇工厂本期"非流动资产"共增加194 024元，包括："债权投资"增加107 970元，占全部资金运用的6.6%；"固定资产"增加

77 263元,占全部资金运用的4.8%;"在建工程"增加8 791元,占全部资金运用的0.5%。企业"非流动资产"的增加,主要依靠"长期融资"解决,即主要依靠投资者资金积累和长期负债解决。夏宇工厂本期"长期借款"增加66 000元,"应付债券"增加7 838元,共计73 838元,占"非流动资产"增加额的38.1%;夏宇工厂本期"盈余公积"增加106 180元,占"非流动资产"增加额的54.7%。由此可见,夏宇工厂本期增加"非流动资产"的途径是正常的,且主要依靠自身积累扩张企业规模。需要注意的是,企业增加"非流动资产"依靠短期融资,会存在极大的偿债风险,一旦短期债权人到期逼债,企业就会产生债务危机,有可能走上破产的道路。

第三节 运营资金流动分析

运营资金流动分析是对企业将资金运用于生产经营过程产生运营收入、发生运营费用、取得运营效应的情况进行分析,分析的重点是经营活动产生的净现金流量及其对应性,分析的方法有直接分析法和间接分析法。直接分析法是以现金流动量表为依据对经营活动的现金流入量各项目和现金流出量各项目直接进行分析;间接分析法是以现金流量表为依据,以净利润为分析起点,加减不涉及现金变动的收入或收益及其费用和损失,调整得出经营活动净现金流量的方法。

一、运营收入、运营费用与现金流量的变动分析

例15-2 夏宇工厂20××年利润表、现金流量表如表15-6、表15-7所示。

表15-6 夏宇工厂利润表　　　　　　　　　　　　　　　　单位:元

项目	本年金额
一、企业业务收入	
营业收入	7 298 385
投资收益	51 233
营业外收入	39 950
企业业务收入合计	7 389 568
二、企业成本费用	
营业成本	5 274 893
税金及附加	41 756
销售费用	214 663
管理费用	684 155
财务费用	150 045

(续表)

项目	本年金额
营业外支出	80 236
所得税费用	235 955
企业成本费用小计	6 681 703
三、净利润	707 865

表 15-7　夏宇工厂现金流量表（经营活动项目）　　　　　　单位：元

经营活动产生的现金流量项目	本年金额
一、经营活动现金流入	
销售商品、提供劳务收到的现金	8 737 294
收到的税费返还	0
收到其他与经营活动有关的现金	96 890
经营活动现金流入小计	8 834 184
二、经营活动现金流出	
购买商品、接受劳务支付的现金	5 919 307
支付给职工以及为职工支付的现金	611 370
支付的各项税费	672 052
支付其他与经营活动有关的现金	637 511
经营活动现金流出小计	7 840 240
三、经营活动产生的现金流量净额	993 944

根据表 15-6 和表 15-7 的资料进行以下两大分析：

一是分析收支运营过程中的现金流动。夏宇工厂 20××年取得业务收入共计 7 389 568 元，其中营业收入为 7 298 385 元，占全部业务收入的 98.8%。同时，夏宇工厂 20××年发生成本费用共计 6 681 703 元，其中营业成本为 5 274 893 元，占全部成本费用的 78.9%。收支抵销后取得净利润 707 865 元。可见，夏宇工厂主要依靠取得营业收入流入现金，发生营业成本流出现金，表明夏宇工厂运营过程中的现金流动是正常的。需要指出的是，如果企业不是主要依靠经营活动发生收支并且赚取利润，而是主要依靠其他途径发生收支并且赚取利润，就有可能存在某些不良情况。

二是分析运营收支与现金流入流出的对应性。①收入与流入的对应性分析。夏宇工厂 20××年取得业务收入共计 7 389 568 元，经营活动现金流入量共计 8 834 184 元，后者比前者多 1 444 616 元，表明夏宇工厂不仅将相对于本期全部收入收回，还收回前期欠款 1 444 616 元，货币资金回笼情况很好。②支出与流出的对应性分析。夏宇工厂 20××年发生成本费用共计 6 681 703 元，经营活动现金流出量共计 7 840 240 元，后者比前者多 1 158 537 元，表明夏宇工厂有 1 158 537 元的现金流出尚未转化为成本费用。这些现金流出有的滞留在存货仓库,例如从表15-5可知,夏宇工厂存货增加255 888元;有的偿付货款和税费。造成运营收支与现金流入流出存在差距的主要原因是会计计量基础不同。运营收支按权责发生制处理,现金流入流出按现金制(即收付实现制)处理。③净利润与经营活动净现金流量的对应分析。夏宇工厂20××年实现净利润707 865元,经营活动产生的净现金流量为993 944元,后者比前者多286 079元,盈余现金保障倍数为120%(993 944÷707 865×100%),这说明夏宇工厂20××年实现的净利润有充分的现金流量予以保证。

进行运营收支与现金流入流出的对应分析,目的是考察企业赊销赊购偏离现金流动的程度。一般而言,企业一定时期赊销赊购的数额过大,运营收支与现金流入流出的差额就会很大。夏宇工厂20××年运营收支与现金流入流出基本上是相适应的,同时工厂净利润的"现金含量"较高。

二、净利润与经营净现金流量的偏差分析

企业编制现金流量表中的补充资料"将净利润调整为经营活动现金流量"时采用间接法,即以净利润为起点,加减不涉及现金变动的收入或付出项目金额,调整得出经营活动现金净流量净额。企业对净利润与经营净现金流量的偏差进行分析就是分析不涉及现金变动的收入或付出的各调整项目的内容及变动数额。这些调整项目分为以下三类:

一是实际没有支付现金或收到现金的费用或收益,包括:资产减值准备,固定资产折旧、油气资产折耗、生产性生物资产折旧,无形资产摊销,长期待摊费用摊销,公允价值变动损失(减收益),财务费用(减收益),递延所得税资产减少(增加用"-"号),递延所得税负债增加(减少用"-"号)。

二是不属于经营活动的损益,包括:处置固定资产、无形资产和其他长期资产的损失(减收益),固定资产报废损失(减收益),投资损失(减收益)。

三是经营性应收应付及其他项目的变动,包括:存货的减少(增加用"-"号),经营性应收项目的减少(增加用"-"号),经营性应付项目的增加(减少用"-"号),其他。

例15-3 夏宇工厂20××年现金流量表如表15-8所示。

表15-8 夏宇工厂现金流量表(按调整类别重新排列) 单位:元

补充资料——将净利润调整为经营活动现金流量	本年金额	调整项目占偏差的比重
一、净利润	707 865	
二、加:		
(一)实际没有支付现金或收到现金的费用或收益		
资产减值准备	4 783	1.7%
固定资产折旧、油气资产折耗、生产性生物资产折旧	276 417	96.6%
无形资产摊销	12 545	4.4%

（续表）

补充资料——将净利润调整为经营活动现金流量	本年金额	调整项目占偏差的比重
长期待摊费用摊销	31 520	11.0%
公允价值变动损失（收益用"-"号）		
财务费用（收益用"-"号）	150 045	52.4%
递延所得税资产减少（增加用"-"号）		
递延所得税负债增加（减少用"-"号）		
实际没有支付现金或收到现金的费用或收益小计	475 310	166.1%
（二）不属于经营活动的损益		
处置固定资产、无形资产和其他长期资产的损失（收益用"-"号）	-19 300	-6.7%
固定资产报废损失（收益用"-"号）	6 400	2.2%
投资损失（收益用"-"号）	-51 233	-17.9%
不属于经营活动的损益小计	-64 133	-22.4%
（三）经营性应收应付及其他项目的变动		
存货的减少（增加用"-"号）	-312 386	-109.2%
经营性应收项目的减少（增加用"-"号）	210 510	73.6%
经营性应付项目的增加（减少用"-"号）	-34 790	-12.2%
其他	11 568	4.0%
经营性应收应付及其他项目的变动小计	-125 098	-43.7%
三、经营活动产生的现金流量净额	993 944	
四、净利润与经营活动产生的现金流量净额的偏差	286 079	

从表15-8可知，夏宇工厂20××年经营活动产生的现金流量净额为993 944元，比实现的净利润707 865元多286 079元。原因有三：①实际没有支付现金或收到现金的费用或收益共计475 310元，占偏差额的166.1%；②不属于经营活动的损益为-64 133元，占偏差额的-22.4%；③经营性应收应付及其他项目的变动额为-125 098元，占偏差额的-43.7%。在这些变动类别中，比较突出的项目是"固定资产折旧""存货的减少""经营性应收项目的减少"和"财务费用"，它们分别占偏差额的96.6%、-109.2%、73.6%和52.4%。

第十六章 企业价值评估分析

第一节 企业价值评估概述

一、企业价值的概念

企业价值是指通过市场评价确定的企业买卖价格。① 企业价值具有以下特征:
(1) 企业全部财产的价值。企业可以看成是由流动资产、固定资产、无形资产等组成的整体。企业价值不是其中某几项资产的价值,而是各项资产综合体的价值。
(2) 潜在的获利能力。企业各项资产综合体的使用效果和潜在获利能力是决定企业价值的关键因素。
(3) 时间价值和风险价值。企业价值体现了时间价值和风险价值的综合结果。
(4) 市场评价。企业市场价格的形成并不是依据企业资产的账面价值,也不是简单考察企业已获利润的多少,而是通过投资者对企业未来获利能力的预计所形成的市场评价。

二、企业价值评估的概念

企业价值评估是指评估企业整体经济价值。企业整体经济价值是指企业作为一个整体的公允市场价值。
(1) 企业价值用企业实体价值来反映。企业实体价值是指企业这个经营实体全部资产所反映的公允市场价值。企业资产由负债和所有者权益组成:

企业实体价值 = 股权价值 + 债务价值

股权价值不是会计账面上所有者权益的价值,而是股权的公允市场价值。债务价值

---

① 冯淑萍:《简明会计辞典》,中国财政经济出版社 2002 年版。

也不是会计账面上负债的价值,而是债务的公允市场价值。大多数企业并购是以购买股份的形式进行的,是卖方标的股权的价值。然而,买方的实际收购成本等于股权价值加上所承接的债务。例如,甲企业以8亿元价格买下A企业的全部股份,并承担A企业原有的4亿元债务,则甲企业收购成本为12亿元(8+4)。因为甲企业收购A企业时要支付8亿元的现款,同时还以书面契约形式承担4亿元的债务在未来到期时支付,因而甲企业实质上需要支付12亿元。由此,甲企业所购A企业实体价值为12亿元,其中股权价值为8亿元,债务价值为4亿元。

需要说明的是,股权价值又分为少数股权价值和控股股权价值两部分。从控股股东看,他合并子公司的报表,归属于母公司的股东权益所反映的市场价值是控股股东(也称主权股东)的股权价值;从少数股东看,他投资到受资企业的少数股东权益所反映的市场价值是少数股权价值;从企业经营实体看,控股股权价值和少数股权价值共同组成企业实体价值。在我国上市公司中,相当多的控股股东的股票不在市场上交易,往往是分散的少数股东在市场上进行股票买卖交易。一旦控股股东的股票也在市场上交易,股价就会迅速飙升。因此,我国目前的少数股东股票的市场价值不能反映企业全部股东的股权价值。

(2)企业价值用企业持续经营价值来反映。持续经营价值是指企业持续经营所产生的未来现金流量的现值。企业持续经营价值不同于企业清算价值。企业清算价值是企业处于终止经营状态时出售资产所产生的价值流。

三、企业价值评估的方法及具体项目估值技术的种类

(一)企业价值评估的方法

企业价值评估的方法主要有三种:一是未来现金流量折现法,简称现金流量折现法;二是经济利润法,即以经济利润推算企业价值的评估方法;三是相对价值法,即以类似企业的市场定价来估算目标企业价值的方法,也称以价格比为基础的企业价值评估方法。

(二)具体项目估值技术的种类

1. 市场法

市场法基于相同或可比资产或负债的市场交易而产生的价格,以及利用其他相关的市场信息来计量评估项目的市场公允价值。当被评估项目存在活跃市场时,应当运用活跃市场中的报价来确定其评估价值。

评估者在运用市场法评估企业价值时,应当关注相关市场的活跃程度,从相关市场获得足够的交易案例或其他比较对象,判断其可比性、适用性和合理性,并尽可能地选择最接近的、比较因素调整较少的交易案例或其他比较对象作为参照物。

评估者在选择参照物时,应当考虑以下几方面的因素:①应当有公开、活跃的市场。公开和活跃的市场是运用市场法的重要前提,是信息客观性、可核实性、真实性的重要保障。②应当获取足够的参考样本,判断其可比性、适用性和合理性。③应当选择最接近的、比较因素调整较少的交易案例或其他比较对象作为参照物。

评估者在运用市场法时,应当对参照物的比较因素进行分析,做出恰当、合理的调整,

重点关注作为参照物的交易案例的交易背景、交易地点、交易市场、交易时间、交易条件、付款方式等因素。

2. 成本法

成本法基于当前将要重置一项资产的服务能力的金额来计量公允价值。当被评估项目不存在活跃市场时,应当参考熟悉情况并自愿交易的各方最近进行的市场交易价格,或参照实质上相同或相似的其他资产或负债等的市场价格来确定被评估项目的公允价值。

评估者在运用成本法确定资产的公允价值时,应当按照当前市场条件确定重新取得同样一项资产所需支付的现金或现金等价物金额。

运用成本法确定评估项目的公允价值需要考虑各项损耗因素,主要包括:①有形损耗。资产投入使用后,由于使用磨损和自然力的作用,其物理性能会不断下降、价值会逐渐减少,这种损耗一般称为资产的物理损耗或有形损耗,也称实体性贬值。②功能性损耗。新技术的推广和应用,使得企业原有资产与社会上现在普遍推广和使用的资产相比而言,技术上明显落后、性能显著降低,其价值也就相应减少,这种损耗称为资产的功能性损耗,也称功能性贬值。③经济性损耗。由于资产以外的外部环境因素(包括政治因素、宏观政策等)发生变化,导致资产价值降低,这种损耗一般称为资产的经济性损耗,也称经济性贬值。

3. 收益法

收益法基于未来金额的现行市场期望所反映的价值来计量被评估项目的公允价值。当被评估项目既不存在活跃市场又没有相同或相似的其他资产或负债等的市场价格时,评估者应采用收益法进行估价。

在收益法下,企业主要是运用现值技术将未来现金流量折算为现值来确定被评估项目的价值。现值技术是现金流量现值技术的简称,也称现金流量折现法,是目前较为成熟、使用较多的估值技术。

上述三种技术是企业对具体项目进行估值最常用的方法。企业应优先考虑采用市场法,其次考虑采用成本法,最后考虑收益法。

四、企业价值评估的目的意义

企业价值评估的目的是帮助投资人和管理当局改善决策。其意义主要有以下三点:

(1) 企业价值评估可用于投资分析。企业将融得的资金投放到流动资产、固定资产等方面,必然会使企业的价值发生变化。企业价值与财务数据之间存在函数关系,这种关系在一定期间内是稳定的,尽管会不断出现偏离状况,但这种偏离经过一段时间的调整会趋于价值回归。企业资金投放产生何种效益,评估者利用财务数据能计算出它的投资回报率。企业将投资回报率和企业价值评估得出的市场平均回报率进行比较,就能正确评价投资效益的高低。

(2) 企业价值评估可用于战略分析。企业战略管理是指企业有关目标、方向以及全局性、长期性的重大决策和管理,分为战略分析、战略选择和战略实施三大内容。其中,战略分析是战略管理的起点,是对企业未来价值创造的设计,目的是揭示企业目前和今后增加股东财富所要选择的关键因素。企业价值评估在企业战略分析中起核心作用,它通过对企业未来决策方案前后价值的评估,告诫企业其决策能增加股东财富,以及靠什么来增加股东财富。

(3) 企业价值评估可用于以价值为基础的管理。企业的目标是增加股东财富,而股东财富实质上就是企业的价值。企业价值最大化是企业财务管理的目标。管理者通过企业价值评估,能判别企业财务管理的目标是否实现及其实现程度,从而进一步改进企业的管理绩效。

第二节 现金流量折现法

一、现金流量折现模型

企业任何资产都可以使用现金流量折现模型来估值。与财务会计核算中"未来现金流量现值"的应用模型一样,现金流量折现模型由以下三个变量组成:

$$未来现金流量现值 = \sum_{i=1}^{n} \frac{预计未来现金流量_i}{(1 + 预计折现率)^i}$$

(一) 预计未来现金流量

1. 按具体项目(资产组)预计未来现金流量

(1) 传统法。我们在预计资产未来现金流量时,通常应当根据某项资产或资产组未来每期最有可能产生的现金流量进行预测,这种方法通常称为传统法,它使用单一的未来每期预计现金流量和单一的折现率计算资产未来现金流量的现值。

传统法的优点是简单易行,如果资产和负债具有合同约定的现金流量,那么运用传统法计量的结果同市场参与者对该项资产或负债的价值表述能够趋于一致。运用传统法的关键在于选择并识别现金流量与其未来不确定性的相关性程度。为此,我们需要找到可比较的两个因素:一是被计量的资产或负债;二是具有相似的未来现金流量特征的可参照的资产或负债。对于较为复杂的计量问题,找到后一个因素相当困难。

(2) 期望现金流量法。在实务中,有时影响某项资产或资产组未来现金流量的因素较多,情况较为复杂,带有很大的不确定性,而传统法在计算现值时只考虑一种可能的现金流量,因此使用单一的现金流量可能并不能如实反映资产创造现金流量的实际情况,这时就要采用期望现金流量法。

根据现金流量不确定性的不同表现,期望现金流量法又可以分为两种情况:一是现金流量额存在不确定性。在这种情况下,评估者应当根据每期现金流量期望值预计未来现金流量,每期现金流量期望值按照各种可能情况下的现金流量及其发生概率加权计算。二是现金流量时间存在不确定性。在这种情况下,评估者应当根据资产或负债在每种可能情况下的现值及其发生概率直接加权计算未来现金流量的现值。

期望现金流量法考虑了所有可能的现金流量并计算了它们的期望值,在实务中有时较传统法更为合理。值得注意的是,在运用期望现金流量法计算现值时应当考虑成本效益原则,因为关于未来现金流量估计的假设可以无止境地进行精确和提炼。根据边际效益递减规律,通常最后对于假设的精确和提炼的努力所带来的效益很小——对提高数据准确性的作用很小,甚至不能改变最终的结果,而且最终计算出来的数据仍然是估计值。为了使估计值更加精确的额外投入应该用成本效益原则来控制,即比较增加的成本与增加的数据质量提升,如果花费的成本不能产生足够的效益,就应当终止数据质量提升努力。

通常而言,如果现金流量是由一项或多项经济合同所规定的,或者虽然经济合同不存在,但可以预测最可能或最低的现金流量,那么评估者应当直接采用传统法;在其他情况下,评估者应当采用期望现金流量法。

2. 按企业价值主体预计未来现金流量

企业价值主体有股东和债权人两大类。股东投入企业的资金经过运用产生股权现金流量;债权人将资金借给企业使用产生债权现金流量,它是偿还债务的现金流量,包括偿还债务本金和利息两部分。股权现金流量和债权现金流量共同组成企业实体现金流量。实体现金流量是企业全部现金流入扣除成本费用和必要投资后的剩余部分,它是企业一定期间可以提供给企业所有投资人(包括股权投资人和债权投资人)的所得税后现金流量。

需要说明的是,若企业股东将股权现金流量全部用于股利分配,则股权现金流量等于股利现金流量。事实上,股东为了企业可持续发展,不可能将股权现金流量全部分配,即股权现金流量代表股东留在企业持续经营使用的现金流量。因此,股权现金流量还可以采用间接方法计算,等于实体现金流量减去债权现金流量。

(二)预计折现率

针对具体项目(资产组)预计的折现率是计算未来现金流量现值所使用的、反映当前市场货币时间价值和资产特定风险的税前利率。如果在预计未来现金流量时已经对资产或负债特定风险的影响做了调整,在估计折现率时就无须考虑这些特定风险。如果用于估计折现率的基础数据是税后值,那么还应当将其调整为税前的折现率,以便与未来现金流量的估计基础相一致。在确定具体项目的折现率时,应当首先以市场利率为依据;无法从市场获得的,可以使用替代利率。在估计替代利率时,评估者应当充分考虑资产剩余寿命期间的货币时间价值和其他相关因素,比如资产未来现金流量额及其时间的预计离散程度、资产内在不确定性的定价等。在预计未来现金流量时已经对这些因素做了调整的,应当予以剔除。在估计替代利率时,评估者可以根据加权平均资金成本率、增量借款利率或者其他相关市场借款利率做适当调整后确定;调整时应当考虑与预计现金流量有关的特定风险以及其他政治风险、汇率风险和价格风险等。企业在计算具体项目的未来现金流量现值时,通常使用单一的折现率。如果未来现金流量的现值对未来不同期间的风险差异或利率期间结构的反应是敏感的,那么评估者可以针对未来不同期间采用不同的折现率。

评估者在对企业不同价值主体的未来现金流量进行折现时,应使用资本成本率:计算股权现金流量现值用"股权资本成本率"来折现,计算实体现金流量现值用企业实体的"加权平均资本成本率"来折现,计算债权现金流量现值用"等风险债务成本率"来折现。

(三)现金流量的持续期数

企业在对具体项目(资产组)估值时,预计现金流量一般最长涵盖 5 年,若企业管理层能证明更长的期间是合理的,则可以涵盖更长的期间。评估者在估测预算或预测期之后期间的现金流量时,所使用的增长率除企业能够证明更高的增长率更合理之外,不应当超过企业经营的产品、市场、所处行业或者所在国家或地区的长期平均增长率,或者被评资产所处市场的长期平均增长率。

企业在估测不同价值主体未来现金流量的持续期数时应分两个阶段:第一阶段是有限的、明确的预测期,称为"详细预测期"或简称"预测期"。在此阶段,企业应当对每期的现金流量进行详细预测,并根据现金流量模型计算其预测期价值。第二阶段是预测期以后的无限期间,称为"后续期"或"永续期"。在此阶段,假设企业进入稳定状态,有一个稳定的增长率,可以用简便方法直接估计其后续期价值,也称"永续价值"或"残值"。这样,企业价值分为两部分:

$$企业价值 = 预测期价值 + 后续期价值$$

二、现金流量折现模型的种类

企业价值评估是确定企业不同价值主体未来现金流量的现值,其现金流量折现模型分为实体现金流量模型、债务现金流量模型和股权现金流量模型三种。

1. 实体现金流量模型

(1)预测期实体价值模型。预测期实体价值应用模型如下:

$$预测期实体现金流量现值 = \sum_{t=1}^{n} \frac{实体现金流量_t}{(1 + 加权平均资本成本率)^t}$$

其中,实体现金流量是指经营净现金流量扣除资本支出后的剩余部分,是企业在满足经营活动和资本支出后,可以支付给债权人和股东的现金流量。其计算公式为:

$$实体现金流量 = 经营净现金流量 - 资本支出$$

其中,经营净现金流量是指经营活动产生的现金净流量,可以使用直接法或间接法两种方法计算。一般而言,由于净利润是企业首选的预测指标,往往采用间接法预计未来现金流量。其计算公式如下:

$$经营净现金流量 = 净利润 + 折旧与摊销 - 经营营运资本增加$$
$$经营营运资本 = 经营流动资产(含经营现金) - 经营流动负债$$

资本支出是指企业用于购置长期资产的支出,减去无息长期负债增加额。长期资产包括非流动资产投资、固定资产、无形资产和其他长期资产;无息长期负债包括各种无须支付利息的长期应付款、专项应付款和其他长期负债等。企业长期资产支出扣除无息长期负债增加额的剩余部分才是反映企业实体提供的现金流量。其中,长期资产支出等于长期资产增加额与当期折旧与摊销之和,即

$$资本支出 = 长期资产增加 + 折旧与摊销 - 无息长期负债增加$$

（2）后续期实体价值模型。企业后续期价值的估计方法很多,有永续增长模型、经济利润模型、价值驱动因素模型、价格乘数模型、延长预测期法、账面价值法、清算价值法、重置成本法等。其中,现金流量折现的永续增长模型较为简便,其应用模型:

$$后续期实体终值 = \frac{现金流量_{t+1}}{加权平均资本成本率 - 现金流量增长率}$$

$$后续期实体现值 = 后续期实体终值 \times 折现系数$$

（3）企业实体价值的计算公式为:

$$企业实体价值 = 预测期现金流量现值 + 后续期实体现值$$

2. 债务现金流量模型

$$债务价值 = \sum_{t=1}^{n} \frac{偿还债务现金流量_t}{(1 + 等风险债务成本率)^t}$$

其中,偿还债务现金流量又称债权现金流量,是偿还债务本金和利息扣除新借债务后净流出的现金。其计算公式为:

$$偿还债务现金流量 = 税后利息支出 + 债务净增加$$
$$= 税后利息支出 + 偿还债务本金 - 新借债务$$

3. 股权现金流量模型

股权现金流量模型的基本形式为:

$$股权价值 = \sum_{t=1}^{n} \frac{股权现金流量_t}{1 + 股权资本成本率^t}$$

$$股权现金流量 = 实体现金流量 - 债务现金流量$$

三、现金流量折现模型的应用

1. 实体现金流量模型的应用

例 16-1 W 公司基期息前税后利润[①]为 40 万元,折旧与摊销为 20 万元,经营营运资本为 120 万元,长期资产为 210 万元,无息长期负债为 10 万元。预计未来五年净利润平均每年递增 8.20%,折旧与摊销平均每年递增 1.25%,经营营运资本平均每年递增 8.36%,长期资产平均每年递增 8.01%、无息长期负债平均每年递增 6%。计算 W 公司预测期实体现金流量。

W 公司基期及未来五年预计未来现金流量如表 16-1 所示。

---

① 张先治主编《财务分析（第二版）》（东北财经大学出版社 2005 年版）称之为"息前税后利润",而中国注册会计师协会编《财务成本管理》（经济科学出版社 2008 年版）称之为"税后经营利润",我们认为"息前税后利润"的表述更准确。

表 16-1　W 公司预计未来现金流量表　　　　　　　　　　　　　金额单位：万元

项目	行次	基期	年递增率	20×1 年	20×2 年	20×3 年	20×4 年	20×5 年
（一）息前税后利润	（1）	40	8.20%	43.28	46.83	50.67	54.82	59.32
加：折旧与摊销	（2）	20	1.25%	20.25	20.50	20.76	21.02	21.28
经营现金毛流量	（3）=（1）-（2）	60		63.53	67.33	71.43	75.84	80.60
减：经营营运资本增加	（4）	120	8.36%	10.03	10.87	11.78	12.76	13.83
经营净现金流量	（5）=（3）-（4）	-60		53.50	56.46	59.65	63.08	66.77
（二）资本支出	（6）							
长期资产增加	（7）	210	8.10%	17.01	18.39	19.88	21.49	23.23
加：折旧与摊销	（8）	20		20.25	20.50	20.76	21.02	21.28
长期资产支出	（9）=（7）+（8）	230		37.26	38.89	40.64	42.51	44.51
减：无息长期负债增加	（10）	10	6.00%	0.60	0.64	0.67	0.71	0.76
资本支出	（11）=（9）-（10）	220		36.66	38.25	39.96	41.79	43.75
（三）实体现金流量	（12）=（5）-（11）	-270		16.84	18.21	19.69	21.29	23.02

例 16-2　承例 16-1，W 公司预计未来五年加权平均资本成本率为 10%、折现率为 10%。计算 W 公司预测期实体现金流量现值。

W 公司预测期实体现金流量现值的计算过程如表 16-2 所示。

表 16-2　W 公司预计实体现金流量现值

项目	行次	基期	20×1 年	20×2 年	20×3 年	20×4 年	20×5 年
实体现金流量（万元）	（1）		16.84	18.21	19.69	21.29	23.02
加权平均资本成本率	（2）		10%	10%	10%	10%	10%
折现系数（10%）	（3）		0.9091	0.82645	0.75131	0.68301	0.6209
预测期实体现金流量现值（万元）	（4）=（1)×（3）	73.98	15.31	15.05	14.79	14.54	14.29

从表 16-2 可知，W 公司预测期（20×1 年至 20×5 年）实体现金流量现值分别为 15.31 万元、15.05 万元、14.79 万元、14.54 万元、14.29 万元，将其相加即为预测期实体现金流量现值总额 73.98 万元。

例 16-3　承例 16-2，W 公司 20×5 年实体现金流量为 23.02 万元，后续期增长率为 5.80%，加权平均资本成本率为 10%，折现率为 10%。计算 W 公司后续期实体现值。

$$后续期实体终值 = \frac{现金流量_{t+1}}{加权平均资本成本率 - 现金流量增长率}$$

$$= \frac{23.02 \times (1 + 5.80\%)}{10\% - 5.80\%} = 579.88（万元）$$

$$后续期实体现值 = 后续期实体终值 \times 折现系数$$

$$= 579.88 \times (1 + 10\%)^{-5}$$

$$= 579.88 \times 0.6209 = 360.05（万元）$$

例 16-4 承例 16-2 和例 16-3，W 公司预测期实体现金流量现值为 73.98 万元，后续期实体现值为 360.05 万元。计算 W 公司实体价值。

实体价值 = 预测期现金流量现值 + 后续期实体现值

= 73.98 + 360.05 = 434.03 ≈ 434（万元）

2. 债务现金流量模型的应用

例 16-5 W 公司预计未来五年取得短期借款、长期借款扣除偿还债务本金后新增债务净额分别为 11.5 万元、10.8 万元、9.5 万元、7.7 万元、7.1 万元，据短期借款、长期借款及其借款利率计算的利息支出分别为 6.4 万元、6.9 万元、7.6 万元、7.9 万元、8.4 万元，所得税税率 25%。计算 W 公司预测期偿还债务现金流量。

W 公司预测期偿还债务现金流量的计算过程如表 16-3 所示。

表 16-3 W 公司预测期偿还债务现金流量   单位：万元

项目	行次	基期	20×1 年	20×2 年	20×3 年	20×4 年	20×5 年
（一）利息支出	（1）		6.4	6.9	7.6	7.9	8.4
减：抵扣所得税（25%）	（2）		1.6	1.7	1.9	2.0	2.1
税后利息支出	（3）=（1）-（2）		4.8	5.2	5.7	5.9	6.3
（二）债务净增加	（4）		11.5	10.8	9.5	7.7	7.1
（三）偿还债务现金流量	（5）=（3）-（4）		-6.7	-5.6	-3.8	-1.8	-0.8

为了简化，企业债务价值可以不按上述债务现金流量估值模型计算，而是采用账面价值法，即按基期会计账面上实际债务价值（包括短期借款、长期借款等需要还本付息的账面债务价值），还可以采用下列简化办法倒算：

企业债务价值 = 企业实体价值 - 企业股权价值

例 16-6 根据上述例 16-4 和下述例 16-7 计算结果，W 公司债务价值计算如下：

企业债务价值 = 企业实体价值 - 企业股权价值

= 434 - 189 = 245（万元）

3. 股权现金流量模型的应用

例 16-7 根据表 16-2 中 W 公司"实体现金流量"和表 16-3 中 W 公司"偿还债务现金流量"数据得出 W 公司 20×1 年至 20×5 年的"股权现金流量"分别为 23.54 万元 [16.84-(-6.7)]、23.81 万元 [18.21-(-5.6)]、23.49 万元 [19.69-(-3.8)]、23.09 万元 [21.29-(-1.8)]、23.82 万元 [23.02-(-0.8)]，预计 20×5 年以后期间（即后续期）股权现金流量增长率为 2.3%。预计 W 公司 20×1 年至 20×5 年股权资本成本率为 14%。计算 W 公司股权价值。

W 公司股权价值的计算过程如表 16-4 所示。

表 16-4　W 公司股权价值　　　　　　　　　　金额单位:万元

项目	行次	基期	20×1 年	20×2 年	20×3 年	20×4 年	20×5 年
股权现金流量	(1)		23.54	23.81	23.49	23.09	23.82
股权资本成本率	(2)		14%	14%	14%	14%	14%
折现系数	(3)		0.8772	0.7695	0.6750	0.5921	0.5194
预测期股权现金流量现值	(4)=(1)×(3)	80.87	20.65	18.32	15.86	13.67	12.37
后续期股权现金流量增长率	(5)						2.3%
后续期股权现金流量现值	(6)	108.18[②]					208.2723[①]
股权价值	(7)=(4)+(6)	189.05[③]					

注:① 23.82 × (1 + 2.3%) ÷ (14% − 2.3%) = 208.2723(万元);② 208.2723 × 0.5194 = 108.18(万元);③ 189.05 万元 ≈ 189 万元。

由表 16-4 可知,W 公司确认的股权价值为 189 万元。如果 W 公司普通股共计 100 万股,每股市价 2 元,那么 W 公司每股价值为 1.89 元(189÷100),市场每股 2 元有所高估。

第三节　经济利润法

一、经济利润的概念

经济利润是经济学家揭示的利润。虽然经济利润也是收入扣除成本后的差额,但经济收入不同于会计收入,经济成本也不同于会计成本,因而经济利润也就不同于会计利润。在经济学家看来,企业价值的增加取决于企业超额收益的增加。企业超额收益是企业投入资本所产出利润超过资本成本的剩余收益,即息前税后利润扣除全部资本成本后的余额。全部资本成本不仅包括使用债权人资本所付出的代价——债务资本成本(简称"债务成本"),还包括使用所有者资本(所有者权益)所付出的代价——股权资本成本(简称"股权成本")。由于企业超额收益真实反映了企业价值的增加,因此经济利润又称经济增加值(economic value added,EVA)或附加经济价值或剩余收益等。

二、经济利润的计算方法

经济利润的复杂计算方法为:先逐项调整会计收入使之转换为经济收入,再逐项调整会计成本使之转换为经济成本,最后用经济收入减去经济成本得出经济利润。由于这样计算很麻烦,美国纽约的斯特恩-斯图尔特公司(EVA 注册商标持有人)1993 年首次设计了非常具体的经济增加值的简化计算方法,后被许多公司采用。

经济利润的计算公式为:

经济利润 = 息前税后利润 − 全部资本成本 = 息前税后利润 − 债务成本 − 股权成本

$$= 期初投资资本 \times 期初投资资本回报率 - 期初债务资本 \times 债务利率 - 期初股权资本 \times 股权资本成本率 \quad (16-1)$$

上述等式两边同除以"期初投资资本"后,得到:

$$\frac{经济利润}{期初投资资本} = 期初投资资本回报率 - \left(\frac{期初债务资本}{期初投资资本} \times 债务利率 + \frac{期初股权资本}{期初投资资本} \times 股权资本成本率 \right) \quad (16-2)$$

∵ 期初投资资本 = 期初债务资本 + 期初股权资本

∴ 公式(16-2)右边括号内即为"加权平均资本成本率",则:

$$\frac{经济利润}{期初投资资本} = 期初投资资本回报率 - 加权平均资本成本率$$

上述等式两边再同乘以"期初投资资本"后,得到:

$$经济利润 = 期初投资资本 \times (期初投资资本回报率 - 加权平均资本成本率) \quad (16-3)$$

公式(16-1)可称为经济利润的全部资本成本法;公式(16-3)可称为经济利润的资本回报率差法。经济利润的全部资本成本法还可以按以下公式计算:

$$经济利润 = 息前税后利润 - 期初投资资本 \times 加权平均资本成本率 \quad (16-4)$$

例 16-8 W 公司期初投资资本[①] 303.60 万元。期初债务资本为 182.16 万元,债务利率为 7.33%;期初股权资本为 121.44 万元,股权资本成本率为 14%;期初投资资本回报率为 14.25%,息税前利润为 53.25 万元,所得税税率 25%。分别采用全部资本成本法和资本回报率差法计算 W 公司的经济利润。

① 采用全部资本成本法计算 W 公司的经济利润如下:

债务成本 = 债务资本 × 债务利率 = 182.16 × 7.33% = 13.35(万元)

股权成本 = 股权资本 × 股权资本成本率 = 121.44 × 14% = 17.00(万元)

利润总额 = 息税前利润 − 债务成本 = 53.25 − 13.35 = 39.90(万元)

所得税费用 = 利润总额 × 所得税税率 = 39.90 × 25% = 9.98(万元)

息前税后利润 = 息税前利润 − 所得税费用 = 53.25 − 9.98 = 43.27(万元)

经济利润 = 息前税后利润 − 债务成本 − 股权成本

= 43.27 − 13.35 − 17.00 = 12.92 ≈ 12.9(万元)

② 采用资本回报率差法计算 W 公司的经济利润如下:

$$加权平均资本成本率 = \frac{期初债务资本}{期初投资资本} \times 债务资本利率 + \frac{期初股权资本}{期初投资资本} \times 股权资本成本率$$

$$= \frac{182.16}{303.60} \times 7.33\% + \frac{121.44}{303.60} \times 14\% = 10\%$$

[①] 张先治主编的《财务分析(第二版)》(东北财经大学出版社 2005 年版)认为经济学中投资资本(或称总资本)相当于会计学中的总资产。

$$经济利润 = 期初投资资本 \times \left(期初投资资本回报率 - 加权平均资本成本率 \right)$$
$$= 303.60 \times (14.25\% - 10\%) = 12.9(万元)$$

或

$$= 息前税后利润 - 期初投资资本 \times 加权平均资本成本率$$
$$= 43.27 - 303.60 \times 10\% = 43.27 - 30.36 = 12.91 \approx 12.9(万元)$$

三、企业价值评估的经济利润估值模型

以经济利润为基础确定企业价值的计算公式为:

$$企业实体价值 = 期初投资资本 + 经济利润现值$$

经济利润现值分为预测期经济利润现值和后续期经济利润现值两部分。

$$预测期经济利润现值 = \sum_{t=1}^{n} \frac{经济利润_t}{(1+折现率)^t}$$

$$后续期经济利润终值 = \frac{经济利润_{t+1}}{加权平均资本成本率 - 经济利润增长率}$$

$$后续期经济利润现值 = 后续期经济利润终值 \times 折现系数$$

综合以上情况,企业实体价值的计算公式为:

$$企业实体价值 = 基期投资资本 + 预测期经济利润现值 + 后续期经济利润现值$$

例 16-9 W 公司 20×1 年至 20×6 年息前税后利润分别为 43.28 万元、46.83 万元、50.67 万元、54.82 万元、59.32 万元、64.18 万元(20×6 年数据是在 20×5 年数据基础上增长 8.2% 得出),20×1 年至 20×6 年各年年初投资资本分别为 303.6 万元、346 万元、394 万元、449 万元、511 万元、582 万元,其投资资本回报率分别为 14.25%、13.54%、12.86%、12.22%、11.61%、11.03%,加权平均资本成本率为 10%,后续期经济价值增长率为 4%。按经济利润估值模型计算的企业价值如表 16-5 所示。

表 16-5 W 公司按经济利润估值模型计算的企业价值　　　　　金额单位:万元

项目	行次	基期	20×1 年	20×2 年	20×3 年	20×4 年	20×5 年	20×6 年
息前税后利润	(1)	40	43.28	46.83	50.67	54.82	59.32	64.18
投资资本(年初)	(2)		303.60	346	394	449	511	582
投资资本回报率	(3)		14.25%	13.54%	12.86%	12.22%	11.61%	11.03%
加权平均资本成本率	(4)		10%	10%	10%	10%	10%	10%
率差	(5)=(3)-(4)		4.25%	3.54%	2.86%	2.22%	1.61%	1.03%
经济利润	(6)=(2)×(5)		12.90	12.25	11.27	9.97	8.23	5.99
折现系数(10%)	(7)		0.9091	0.8264	0.7513	0.6830	0.6209	0.5645
预测期经济利润现值	(8)=(6)×(7)	42.24	11.73	10.12	8.47	6.81	5.11	3.38
后续期价值(增长 4%)	(9)	88.58[2]					142.67[1]	

（续表）

项目	行次	基期	20×1年	20×2年	20×3年	20×4年	20×5年	20×6年
期初投资资本	（10）	303.6						
企业实体价值合计	（11）=（8）+（9）+（10）	434.42③						

注：① $[8.23×(1+4\%)]÷(10\%-4\%)=8.56÷6\%=142.67$（万元）；② $142.67×(1+10\%)^{-5}=142.67×0.6209≈88.58$（万元）；③ 434.42万元 ≈ 434万元。

由表16-5可知，W公司按经济利润估值模型计算确定的企业实体价值为434万元，和前述"现金流量折现法"确定的企业实体价值434万元（见例16-4）基本一致。

第四节 相对价值法

一、相对价值法的概念及基本做法

相对价值法也称价格乘数法或可比交易价值法，是利用类似企业的市场定价来估计被评估企业（目标企业）价值的一种方法。相对价值法的假设前提是：存在一个支配企业市场价值的主要变量（如净利润等），被评估企业利用该变量的关联比值推断出它的市场价值。

相对价值法的基本做法是：首先寻找一个影响企业价值的关键变量，如净利润；然后确定一组可以比较的类似企业，计算这些类似企业的市场价格与关键变量的平均值，如计算这些类似企业的市场价格与净利润的比率，得出平均市盈率；最后用被评估企业的关键变量乘以类似企业的平均值，如用被评估企业的净利润乘以平均市盈率，计算得出被评估企业的评估价值。

采用相对价值方法计算确定的企业价值，是类推市场上其他类似企业的价值而确定的。这种价值不是被评估企业的内在价值，而是一个相对价值，即类似企业价值如果被高估，被评估企业价值也会被高估，故称相对价值法。

相对价值法在人们日常生活中的应用较广泛。例如，张三要买一套100平方米的商品住宅，售房者报价60万元，即每平方米0.6万元。这个报价高不高呢？一个简单的办法就是张三寻找一个类似区域、类似质量的商品住宅的实际价格进行判断。比如，他已找到一套110平方米的商品住宅，其成交价格为55万元，即每平方米0.5万元。张三由此判断，他想购买的商品住宅的报价高了，每平方米高了0.1万元（0.6-0.5）。张三按每平方米0.5万元的价格推算他所要购买的商品房价格应该为50万元（0.5×100）。这50万元就是一个相对价值。当然，采用相对价值法评估确认企业价值并非如此简单。

二、相对价值法关键变量（指标）的选择及其模型的应用

相对价值法中的关键指标很多：股权市场价格与每股收益或每股净利的比率，即市盈

率;股权市场价值与净资产的比率,即市净率;股权市场价值与销售额的比率,即收入乘数[①];实体价值与息前税后利润的比率;实体价值与实体现金流量的比率;实体价值与投资资本的比率;实体价值与销售额的比率;等等。其中,前三种比率以股权市场价格或价值为基础,更具公认性。下面以此作为相对价值法的关键指标阐述其相应模型的应用。

(一)市盈率及其模型的应用

市盈率是股权每股市价与每股净利的比率,也称价格与收益比。其计算公式为:

$$\text{市盈率} = \frac{\text{每股市价}}{\text{每股净利}} \quad (16-5)$$

通常用已经发生的实际数值计算市盈率。利用近几年数据计算与考察市盈率,能反映企业管理部门的经营能力,反映企业盈利能力的稳定性及潜在的成长能力。一般情况下,发展前景好的企业有较高的市盈率,发展前景不佳的企业的市盈率较低。

然而,选择市盈率作为企业价值评估的关键指标,不仅仅是对企业以往价值进行评估,更要从企业未来发展的角度进行评估。与市盈率关联的企业未来发展因素通常有企业净利润增长率、企业稳定增长的股利支付率(每股现金股利与每股净利的比率)等,要采用因素分析法对市盈率指标进行扩展分析。

根据股利折现模型,处于稳定状态的企业股权价值(每股)的计算公式为:

$$\text{股权价值} = \frac{\text{股利}}{\text{股权资本成本率} - \text{股利增长率}}$$

上述公式两边同除以"每股净利":

$$\frac{\text{股权价值}}{\text{每股净利}} = \frac{\text{股利} \div \text{每股净利}}{\text{股权资本成本率} - \text{股利增长率}} \quad (16-6)$$

在考虑本期实际股利较上年增长的情况下,公式(16-6)中的"股利"应该含有增长因素,即:

本期股利 = 每股现金股利 × (1 + 股利增长率)

$$= \frac{\text{每股现金股利}}{\text{每股净利}} \times \text{每股净利} \times (1 + \text{股利增长率})$$

= 股利支付率 × 每股净利 × (1 + 股利增长率)

将"本期股利"代入公式(16-6)中"股利":

$$\frac{\text{股权价值}}{\text{每股净利}} = \frac{\text{股利支付率} \times \text{每股净利} \times (1 + \text{股利增长率}) \div \text{每股净利}}{\text{股权资本成本率} - \text{股利增长率}}$$

$$\text{本期市盈率} = \frac{\text{股利支付率} \times (1 + \text{股利增长率})}{\text{股权资本成本率} - \text{股利增长率}} \quad (16-7)$$

企业在本期市盈率的基础上预测下期市盈率,且保持本期股利支付水平不变,则预期市盈率(也称内在市盈率)的计算公式为:

$$\text{预期市盈率} = \frac{\text{股利支付率}}{\text{股权资本成本率} - \text{股利增长率}} \quad (16-8)$$

---

① 中国注册会计师协会:《财务成本管理》,经济科学出版社 2008 年版。

股权资本成本率按下列公式计算：

$$股权资本成本率 = 无风险回报率 + \beta系数 \times (市场投资组合收益率 - 无风险回报率)$$

$$= 无风险回报率 + \beta系数 \times 风险附加率$$

从上述分析可知，市盈率的基本公式是每股市价与每股净利的比率，市盈率的扩展公式分为本期市盈率和预期市盈率两种。

例 16-10 M 公司本年每股净利为 0.60 元，每股现金股利为 0.45 元，其股利增长率为 5%，β 系数为 0.8，政府长期债券利率为 6%，股票的风险附加率为 5.6%。计算本期市盈率和预期市盈率。

M 公司股利支付率 = 每股现金股利 ÷ 每股净利 = 0.45 ÷ 0.60 = 75%

M 公司股权资本成本率 = 无风险回报率 + β 系数 × 风险附加率

$$= 6\% + 0.8 \times 5.6\% = 10.48\%$$

$$M 公司本期市盈率 = \frac{股利支付率 \times (1 + 股利增长率)}{股权资本成本率 - 股利增长率}$$

$$= \frac{75\% \times (1 + 5\%)}{10.48\% - 5\%} = 14.37$$

$$M 公司预期市盈率 = \frac{股利支付率}{股权资本成本率 - 股利增长率}$$

$$= \frac{75\%}{10.48\% - 5\%} = 13.69$$

例 16-11 N 公司与 M 公司是类似企业。本年 N 公司实际每股净利为 0.90 元，预计下年每股净利为 1.06 元。要求：根据 M 公司本期市盈率对 N 公司进行估值，确定 N 公司的股票价格；根据 M 公司预期市盈率对 N 公司进行估值，确定 N 公司的股票价格。

N 公司股票价格 = 目标企业本期每股净利 × 可比企业本期市盈率

$$= 0.90 \times 14.37$$

$$= 12.93(元/股)$$

N 公司股票价格 = 目标企业预期每股净利 × 可比企业预期市盈率

$$= 1.06 \times 13.69$$

$$= 14.51(元/股)$$

（二）市净率及其模型的应用

市净率是股权每股市价与每股净资产的比率。其计算公式为：

$$市净率 = \frac{每股市价}{每股净资产} \qquad (16-9)$$

目标企业股权价值 = 目标企业净资产 × 可比企业平均市净率

根据股利折现模型，处于稳定状态的企业股权价值的计算公式为：

$$股权价值 = \frac{股利}{股权资本成本率 - 股利增长率}$$

上述公式考虑本期情况,其"股利"是包含股利增长因素的"本期股利",同时等式两边同除以"本期股权账面价值"得:

$$\frac{股权市价}{本期股权账面价值} = \frac{股利 \times (1+股利增长率) \div 本期股权账面价值}{股权资本成本率 - 股利增长率}$$

$$= \frac{\dfrac{每股现金股利}{每股净利} \times \dfrac{每股净利}{本期股权账面价值} \times (1+股利增长率)}{股权资本成本率 - 股利增长率}$$

$$= \frac{股利支付率 \times 股东权益收益率 \times (1+股利增长率)}{股权资本成本率 - 股利增长率}$$

$$= 本期市净率 \qquad (16-10)$$

若公式(16-10)中的"本期股权账面价值"换成"预计下期股权账面价值",且保持本期股利支付水平不变,则可得出"预期市净率",也称"内在市净率"。

$$\frac{股权市价}{预计下期股权账面价值} = \frac{股利支付率 \times 预计下期股东权益收益率}{股权资本成本率 - 股利增长率}$$

$$= 预期市净率 \qquad (16-11)$$

例 16-12 浦东金桥是地处上海,主要从事房地产开发、经营、销售、出租和中介的上市公司,20××年每股净资产为3.74元。表16-6列示了20××年房地产业5家上市公司的财务数据。要求:按平均市净率计算浦东金桥的股票价值,同时按平均市盈率确定浦东金桥股票价值,并指出哪种方法更接近股票的实际价格。

表16-6 20××年房地产业5家上市公司财务指标表

序号	股票简称	平均市价(元)(1)	每股收益(元)(2)	每股净资产(元)(3)	市盈率 (4)=(1)÷(2)	市净率 (5)=(1)÷(3)
1	新湖创业	8.02	0.84	2.69	9.55	2.98
2	空港股份	4.63	0.26	2.29	17.81	2.02
3	合肥城建	7.68	0.28	4.46	27.43	1.72
4	滨江集团	9.05	0.62	2.77	14.60	3.27
5	华丽家族	7.06	0.44	2.26	16.05	3.12
	平均				17.09	2.62
6	浦东金桥	8.55	0.27	3.74		

浦东金桥按市净率估价 = 3.74 × 2.62 = 9.80(元/股)
浦东金桥按市盈率估价 = 0.27 × 17.09 = 4.61(元/股)

计算结果表明,浦东金桥按市净率确定的股票价值为每股9.80元,更接近股票全年平均市场价格每股8.55元。

(三)收入乘数及其模型的应用

收入乘数是股权每股市场价格与每股销售收入的比率。其计算公式为:

$$\text{收入乘数} = \frac{\text{每股市场价格}}{\text{每股销售收入}} \qquad (16-12)$$

目标企业股权价值 = 目标企业销售收入 × 可比企业平均收入乘数

根据股利折现模型,按公式(16-8)的推导方法得出的结果如下:

$$\frac{\text{股权市价}}{\text{本期每股收入}} = \frac{\text{股利支付率} \times \text{本期销售净利率} \times (1+\text{股利增长率})}{\text{股权资本成本率} - \text{股利增长率}}$$

$$= \text{本期收入乘数} \qquad (16-13)$$

$$\frac{\text{股权市价}}{\text{预计下期每股收入}} = \frac{\text{股利支付率} \times \text{预计下期销售净利率}}{\text{股权资本成本率} - \text{股利增长率}}$$

$$= \text{预期收入乘数} \qquad (16-14)$$

例 16-13 R 公司本年每股销售收入为 600 元,每股净利润为 28.20 元。公司近几年固定的股利支付率为 70%,预期利润和股利的长期增长率为 5%。R 公司的 β 系数为 0.8,无风险利率(政府长期债券利率)为 6.5%,市场投资组合收益率(市场平均回报率)为 12%。要求:按本期收入乘数确定 R 公司的价值。

R 公司销售净利率 = 每股净利润 ÷ 每股销售收入 × 100%

$$= 28.20 \div 600 \times 100\% = 4.7\%$$

R 公司股权资本成本率 = 无风险回报率 + β 系数 × (市场投资组合收益率 - 无风险回报率)

$$= 6.5\% + 0.8 \times (12\% - 6.5\%) = 10.9\%$$

$$\text{本期收入乘数} = \frac{70\% \times 4.7\% \times (1+5\%)}{10.9\% - 5\%} = 0.5855$$

R 公司按本期收入乘数估价 = 600 × 0.5855 = 351.31(元/股)

三、相对价值法应用模型的修正

在实际工作中评估企业的价值,往往很难像上述举例那样简单地找到一个完全类似的企业。如果寻找可比企业的条件较严,或者同行业该类型上市公司很少,那么评估者通常找不到足够的可比企业。解决的办法之一是在运用模型时采用修正的相应比率。

(一)修正市盈率

在影响市盈率的诸多驱动因素中,关键变量是增长率。因此,我们可以用增长率修正实际市盈率。若同行业企业预期增长率较容易得到,则可比的范围会更广,预测的结果更贴近实际。修正市盈率的计算公式为:

修正市盈率 = 实际市盈率 ÷ (预期增长率 × 100)

1. 修正平均市盈率法

在选择若干个同类企业的时候,可采用简单平均法计算修正平均市盈率:

$$\frac{\text{目标企业}}{\text{每股价格}} = \frac{\text{修正平均}}{\text{市盈率}} \times \frac{\text{目标企业}}{\text{预期增长率}} \times 100 \times \frac{\text{目标企业}}{\text{每股净利}} \qquad (16-15)$$

例 16-14 承例 16-12,浦东金桥根据 20××年同类(房地产业)5 家上市公司实际市盈率和预期增长率确定其股票价值。浦东金桥 20××年每股收益为 0.27 元,预期增长率为

15%。要求计算修正平均市盈率和浦东金桥每股价格。

修正平均市盈率的计算如表 16-7 所示。

表 16-7 20××年房地产业 5 家上市公司修正平均市盈率

序号	股票简称	平均市价（元） （1）	每股收益（元） （2）	实际市盈率 （3）=（1）÷（2）	预期增长率 （4）	修正平均市盈率 （5）=（3）÷[（4）×100]
1	新湖创业	8.02	0.84	9.55	8%	
2	空港股份	4.63	0.26	17.81	7%	
3	合肥城建	7.68	0.28	27.43	6%	
4	滨江集团	9.05	0.62	14.60	10%	
5	华丽家族	7.06	0.44	16.05	9%	
	平均			17.09	8%	2.14
6	浦东金桥	8.55	0.27	31.67	14%	

修正平均市盈率 = 可比企业实际平均市盈率 ÷（平均预期增长率 × 100）

$$= 17.09 ÷ (8\% × 100)$$
$$= 2.14$$

浦东金桥每股价格 = 修正平均市盈率 × 目标企业增长率 × 100 × 目标企业每股收益

$$= 2.14 × 14\% × 100 × 0.27$$
$$= 8.09(元/股)$$

2. 股价平均法

股价平均法的计算公式为：

$$\begin{matrix}目标企业\\每股价值\end{matrix} = \sum\begin{pmatrix}各可比企业\\修正市盈率\end{pmatrix} ÷ \begin{matrix}可比企\\业数量\end{matrix} × \begin{matrix}目标企业\\预期增长率\end{matrix} × 100 × \begin{matrix}目标企业\\每股净利\end{matrix}$$

（16-16）

例 16-15 承例 16-14，浦东金桥根据 20××年同类（房地产业）5 家上市公司实际市盈率和预期增长率确定其平均股票价值（如表 16-8）。

表 16-8 20××年浦东金桥股票价值

序号	股票简称	实际市盈率 （1）	预期增长率 （2）	修正市盈率 （3）=$\frac{(1)}{(2) \times 100}$	浦东金桥每股收益（元） （4）	浦东金桥预期增长率 （5）	浦东金桥每股价值 （6）=（3）×（4）×（5）×100
1	新湖创业	9.55	8%	1.194	0.27	14%	4.51
2	空港股份	17.81	7%	2.544	0.27	14%	9.62
3	合肥城建	27.43	6%	4.572	0.27	14%	17.28
4	滨江集团	14.60	10%	1.460	0.27	14%	5.52
5	华丽家族	16.05	9%	1.783	0.27	14%	6.74
	平均			2.31			8.73

$$\begin{aligned}\frac{目标企业}{每股价值} &= \sum\left(\frac{各可比企业}{修正市盈率}\right) \div 5 \times \frac{目标企业}{预期增长率} \times 100 \times \frac{目标企业}{每股净利} \\ &= 2.31 \times 14\% \times 100 \times 0.27 \\ &= 8.73(元/股)\end{aligned}$$

（二）修正市净率

修正市净率的计算公式为：

$$修正市净率 = 实际市净率 \div (预期股东权益收益率 \times 100)$$

$$\frac{目标企业}{每股价值} = \frac{修正平均}{市净率} \times \frac{目标企业股东}{权益收益率} \times 100 \times \frac{目标企业}{每股净资产} \quad (16-17)$$

例 16-16 承例 16-12，浦东金桥根据 20×× 年同类（房地产业）5 家上市公司实际市净率和预期股东权益收益率确定其股票价值。浦东金桥 20×× 年每股收益为 0.27 元，预期股东权益收益率为 15%。要求计算修正平均市净率和浦东金桥每股价值。

修正平均市净率的计算如表 16-9 所示。

表 16-9　20×× 年房地产业 5 家上市公司修正平均市净率

序号	股票简称	实际市净率 (1)	预期股东权益收益率 (2)	修正市净率 $(3)=\frac{(1)}{(2)\times 100}$	浦东金桥预期股东权益收益率 (4)	浦东金桥每股净资产（元）(5)	浦东金桥每股价值 $(6)=(3)\times(4)\times(5)\times 100$
1	新湖创业	2.98	30%				
2	空港股份	2.02	11%				
3	合肥城建	1.72	6%				
4	滨江集团	3.27	22%				
5	华丽家族	3.12	20%				
	简单算术平均	2.62	18%	0.15			
6	浦东金桥	2.29			15%	3.74	8.42

$$\begin{aligned}浦东金桥每股价值 &= 修正平均市净率 \times 目标企业股东权益收益率 \times 100 \times 目标企业每股净资产 \\ &= 0.15 \times 15\% \times 3.74 \times 100 \\ &= 8.42(元/股)\end{aligned}$$

（三）修正收入乘数

修正收入乘数的计算公式为：

$$修正收入乘数 = 实际收入乘数 \div (预期销售净利率 \times 100)$$

$$\frac{目标企业}{每股价值} = \frac{修正平均}{收入乘数} \times \frac{目标企业}{销售净利率} \times 100 \times \frac{目标企业每}{股销售收入} \quad (16-18)$$

公式(16-18)的应用方法和修正市盈（净）率法相同。

如果所选的可比企业在非关键变量方面也存在较大差异,就需要进行多个差异因素的修正。修正的方法是使用多元回归技术,包括线性回归或其他回归技术。其修正过程如下:

第一步,选择整个行业全部上市公司甚至跨行业上市公司数据,把市场价格(价值)比率作为被解释变量,把驱动因素作为解释变量,求解回归方程。

第二步,运用相应公式计算所需的乘数。通常,多因素修正的数据处理量较大,需要借助计算机才能完成。

第三步,在得出评估价值后还需要全面检查评估的合理性,对于不合理部分要进行适当的调整,使之与客观现实接近。

第十七章 期权估价

第一节 期权的基本概念

一、期权的定义

期权是一种合约,赋予持有人在特定日期或该日期之前的任何时间以固定价格购进或售出一种资产的权利。例如,张癸今年花50万元购入一套住房,同时又与胡东(房地产开发商)签订一份期权合约,约定后年7月1日或者说此前的任何时间可将该住房以60万元的价格售给胡东。这是张癸享有的一项期权。若在后年7月1日前该住房市场价格高于60万元,则张癸不会执行期权;反之,若该住房市场价格低于60万元,则张癸可以选择执行期权,将住房出售给胡东而获得60万元现金。从这一实例可知,期权定义的要点如下:

1. 期权是一种权利

期权是指在未来一定时期可以买卖指定资产的权利。签订期权合约至少涉及购买人和出售人两方。获得期权的一方(上例张癸)称为期权购买人,出售期权的一方(上例胡东)称为期权出售人。在签订期权合约后,购买人张癸成为期权持有人,拥有执行该项期权的权利也有不执行期权的权利。从这点看,期权合约不同于远期合约和期货合约,因为远期合约和期货合约的双方的权利与义务对等,各自具有要求对方履约的权利,不像期权合约仅赋予持有人某项权利,但不要求他履行义务。因此,期权是持有人只享有权利而不承担相应"义务"的一种"特权"。当然,取得这种"特权"要支付期权费,以此作为不承担义务的代价。

2. 期权不一定拥有标的资产

期权一般拥有标的资产,即选择购买或出售的资产,包括股票、政府债券、货币、股票指数、商品期货等。期权是这些标的资产的"衍生品",因此被称为衍生金融工具。然而,期权出售人不一定拥有标的资产。例如，要出售华达公司股票的人不一定是华达公司股东，他也未必持有华达公司的股票，从这点看，期权是可以"卖空"的。期权购买人也不一定真的想买进标的资产。因此，期权到期时，双方不一定进行标的资产的交割，而只需按价差补足价款即可。

3. 期权约定到期日

期权合约双方约定的期权到期的那一天称为"到期日"，比如上例张癸和胡东约定的"后年7月1日"，在那一天之后，期权失效。期权按执行时间分为欧式期权和美式期权。期权只能在到期日执行的，称为欧式期权；期权可以在到期日或到期日之前执行的，称为美式期权。

4. 期权的执行

依据期权合约购进或售出标的资产的行为称为"执行"。张癸在后年7月1日或此前的任何时间将住房按固定价格60万元出售给胡东，这60万元即执行价格。

二、期权的构成要素

期权的主要构成因素有：一是执行价格，又称履约价格或敲定价格，是指期权的买方行使权利时事先规定的标的物买卖价格；二是权利金，期权买方支付的期权价格，即买方为获得期权而付给期权卖方的费用；三是履约保证金，期权卖方必须存入交易所用于履约的财力担保；四是看涨期权和看跌期权。看涨期权是指在期权合约有效期内按执行价格买进一定数量标的物的权利。看跌期权是指卖出标的物的权利。当期权买方预期标的物价格会超出执行价格时，他就会买进看涨期权，相反就会买进看跌期权。市场参与者可从看涨期权和看跌期权两个方面观察。以进行期权交易。

(1) 从看涨期权看。1月1日，标的物是钢材期货，它的期权执行价格为4 020元/吨。A买入这项权利，付出15元/吨；B卖出这项权利，收入15元/吨。2月1日，钢材期货价格上涨至4 100元/吨，看涨期权的价格涨了80元/吨。A可采取以下两个策略：

一是行使权利。A有权按4 020元/吨的价格从B手中买入钢材期货；B在A提出行使期权的要求后必须予以满足，即便行权日手中没有钢材，也只能以4 100元/吨的市价在期货市场上买入钢材而以4 020元/吨的执行价格卖给A，而A可以按4 100元/吨的市价在期货市场上抛出，获利65元/吨（4 100 − 4 020 − 15），B则损失65元／吨（4 020 − 4 100 + 15）。

二是售出权利。A可以按80元/吨的价格售出看涨期权，A获利65元/吨（80 − 15）。如果钢材价格下跌，即钢材期货市价低于敲定价格，A就会放弃这项权利而损失15元/吨权利金，B则净赚15元/吨。

(2) 从看跌期权看。1月1日，钢材期货的执行价格为3 940元/吨，A买入这项权利，付出15元；B卖出这项权利，收入15元/吨。2月1日，钢材价跌至3 870元/吨，看跌期权的价格涨至70元/吨。此时，A可采取以下两个策略：

一是行使权利。A可以按3 870元/吨的价格从市场上买入钢材,而以3 940元/吨的价格卖给B,B必须接受,A从中获利55元/吨(3 940 - 3 870 - 15),B则损失55元/吨。

二是售出权利。A可以按70元/吨的价格售出看跌期权,A获利55元/吨(70 - 15)。如果钢材期货价格上涨,A就会放弃这项权利而损失15元/吨,B则净赚15元/吨。

从上面的例子可以得出以下结论:一是期权买方(无论是看涨期权还是看跌期权)只有权利而无义务,他的风险是有限的(亏损最大值为权利金),但理论上获利是无限的;二是期权卖方(无论是看涨期权还是看跌期权)只有义务而无权利,理论上他的风险是无限的,但收益是有限的(收益最大值为权利金);三是期权买方无须付出保证金,卖方则必须支付保证金以作为其履行义务的财务担保。

三、期权交易的场所

期权交易分为有组织的证券交易所交易和场外交易。世界上许多证券交易所都开展期权交易业务。目前,全球最大的期权交易所是芝加哥期权交易所(Chicago Board Options Exchange,CBOE);欧洲最大的期权交易所是欧洲期货交易所(EUREX),其前身为德意志期货交易所(DTB)与瑞士期权与金融期货交易所(Swiss Options & Financial Futures Exchange,SOFFEX);在亚洲,韩国的期权市场发展迅速且交易规模巨大,目前是全球期权发展最快的国家之一。

第二节 期权价值评估方法

从20世纪50年代开始,现金流量折现法成为资产估值的标准方法。但现金流量折现法是否可靠,取决于两大预计数:一是预计未来现金流量,二是估计必要折现率(必要回报率)。人们试图使用折现现金流量法解决期权估价问题,但一直没有成功。问题在于期权的必要回报率随着标的资产市场价格的随机变动而不断变化,很难找到一个适当的折现率,从而折现现金流量法无法在期权方面加以应用,因此有必要开发新的模型,解决期权定价问题。1973年,布莱克-斯科尔斯期权定价模型(Black-Scholes Option Pricing Model)被提出,人们终于找到适用的期权定价方法。此后,期权市场和衍生金融工具交易飞速发展。1997年10月10日,第二十九届诺贝尔经济学奖被授予两位美国学者——哈佛商学院罗伯特·默顿(Robert Merton)教授和斯坦福大学迈伦·斯科尔斯(Myron Scholes)教授。他们创立和发展的布莱克-斯科尔斯期权定价模型(Black Scholes Option Pricing Model)为包括股票、债券、货币、商品在内的新兴衍生金融市场的各种基于市场价格变动而定价的衍生金融工具的合理定价奠定了基础。

斯科尔斯与数学家费雪·布莱克(Fischer Black)在20世纪70年代初合作创建了一个期权定价的复杂公式。与此同时,默顿也提出了同样的公式以及许多其他有关期权的有用结论。结果,两篇论文几乎同时在不同刊物上发表。所以,布莱克-斯科尔斯定价模型亦可称为布莱克-斯科尔斯-默顿定价模型。默顿扩展了原模型的内涵,使之同样适用于许多其他形式的金融交易。瑞士皇家科学院赞誉他们在期权定价方面的研究成果是经济科学中最杰出贡献之一。

一、布莱克-斯科尔斯期权定价模型的假设

(1) 在期权寿命期内,买方期权标的股票不发放股利,也不进行其他分配。
(2) 股票或期权的买卖没有交易成本。
(3) 短期的无风险利率是已知的,并且在期权寿命期内保持不变。
(4) 任何证券购买者均能以短期的无风险利率借得任何数量的资金。
(5) 允许卖空,卖空者将立即得到所卖空股票当天价格的资金。
(6) 看涨期权只能在到期日执行。
(7) 所有证券交易都是连续发生的,股票价格随机游走。

二、布莱克-斯科尔斯模型

布莱克-斯科尔斯模型包括三个公式:

$$C(E) = S[N(d_1)] - \frac{E}{e^{rt}}[N(d_2)]$$

$$d_1 = \frac{Ln(S/E) + (r + 0.5\sigma^2)t}{\sigma\sqrt{t}}$$

$$d_2 = \frac{Ln(S/E) + (r - 0.5\sigma^2)t}{\sigma\sqrt{t}} = d_1 - \sigma\sqrt{t}$$

其中,$C(E)$ 为看涨期权的当前价值;S 为当期期权标的资产的当前价格;E 为期权合约中标的资产的未来执行价格;t 为期权到期日前的时间;$N(d)$ 为正态分布下的累积概率,即变值;$e \approx 2.7183$;σ 为期权标的资产收益率的标准差;r 为连续复利的无风险利率。

三、布莱克-斯科尔斯模型的参数估计

布莱克-斯科尔斯模型有五个参数,包括期权授予日的标的资产市价、预计标的资产价格的波动幅度、预计的授予日至期权行使日的时间、行权价格、无风险利率,在具体运用时要深入分析期权资产的特征和收益波动的规律等,不可简单地套用公式。其中,期权标的资产的现行价格和执行价格容易取得。至到期日的剩余年限一般按自然日(一年365天或简化为360天)计算,也比较容易确定。比较难估计的是无风险利率和股票(即标的资产)收益率的标准差。

1. 无风险利率的估计

应当用无违约风险的固定收益证券来估计无风险利率,例如国库券的利率。国库券的到期时间不等,其利率也不同,应选择与期权到期日相同的国库券利率;没有相同时间

的,应选择时间最接近的国库券利率。这里所指的国库券利率是指其市场利率,而不是票面利率,即根据市场价格计算的到期收益率。需要说明的是,模型中的无风险利率是指按连续复利计算的利率,而不是常见的年复利。连续复利假定利息是连续支付的,利息支付的频率比每秒1次还要频繁。

连续复利的计算方法不同于年复利。用 F 表示终值,P 表示现值,r 表示连续复利率,t 表示时间(年),则:

$$F = P \times e^{rt}$$

$$r = \frac{\text{Ln}(F/P)}{t}$$

例 17-1 W 公司在对股票期权确定价值时,选择半年期国库券计算无风险利率。已知每张国库券现值 $P=1\,600$ 元,时间 $t=0.5$ 年,终值 $F=1\,682$ 元,连续复利率 r 的计算过程如下:

$$r = \text{Ln}(1\,682/1\,600) \div 0.5 = \text{Ln}(1.05125)/0.5 = 0.04998 \div 0.5 = 10\% \text{①}$$

2. 收益率标准差的估计

股票收益率的标准差可以用历史收益率来估计,其计算公式为:

$$\sigma = \sqrt{\frac{1}{n-1} \sum_{t=1}^{n} (R_t - \bar{R})^2}$$

$$R_t = \text{Ln}\left(\frac{P_t + D_t}{P_{t-1}}\right)$$

其中,R_t 为股票在 t 期的收益率,是收益率的连续复利值;P_t 为第 t 期的股票价格;P_{t-1} 为第 $t-1$ 期的股票价格;D_t 为第 t 期的股票股利。

例 17-2 W 公司股票过去 6 年每股股价如表 17-1 所示。公司各年度均未发放股利,据此计算股票的连续复利收益率。

表 17-1 W 公司股票连续复利的收益率及标准差

年数	股价(元/股)	连续复利的收益率 R_t(%)
1	10.00	
2	13.11	27.08①
3	21.53	49.61
4	45.69	75.24
5	33.27	−31.72
6	39.16	16.30

---

① 例 17-1 复利下年利率(设 r)的计算: $1\,600 \times (1+r)^{0.5} = 1\,682$,$r = 10.5127\%$,则半年期实际复利率 $= \sqrt{(1 + 10.5127\%)} - 1 = 5.125\%$,半年期名义复利率 $= 10.5127\% \div 2 = 5.25635\%$。

(续表)

年数	股价(元/股)	连续复利的收益率 R_t(%)
平均值	27.13②	27.30③
标准差(σ)		40.00④

注:① $R_2 = \text{Ln}\left(\dfrac{P_t + D_t}{P_{t-1}}\right) = \text{Ln}\left(\dfrac{13.11 + 0}{10}\right) = \text{Ln}(1.311) = 27.08\%$。其中,$D_t$ 为 0 表示未发放股利。Ln(1.311)指自然对数,可使用计算器求得结果:先在计算器上输入 1.311,再使用计算器上的对数符号 Ln,即得出 0.2708,取 27.08%,表示 e 的 0.2708 次方等于 1.311,e = 2.71828……连续复利的收益率其他指标的计算类推。

② (10 + 13.11 + 21.53 + 45.69 + 33.27 + 39.16) ÷ 6 = 27.13。

③ (27.08% + 49.61% + 75.24% - 31.72% + 16.30%) ÷ 5 = 27.30%。

④ $\sigma = \sqrt{\dfrac{1}{n-1}\sum_{i=1}^{n}(R_t - \overline{R})^2}$

$= \sqrt{[(27.08\% - 27.3)^2 + (49.61\% - 27.3)^2 + (75.24\% - 27.3)^2 + (-31.72\% - 27.3)^2 + (16.30\% - 27.3)^2] \div 4}$

$= 40.00\%$。

3. 看涨期权定价举例

例 17-3 W 公司股票当前价格为 16 元/股,授予高管人员期权未来执行价格为 15 元/股,期权到期日前后时间为 0.5 年,连续复利的无风险利率为 10%,$\sigma^2 = (40.00\%)^2 = 0.16$。要求计算 W 公司股票期权的价格。

$$d_1 = \dfrac{\text{Ln}(S/E) + (r + 0.5\sigma^2)t}{\sigma\sqrt{t}}$$

$$= \dfrac{\text{Ln}(16/15) + (10\% + 0.5 \times 0.16) \times 0.5}{0.4 \times \sqrt{0.5}} = \dfrac{0.0645 + 0.09}{0.4 \times 0.7071}$$

$$= 0.55$$

Ln(16 ÷ 15) = Ln(1.066667),可使用计算器求得结果,也可利用 Excel 的 LN 函数功能求得。

$$d_2 = \dfrac{\text{Ln}(S/E) + (r - 0.5\sigma^2)t}{\sigma\sqrt{t}} = d_1 - \sigma\sqrt{t}$$

$$= 0.55 - 0.4 \times \sqrt{0.5}$$

$$= 0.27$$

$$N(d_1) = N(0.55) = 0.7088$$

N(0.55)是正态分布下的累积概率,可以查正态分布下的累积概率表:先查横标 0.5,再对应于纵标 0.05 交点,其系数值 0.2088 加上 0.5000 为 0.7088①。

$$N(d_2) = N(0.27) = 0.6064$$

---

① 如果查标准正态分布表,那么横标 0.5+纵标 0.05 交点的系数为 0.2088,再加 0.5000 后为 0.7088。

$$C(E) = S[N(d_1)] - \frac{E}{e^{rt}}[N(d_2)]$$

$$= 16 \times 0.7088 - 15 \times e^{-10\% \times 0.5} \times 0.6064$$

$$= 11.34 - 15 \times 0.9512 \times 0.6064$$

$$= 11.34 - 8.65$$

$$= 2.69(元/股)$$

计算结果表明,W公司授予高管人员半年期的股票期权价值为2.69元/股。

4. 看跌期权估价

在大部分情形下,期权价格的走势是上涨的,看涨期权定价模型的适用性较广泛。然而,在套利驱动的均衡状态下,看涨期权价格、看跌期权价格和股票价格之间存在一定的相互依存关系。对于欧式期权,假定看涨期权和看跌期权有相同的执行价格与到期日,则以下等式成立:

看涨期权价格 − 看跌期权价格 = 标的资产价格 − 执行价格现值

设看涨期权价格为 C,看跌期权价格为 P,标的资产价格为 S,执行价格现值为 $PV(X)$,则:

$$C = S + P - PV(X)$$

在上述等式中,4个变量如果有3个已知,就能求出第4个变量的值。

$$P = -S + C + PV(X)$$
$$S = C - P + PV(X)$$
$$PV(X) = S - C + P$$

例17-4 W公司股票看涨期权和看跌期权的执行价格均为15元/股,半年期,半年的无风险利率为5%,股票的现行价格为16元/股,看涨期权的价格为2.69元/股,求解看跌期权的价格。

$$P = -S + C + PV(X)$$
$$= -16 + 2.69 + 15 \div (1 + 5\%)$$
$$= -16 + 2.69 + 14.29$$
$$= 0.98(元/股)$$

5. 派发股利的期权定价

布莱克-斯科尔斯期权定价模型假设在期权寿命期内买方期权的股票不发放股利。在标的股票派发股利的情况下又如何对期权进行估价呢?

股利的现值是股票价值的一部分,但是只有股东可以享有这一收益,期权持有人不能享有,因此在估计期权价值时要从股价中扣除期权到期日前派发的全部股利的现值。也就是说,把所有到期日前预计发放的未来股利视同已经发放,将这些股利的价值从现行股票价格中扣除。此时,模型建立在调整后股票价格而非实际价格基础之上。考虑派发股利的期权定价模型为:

$$C(E) = S[N(d_1)] - \frac{E}{e^{rt}}[N(d_2)]$$

$$d_1 = \frac{\text{Ln}(S/E) + (r - \delta + 0.5\sigma^2)t}{\sigma\sqrt{t}}$$

$$d_2 = d_1 - \sigma\sqrt{t}$$

δ 为标的股票的年股利收益率(假定股利连续支付,而非离散分期支付)。若标的股票的年收益率 δ=0,则与前面介绍的布莱克-斯科尔斯期权定价模型相同。

第十八章 会计实证研究与实证分析

第一节 实证研究法

实证研究作为一种研究范式,产生于培根的经验哲学以及牛顿和伽利略的自然科学研究。法国哲学家孔多塞(1743—1794)、圣西门(1760—1825)、孔德(1798—1857)倡导将自然科学的实证精神贯彻于社会现象的研究,他们主张从经验入手,采用程序化、操作化和定量分析的手段,使社会现象的研究达到精细化和准确化的水平。孔德1830—1842年《实证哲学教程》六卷本的出版,揭开了实证主义运动的序幕,形成西方哲学史上的实证主义思潮。

实证研究法用于会计研究并形成实证会计理论是在20世纪60—70年代,而系统化于80年代。1986年,实证会计理论创立者中的两位美国著名学者瓦茨(Watts)和齐默尔曼(Zimmerman)出版了他们的代表作《实证会计研究》,比较完整地介绍了实证会计理论的形成与发展过程,把实证会计理论提高到了一个崭新水平。我国学者对此给予了高度重视,许多理论研究者运用实证研究方法对我国企业成功的相关会计案例进行了归纳和理论总结,取得了一定的成果。

实证研究推崇的基本原则是科学结论的客观性和普遍性,强调知识必须建立在观察和实验的经验事实上,通过经验观察的数据和实验研究的手段来得出一般性的结论,并且要求这种结论在同一条件下具有可证性。根据该原则,实证性研究方法可以概括为通过对研究对象大量的观察、实验和调查,获取客观材料,从个别到一般,归纳出事物的本质属性和发展规律的研究方法。

(1)观察法。研究者直接观察他人的行为,并把观察结果按时间顺序系统地记录下来。这种研究方法称为观察法,分为自然观察与实验室观察,参与观察与非参与观察等方法。

(2)谈话法。研究者与研究对象面对面地交谈,在口头信息沟通的过程中了解研究对象心理状态,这种研究方法称为谈话法,分为有组织谈话与无组织谈话两种。

(3)测验法。这是指通过各种标准化的心理测量量表对被试者进行测验,以评定和了解被试者心理特征的方法。它分为问卷测试、操作测验和投射测验等。

(4)个案法。对某一个体、群体或组织在较长时间里连续进行调查、了解、收集全面的资料,从而研究其心理发展变化的全过程。这种研究方法称为个案法或个案研究法。

(5)实验法。研究者在严密控制的环境条件下有目的地给被试者一定的刺激以引发其某种心理反应并对此加以研究。这种研究方法称为实验法,分为实验室实验和现场实验两种。

第二节 实证分析法

一、实证分析的概念

实证分析(example analysis,case analysis,empirical analysis)在学术文献中有以下几种解释:

(1)实证分析是指借助对经验事实的描述,通过诉诸事实来解决人们在经验事实中所遇到的问题,它注重人的现实功利要求,追求结果的时效性。

(2)在经济学中,实证分析是指分析经济现象"是什么"的方法,是对事实判断的分析,也是对客观事物的状况及客观事物之间的关系"是什么"的事实性陈述的分析。

(3)有学者认为,实证分析是指按照一定程序性的规范进行经验研究、量化分析的方法,它由程序、经验和量化三个基本要素构成。

需要指出的是,有人往往对实证分析有误解,认为用统计计量方法处理经济数据的分析方法就是实证分析法。但实际上,这只是经济学中的计量分析方法,它只是实证分析方法的其中一种方式,而不是实证分析的全部。Stanley Wong 定义的词条的解释是,实证经济学是经济学中对经济现象进行描述与解释的一个分支,而规范经济学的内容则致力于对实证经济学的应用,其目的是就实际问题(包括公共政策问题)提出建议。对实证分析和规范分析可以这样理解:在研究问题时通过事例和经验等从理论上推理说明,那就属于实证分析;而在研究问题时通过严格的数理方法推导,用方程或图形等加以证明,那就属于规范分析。

二、实证分析的步骤

(一)提出问题和分析目标

实证分析法首先要选择有价值的问题:是焦点问题,是理论或政策与实际出现偏差的问题,是需要通过深入研究才能解决的问题。要抓住这个问题,就应抓住事物的主要矛盾。实证分析法在提出问题后,就要确定分析的目标,围绕目标可进行五个方面的研究。

1. 验证规范性的结论

一些规范性的结论往往被人们奉为信条,成为指导人们做人行事的准则。然而,任何真理都具有相对性,即真理是与事物发展的一定环境、一定条件相适应的。当事物发展的环境和条件发生变化时,真理也要随之变化;否则,真理就不能发展了。验证规范性的结论,是早期实证研究的出发点,至今也是实证研究的重要目标。实证分析法首先应当验证规范研究结论在实践中的正确性。

2. 揭示理论与实践不符的原因

人们在验证规范性结论时,有时发现实证的结果和规范的预期并不一致,甚至否定规范的预期。实证分析法由此研究揭示理论与实践不符的原因。

3. 解释规范研究中相互冲突的理论结论

规范研究根据一定的理论前提,主要采用演绎法推理得出结论。其中,不同的研究者在价值判断方面的立论不同,从而得出可能相互冲突的结论。实证分析法就是通过研究得出相对正确的结论。

4. 弥补前人研究方法的不足

前人的研究结论往往是通过特定条件和方法提出的,随着科学技术的发展和人们认识能力的提高,研究方法也在不断变化。实证分析研究者探求先进的研究方法以弥补原有研究方法的不足。

5. 提升观察分析的结论

任何学者总喜欢对观察到的一些现象进行概括性的描述,以判断这些现象是否具有普遍性。实证研究可以对其假设进行统计检验,以判别真伪,再将观察分析中得到的发现上升为统计结论。

(二) 建立可证伪的假设

实证研究的关键步骤是假设和检验,实证分析的本质目标就是检验预期的真伪。

实证研究中所说的假设,是对所研究问题的研究结果的预期,需要通过假设检验,用证据判别其真伪。也就是说,经过实证检验分析,开始时提出的假设最终可能因得到实际数据的支持而被认可,也可能因得不到实际数据的支持而被拒绝。一个假设可以用统计方法加以检验,就是可检验的,也就是"可证伪的"而不是一定会被证伪。假设检验的通常做法是:建立两个相互排斥的"原假设"和"备择假设"。原假设通常是假设某总体均值为零或两个总体的均值相等条件满足,在这个条件下被检验的统计量符合某种统计分布。根据统计中"小概率事件不会发生"的判断原理,决定拒绝或不拒绝原假设。但是在经济研究中的问题(即研究的预期结果假设)常常是某因素具有较大影响,实际就是原假设被拒绝、备择假设得到支持的情况。在这种情况下,当统计检验中原假设被拒绝时,实际问题中的假设得到支持,通常称之为"通过检验",因而这种方法也被称为证伪法。

建立可检验的假设,是对研究问题的预期结果具体化,用可以检验的形式把预计的研究结果表述出来。当研究者提出假设时,通常需要或详细或简要地阐述之所以产生这种预期的理由,没有良好的理论功底和逻辑推理能力是很难提出好的假设的。

(三) 设计技术方法和技术路线

所谓技术方法,是指运用一定的技术对研究对象进行客观的符合逻辑关系的分析。技术方法一般分为特别方法、一般方法和技术诀窍三种。技术方法的本质是一种经验模型,它揭示变化原因的依据是经验模型内部建立起来的逻辑关系。所谓技术路线,是指从设计到执行再到完成各技术环节的步骤或线路或路径。设计技术方法和技术路线要求研究者要选择先进的技术方法,并围绕目标设计实现目标的路径。从实证分析法看,通常的做法是:先进行前提假设,选取合适的变量,然后对假设进行统计检验。

变量选择一般有两种思路:一是理性思考,二是实际验证。所谓理性思考,就是根据现有理论或研究者的经验,判断哪些因素对所研究的问题有影响,进而将它们纳入检验的模型框架。所谓的实际验证,是指当可能有很多因素对所研究的问题有影响但检验模型不能全部容纳它们时,研究者应当先对所选择的变量进行统计验证,从中选出最合适的变量构成检验模型。实践中这两种思路可以结合使用。

在设计统计检验模型时,可以根据研究的需要直接对所选择的相关变量进行参数或非参数检验,也可以利用特定检验模型(如线性回归模型、Logit 模型等)进行检验。检验模型的选择非常关键,不同的模型可能会得出不同甚至截然相反的结论,这时应当在备选的模型之间进行慎重比较,选择更能反映实际且科学严谨的检验模型。

(四) 取得数据

实证分析可以从不同途径取得检验假设所需的数据。选择数据来源通常依据数据可得性和成本效益原则。如果可以借用其他研究者曾经用过的数据,自己就不必重复数据收集工作;如果能用比较容易的方法取得数据,就可以暂不考虑复杂困难的途径。收集数据除利用常见的色诺芬、CSMAR 等数据库以外,还可以在证券公司和证券交易所的网站上自行检索所需的数据。

在选定样本之后,研究者经常需要对取得的数据进行描述性统计。描述性统计是对样本数据所做的简单统计,显示其结构(如均值、分位数、差异程度、某些重要的百分比、某些现象出现的频率等),用这些简单的统计结果体现所选取样本的基本特征。描述性统计的目的通常不是检验研究假设,而是说明样本选择的恰当性,因此人们常常称之为有效性测试。有效性测试通常包括检验样本数据的代表性、对照数据的匹配性、样本数据结构与理论推测的一致性。在某些情况下,研究者也借助描述性统计对预期结果做一些辅助性观察,作为对预期假设支持或否定的部分证据。

(五) 利用数据检验假设

按照研究设计中的统计检验方法处理样本数据,以验证假设能否被接受。这部分工作主要由计算机完成,常用的统计软件有 SPSS、SAS、EViews 等,研究者应当对软件运算结果进行适当的汇总和提炼。

许多实证研究在检验主要假设之后还进行敏感性测试(sensitivity checks)。敏感性测试通常是对可能影响结论的某些因素所做的补充性测试。有时敏感性测试是为了说明某些因素对结论不会产生影响,比如对某种因素的分析可以选用不同的指标作为代表,在敏感性测试中,研究者可以换用其他指标做检验,说明结论对指标的变换不敏感。有时敏感性测试是为了对假设检验做补充研究,比如假设检验是针对全体样本,敏感性测试则针对样本中不同行业再进行分组测试,观察行业因素对结果是否敏感(即有无不同的表现)。

(六) 解释结果并得出结论

实证分析最终解释的是假设检验的结果。从某种意义上说,假设检验的结果只有两种可能:一种是开始时预期的结果出现或没有出现,另一种是预期的结果得到或没有得到证据的支持。当研究预期的假设得到证据支持时,应当对结果辅以定性的文字说明,指出通过检验的制度性背景及原因。如果假设没有得到强有力的证据支持,那么对结果的解释通常是比较困难的。由于假设是建立在一定的理论基础上的,预期的结果往往被认为具有合理性,因此分析人员不得不花费大量的篇幅辨析实践与理论不一致的原因。对于没有得到强有力证据的研究情况,总结研究的局限性和不足之处是非常重要的。人们通常会检查检验模型中考虑的变量是否包括全部重要的因素,理论模型是否有过多的限制或与事实不符,样本容量是否足够大,样本结构偏差是否有重要的影响等。即使预期的假设得到足够的证据支持,也常常还有一些不尽如人意之处可以在总结研究局限性时指出。

三、实证研究的技术方法

实证研究中的技术方法主要涉及统计学方法、计量经济学方法,这些方法是实证分析的工具和手段。会计实证分析中常用的技术方法包括线性回归、假设检验、方差分析等。不同类型的数据资料,要求使用不同的统计分析方法。例如,在解释变量和被解释变量都为定量数据时,可以使用回归分析;而在解释变量为定性数据、被解释变量为定量数据时,通常使用方差分析;反之,在解释变量为定量数据、被解释变量为定性数据时,通常使用聚类分析和判定分析。

(一) 线性回归

回归分析是会计实证研究中常用的统计方法,包括以下几个环节:

1. 设计模型

在进行回归分析时,首先要对经济活动进行深入的分析,选择回归模型将包含的变量,并根据经济理论和样本数据所显示的变量间关系,建立描述这些变量间关系的数学模型。

2. 采集数据

在建立模型之后,就要根据模型中变量的含义,按一定的统计口径收集并整理样本数据。根据实证分析的需要,通常采集时间序列数据、截面数据、混合数据、面板数据、虚拟变量数据等。

3. 估计参数

参数估计方法一般采用普通最小二乘法(OLS),有时也采用极大似然估计法。

4. 检验模型

一般来说,经济学和管理学模型必须通过四级检验,即理论检验、统计检验、计量经济学检验和预测检验。

(1) 理论检验:主要检验模型是否符合经济理论和管理理论的要求,参数估计值的符号和大小是否与人们的预期基本一致。若不符,则要查找原因,并采取必要的修正措施。

(2) 统计检验:在参数估算出来后,必须找到一个准则以判断估计的参数与理论预期结果是否一致,方程模拟效果是否理想。完成这一任务要依靠数理统计学的统计推断方法,主要是假设检验,一般包括参数的 t 检验、方程的 F 检验。

(3) 计量经济学检验:主要包括随机干扰项的自相关检验、异方差检验和解释变量的多重共线性检验等。

(4) 预测检验:包括内插检验和外推检验。

5. 适用模型

适用的模型包括对经济现象未来值的预测和政策模拟。

(二) 假设检验

在各种统计假设中,有的仅涉及总体分布的某个指标,如总体的均值或方差,而有的则涉及总体的分布形式。涉及某些未知参数的统计假设称为参数假设,涉及总体分布形式的统计假设称为非参数假设。相应地,有关前者的假设检验是参数检验,有关后者的假设检验是非参数检验。

1. 参数检验

参数检验主要是针对有关总体的均值、总体的比例和总体方差的各种假设。在会计实证分析中,均值的检验通常采用 t 检验,比例的检验采用 μ 检验,单样本的方差检验采用 χ^2 检验,双样本的方差检验采用 F 检验。

2. 非参数检验

参数检验假定样本来自正态分布的总体,而在现实生活中,许多总体的分布却是未知的,需要我们检验其是否与某个已知的分布相同。非参数检验的假设前提比参数检验要少,也容易满足,适用于分析关联性较弱的数据,加上其计算方法简便易行,在实证分析中得到广泛的应用。

常见的单样本非参数检验有 χ^2 分布拟合检验、列联表(Crosstabs)检验、柯尔莫哥洛夫-斯密尔诺夫检验(简称 K-S 检验)、游程(Runs)检验。对于两样本的非参数检验,若两个样本是独立的,则常用 Mann-Whitney U 检验;若两个样本是相关的,则常用 Wilcoxon 检验、Sign 检验。对于多个独立样本,常见的非参数检验方法有 Kruskal-Wallis H 检验、Dunn 多重比较。对于多个相关样本,常见的检验方法有 Friedman 检验、Kendall's W 检验和 Cochran's Q 检验。

(三) 方差分析

方差分析是检验两个或多个样本均值之间是否具有统计意义上的显著差异的一种统

计方法。它是根据被解释变量的样本数据,分析和检验某种或多种因素的变化对被解释变量的观测数据是否具有显著影响。根据因素变量的多少,方差分析可分为单因素方差分析和多因素方差分析。多因素方差分析涉及比较复杂的统计学知识,会计实证分析常用的是单因素方差分析。单因素方差分析用来检验由单一因素影响的一个或几个相互独立的被解释变量由该因素按不同水平分组的各组均值之间是否具有显著差异,也可用来分析该因素的若干水平分组中哪组与其他各组之间是否具有显著差异,即进行均值的多重比较。

方差分析必须满足或近似满足三个条件:一是被检验的各水平的总体都服从正态分布;二是各水平的总体方差相等;三是各次测试是相互独立的。若上述条件未能全部满足,则方差分析结果的可靠性较差,此时可采用非参数分析。

(四) 聚类分析

聚类分析、回归分析和判定分析被称为多元分析的三大方法。聚类分析和判定分析是研究事物分类的基本方法。聚类分析(cluster analysis)就是研究"物以类聚、人以群分"的一种方法。它将相似的个体聚成小类,最后由小类聚成大类或总类,其目的是将相似的事物归为一类;在归类过程中,再根据事物本身的特征确认其类属。所以,聚类分析的原则就是同类中的个体具有较高的相似性,不同类中的个体差异很大。例如,在经济管理上,研究者可以根据企业资产规模、销售总额和利税水平将企业分为大型、中型、小型企业,以便对其进行分类分析和管理。

根据分类对象的不同,聚类分析分为样本聚类和变量聚类两种;按照聚类方法的不同,又可分为快速聚类和分层聚类。

(五) 判定分析

在证券市场上,一些上市公司是否已陷入财务困境、是否快要破产,要根据这些公司的各项财务指标加以判定,这时就要运用统计上的判定分析方法,如 Altman Z 计分法中的 Z 值计算公式就是利用判定分析原理得到的判定函数。所谓判定分析(discriminant analysis),就是根据对某种事物现有类别的认识,对新事物的类别进行判定的方法。具体地说,就是根据表明事物特征的变量值和它们所属类别求出判定函数,然后根据判定函数对未知类别的事物进行分类。显然,在进行判定分析时必须已知观测对象的分类情况和若干反映观测对象特征的变量值,以便从中筛选出能提供较多信息的变量并建立判定函数,再把各个案的解释变量值代入判定函数,得出判定分数,据此确定各个案的所属类别。对比原始数据的分类和按判定分数的分类,给出错判率。对判定函数的要求是:利用推导出的判定函数,对个案判定所属类别的错判率最小。

判定分析要求数据必须可靠地拟合分布,即要求每组个案必须是从一个多变量、正态分布的总体中抽取的样本,要求每类中的观测值服从多元正态分布,而且总体的协方差矩阵必须相等。

第三节　上市公司实证研究分析法的应用

现以刘建勇、朱学义 2008 年 12 月在《中南财经政法大学学报》(2008 年第 6 期)上发表的实证论文——《信息披露及时性与可靠性关系实证研究》阐明实证研究分析法在上市公司中的应用。

(一) 引言

财务报告的首要目标是向使用者提供对他们有用的信息,信息有用程度与信息质量有关,即提供的信息应该符合相关性和可靠性的要求。相关性的要素之一是及时性,国际会计准则认为信息的报告如果不及时披露,就可能失去相关性(IASC,2002)。及时性要求企业对于已经发生的交易或事项,应当及时进行确认、计量和报告,不得提前或者延后。会计信息的价值在于帮助投资者或其他利益相关者做出经济决策,具有时效性。即使是客观、可比、相关的会计信息,如不能及时提供,对于使用者的效用也会大大降低,甚至不再具有实际意义。为了在会计确认、计量和报告的过程中贯彻及时性,一是要求及时收集会计信息,即在经济交易或者事项发生后,及时收集整理各种原始单据或者凭证;二是要求及时处理会计信息,即按照会计准则的规定,及时对经济交易或者事项进行确认、计量,并编制财务报告;三是要求及时传递会计信息,即按照国家规定的有关时限,及时地将编制的财务报告传递给财务报告使用者,便于其及时使用和决策。可靠性要求企业应当以实际发生的交易或者事项为依据进行确认、计量和报告,如实反映符合确认和计量要求的各项会计要素及其他相关信息,保证会计信息真实可靠、内容完整。为了贯彻可靠性要求,企业应当做到:以实际发生的交易或者事项为依据进行确认、计量,将符合会计要素定义及其确认条件的资产、负债、所有者权益、收入、费用和利润等如实反映在财务报表中,不得根据虚构的、没有发生的或尚未发生的交易或者事项进行确认、计量和报告(财政部会计司编写组,2006)。

在实务中,为了及时提供会计信息,企业可能需要在有关交易或者事项的信息全部获得之前进行会计处理,这样就满足了会计信息的及时性要求,但可能会影响会计信息的可靠性;反之,如果企业等到与交易或者事项有关的全部信息获得之后再进行会计处理,这样的信息就可能会由于时效性问题,对财务报告使用者决策的有用性大大降低。这就需要在及时性和可靠性之间进行权衡,以更好地满足财务报告使用者的决策需要作为判断标准。

面对及时性与可靠性的两难选择,我国上市公司是如何取舍的呢?本文拟从信息披露的视角对我国上市公司信息披露及时性与可靠性之间的关系进行实证分析,以期为信息披露及时性与可靠性之间的权衡选择提供经验证据。

(二) 研究假设

会计的目标在于向企业利益相关者提供对投资、融资、监管等决策有用的信息,会计信息的质量特征直接影响到利益相关者的决策。对会计信息质量特征较具代表性的阐述出自美国财务会计准则委员会的财务会计概念公告第二号"会计信息的质量特征",该公告以财务报告目标为起点,提出两条最基本的质量特征——相关性和可靠性。相关性是指信息影响决策的能力,包括信息的预测价值、反馈价值和及时性;可靠性是指能否反映相关的经济情况或事项,分为真实性、可核性和中立性。在改善会计信息质量的过程中,相关性和可靠性并不一定同时改善,有时两者是相互冲突的(FASB,1992)。因此,关于会计信息质量的相关性和可靠性不可兼得一直是理论研究的重要问题。朱元午(1999)从相关性、可靠性是两个含义不能确指的模糊概念出发,认为人们在不断追求信息有用性上面临相关性和可靠性的两难选择,相关性与可靠性并非总在同一方向上影响信息的有用性。叶有忠(2000)从成本效益角度探讨了会计信息相关性与可靠性之间此消彼长的关系,以此说明会计信息质量的两难选择,进而提出从信息提供者和信息使用者之间不同期望目标的内在差异性入手,建立健全社会监督机制,促进信息提供者和信息使用者质量目标的动态平衡。夏冬林(2004)从会计确认、计量和报告的时间角度进行探讨,认为相关性和可靠性本质上是一个时间问题,确认会计事项的时间越早,会计信息披露越及时,会计信息越具备相关性,但不确定性越高,从而可靠性越差;反之,确认和披露的时间越晚,可靠性越高,但相关性越低。翁健英(2007)认为相关性和可靠性产生冲突、需要权衡的根源在于及时性。及时性削弱会影响相关性,但可靠性会得到加强;及时性强化,相关性往往会提高,但可靠性会降低。

综上所述,信息披露相关性与可靠性之间存在两难选择,并且信息披露的及时性直接影响相关性。为了直观和论述方便,我们用及时性替代相关性,根据以上分析提出假设1。

假设1:我国上市公司信息披露及时性与可靠性存在显著的负相关关系。

关于在及时性与可靠性之间如何权衡,美国财务会计准则委员会在财务概念公告第二号中概括可靠性的特点时指出:财务报告的可靠性标准并不追求分毫不差的精确真实,而是"大致可靠",即财务报告描述的状况基本符合公司状况即可,追求财务报告的精确可靠没有必要,反而会降低质量标准(FASB,1992)。国际会计准则指出:应该权衡及时性和可靠性的各自优点,为了在及时的基础上提供信息,在了解某一交易或事项的所有方面之前就进行报告,可能会影响可靠性;相反,在了解某一交易或事项的所有方面之后再报告,信息可能极为可靠,但可用性可能很小。要在及时性和可靠性之间达到平衡,决定性的问题是如何最佳地满足使用者的决策需要(IASC,2002)。在某些情况下,信息影响决策的能力消失得很快,甚至可以说瞬息变化,及时与否可能要以日计,甚至以小时计,由此产生有用性总体上得失的问题,有时为了及时性要放弃数据的精确性。因为迅速产生的近似数,往往比用较长时间才能求得的精确信息更为有用。当然,如果为了及时性而大大损害信息的可靠性,结果也会使信息的有用性大为逊色。快速地求出近似数而又并不严重地放弃可靠性通常是能做到的,这样的结果能从总体上提高会计信息的有用性(宋晓婷,2006)。也就是说,在不影响基本可靠性的前提下,大概的可靠性比延迟的精确性更为可取。基于以上分析可提出假设2。

假设2:面对信息披露及时性与可靠性的权衡选择,我国上市公司优先考虑信息披露的及时性。

(三) 实证研究设计

1. 变量设置

(1) 及时性(TIME)的度量。我国上市公司年报披露制度规定,上市公司必须在会计年度结束日以后的4个月内(即下年4月30日之前)公开披露审计后的财务报告。然而近年来,随着上市公司数量的增多,上市公司年报披露进度出现"前松后紧"的现象,年报集中于最后期限前集中披露,年报披露滞后。王建玲和张天西(2005)统计分析发现,我国上市公司1993—2002年报告时滞①均值为90天左右,只有50%稍多一点的企业在3个月以内披露年报。刘建勇和朱学义(2008)统计发现,我国上市公司2005—2007年报告时滞均值为90.23天。因此,我们可以合理认为在3个月以内披露年报的上市公司,其及时性较好,令TIME取值为1;在第4个月及以后披露年报的公司,其及时性较差,令TIME取值为0。

(2) 可靠性(RELI)的度量。近年来,在上市公司年报披露之后,屡屡可见公司对年报的各类补充公告或更正公告,实务界形象地称之为"打补丁"。补丁的出现意味着原来的年报中可能存在错误或者缺失,如此就会降低年报的可靠性,从而降低会计信息决策的有用性,甚至导致财务报告使用者做出错误的决策。我们定义:上市公司当年以临时公告形式发布关于上年年报的补丁公告,认为其可靠性较差,令RELI取值为0;没有发布补丁公告的公司,认为其可靠性较好,令RELI取值为1。

(3) 信息披露质量(DSCL)的度量。一般而言,信息披露越及时可靠,信息披露质量越高,对于会计信息使用者决策的有用性越强,因此可以用信息披露质量来衡量会计信息的决策有用性。这里以深圳证券交易所上市公司"诚信档案"中"信息披露考评"结果作为信息披露质量的替代变量。该考评结果是根据《深圳证券交易所上市公司信息披露工作考核办法》(2001年颁布)打分确定的。深圳证券交易所的评价标准有四类,按信息披露质量的高低依次为优秀、良好、及格和不及格,我们将优秀和良好的信息披露质量取值为1,其他的取值为0。②

2. 研究方法

(1) 检验假设1。对信息披露及时性变量与可靠性变量执行两变量相关性检验,观察二者是否存在显著的负相关关系。

(2) 检验假设2。我们构建以下回归分析模型:

$$\text{Logistic(DSCL)} = \beta_0 + \beta_1 \text{TIME} + \beta_2 \text{RELI} + \beta_3 \text{TOP1} + \beta_4 \text{IDRA} + \beta_5 \text{ROE} + \beta_6 \text{LEVE} + \beta_7 \text{SIZE} + \varepsilon \quad (18-1)$$

其中,DSCL为被解释变量,代表信息披露质量;TIME和RELI为解释变量,分别代表信息披露的及时性与可靠性;其余为控制变量,选取原因及其含义如下:①股权集中度(TOP1),

---

① 报告时滞是指从财务报告涉及的会计期间结束日到报告披露日之间的时间间隔,即上一会计年度末(12月31日)至年报披露日之间涵盖的实际日历天数。

② 据统计,2001—2007年深圳证券交易所上市公司信息披露考评结果为优秀和不及格的比例每年均在10%以下,均不占主体,考评结果为良好和及格的公司占绝大多数,故将优秀和良好取值为1,及格和不及格取值为0。

一般认为,股权集中度越高,控股股东对公司的控制能力越强,其操纵信息生成及披露的空间越大,信息披露质量可能会越低。②独立董事比例(IDRA)。一般认为,董事会外部成员占比增大能显著降低财务报告欺诈现象发生的可能性,即外部独立董事增多会提高信息披露质量。③公司盈利能力(ROE),当上市公司经营状况良好、盈利能力较强时,其提高信息披露质量的主观意愿更高;相反,亏损公司在亏损年度存在人为调减利润的盈余管理行为,其信息披露质量较低。④资产负债率(LEVE),资产负债率越高,公司"粉饰"报表的动机越强烈,从而信息披露质量可能越低。⑤公司规模(SIZE),一般而言,大公司比小公司的内部控制更好,并且投资者对大公司的信息需求可能较多、要求也较高,从而迫使公司提高信息披露质量。各变量定义如表18-1所示。

表18-1 变量定义

变量名称	变量代码	变量含义及说明
信息披露质量	DSCL	信息披露考评结果为优秀或良好,DSCL取值为1;否则,DSCL取值为0
及时性	TIME	公司在本年1—3月披露上年年报,TIME取值为1;否则,TIME取值为0
可靠性	RELI	公司发布上年年报补丁公告,RELI取值为0;否则,RELI取值为1
股权集中度	TOP1	上年年末第一大股东持股数/上年年末总股本
独立董事比例	IDRA	上年年末独立董事人数/上年年末董事会规模
公司盈利能力	ROE	净资产收益率,上年净利润/上年年末所有者权益
资产负债率	LEVE	上年年末总负债/上年年末总资产
公司规模	SIZE	上年年末总资产的自然对数

若假设2成立,则检验结果应满足下列条件之一:第一,公式(18-1)中的及时性变量(TIME)与DSCL显著相关,而可靠性变量(RELI)与DSCL不存在显著的相关关系;第二,TIME和RELI在相同的显著性水平下均与DSCL存在显著的相关关系,并且TIME的系数绝对值大于RELI的系数绝对值,即$|\beta_1|>|\beta_2|$。

3. 样本选择与数据来源

根据巨潮资讯网提供的资料,深圳证券交易所在2007年披露2006年年报的上市公司共有690家,其中披露年报后又以临时公告形式发布关于2006年年报补充或更正公告的公司有47家(其中发布补充公告的公司18家,发布更正公告的公司22家,同时发布补充及更正公告的公司7家),剔除金融类、ST类(包括ST、*ST和S*ST)以及数据不全的公司,有效样本为36家(称为"补丁样本");披露2006年年报但没有发布年报补充公告或更正公告的上市公司有643家,剔除金融类、ST类以及数据不全的公司后还剩465家(称为"控制样本总体")。

由于"补丁样本"和"控制样本总体"所包含的公司数量存在明显的倍数差异,我们按1∶1的比例在"控制样本总体"中为"补丁样本"选取相应数量的控制样本。为避免控制样本的选择性偏差和群集现象以及由此产生的异方差,同时也为了降低Logistic回归模型预测准确性的一、二类误差,控制样本的选取原则为:首先,对控制样本总体按股票代码进行排序;其次,根据要抽取的样本数,确定抽样距离间隔;最后,按照间隔数在控制样本总体中进行等距离抽样。最终得到 36 家控制样本,与 36 家补丁样本共同构成研究样本,共72 个样本观测值。可靠性变量的数据根据巨潮资讯网提供的数据整理所得,信息披露质量变量的数据来自深圳证券交易所上市公司"诚信档案"中"信息披露考评"结果,其他变量数据均来自 CCER 数据库。控制样本和控制样本总体的无差异检验结果如表 18-2 所示。

表 18-2　控制样本和控制样本总体的无差异检验结果

项目	控制样本均值 ($n = 36$)	控制样本总体均值 ($n = 465$)	独立两样本均值 T 检验	
			t-值	Sig.
DSCL	0.5600	0.6500	−1.077	0.282
TIME	0.3900	0.5000	−1.336	0.189
TOP1	0.3592	0.3484	0.421	0.674
IDRA	0.3502	0.3589	−0.756	0.450
ROE	0.0384	0.0474	−1.225	0.246
LEVE	0.5432	0.4894	1.623	0.105
SIZE	21.3300	21.2600	0.439	0.661

表 18-2 的无差异检验结果显示,从 465 个控制样本总体中等距离抽取的 36 个控制样本的随机误差未达到 10% 的统计显著性水平,说明控制样本的选取是恰当的。

(四) 实证结果与分析

1. 相关性检验结果与分析

表 18-3 列示了及时性与可靠性的相关性检验结果。由表 18-3 可知,及时性变量与可靠性变量在 5% 的显著性水平上负相关,表明我国上市公司年报披露及时性与可靠性之间存在两难选择,即二者确实存在此消彼长的负相关关系,有力地支持了假设 1。

表 18-3　年报披露及时性与可靠性的相关性分析

	及时性	可靠性
及时性	1.000	−0.278**
可靠性	−0.278**	1.000

注:$n = 72$,Sig.(双尾) = 0.018,** 表示在 5% 的统计水平上显著。

2. 多元回归结果与分析

表 18-4 是以信息披露质量为被解释变量的 Logistic 回归分析结果,由表 18-4 可知,及时性与信息披露质量在 5% 的显著性水平上正相关,可靠性虽与信息披露质量正相关但不显著。这表明,面对信息披露及时性与可靠性的两难选择,为了提高信息披露质量,更

好地满足财务报告使用者的决策需要,我国上市公司会优先考虑信息披露的及时性,有力地支持了假设2。公司盈利能力和公司规模均与信息披露质量在5%的显著性水平上正相关,表明公司盈利能力越强、公司规模越大,越有利于提高公司信息披露质量,与预期一致。此外,并未发现股权集中度、独立董事比例、资产负债率与信息披露质量存在显著相关关系的证据。

表18-4 多元回归结果(被解释变量:信息披露质量为优良的概率,$n=72$)

变量	系数	Wald 值	Sig.值
TIME	1.403	5.680**	0.017
RELI	0.905	2.340	0.126
TOP1	−0.354	0.026	0.872
IDRA	−3.269	0.461	0.497
ROE	2.012	4.762**	0.029
LEVE	−2.410	2.494	0.114
SIZE	0.387	4.993**	0.024
常数项	−7.142	6.287**	0.013
−2 Log likelihood		84.728	
Cox & Snell R^2		0.189	
Nagelkerke R^2		0.252	

注:***表示在1%的统计水平上显著,**表示在5%的统计水平上显著,*表示在10%的统计水平上显著。

(五)结论与启示

信息披露的及时性与可靠性是衡量会计信息披露质量的两个重要因素,我们在对信息披露及时性与可靠性关系进行理论分析的基础上,对二者的关系进行了实证检验。研究结果发现:我国上市公司信息披露的及时性与可靠性存在此消彼长的负相关关系,面对信息披露及时性与可靠性的两难选择,为了更好地满足财务报告使用者的决策需要,我国上市公司会优先考虑信息披露的及时性。这一研究结论可以为证券交易所制定相关信息披露管理办法提供依据。由于可靠性不被优先重视,导致近年来许多上市公司急于披露年报,然后频繁地对已披露年报"打补丁"。针对这种现象,我们建议证券交易所对"打补丁"现象提出相应处罚规定,以切实提高信息披露的可靠性。同时,该研究结论提醒会计信息使用者在进行决策时不要只看重信息披露的及时性,及时性固然重要,但一定要认识到上市公司年报中可能隐藏的不可靠性——年报披露之后"打补丁"。

本研究的不足之处在于:只使用1年期的样本,不能反映信息披露及时性与可靠性关系的变化趋势,致使实证结果可能带有一定的偶然性。另外,本研究选用上市公司是否以临时公告形式发布年报补充或更正公告作为信息披露可靠性的代理变量是否恰当,仍是一个有待进一步论证的问题。

案 例 五

目的:对国内外上市公司财务指标进行实证分析(学生自编案例)。

要求一:登陆国内下列网站及数据库收集上市公司财务报表。

(1) 中财网:https://www.cfi.net.cn/

(2) 金融界:http://www.jrj.com.cn/

(3) 网易财经:http://quotes.money.163.com/1002011.html

(4) 巨潮资讯网:http://www.cninfo.com.cn/new/index

(5) 东方财富网:https://www.eastmoney.com/

(6) CCER 经济金融研究数据库(外购数据库)

要求二:登陆国外相关网站收集上市公司财务报表。

(1) http://www.hao123.net(中文雅虎)

(2) http://www.gm.com(美国通用电气公司)

(3) http://www.shell.com(荷兰皇家壳牌公司)

(4) http://www.vm.com(德国大众公司)

(5) 其他自选公司

要求三:撰写国内外上市公司财务指标实证分析报告(学生自编案例中要有数学模型)。

参考文献

1. 〔美〕E. B. Deakin,M. W. Maher 著,孙庆元,等译.现代成本会计.上海:立信会计图书用品社,1992 年版.
2. FASB,娄尔行译.论财务会计概念[M].北京:中国财政经济出版社,1992 年版.
3. IASC,财政部会计准则委员会译.国际会计准则 2002[M].北京:中国财政经济出版社,2003 年版.
4. 财政部会计司编写组.企业会计准则讲解 2006[M].北京:人民出版社,2007 年版.
5. 财政部企业司编.《企业财务通则》解读.北京:中国财政经济出版社,2007 年版.
6. 财政部企业司编写组.企业会计准则讲解 2010.北京:人民出版社,2010 年版.
7. 财政部制定.企业会计准则(2020).上海:立信会计用品社,2020 年版.
8. 财政部制定.企业会计准则应用指南(2020).上海:立信会计用品社,2020 年版.
9. 财政部注册会计师考试委员会办公室编.财务成本管理.北京:经济科学出版社,2002 年版.
10. 陈信华编著.财务报表分析技巧.上海:立信会计出版社,1994 年版.
11. 除石进编译.财务分析技巧.香港:香港财经管理研究社,1986 年版.
12. 方傅报等主编.最新税收制度实用手册.北京:经济日报出版社,1994 年版.
13. 国务院国资委考核分配局编制.企业绩效评价标准值——2018.北京:经济科学出版社,2018 年版.
14. 国务院国资委考核分配局编制.企业绩效评价标准值——2019.北京:经济科学出版社,2019 年版.
15. 国务院国资委考核分配局编制.企业绩效评价标准值——2020.北京:经济科学出版社,2020 年版.
16. 国务院国资委考核分配局编制.企业绩效评价标准值——2021.北京:经济科学出版社,2021 年版.
17. 国务院国资委考核分配局编制.企业绩效评价标准值——2022.北京:经济科学出版社,2022 年版.

18. 胡奕明主编.财务分析案例.北京:清华大学出版社,2006年版.
19. 刘建勇,朱学义.机构投资者影响信息披露及时性吗[Z].工作论文,2008.
20. 刘建勇,朱学义.信息披露及时性与可靠性关系实证研究[J].中南财经大学学报.2008(6):94-98.
21. 罗飞主编.企业财务报表阅读与分析.北京:中国经济出版社,1993年版.
22. 〔美〕斯蒂芬·佩因曼著,刘力,陆正飞译.财务报表分析与证券定价.北京:中国财政经济出版社,2002年版.
23. 王斌,梁欣欣.公司治理、财务状况与信息披露质量[J].会计研究,2008(3):31-38.
24. 王建玲,张天西.基于信息质量理论的财务报告及时性研究[J].当代经济科学,2005(5):81-88.
25. 王治安领著.现代财务分析.成都:西南财经大学出版社,2006年版.
26. 翁健英.关于会计信息的相关性与可靠性的思考[J].北京工商大学学报(社会科学版),2007(5):73-76.
27. 夏冬林.财务会计信息的可靠性及其特征[J].会计研究,2004(1):20-27.
28. 叶有忠.会计信息质量特征及其两难性选择[J].华东经济管理,2000(2):42-44.
29. 张先治主编.财务分析(第二版).大连:东北财经大学出版社,2005年版.
30. 张新明编著.企业财务报表分析——教程与案例(第二版).北京:对外经济贸易大学出版社,2004年版.
31. 中国注册会计师协会编.财务成本管理.北京:经济科学出版社,2008年版.
32. 周前华,杨济华编著.现代西方财务管理.北京:北京出版社,1992年版.
33. 朱晓婷.中国上市公司会计信息披露的及时性研究[D].北京:首都经济贸易大学,2006.
34. 朱学义编著.中级财务会计(第4版).北京:机械工业出版社,2010年版.
35. 朱学义,王建华,吴江龙,等.财务分析创新内容与实践研究.会计之友(下旬刊),2009(4):36-37.
36. 朱学义.智力投资分析[J].会计之友.2006(2):4-7
37. 朱学义,周咏梅编著.财务分析.北京:机械工业出版社,1995年版.
38. 朱元午.会计信息质量:相关性和可靠性的两难选择[J].会计研究,1999(7):9-14.

教辅申请说明

　　北京大学出版社本着"教材优先、学术为本"的出版宗旨,竭诚为广大高等院校师生服务。为更有针对性地提供服务,请您按照以下步骤通过微信提交教辅申请,我们会在1～2个工作日内将配套教辅资料发送到您的邮箱。

◎ 扫描下方二维码,或直接微信搜索公众号"北京大学经管书苑",进行关注;

◎ 点击菜单栏"在线申请"—"教辅申请",出现如右下界面:

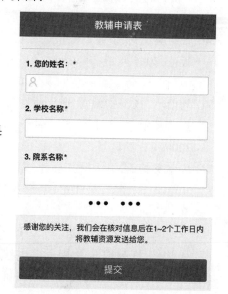

◎ 将表格上的信息填写准确、完整后,点击提交;

◎ 信息核对无误后,教辅资源会及时发送给您;如果填写有问题,工作人员会同您联系。

温馨提示:如果您不使用微信,则可以通过以下联系方式(任选其一),将您的姓名、院校、邮箱及教材使用信息反馈给我们,工作人员会同您进一步联系。

联系方式:

北京大学出版社经济与管理图书事业部

通信地址:北京市海淀区成府路205号,100871

电子邮箱:em@pup.cn

电　　话:010-62767312

微　　信:北京大学经管书苑(pupembook)

网　　址:www.pup.cn